JN068073

ひとりでもすべてこなせる!

# 小さな会社の社会保険 労働保険 手続きと届け出事典

特定社会保険労務士
片桐めぐみ 著

ナツメ社

# そもそも社会保険とはどういうもの？

職場で加入する5つの保険のことを社会保険といいます

ポイント❶

## 社会保険には2つの意味合いがある (→P.32参照)

広義の社会保険と狭義の社会保険の違いをおさえておきましょう

**広義の社会保険**

- **狭義の社会保険**
- **労働保険**

### ①健康保険　②介護保険

ケガや病気、介護が必要な状態に対応※

※仕事でのケガや病気は労災保険で対応

### ④労災保険

業務中・通勤中のケガや病気などに対応

### ③厚生年金保険

高齢、障害、死亡など、今まで通りに働けないリスクに対応

### ⑤雇用保険

失業・育児・家族の介護などに対応

私たちの人生には病気・失業・死亡など、いつ遭遇するか分からないさまざまなリスクが潜んでいます

そういったリスクに個人だけで備えるのは限界があるから、社会全体で支え合おうというしくみが社会保険なのニャ

ポイント❷

## 要件を満たす場合は必ず加入する (→P.34〜42参照)

5つの保険は、どれも要件を満たす場合は必ず加入します

従業員が加入するかどうかを選べないということニャ

### ▶それぞれの社会保険の加入対象者

**①健康保険　②介護保険**

会社に勤務している従業員のなかで加入要件を満たす人

**④労災保険**

会社に勤務しているすべての従業員

**③厚生年金保険**

会社に勤務している従業員のなかで加入要件を満たす人

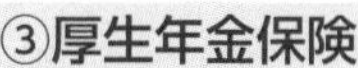

**⑤雇用保険**

1週間の所定労働時間など一定の要件を満たす従業員

社会保険にはすべての従業員が加入する保険もあれば、労働時間や年齢などにより加入要件が定められている保険もあります

# 狭義の社会保険とはどういうもの？

健康保険・介護保険・厚生年金保険の３つの保険のことをいいます

## ポイント❶ 健康保険

### 病気やケガの医療費が一部負担になる （→P.34参照）

医療費が一部負担で済むのはどうしてだニャ？

健康保険に加入している一人ひとりが保険料を負担しているため、自己負担分の１～３割以外は健康保険から支払われるしくみなんです

▶医療費の一部負担のしくみ

健康保険の加入者

健康保険証の交付

毎月の保険料の支払い

医療費の一部負担

治療など医療の提供

医療保険者

（協会けんぽ、健康保険組合など）

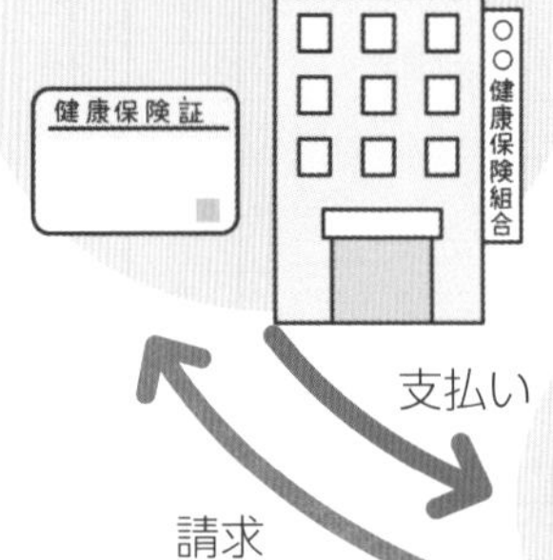


病院などの医療機関

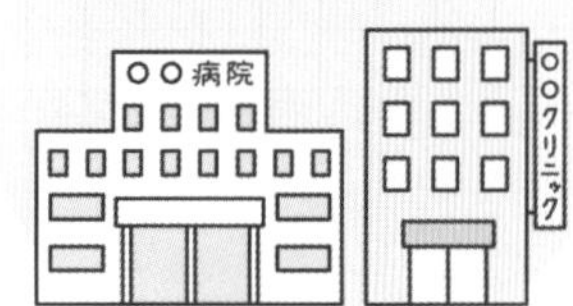


審査支払機関※

支払い

請求

支払い

請求

※審査支払機関とは　診療報酬の内容を審査し、保険者に代わって医療機関への支払いをする、国によって設立が定められた第三者機関。

病院などの医療機関が審査支払機関に残りの医療費（３割負担の場合は７割）を請求することで、医療費の一部負担が成立しています

毎月の給料から結構な額の保険料が引かれると、どうも損をした気分になるニャー…

社会保険は強制加入という面もありますが、加入することで得られるメリットをきちんと説明すると従業員も納得してくれますよ

## ポイント❷ 介護保険

### 介護が必要な人に適切なサービスを提供する (→P.38参照)

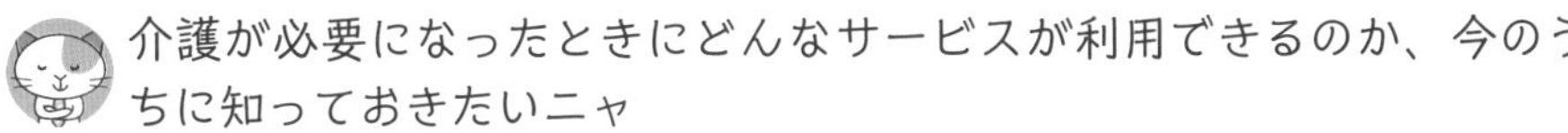

介護が必要になったときにどんなサービスが利用できるのか、今のうちに知っておきたいニャ

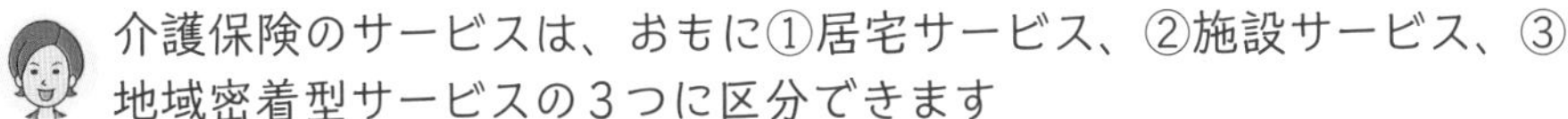

介護保険のサービスは、おもに①居宅サービス、②施設サービス、③地域密着型サービスの３つに区分できます

#### ▶おもな介護サービス

**①居宅サービス**

現在の居宅に住んだままサービスを受けられる

訪問介護、訪問入浴介護、通所介護など

**②施設サービス**

介護保険施設に入所して受けるサービス

食事や入浴などの介護、機能訓練や健康管理など

**③地域密着型サービス**

住み慣れた地域で生活できるように提供されるサービス

24時間対応の訪問サービスや、夜間の定期巡回など

## ポイント❸ 厚生年金保険

### 国民年金に上乗せする２階建ての年金 (→P.36参照)

厚生年金保険は、名前からはどんな保険なのかイメージしづらいニャ

厚生年金保険は職場で加入する公的年金のことです。国民年金に上乗せして支給されます

#### ▶厚生年金保険の給付

**①老齢年金**

65歳以上になったときに支給される

**②障害年金**

業務外の病気やケガにより、障害が残った場合に支給される

**③遺族年金**

業務外で従業員が死亡した場合に支給される

# 雇用保険はどんな給付があるの？

広く知られている失業給付のほかにも、さまざまな給付があります

ポイント❶

## 労働者への給付と事業主への給付がある （→P.42参照）

雇用保険は労働者だけでなく、事業主が活用できる給付もあります

### ▶労働者が活用できるおもな給付

**求職者給付**

失業したときなどに受給できる

**教育訓練給付**

教育訓練の受講中に受給できる

**育児休業給付、介護休業給付**

育児休業中・介護休業中に受給できる

**高年齢雇用継続給付**

高齢者となり賃金が下がったときに受給できる

### ▶事業主が活用できるおもな給付

**雇用調整助成金**

売上げが下がり従業員を休業させた場合や、教育訓練を実施した場合など

**注目トピックス**

**雇用調整助成金の不正受給**

助成対象となる「休業」を実施していないにもかかわらず、実施したと偽り支給申請を行うなどの不正が認められた場合、つぎのような厳しい措置がとられます。

- **不正の事実があった時点以降のすべての受給額の返還**
- **事業所名の公表**
- **悪質な場合、詐欺罪などによる告発**

雇用保険の助成金は、社会の情勢に応じて毎年のように変更されます

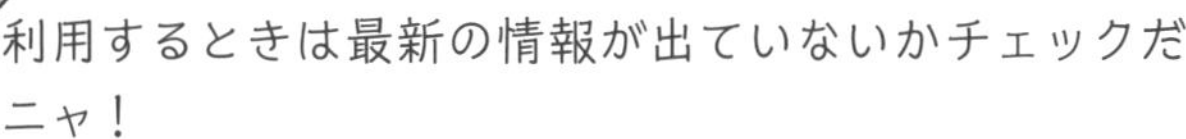

利用するときは最新の情報が出ていないかチェックだニャ！

ポイント❷

## 要件を満たした従業員のみ加入する (→P.42参照)

雇用保険は1週間の労働時間など、一定の要件を満たした従業員のみ加入します

すべての従業員が加入するわけではないんだニャ

### ▶雇用保険に加入する従業員

**正社員**

↓

**全員加入する**

**非正規社員**

↓

以下の3つの要件を満たす場合に加入する
❶1週間の労働時間が20時間以上
❷31日以上の雇用見込みがある
❸学生ではない

学生のうち、卒業後も引き続き勤務する人や通信教育・夜間・定時制の学生は加入することができるニャ

ポイント❸

## 失業給付の受給要件とは (→P.114参照)

失業給付は仕事を辞めた人なら誰でも受給できるのかニャ？

退職すれば必ず受けられる保険ではなく、一定の要件を満たした場合に受給できます

### ▶失業給付を受給するためのおもな要件 (→P.114参照)

- 就職しようという積極的な意思がある
- 就職できる能力があるのに、就職できず失業状態にある
- 離職前2年間に被保険者期間が12か月以上ある
- ハローワークで求職の申し込みをする

**➡すべての要件を満たした場合に受給できる！**

離職理由によって失業給付の受給開始期間などが変わってきます。従業員と事業主との間でよく確認しておきましょう

# そもそも労災保険とはどういうもの？

おもに従業員が仕事中にケガをしたときに使う保険です

ポイント❶

## 仕事中・通勤中に発生したケガや病気に対応している (→P.40参照)

### ○ 労災となるケース

仕事中に転んで腰を打った

通勤中に階段を踏み外して骨折した

**仕事中・通勤中のケガであるため労災となる！**

### ✕ 労災とならないケース

休憩時間に外出して事故にあった

**休憩時間は就業時間外であるため、労災とはならない…**

注目トピックス

**仕事が原因の腰痛は労災になる！**

- 医師により療養の必要があると診断されたものに限定される
- ぎっくり腰や加齢によるものは対象にならない

従業員を1人でも雇っている会社は、必ず労災保険に加入します

会社が労災保険に加入していれば、そこで働くすべての従業員が対象になるニャ

ポイント❷

## すべての従業員が労災保険の対象になる (→P.40、68参照)

事業所単位で労災に加入

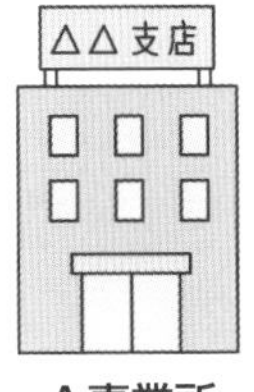


A事業所

正社員

パート主婦

学生アルバイト

外国人従業員

雇用形態に関係なく、すべての従業員が労災保険の対象になる！

ポイント❸

## 保険料は全額事業主が負担する (→P.50参照)

どうして労災は全額事業主の負担なんだニャ？

仕事中のケガによる従業員の治療費は、事業主が負担するものだと労働基準法で定められているからです

保険料を**全額負担**する

事業主

保険料の負担なし

従業員

労災かどうかを認定するのは、あくまで労働基準監督署です。くわしくはP.124を参照してください

# 出産や介護ではどんな制度を利用できる？

休業制度や、休業している間の生活を保障する給付金制度があります

## ポイント❶ 出産

### 出産前と出産後にそれぞれ休業を取得できる （→P.196参照）

出産前の休業を産前休業、出産後の休業を産後休業といいます

正社員やアルバイトなどの雇用形態に関係なく、すべての女性従業員が取得できるニャ

#### 産前休業

- 出産前の６週間（42日）の休業期間
- 出産予定日の６週間前から従業員が希望するタイミングで取得可能
- 従業員が希望すれば出産前日まで働くことができる

#### 産後休業

- 出産後の8週間（56日）の休業期間
- 産後６週間は働くことができない
- 産後６週間を経過し、医師が許可を出した業務に限り就業可能

#### 出産手当金（健康保険）

- 出産のため会社を休んだ期間に支給される
- 支給される金額はおおよそ給料の３分の２

#### 出産育児一時金（健康保険）

- 出産にかかった費用として支給される
- 一児につき42万円が支給される

出産手当金は、被保険者や家族の生活を保障し、安心して出産前後の休養ができるようにするために設けられている制度だニャ

#### 産前産後と育児休業期間中の社会保険料は免除される

産前産後と育児休業期間中は、社会保険料の支払いが免除されます。

- **従業員と会社の両方が支払いを免除される**
- **将来受給する年金額が減ることはない**
- **制度を利用するには申請が必要**

出産予定日より遅れて出産した場合、その遅れた期間についても支給対象となるニャ

「休みを取るならやめてもらう」など、制度を利用する従業員への嫌がらせはハラスメントになります

仕事と家庭の両立ができる職場づくりは、会社にとっても重要な課題だニャ

ポイント❷ 育児

## 母親・父親ともに育児休業を取得できる (→P.200参照)

育児休業は法律によって定められた従業員の権利です

会社が独自に定める「育児休暇」と混同しないように注意だニャ

### ▶子どもが生まれてから利用できる制度

#### 育児休業

- 原則、1歳に満たない子どもを育てる従業員が取得できる（最長2歳まで）
- 男性も取得できる
- 従業員の希望によっては、子どもが1歳に達するまでに終了することもできる

#### パパママ育休プラス

- 夫婦がともに育児休業を取得した場合、育児休業の対象となる子の年齢が1歳2か月まで延長できる制度
- 1人当たりの育児休業取得可能日数は変わらない

### ▶育児休業を取得する場合

#### 育児休業給付金（雇用保険）

- 育児休業中であれば男性にも支給される
- 夫婦で育児休業を取得する場合、どちらにも支給される
- 支給額は休業前の67％（休業開始から6か月経過後は50％）

パパママ育休プラスは、2010年からスタートした制度です。男性の育児休業の取得を促進しています

ポイント❸ 介護

## 家族を介護するための休業制度がある (→P.206参照)

#### 介護休業

- 要介護状態の家族1人につき通算93日まで取得できる
- 3回まで分割して休むことができる
- 介護休業期間中に雇用保険から介護休業給付金が支給される

対象家族1人につき年5日まで取得できる「介護休暇」と名前が似ています。間違えないようにしましょう

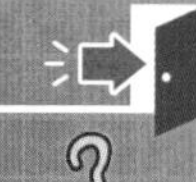

# 定年退職の年齢は？

定年は60歳以上ですが、現在は65歳まで雇用機会を確保することが義務づけられています

ポイント❶

## 雇用機会を確保する方法は3つある （→P.230参照）

### 1 継続雇用制度

- **再雇用制度**…定年でいったん退職したあと、労働条件をリセットして契約をすること
- **勤務延長制度**…定年後も退職させずに、同じ労働条件で雇用すること

60歳以上の従業員

→ 定年で一度退職 **再雇用制度**
労働条件をリセットし、新たに雇用契約を結ぶ

→ **勤務延長制度**
同じ条件で引き続き勤務

### 2 定年の引き上げ

- 会社の定年を65歳まで一律に引き上げる
- 65歳まで手続きを必要とせず雇用を継続できる
- 労働条件は原則として変更なし

従　来

60歳で退職

定年引き上げ後

65歳で退職

### 3 定年の廃止

- 会社の定年制度を廃止する
- 従業員が年齢を気にせず働ける

注目トピックス

**70歳までの就業確保が努力義務となる**

2021年４月から、65歳までの雇用確保（義務）に加えて、70歳までの就業確保（努力義務※）が定められています。

※「必ずしなければならない」義務に対して、努力義務は「努めなければならない」という意味合い。

雇用機会の確保のほかに、65歳では年金の支給という大きな節目があるニャ
節目となる年齢としては、70歳で厚生年金保険の資格喪失、75歳で健康保険の切り替えなどがあります


ポイント❷

## 年金の支給開始は65歳から (→P.246参照)

年金の支給開始年齢が何歳からなのか、いまいち分からないニャ…

原則として65歳から支給が開始されます

### ▶年金にまつわるあれこれ

#### 年金は自分のために積み立てているわけではない

老齢年金のしくみは、現役世代が納めた保険料を現在の年金受給世代に支払うものです。つまり自分が年金受給世代になるときも、そのときの現役世代が納める保険料が受け取る年金の元手資金になります。

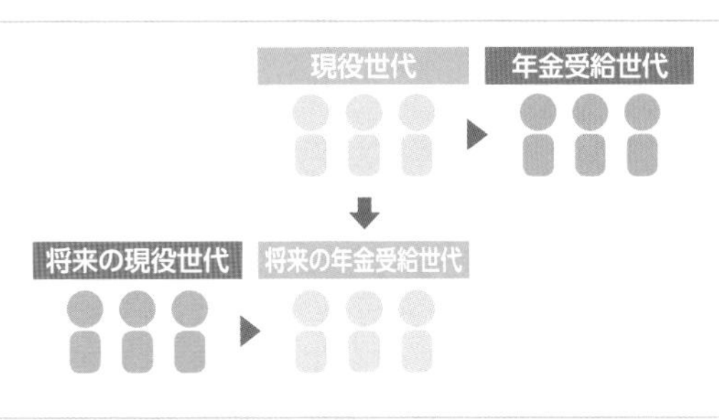


#### 2065年には1.3人で１人の高齢者を支える

1950年は12.1人の現役世代で１人の高齢者を支えていましたが、2015年には2.3人まで減少しました。2065年の推計では1.3人で１人の高齢者を支えることになります。

1950年 12.1人
2015年 2.3人
2065年 1.3人

資料：内閣府「令和３年度版高齢社会白書」(全体版)より

#### 繰り上げ・繰り下げ受給ができる

年金は60歳～65歳の間での繰り上げ受給や、66歳～70歳の間での繰り下げ受給も可能です。受け取りを１か月早めるごとに受給額が0.5%減り、受け取りを１か月遅らせるごとに受給額が0.7%増えます。

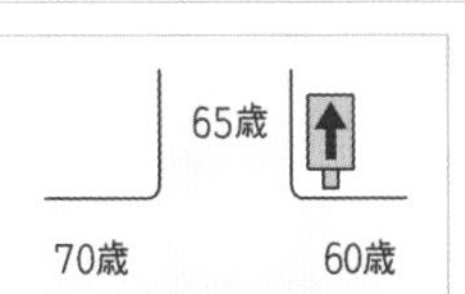


老齢年金を受給できる年齢の人が働いている場合、受給できる年金の額が調整される制度があるので、よく確認しておきましょう

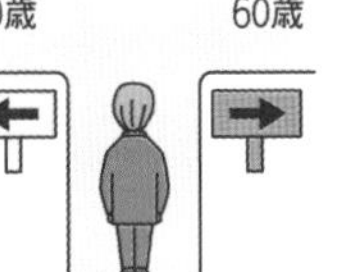

# 社会保険料はどうやって決まる？

社会保険料は「標準報酬月額」によって決まります

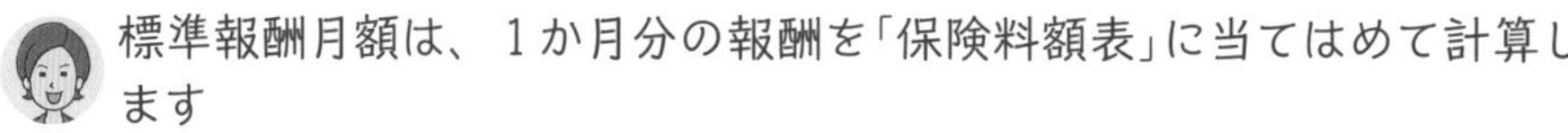

ポイント❶
保険料を算出する際の基準額である標準報酬月額 (→P.260参照)


標準報酬月額は、1か月分の報酬を「保険料額表」に当てはめて計算します

社会保険では給与（賃金）のことを報酬というんだニャー

会社から支給された現金であっても報酬とはならないものがあるので、よく確認しておきましょう

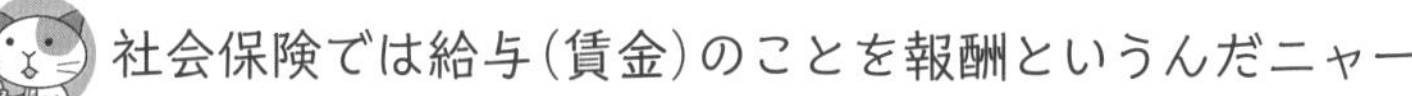


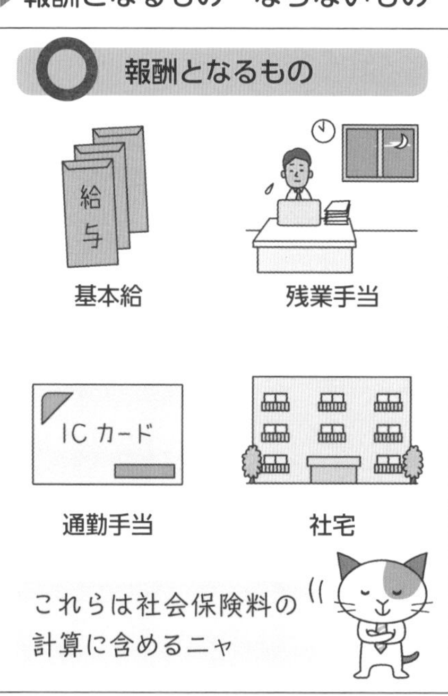

年３回以下の賞与は報酬の対象とはなりませんが、年４回以上支給する賞与は報酬の対象となります

保険料額表には、保険料がいくらになるのか、どの標準報酬月額に当てはまるのかが書かれています

都道府県によって保険料額表が異なるので、間違えないように注意だニャ

ポイント❷

## 協会けんぽの健康保険料率は都道府県により異なる

どうして協会けんぽの健康保険料率は都道府県ごとに違うんだニャ？

都道府県ごとに疾病にかかる人数というのは違うので、それにより必要な医療費も異なるからです

### ▶協会けんぽの健康保険料率が高い地域・低い地域（2021年度）

**健康保険料率が高い地域**

| 順位 | 地域 | 料率 |
|---|---|---|
| 1 | 佐賀県 | 10.68% |
| 2 | 北海道 | 10.45% |
| 3 | 鹿児島県 | 10.36% |

**健康保険料率が低い地域**

| 順位 | 地域 | 料率 |
|---|---|---|
| 1 | 新潟県 | 9.50% |
| 2 | 富山県 | 9.59% |
| 3 | 福島県 | 9.64% |

ちなみに、2021年３月時点での東京都の保険料率はこのようになっているニャ

**東京都の保険料率**

| 保険料 | 料率 |
|---|---|
| 健康保険料 | 9.84% |
| 介護保険料 | 1.80% |
| 厚生年金保険料 | 18.3% |

※介護保険料、厚生年金保険料は全国で一律

健康診断や保健指導を受けるなど、疾病予防として一人ひとりが取り組むことで、保険料率の伸び率抑制につながります

保険料率は毎年改定されているため、必ず最新の保険料額表をチェックだニャ

# 氏名や住所を変更したらどんな手続きが必要？

結婚などで氏名や住所を変更する場合、マイナンバーの状況によっては届け出は不要です

ポイント❶

## マイナンバー制度により手続きが簡略化された (→P.328参照)

マイナンバーを事前に届け出ていると、氏名や住所がすでに基礎年金番号とひもづいていることになります。この場合は手続きが必要ありません

届け出ていない場合はどうなるんだニャ？

その場合はマイナンバーと基礎年金番号がひもづいていないので、事業主を通じて変更手続きを行う必要があります

### マイナンバー制度により不要となる手続き

**氏名の変更**

結婚や離婚をして氏名が変わるとき

結婚

佐藤○子

田中○子

離婚

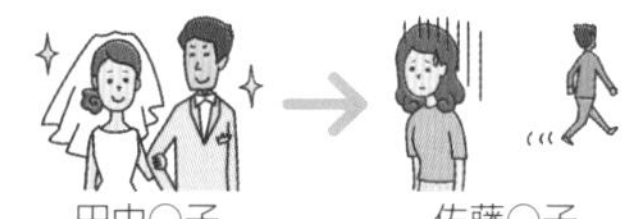

田中○子　佐藤○子

**住所の変更**

引っ越しをして住所を変更するとき

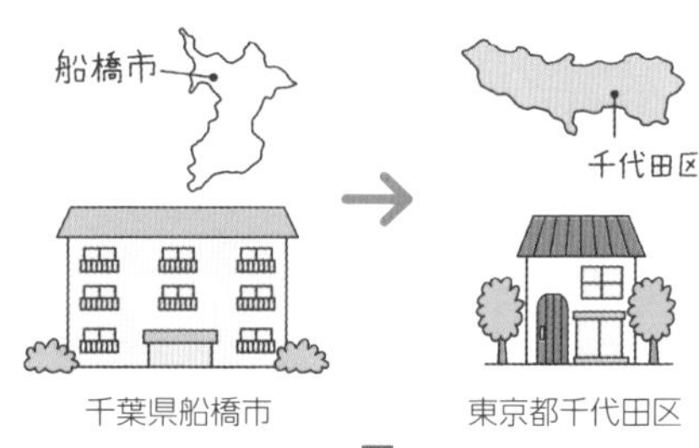


千葉県船橋市　東京都千代田区

**事業主による氏名や住所の変更手続きが不要となる！**

注目トピックス

**新しい健康保険証に交換するタイミング**

氏名を変更した場合、それまで使っていた健康保険証は事業主を経由して日本年金機構に返却し、新しい健康保険証と交換します。

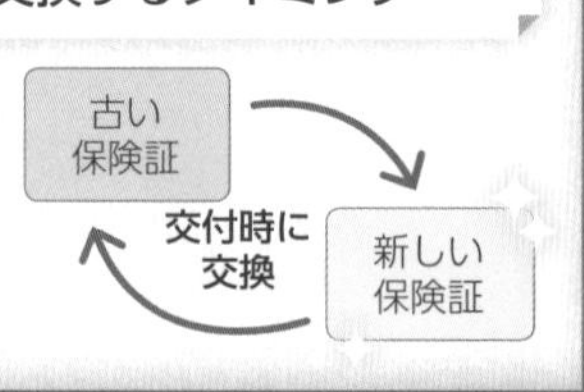


被扶養者の家族の氏名変更手続きは、これまでどおり届け出の提出が必要です

マイナンバー制度の導入により、2018年３月から氏名変更届・住所変更届の提出が原則不要となりました

ただし、マイナンバーと基礎年金番号が結びついていない人は今まで通り届け出が必要だニャ

ポイント❷

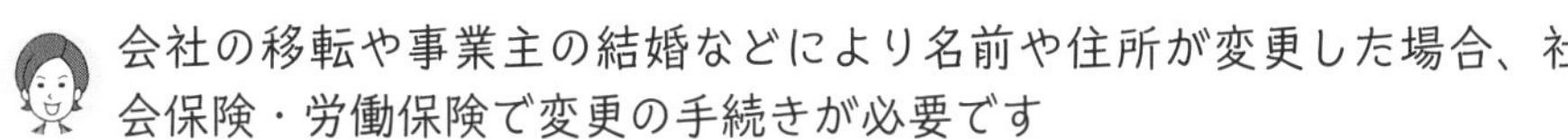

## 会社や事業主の名前や住所を変更したとき （→P.310参照）

会社の移転や事業主の結婚などにより名前や住所が変更した場合、社会保険・労働保険で変更の手続きが必要です

### ▶手続きが必要なケース

**事業所の所在地の変更**

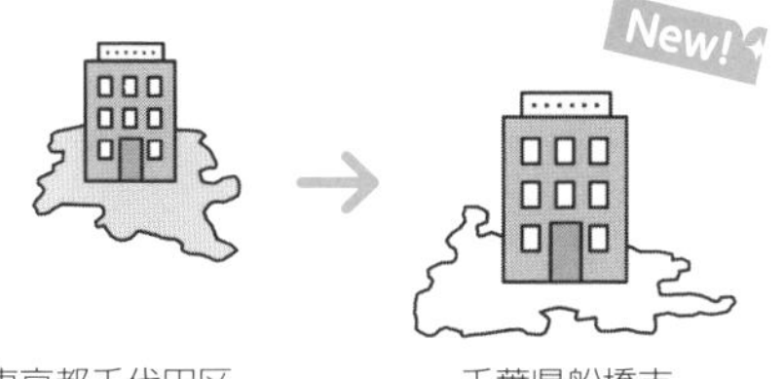


**事業所の名称変更**

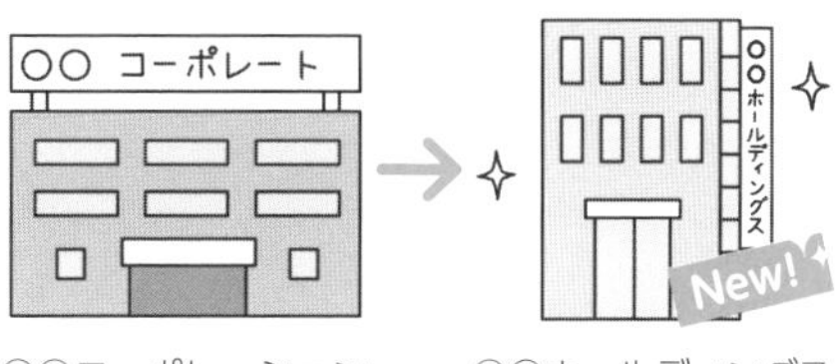


**事業主の住所・氏名の変更**

佐藤□美
千葉県船橋市

斉藤□美
東京都千代田区

**事業主の変更**

田中×治

斉藤□美

**昇給月・賞与の支払い予定月変更**

事業所を移転したとき、移転先が同じ都道府県内の場合は健康保険証の交換は必要ないニャ

# はじめに

本書を手に取っていただき、ありがとうございます。

皆さんは、おそらく会社の労務管理に携わっていて、もしかしたら日々の入退社をはじめとする人事労務関連の手続き業務のほかにも、総務や経理など、社内のいわゆるさまざまな「事務」を担当している方が大半ではないかと思います。

この本は、そんな多忙な中小企業の人事・総務担当者や自ら手続きを進めている経営者の皆さんへ向けています。

毎日同じ手続きを何度となくしていれば忘れることもありませんが、年に１回とか、もしかしたら一生を通じて１回しか担当しないかも知れない手続きでは、都度記入方法を調べるだけでも多くの時間を割かなければならないでしょう。この本は、そんな「この場合はどうすれば良いんだっけ？　この用紙はどうやって書けば良いんだっけ？」というときに、本書の該当するページを開いて、年金事務所やハローワーク、そして労働基準監督署へ届け出る様式を確認しながら記入していただけるようにつくりました。

従業員の入退社や在職中に必要となった諸々の手続きは、「餅は餅屋」ということで、人事労務管理の国家資格を持つ専門家に任せていただくのも、社会保険労務士としてはとてもありがたくやり甲斐のあることなのですが、まずは自社でやってみて、内容をざっくりとで良いので理解してみる、というのが、これからの中小企業にとって一番良い流れではないかな、と私は考えています。

人事労務関連の手続きは社会保険労務士に全部任せているから、どんな手続きがあるのかさえ分からない、という状況でも何も問題のない時代もあったでしょう。ましてや、「見えるお金」や「本業」とはなかなかリンクしない場合も多いので、そもそも人事の手続きに興味がない、という場合もあったでしょう。

しかし、これからの時代は、まず手続きの概要を理解したうえで、「労務管理に関する手続きは自社でやろう！」もしくは、自社で手続きをした場合にかかる時間も含めたコストを考えて、「業務委託をした方がメリットがあるから社会保険労務士にお願いしてしまおう！」という選択をしていくことが、細かいことは省きますが経営維持、発展という面でも必要不可欠だろうと考えます。

そこを見極めるためにも、ぜひ御社での各種手続きについて、本書がお役に立てることを願っています。

最後になりますが、本書執筆にあたり白羽の矢を立ててくださった市川さんをはじめ、わがまま し放題の私にお付き合いくださった出版社の皆様、誠にありがとうございました。心より御礼申し上げます。

2021年７月　著者

『ひとりでもすべてこなせる！
小さな会社の社会保険・労働保険 手続きと届け出事典』
もくじ

## 社会保険の入り口

# 社会保険・労働保険の必ず知っておきたい基礎知識

## ▶section1　社会保険・労働保険の基本

## 第2章 入社時の手続き

# 第4章 従業員が病気・ケガ・死亡したときの手続き

## 第5章 妊娠・出産・育児・介護に関する手続き

# 定年退職・再雇用・高齢者の給付と年金に関する手続き

# 社会保険・労働保険の保険料の控除方法・納付方法

# 第8章 従業員・会社の届け出内容の変更手続き



## キャラクター紹介

**片桐先生**

社会保険労務士の先生。社会保険の疑問に対して的確なアドバイスを放つ。猫が好き。

**猫浦さん**

「株式会社猫だけカンパニー」の社員。最近総務課に配属されたため、片桐先生のもとで社会保険の勉強中。

# 本書の見方・使い方

**本書では、社会保険・労働保険に関する手続きと届け出の方法を詳しく紹介しています。**

各項目のなかでとくに重要なポイントをピックアップしています。ここをみれば要点がつかめます。

重要なところは青色の文字にしているので、ひとめでわかります。

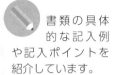

書類の具体的な記入例や記入ポイントを紹介しています。

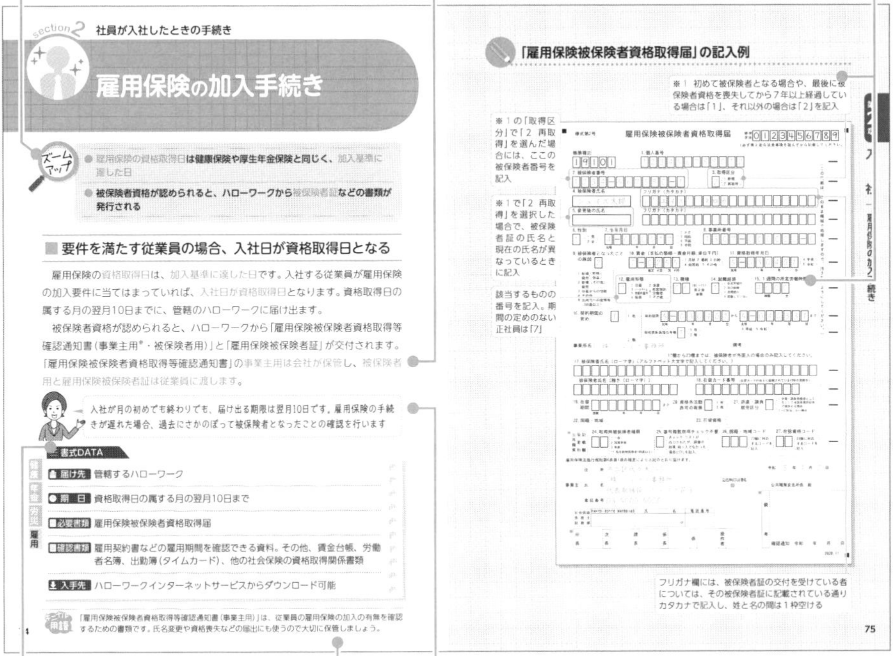

section2 社員が入社したときの手続き

## 雇用保険の加入手続き

ズームアップ

- 雇用保険の資格取得日は健康保険や厚生年金保険と同じく、加入基準に達した日
- 被保険者資格が認められると、ハローワークから被保険者証などの書類が発行される

### 要件を満たす従業員の場合、入社日が資格取得日となる

雇用保険の資格取得日は、加入基準に達した日です。入社する従業員が雇用保険の加入要件に当てはまっていれば、入社日が資格取得日となります。資格取得日の属する月の翌月10日までに、管轄のハローワークに届け出ます。

被保険者資格が認められると、ハローワークから「雇用保険被保険者資格取得等確認通知書（事業主用[※]・被保険者用）」と「雇用保険被保険者証」が交付されます。「雇用保険被保険者資格取得等確認通知書」の事業主用は会社が保管し、被保険者用と雇用保険被保険者証は従業員に渡します。

入社が月の初めでも終わりでも、届け出る期限は翌月10日です。雇用保険の手続きが遅れた場合、過去にさかのぼって被保険者となったことの確認を行います

書式DATA

| | |
|---|---|
| 届け先 | 管轄するハローワーク |
| 期日 | 資格取得日の属する月の翌月10日まで |
| 必要書類 | 雇用保険被保険者資格取得届 |
| 確認書類 | 雇用契約書などの雇用期間を確認できる資料。その他、賃金台帳、労働者名簿、出勤簿（タイムカード）、他の社会保険の資格取得関係書類 |
| 入手先 | ハローワークインターネットサービスからダウンロード可能 |

キーナル用語 「雇用保険被保険者資格取得等確認通知書（事業主用）」は、従業員の雇用保険の加入の有無を確認するための書類です。氏名変更や資格喪失などの届出にも使うので大切に保管しましょう。

「雇用保険被保険者資格取得届」の記入例

※1 初めて被保険者となる場合や、最後に被保険者資格を喪失してから7年以上経過している場合は「1」、それ以外の場合は「2」を記入

※1の「取得区分」で「2 再取得」を選んだ場合には、ここの被保険者番号を記入

※1で「2 再取得」を選択した場合で、被保険者証の氏名と現在の氏名が異なっているときに記入

該当するものの番号を記入。期間の定めのない正社員は「7」

雇用保険被保険者資格取得届

フリガナ欄には、被保険者証の交付を受けている者については、その被保険者証に記載されている通りカタカナで記入し、姓と名の間は1枠空ける

75

必要書類や届け出先、提出期日など手続きに必要な情報をまとめています。

現場で働く先生ならではの実務目線でのワンポイントアドバイスです。

本文中に出てきた気になる言葉や聞き慣れない用語の解説をしています。

実務を行ううえで押さえておきたいポイントを解説しています。

知っておくときっと役立つまめ知識を紹介しています。

※本書は2021年7月時点での法令に基づいて作成しています。

# 社会保険・労働保険の年間スケジュール

社会保険・労働保険の手続きでは、１年のなかで決まったタイミングで発生する手続きと、入社や退職などのイベントが発生するごとに必要な手続きがあります。

## 毎月決まったタイミングで発生するおもな手続き

| 月 | 発生する手続き |
|---|---|
| 4月 | ●新入社員入社時の社会保険・労働保険の加入手続き<br>●雇用保険の料率改定チェック（不定期） |
| 5月 | ●労働保険の年度更新申告書が郵送される（末日頃） |
| 6月 | ●労働保険の年度更新申告書の提出（期限は７月10日）<br>●賞与支払届の提出（６月に賞与を支給する会社の場合） |
| 7月 | ●社会保険の定時決定（算定基礎届の提出）（期限は７月10日）<br>●標準報酬月額の随時改定（４月の昇給で給与の変更があった場合など） |
| 9月 | ●定時決定による新保険料が適用される（翌年８月まで） |
| 10月 | ●新保険料の納付開始 |
| 12月 | ●賞与支払届の提出（12月に賞与を支給する会社の場合） |
| 3月 | ●健康保険・介護保険の料率改定チェック |

## 従業員の年齢に応じて発生するおもな手続き

| 年齢 | 発生する手続き |
|---|---|
| 40歳 | ●第２号被保険者の介護保険料の徴収開始 |
| 65歳 | ●第２号被保険者の介護保険料の徴収終了<br>●年金の支給開始 |
| 70歳 | ●厚生年金保険の資格喪失手続き<br>●厚生年金保険の徴収終了 |
| 75歳 | ●健康保険の資格喪失手続き<br>●健康保険の徴収終了 |

年金の支給開始年齢は基本的には65歳ですが、繰り上げ・繰り下げ受給もできます。

## 必要に応じて行うおもな手続き

### ▶入社時に行う手続き

| 必要な手続き | 期　日 |
| --- | --- |
| □健康保険・厚生年金保険の加入手続き（→P.72参照） | 加入日から5日以内 |
| □雇用保険の加入手続き（→P.74参照） | 雇用した日の翌月10日まで |
| □従業員の被扶養者の健康保険加入手続き<br>（扶養する親族がいる場合）（→P.78参照） | 加入日から5日以内 |

### ▶退職時に行う手続き

| 必要な手続き | 期　日 |
| --- | --- |
| □健康保険・厚生年金保険の資格喪失手続き（→P.100参照）<br>□健康保険証の回収<br>□高齢受給者証の回収（退職する人が70歳～74歳の場合） | 資格喪失日から5日以内 |
| □雇用保険の資格喪失手続き（→P.102参照） | 資格喪失日の翌日から10日以内 |
| □離職票の発行手続き（→P.104参照） | 資格喪失日の翌日から10日以内 |

### ▶妊娠・出産時に行う手続き

| 必要な手続き | 期　日 |
| --- | --- |
| □出産育児一時金を請求する場合（→P.192参照） | 出産日の翌日から2年以内 |
| □出産手当金の給付を受ける場合（→P.196参照） | 出産のために休業した日ごとに、その翌日から2年間 |
| □社会保険料の免除を受ける場合（→P.212参照） | 産前産後休業の休業期間中、または休業期間の変更が決まったときにすみやかに |
| □産前産後休業終了後に賃金が低下した場合<br>（→P.220参照） | 産前産後休業終了後の従業員から申し出があったときにすみやかに |

### ▶育児中に行う手続き

| 必要な手続き | 期　日 |
| --- | --- |
| □育児休業給付金の給付を受けるとき<br>（→P.200参照） | **初回：**育児休業開始日から4か月を経過する日の属する月の末日まで<br>**2回目以降：**2か月に1度 |
| □育児休業（育児休業給付金の給付）を延長するとき（→P.204参照） | **1歳6か月まで延長するとき：**<br>1歳に達する日までの支給対象期間<br>**2歳まで延長するとき：**<br>1歳6か月に達する日までの支給対象期間 |
| □社会保険料の免除を受ける場合<br>（→P.216参照） | 育児休業を取得・延長したとき、変更する予定が決まったときにすみやかに |
| □育児休業終了後に賃金が低下した場合<br>（→P.220参照） | 育児休業終了後、3歳未満の子どもを養育する従業員から申し出があったときにすみやかに |

## ダウンロードサービスについて

本書をご購入いただいた方への特典として、実務に役立つフォーマット集を以下の方法でダウンロードできます。なお、各種ファイルはExcelにて作成されているため、ご使用にあたってはソフトを稼働できる環境が必要となります。

❶インターネットブラウザを起動し、ナツメ社Webサイトを開く
https://www.natsume.co.jp/

❷「社会保険・労働保険」で書籍検索し、本書のページを開く

❸ページ下部にある「サンプルデータ」以下の［ダウンロード］ボタンをクリックする

### ダウンロードできるフォーマット一覧

- 従業員名簿.xlsx
- 入社時手続きフォーマット.xlsx
- 退職時手続きフォーマット.xlsx
- 通勤災害時手続きフォーマット.xlsx
- 業務災害時手続きフォーマット.xlsx
- 傷病手当金手続きフォーマット.xlsx
- 出産手続き管理表.xlsx
- 育児手続き管理表.xlsx
- 定年手続き管理表.xlsx
- 年間スケジュール.xlsx

# 第1章

# 社会保険・労働保険の必ず知っておきたい基礎知識

## section 1 社会保険・労働保険の基本

社会保険／労働保険／健康保険／厚生年金保険／介護保険／労災保険／雇用保険

## section 2 社会保険・労働保険に加入義務がある事業所

強制適用事業所／任意適用事業所／法定16業種／当然適用事業／一元適用事業／二元適用事業

## section 3 マイナンバー制度

特定個人情報／社会保障・税・災害／利用範囲／12桁の個人番号

# 5つの保険に分類できる 社会保険と労働保険

- 社会保険とは、健康保険、厚生年金保険、介護保険の３つの保険を指す
- 労働保険とは、労働者災害補償保険（労災保険）、雇用保険の２つの保険を指す

## 社会保険と労働保険の違いを明確にしよう

社会保険という言葉には、広い意味での社会保険と狭い意味での社会保険の２つの意味があります。広い意味での社会保険は、①健康保険、②厚生年金保険、③介護保険、④労災保険、⑤雇用保険の5種類の保険を指しています。

このうち社会生活上のリスクを保障している健康保険、厚生年金保険、介護保険の３つを狭い意味での社会保険といいます。労災保険、雇用保険は労働上のリスクを保障しているため、労働保険といいます。

総務担当者ではない一般従業員は、「社会保険」3つと「労働保険」2つの5つの保険をあわせて「社会保険」とよぶことがよくあります。会話の食い違いには注意が必要です

## 社会保険と労働保険の主旨

狭い意味での社会保険のうち、健康保険、厚生年金保険は、働く人のための保険です。具体的には、健康保険は仕事以外でケガや病気にかかった際の医療給付、厚生年金保険は老齢・障害・死亡のリスクに備える保険です。介護保険は、介護が必要になった場合にその費用を負担してくれる保険です。

労働保険のうち労災保険は、文字通り労働者のための保険です。通勤災害や業務災害など、仕事上で発生するケガや病気などのリスクに備えている保険です。一方雇用保険はおもに会社・従業員双方の失業のリスクに備える保険です。

社会保険は労働者ではない事業主や役員も原則加入対象になります。

## 職場で加入する5つの社会保険

職場で加入する社会保険の種類は、以下の5つに分類できます。

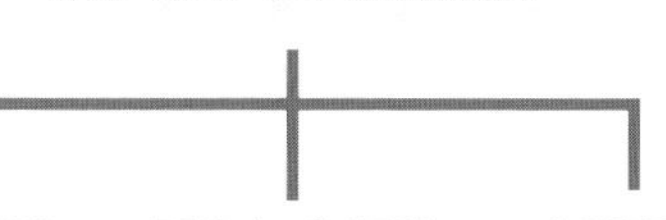

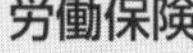

| | 広い意味での社会保険 | | | | |
|---|---|---|---|---|---|
| | 狭い意味での社会保険 | | | 労働保険 | |
| | 健康保険 | 厚生年金保険 | 介護保険 | 労災保険 | 雇用保険 |
| 各保険の目的 | 業務以外でのケガや病気、出産や死亡に対して保障をしている（→P.34～35参照） | 高齢、障害、死亡といったリスクに対して保障をしている（→P.36～37参照） | 介護が必要な人に介護サービスの提供を保障している（→P.38～39参照） | 業務中や通勤中のケガや病気、死亡に対して保障をしている（→P.40～41参照） | 失業、育児、家族の介護など雇用の継続がむずかしい人に給付を行う（→P.42～43参照） |
| 保険料の負担 | 事業主※と被保険者が保険料を負担する | | | 事業主のみが保険料を負担する | 事業主と被保険者が保険料を負担する |

それぞれ病気やケガ、高齢や失業といったリスクに備えるためのものなのです

基本的には事業主と被保険者の両方が保険料を負担するニャ。ただし労災保険料を負担するのは事業主だけだニャ

事業主とは、事業を経営する個人や団体のことを指します。法令関係では、おもに労働関係における使用者側のことをいいます。

# 保険❶ 健康保険の基礎知識

- 日本に住む人は必ず医療保険に加入する。これを国民皆保険制度という
- 健康保険に加入している人は、医療費の自己負担額が原則３割になる

## 日本に住む人は必ず医療保険に加入する

健康保険は、病気やケガをしてしまった場合などに、必要な医療給付を行い生活を安定させることを目的とした医療保険制度のひとつです。医療費そのものを給付するほか、療養のために会社を休み、給料を受けられない場合には、生活保障となる手当金などを支給します。

年齢・性別・国籍などに関係なく、日本に住んでいる人は必ず医療保険に加入します。これを国民皆保険制度といいます。健康保険証を持ってさえいれば、病気やケガをした場合に、誰でも、いつでも、どこでも、少ない負担で適切な治療を受けることができます。

国民皆保険制度は国民が保険料を出し合い、お互いの医療費を支え合うことで成り立っているニャ。日本では当たり前のことだけど、海外では無保険の国民を多く抱える国もあるニャ

## 医療費の自己負担額は原則３割

病院・診療所で治療を受ける際に健康保険証を提示することで、医療費の自己負担額は原則３割となります。残りの７割には、加入者が毎月納めている保険料が充(あ)てられています。保険料の納付を受け、保険給付などの保険事業を行う機関を保険者といいます。一方、保険の給付対象である人を被保険者といい、社会保険に加入している従業員などを指します（右ページ上の図参照）。

公的医療保険制度には、ここで紹介した健康保険以外にも、地域、職種、年齢などに応じてさまざまな種類があります。いずれも加入者（被保険者）が支払う保険料をおもな財源としています。

## 健康保険と国民健康保険のおもな違い

健康保険には会社員が、国民健康保険には自営業者や無職の人などが加入します。

医療保険（国民皆保険制度）

日本に住む人全員が加入している

| | 健康保険（社会保険） | | 国民健康保険 |
|---|---|---|---|
| 加入者 | 75歳未満の人のうち、適用事業所で働く一定の要件を満たした人が職場経由で加入する | | 自営業者や無職の人、健康保険の要件を満たさないパートタイマーなどが市区町村経由で加入する |
| 保険者 | 全国健康保険協会（協会けんぽ※） | 健康保険組合（業種や会社ごと） | 市町村（特別区含む）と国民健康保険組合 |
| 特徴 | 法人（民間企業）がはじめて健康保険に加入するときは、原則協会けんぽ | 協会けんぽに比べて、保険料やサービスが充実している場合が多い | 世帯ごとに加入者の数や年齢、収入などをもとに保険料を算出する |

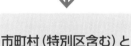

## 健康保険の保険者は協会けんぽと健康保険組合

会社で加入する健康保険の保険者には、全国健康保険協会（協会けんぽ）と、業種や会社ごとに設立されている健康保険組合の２種類があります。

**全国健康保険協会**（協会けんぽ）

- どの事業所でも加入できる
- おもに中小企業が加入する
- 日本最大の保険者

→ ある程度加入の実績を積んだら、編入を希望する会社が加入する →

**健康保険組合**（業種や会社ごと）

- 健康保険組合が自主的に保険料率を設定できる
- 従業員の保険料負担割合を折半より低くできる

健康保険組合とは、会社単位や業種単位で自主的な運営をする健康保険の組合のことです（出版業界で運営している出版健康保険組合など）

協会けんぽとは、全国健康保険協会が運営する健康保険の愛称です。以前は中小企業で働く人の健康保険は国で運営していましたが、2008年から全国健康保険協会が運営しています。

# 保険❷ 厚生年金保険の基礎知識

- 20歳以上60歳未満の国内在住者は、全員国民年金に加入している
- 国民年金とは別に、職場で加入する年金を厚生年金保険という

## 公的年金には国民年金と厚生年金保険がある

年金は、高齢、障害、死亡といった、今まで通りに働けなくなるリスクに対して必要な給付を受けることができる社会保障制度の１つです。

公的年金には、国民年金と厚生年金保険があります。国民年金は基礎年金ともよばれ、20歳以上60歳未満の国内在住者全員が必ず加入します。一方、職場で加入する年金を厚生年金保険といい、国民年金に上乗せして給付を受けることができます。

公的年金は国民皆年金制度として、20歳以上60歳未満の国内在住者は誰もが国民年金に単独で加入しているか、厚生年金保険に加入しています。「年金制度に加入していない」ということはあり得ません。

まれに「国民年金に加入していない」という人がいるけど、それは「加入しているけど保険料を払っていない」という意味であり、本当は全員加入しているのニャ

## 厚生年金保険の加入者は国民年金にも加入している

厚生年金保険の加入対象者は、厚生年金保険適用事業所※に勤務する70歳未満の加入基準を満たしたサラリーマンなどです。厚生年金保険に加入している人は、同時に国民年金にも加入しているとみなされ、基礎年金である国民年金に上乗せされる形で厚生年金保険の受給額が加算されます。つまり、給付の際には国民年金と厚生年金保険からの給付を同時に受けることができるので、手厚い給付となります。

厚生年金保険適用事業所とは、その名の通り厚生年金保険の適用対象となる事業所のことです。すべての法人事業所は、事業主や従業員の意思にかかわらず厚生年金保険に加入します。

## 厚生年金保険は２階建て

厚生年金保険は国民年金に上乗せするため、よく建物の１階・２階になぞらえて表現されます。さらに企業年金などの私的年金を受給できる場合、３階建ての構造となります。

| | | |
|---|---|---|
| ３階 | 企業年金 | 勤め先の会社によっては、会社の負担で公的年金に上乗せされる |
| ２階 | 厚生年金保険・国民年金基金 | 民間企業で働く70歳未満の従業員、公務員など |
| １階 | 国民年金（基礎年金） | 20歳以上60歳未満のすべての人が対象 |

国民年金基金は、自営業やフリーランスの人が加入できる公的年金です。国民年金に上乗せする形で加入します

## 厚生年金保険と国民年金のおもな違い

厚生年金保険と国民年金は、加入する人や加入方法などに違いがあります。

### ▶厚生年金保険と国民年金

| 制　度 | 厚生年金保険 | 国民年金 |
|---|---|---|
| 年　齢 | 70歳未満 | 20歳以上60歳未満 |
| 加入する人 | 会社勤務の従業員や役員など | すべての人<br>（個人事業主とその家族、無職の人なども加入する） |
| 加入方法 | 職場で加入 | 市区町村で加入 |
| 保険料 | 報酬月額に応じて決定 | 全国で年度ごとに一定額 |

国民年金の保険料の納付がむずかしい人には、一時的な納付の猶予や免除制度があります。この手続きをしないと保険料を払っていないことになり、将来の年金受給に影響するおそれがあります。

# 保険❸ 介護保険の基礎知識

- 介護保険料の支払いが発生するのは40歳になった月から
- 介護サービスを利用できるのは、基本的に65歳以上から

## 介護サービスを利用するには認定が必要

介護保険は、健康保険や国民健康保険などの公的医療保険とは違い、いつでも、誰でも、どこでも利用できるという仕組みではありません。介護を必要としている人のためのサービスなので、介護が必要であるという認定を受ける必要があります。これを要介護認定といいます。「要支援1～2」「要介護1～5」の7段階に区分されます。

日常生活に必要な動作を自分で行うことができる状態が要支援、日常生活に必要な動作が困難な状態が要介護です。要支援1から数字が大きくなるほど介護が必要な状態になり、要介護5がもっとも介護が必要な状態です。

## 介護保険料の支払いは40歳から始まる

介護保険の加入は、40歳以上のすべての人が対象です。つまり、40歳から介護保険の被保険者となります。

40歳から64歳までの被保険者（第2号被保険者）は、加入している公的医療保険と一緒に保険料を徴収されます。65歳以上の被保険者（第1号被保険者）は、原則年金から天引きで徴収されます。

介護保険料の支払い義務は40歳からですが、介護サービスを利用できるのは原則65歳以上の人です。65歳以上の人は介護が必要になった原因を問わず、要介護認定を受けたときに介護サービスを利用できます。一方、40歳以上65歳未満の人は、特定疾病が原因で要介護認定を受けたときのみサービスを利用できます。

介護保険は、ほかの保険制度に比べるとかなり新しい制度です。高齢化の進展にともない、要介護高齢者の増加、介護期間の長期化などを背景に、2000年4月に創設されました。

## 2種類に分けられる介護保険の被保険者

介護保険の被保険者は、年齢により第1号被保険者と第2号被保険者の2種類に分けられます。

40歳～64歳までの公的医療保険加入者

### 第2号被保険者

- 加齢が原因の疾病で要介護認定を受けたときに介護サービスを受けることができる
- 40歳になった月から徴収開始
- 保険料は、公的医療保険料と一体的に徴収している

65歳以上の人

### 第1号被保険者

- 原因を問わず、要介護認定を受けたときに介護サービスを受けることができる
- 65歳になった月から徴収開始
- 保険料は市町村と特別区（東京23区）が徴収している（原則年金から天引き）

## 介護保険の給付は要介護と要支援で異なる

介護保険には、要介護の人をサポートする介護給付と要支援の人をサポートする予防給付の2つの給付があります。

**介護給付**
介護が必要な人のための給付。
要介護1～5の人が対象。

### 要介護の人

病気などで常に介護を必要とする要介護の人をサポートするためのもの

**予防給付**
介護の予防が必要な人のための給付。
要支援1～2の人が対象。

### 要支援の人

日常生活での助けが必要な要支援の人をサポートするためのもの

介護保険の保険者は、市町村と特別区（東京23区）です。介護サービス費用の7割～9割を給付するとともに、第1号被保険者の保険料を徴収し、介護保険財政を運営しています。

# 保険④ 労災保険の基礎知識

- 労災保険は業務中・通勤中のケガや病気に対する補償制度
- 従業員を1人でも雇っている会社は、労災保険の対象になる

## 労災保険の給付は、国が事業主に代わって行う

労災保険とは、従業員が仕事中または通勤中にケガや病気をして働けなくなったり、死亡した場合などに対する補償制度です。具体的には、労災で病院にかかったときの診察料や、その間に仕事を休んだ場合の休業補償※などがあります。

労働基準法では、従業員が仕事中や通勤中にケガや病気をしたときには、使用者に療養費の負担や休業補償を義務づけています。しかし、義務であっても事業主に金銭的な余裕がないなどの理由で、従業員に対して迅速な補償がなされないおそれがあります。そこで、労働災害が起きたときに従業員が確実な補償を受けられるように、国が事業主に代わって給付を行うのです。

## 従業員を1人でも雇っている事業所は必ず加入する

従業員を1人でも雇っている事業所は、労災保険の加入を義務づけられています。労災保険はほかの社会保険と異なり、従業員1人ずつの加入手続きをする必要はありません。事業所が労災保険に加入していれば、パートタイマーやアルバイトの従業員なども含め、そこで働く従業員は全員労災保険の対象になります。

労災保険は必ず加入する保険です。「労災保険に加入していない」という事業所は、従業員を雇った段階で適用対象ではあるものの、保険料は払っていない状態です

休業補償とは、業務災害によって従業員が休業せざるを得ない状況になってしまった場合に、労災保険から給付される補償のことをいいます。

## 労災保険の給付には治療の現物給付などがある

業務災害または通勤災害によりケガや病気などをした場合、労災保険の給付が受けられます。ケースによって給付が異なるので、よく確認しておきましょう。

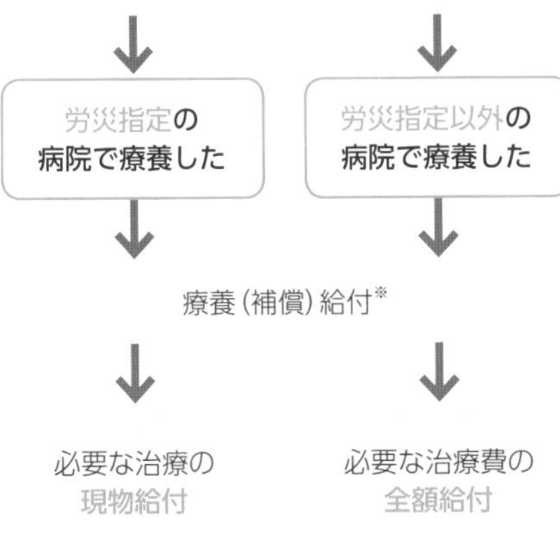
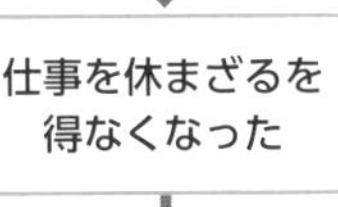

## 本来は労災保険に加入できない人も特別に加入できる

本来は労災保険に加入できない人も、実態として労働者と同じように働くなど、一定の要件を満たす場合には加入できます。これを労災保険の特別加入制度といいます。

### ▶特別加入制度の対象者

**中小事業主など**

- 50人以下の労働者を常時使用している金融業、保険業、不動産業、小売業
- 100人以下の労働者を常時使用している卸売業、サービス業
- 300人以下の労働者を常時使用している上記以外の業種

**一人親方など**

- 労働者を使用しない自営業者など

※2021年4月1日から以下の職種にも対象が拡大された

- 芸能関係作業従事者
- アニメーション制作作業従事者
- 柔道整復師
- 創業支援等措置に基づき事業を行う人

**特定作業従事者**

- 特定農作業従事者
- 指定農業機械作業従事者
- 国または地方公共団体が実施する訓練従事者
- 家内労働者およびその補助者
- 労働組合などの常勤役員
- 介護作業従事者および家事支援従事者

**海外派遣者**

- 海外の事業に労働者として派遣される人
- 海外の中小規模の事業に事業主として派遣される人
- 開発途上国で行われる事業に従事する人

労災指定の病院で診療などを受けた場合、その診療などを自己負担なしで受けることができます。この給付を療養（補償）給付といいます（→P.128参照）。

# 保険⑤ 雇用保険の基礎知識

- 雇用保険は、おもに労働者や求職者の雇用を安定させる制度のこと
- 雇用機会の増大など、事業主のための制度としての側面もある

## 失業や介護など、雇用の継続が困難なときの制度

雇用保険には、大きく分けて２つの役割があります。１つめは、労働者のための制度として、雇用を安定させる役割です。求職活動中に基本手当（失業保険）※を受給したり、教育訓練を受講したりすることで、失業中の生活の不安を減らしながら新しい仕事を探すことができます。また、育児や介護で休業した際にも給付金を受けることができます。

２つめは、事業主のための制度として、雇用機会の増大や労働者の能力開発への支援などを行う役割です。これらの取り組みにより、失業者の減少などが期待されます。

毎年4月に新たな雇用関連の助成金が始まりますので、雇用環境に応じて活用するといいでしょう

## すべての労働者に加入資格があるわけではない

雇用保険は、すべての労働者が加入するわけではありません。１週間の労働時間が20時間以上、かつ31日以上の雇用見込みがある従業員を雇った場合に加入義務が発生します。企業の規模や業種にかかわらず、また、従業員がパートタイマーでもアルバイトでも、事業主は対象となる従業員を雇用保険へ加入させる義務があります。

全日制の学生は学業に専念することが本分なので、原則加入できないニャー

基本手当（いわゆる失業保険）は、働く意思と能力があるにもかかわらず就職できない場合に支給されます。そのため、退職してすぐに転職する人や就職の意思がない人などは受給できません。

## 失業給付は大きく4種類に分けられる

失業給付には、失業保険のほかにも就職活動をしたときや教育訓練を受講したときなどに受給できる給付があります。

### ❶ 求職者給付

**失業したときに受給できる**

- **基本手当（失業保険）**…求職者に期間を限定して支給される
- **技能習得手当**…公共職業訓練を受講した場合に支給される（受講手当と通所手当に分かれる）
- **寄宿手当**…公共職業訓練を受講するため、家族と離れて生活している期間について支給される
- **傷病手当**…公共職業安定所での求職後、ケガや病気などで働けなくなった場合に支給される
- **高年齢求職者給付金**…65歳を超えた求職中の人に支給される
- **特例一時金**…期間限定や季節限定の仕事など、雇用期間が1年未満の仕事に就いていた失業状態の人に支給される
- **日雇労働求職者給付金**…日雇労働者が失業したとき、一定の印紙保険料が納付されている場合に支給される

### ❷ 就職促進給付

**就職活動・再就職をしたときに受給できる**

［就職活動をしたとき］

- **移転費**…ハローワークが紹介した企業に就職したり、公共職業訓練を受けるために引っ越しせざるを得ないときに支給される
- **求職活動支援費**
  - ①広域求職活動費…ハローワークの紹介により遠方の企業を見学または面接のために足を運ぶ際に宿泊費と交通費が支給される
  - ②短期訓練受講費…雇用保険の受給資格者が、再就職のために１か月未満の教育訓練を修了したときに支給される
  - ③求職活動関係役務利用費…求職活動や公共職業訓練のために保育サービスを利用し子どもを預けたときに支給される

［再就職したとき］

- **就業促進手当**…失業保険の受給期間中に就職をして、受給期間が規定の日数分残っている人を対象とした給付金。①再就職手当、②就業促進定着手当、③就業手当、④常用就職促進手当の４種類がある。

### ❸ 教育訓練給付

**教育訓練の受講中に受給できる**

- **教育訓練給付金**…仕事のスキルアップや資格取得のために受けた教育に対する講座費の一部が支給される

### ❹ 雇用継続給付

**60歳以降に再就職した場合、働けない事由がある場合などに受給できる**

［高齢者の賃金が減ったとき］

- **高年齢雇用継続基本給付金**…雇用保険の被保険者期間が5年以上あり、60歳時点と比べて賃金が75%未満に低下した場合に支給される

［高齢者が再就職したとき］

- **高年齢再就職給付金**…雇用保険の被保険者期間が５年以上ある60歳以上65歳未満の人が、１年以上の雇用が前提である状態で再就職したときに支給される

［被保険者が育児休業したとき］

- **育児休業給付**…１歳未満の子の育児のために育児休業を取得した際に支給される（→P.201参照）

［被保険者が介護休業したとき］

- **介護休業給付**…対象となる家族を介護するために介護休業を取得した際に支給される

受け取れる基本手当は、離職理由や雇用保険の加入期間、年齢、給料などの条件によりそれぞれ異なります。

# 社会保険に加入義務がある事業所の要件

- 法人の事業所は、1人でも報酬を支払っている従業員がいれば加入する義務がある
- 事業所には強制適用事業所と任意適用事業所がある

## 条件を満たす場合、事業主の意思にかかわらず加入する

株式会社など法人の事業所では、役員・従業員にかかわらず1人でも報酬を支払っている従業員がいれば、事業主の意思にかかわらず健康保険・厚生年金保険の加入が義務づけられています。また、個人事業所であっても、常時5人以上の従業員がいる事業所では、法人と同様に加入しなければなりません。

このように、事業主の意思にかかわらず社会保険の加入が義務づけられる事業所を、強制適用事業所といいます。

ただし、個人事業所での農林水産業や飲食業などのサービス業は、従業員が何人いても強制適用とはなりません

## 加入要件を満たさない事業所でも社会保険に加入できる

従業員が5人未満の個人事業所や、人数にかかわらず飲食業などサービス業の個人事業所が加入できる社会保険は、原則国民健康保険と国民年金のみです。しかし、もっと保障の充実した社会保険に加入したいという要望があり、加入要件を満たす従業員の過半数の同意を得れば、任意に加入することができます。

このように、強制適用事業所ではない事業所のうち、厚生労働大臣の認可を受けて社会保険の適用となった事業所のことを任意適用事業所といいます。

任意適用事業所となった際には、加入に同意しなかった従業員も含めて社会保険に加入します。なお、被保険者の4分の3以上の同意があれば脱退が可能です。

## 社会保険に加入義務がある事業所とその人数

**社会保険への加入義務は、業種や人数により決まります。基本ルールは下記の通りです。**

| 個人／法人 | 業　種 | 常時雇用している人数 | |
|---|---|---|---|
| 法　人 | 全業種 | 1人以上<br>※役員のみの事業所も加入する。 | 加入義務あり |
| 個　人 | 法定16業種※<br>弁護士や社会保険労務士なども、2022年10月から適用業種となる。 | 5人以上 | 加入義務あり |
| 個　人 | 法定16業種 | 5人未満 | 加入義務なし |
| 個　人 | 法定16業種以外の業種 | 人数問わず | 加入義務なし |

**※法定16業種**

法定16業種とは、つぎの業種のことをいいます。
1.製造業、2.土木建築業、3.鉱業、4.電気ガス事業、5.運送業、6.貨物積卸業、7.清掃業、8.物品販売業、9.金融保険業、10.保管賃貸業、11.媒介周旋業、12.集金案内広告業、13.教育研究調査業、14.医療保健業、15.通信報道業、16.社会福祉事業

個人事業所が任意適用になっても、残念ながら事業主は社会保険に加入できないニャ。従業員のみが加入できるのニャ

## 任意で社会保険に加入するための条件

**社会保険の加入条件を満たしていない事業所が加入するには、いくつか条件があります。**

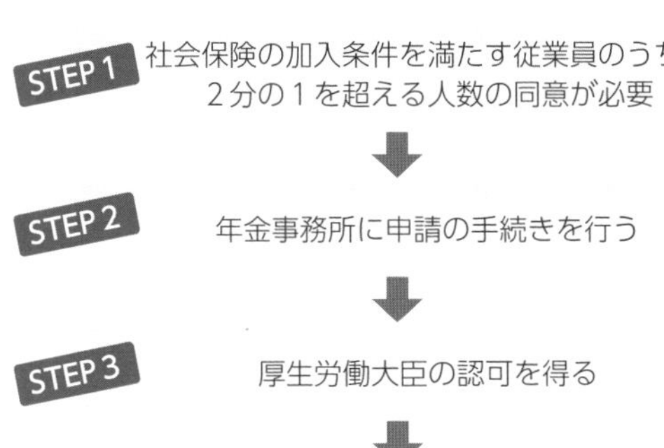
STEP 1
社会保険の加入条件を満たす従業員のうち、2分の1を超える人数の同意が必要
STEP 2
年金事務所に申請の手続きを行う
STEP 3
厚生労働大臣の認可を得る
加入！

2分の1を超える同意

まめ知識

社会保険に加入するおもなメリットは、「扶養ができる」「国民年金のみよりも年金の支給額が多くなる」「業務外のケガや病気で欠勤せざるを得なくなった場合の所得保障がある」などです。

# 社会保険に加入義務がある事業所の手続き

- 会社がはじめて社会保険に加入することを新規適用という
- 強制適用事業所か任意適用事業所かにかかわらず、「健康保険・厚生年金保険 新規適用届」の提出が必要

## 事業所に記号と番号が付与される

会社としてはじめて社会保険に加入する場合、「健康保険・厚生年金保険 新規適用届」(以下、新規適用届)を提出します(→P.48参照)。この書類を提出することによって、事業所記号・番号が付与されます(→P.47「適用通知書」)。事業所記号・番号で、年金事務所がすぐに会社情報を確認できるようになります。今後の手続きでは事業所記号・番号を各用紙に記載します。

「新規適用届」を提出する事業所は、役員・従業員を問わず報酬を支払っている人が1人以上いる法人と、常時5人以上の従業員がいる個人事業所です。

### ▶新規適用届の提出時期と提出方法

| | 強制適用事業所 | 任意適用事業所 |
|---|---|---|
| 提出先 | 事業所を管轄する年金事務センターまたは年金事務所 | |
| 提出時期 | 強制適用事業所となった日から5日以内 | 従業員(被保険者となるべき人)の2分の1以上の同意後、すみやかに |
| 同時に届け出る書類 | ①健康保険・厚生年金保険被保険者資格取得届<br>②-1 健康保険被扶養者(異動)届(国民年金第3号被保険者関係届):被扶養者がいる場合<br>②-2 国民年金第3号被保険者関係届:協会けんぽ以外の健康保険に加入している場合で、配偶者が国民年金第3号被保険者に該当した場合 | 強制適用事業所の必要書類<br>+<br>任意適用申請書 |
| 添付書類 | 法人(商業)登記簿謄本、賃貸借契約書のコピー(登記場所と実際の事業所の場所が違う場合)、法人番号指定通知書のコピー、労働者名簿、出勤簿、賃金台帳など | 強制適用事業所の添付書類<br>+<br>任意適用同意書<br>※その他添付書類あり |

「新規適用届」は事業主からの届け出が必要です。届け出用紙は日本年金機構のHPからダウンロードするか、管轄の年金事務所に問い合わせることで入手できます。

## 新規適用届提出後に交付される書類

**新規適用届を提出し受理された場合、年金事務所から書類が送られてきます。**

「新規適用届」を提出し受理された場合、年金事務所から「適用通知書」と「資格取得確認及び標準報酬決定通知書」が送られてきます。「適用通知書」には今後の手続きの際に使用する事業所記号・番号が記載されています。「資格取得確認及び標準報酬決定通知書」には被保険者の氏名や標準報酬月額が記載されています。

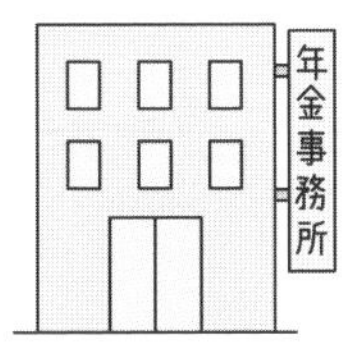

### 「適用通知書」の例

協会けんぽの場合

事務所ごとに付与された「数字-カタカナ」の文字列が記載してある。
**協会けんぽ**：1文字目は、会社の名称と同じカナ。
例：ジェイズ事務所→「シ○○」
**健康保険組合**：1文字目は、会社の名称と同じアルファベット。
例：トータル→「T○○○」

資格取得や喪失、賞与など、ここに表記されている事業所記号・番号を記入することが多いため、この番号は忘れないように

適 用 通 知 書

| | | | |
|---|---|---|---|
| 事業所整理番号 | 渋谷③ シツ○ | 事業所番号 | 12345 |
| 事業所名称 | 株式会社ジェイズ事務所 | | |
| 事業所所在地 | 〒151-0053<br>東京都渋谷区代々木○-○ | | |
| 事業所電話番号 | 03-5000-5000 | | |
| 事業主氏名 | ジェイズ花子 | | |
| 管掌区分 | 協会管掌 | 適用区分 | 強制適用事業所 |
| 組合略称 | | 社会保険労務士コード | |
| 基金番号 | | 適用年月日 | 令和 ○ 年 4 月 1 日 |
| 基金名称 | | | |
| 適用種別 | | | |

上記のとおり適用することとしたので通知します。

事業所所在地 〒151-0053
東京都渋谷区代々木○-○
事業所名称 株式会社ジェイズ事務所 殿

令和 ○ 年 4 月 1 日
日本年金機構理事長

適用区分の箇所で、強制適用で加入したか任意適用で加入したかがわかる

# 「健康保険・厚生年金保険 新規適用届」の記入例

**表**

株式会社は「カ」、有限会社は「ユ」、合名会社は「メ」、合資会社は「シ」と略して記入。それ以外の法人は省略せずそのまま記入

事業の種類を具体的に記入。日本年金機構からダウンロードできる「事業所業態分類票」で確認

都道府県を除いて記入

市外局番と市内局番、市内局番と加入者番号の間にハイフン（－）を記入

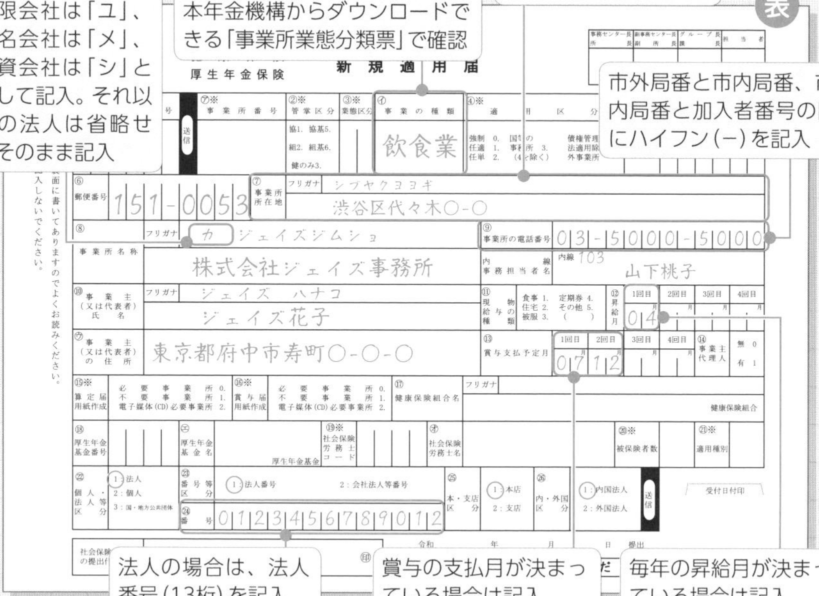

厚生年金保険　新規適用届

① 事業の種類：飲食業

⑥ 郵便番号：151-0053

⑦ 事業所所在地：（フリガナ）シブヤクヨヨギ　渋谷区代々木○-○

⑧ 事業所名称：（フリガナ）カ　ジェイズジムショ　株式会社ジェイズ事務所

⑨ 事業所の電話番号：03-5000-5000　内線 103　事務担当者名：山下桃子

⑩ 事業主（又は代表者）氏名：（フリガナ）ジェイズ　ハナコ　ジェイズ花子

⑦ 事業主（又は代表者）の住所：東京都府中市寿町○-○-○

⑪ 現物給与の種類：食事 1.　定期券 4.　住宅 2.　その他 5.　被服 3.（　）

⑫ 昇給月：1回目 04

⑬ 賞与支払予定月：1回目 07　2回目 12

⑭ 事業主代理人：無 0　有 1

⑰ 健康保険組合名　健康保険組合

㉒ 個人・法人等区分：①法人　2：個人　3：国・地方公共団体

㉓ 番号等区分：①法人番号　2：会社法人等番号

㉔ 番号：0123456789012

㉕ 本・支店区分：①本店　2：支店

㉖ 内・外国区分：①内国法人　2：外国法人

法人の場合は、法人番号（13桁）を記入

賞与の支払月が決まっている場合は記入

毎年の昇給月が決まっている場合は記入

**裏**

給与の支給形態、給与として支払われる手当に該当するものをすべて○で囲む。適当なものがなければ、その他を○で囲みカッコ内に名称を記入

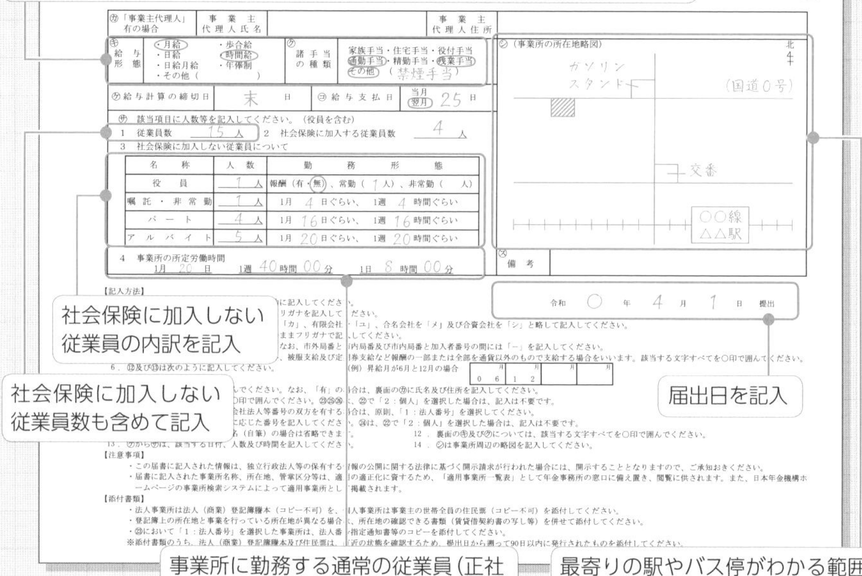

㉗「事業主代理人」有の場合　事業主代理人氏名　事業主代理人住所

㋐ 給与形態：・月給（○）・日給・日給月給・その他（　）・歩合給・時間給（○）・年俸制

㋑ 諸手当の種類：家族手当・住宅手当・役付手当・通勤手当（○）・精勤手当・残業手当（○）・その他（○）（禁煙手当）

㋒ 給与計算の締切日：末 日　㋓ 給与支払日：当月・翌月（○） 25 日

㋔ 該当項目に人数等を記入してください。（役員を含む）

1　従業員数　15 人　2　社会保険に加入する従業員数　4 人

3　社会保険に加入しない従業員について

| 名称 | 人数 | 勤務形態 |
|---|---|---|
| 役員 | 1 人 | 報酬（有・無（○））、常勤（1人）、非常勤（　人） |
| 嘱託・非常勤 | 1 人 | 1月 4 日ぐらい、1週 4 時間ぐらい |
| パート | 4 人 | 1月 16 日ぐらい、1週 16 時間ぐらい |
| アルバイト | 5 人 | 1月 20 日ぐらい、1週 20 時間ぐらい |

4　事業所の所定労働時間　1月 20 日　1週 40 時間 00 分　1日 8 時間 00 分

㋕（事業所の所在地略図）



㋖ 備考

令和 ○ 年 4 月 1 日 提出

【記入方法】

6. ⑫及び⑬は次のように記入してください。（例）昇給月が6月と12月の場合　0 6 1 2

12. 裏面の㋐及び㋑については、該当する文字すべてを○印で囲んでください。

13. ㋒から㋔は、該当する日付、人数及び時間を記入してください。

14. ㋕は事業所周辺の略図を記入してください。

【注意事項】

・この届書に記入された情報は、独立行政法人等の保有する情報の公開に関する法律に基づく開示請求が行われた場合には、開示することとなりますので、ご承知おきください。

・届書に記入された事業所名称、所在地、管掌区分等は、適用の適正化に資するため、「適用事業所一覧表」として年金事務所の窓口に備え置き、閲覧に供されます。また、日本年金機構ホームページの事業所検索システムによって適用事業所として掲載されます。

【添付書類】

・法人事業所は法人（商業）登記簿謄本（コピー不可）を、個人事業所は事業主の世帯全員の住民票（コピー不可）を添付してください。

・登記簿上の所在地と事業を行っている所在地が異なる場合は、所在地の確認できる書類（賃貸借契約書の写し等）を併せて添付してください。

・㉓において「1：法人番号」を選択した事業所は、法人番号指定通知書等のコピーを添付してください。

社会保険に加入しない従業員の内訳を記入

社会保険に加入しない従業員数も含めて記入

届出日を記入

事業所に勤務する通常の従業員（正社員）の労働日数、労働時間を記入

最寄りの駅やバス停がわかる範囲で事業所所在地の略図を記入

# 「健康保険・厚生年金保険 任意適用申請書」「健康保険・厚生年金保険 任意適用申請同意書」の記入例



届出日を記入

すでに国民健康保険組合などに加入済みで、厚生年金保険のみの加入申請をする場合は、厚生年金保険を○で囲む

**健康保険 厚生年金保険 任意適用申請書**

| 様式コード | | | |
|---|---|---|---|
| 9 | 2 | 9 | 9 |

令和 ○ 年 4 月 1 日提出

**提出者記入欄**

下記のとおり、別紙同意書を添えて、申請します。

| | |
|---|---|
| 事業所所在地 | 〒151-0053 (フリガナ) トウキョウトシブヤクヨヨギ<br>東京都渋谷区代々木○-○ |
| 事業所名称 | (フリガナ) ジェイズラーメン<br>ジェイズらーめん |
| 事業主氏名 | ジェイズ花夫 |
| 電話番号 | 0350005000 |

受付印

社会保険労務士記載欄
氏名等 ㊞

事業の種類を具体的に記入。「事業所業態分類票」で確認

被保険者となる従業員数を記入。加入要件を満たさない従業員数は除く

すでに国民健康保険組合に加入していたり、特記事項があれば記入

**事業所記入欄**

| | |
|---|---|
| ① 事業の種類 | 飲食店 |
| ② 被保険者となるべき者の数 | 3人 |
| ③ 備考 | らーめん国民健康保険組合へ加入済み |

被保険者となるべき従業員数を記入（任意適用申請書「事業所記入欄②」と同数）

加入に同意する従業員数を記入

**健康保険 厚生年金保険 任意適用申請同意書**

健康保険法第３１条及び厚生年金保険法第６条第３項、第４項の規定による適用事業所となることに同意します。

| | | | |
|---|---|---|---|
| 事業所の名称 | ジェイズらーめん | 事業所の所在地 | 東京都渋谷区代々木○-○ |
| 使用される者の数（被保険者となるべき者） | 3 名 | 左記のうち同意する者の数 | 2 名 |

〔同意欄〕

| 番号 | 同意する者の氏名 | 同意する者の生年月日 | 同意する者の住所 |
|---|---|---|---|
| 1 | 村田　良彦 | (昭和)・平成 47年 5月 17日 | 東京都新宿区西新宿○-○-○ |
| 2 | 中山　英道 | 昭和・(平成) 2年 10月 3日 | 東京都渋谷区千駄ヶ谷○-○-○ |
| 3 | | 昭和・平成 年 月 日 | |
| 4 | | 昭和・平成 年 月 日 | |
| 5 | | 昭和・平成 年 月 日 | |
| 6 | | 昭和・平成 年 月 日 | |
| 7 | | 昭和・平成 年 月 日 | |
| 8 | | 昭和・平成 年 月 日 | |
| 9 | | 昭和・平成 年 月 日 | |
| 10 | | 昭和・平成 年 月 日 | |

※同意する者本人が自ら署名する場合には、押印は不要です。

※「任意適用申請同意書」の様式は、上記の様式に記載されている項目がある任意様式で可

# 労災保険に加入義務がある事業所の要件

- 労働者を1人でも雇っていたら、会社は労災保険に加入する必要がある
- 労災保険料は事業主が全額負担する

## 労災保険の加入は任意ではなく義務

社員、パートタイマー、アルバイトなどの名称や雇用形態にかかわらず、労働者を1人でも雇っていれば、会社は労災保険を成立させる義務があります。このように事業主や従業員の意思にかかわらず労災保険に加入する事業所を、当然適用事業といいます。

極端な話ですが、たとえ月に1時間だけ勤務するパートタイマーを1名だけ雇用したとしても、労災保険の成立手続きが必要となる、ということです。

労災保険は、労働者を雇った時点で当然加入しているとみなされます。万が一、成立の手続きを行う前に労災事故が起こった場合には、追徴金などをともなうきびしいペナルティがあります（下記まめ知識参照）

## 労災保険の保険料は会社が100%負担する

会社は毎年、労働基準監督署に労災保険料を納付します。労災保険料は、実際に従業員へ支給した給与の支給額に対して、業種ごとに決められた保険料率を掛けて算出されます。ただし建設業など一部の事業では、元請金額をもとに労災保険料を算出することがあります。

労災保険料は会社が全額を負担して納めるため、従業員の給与から天引きはしません。ほかの保険と異なり従業員の負担がないため、給与明細にものりません。

労災保険の加入手続きを怠っていた期間中に事故が発生した場合、労働者やその遺族には労災保険が給付されますが、事業主は保険料の全額または一部が徴収されます。

## 労働保険は一元適用と二元適用に分けられる

労働保険（労災保険と雇用保険）の事業は、計算方式により２種類に分かれます。

**一元適用事業**

**二元適用以外の事業**

※一般の会社の労働保険はこちらの一元適用事業に該当する。

- 労災保険と雇用保険を１つの労働保険として扱う
- 保険料の申告・納付を１枚の用紙でまとめて行う

**二元適用事業**

1. 都道府県、市町村およびそれらに準ずるものが行う事業
2. 港湾運送の行為を行う事業
3. 農林・畜産・養蚕（ようさん）・水産の事業
4. 建設の事業

- 労災保険と雇用保険を別々の労働保険として扱う
- 保険料の申告・納付を別々に行う

## 労災保険に加入する事業所の要件

人数にかかわらず、従業員を１人でも雇用していれば労災保険に加入します。

### ▶労災保険の加入の有無

| 個人／法人 | 業　種 | 加入の有無 |
|---|---|---|
| 法　人 | 全業種 | 加入しなければならない |
| 個　人 | 農林水産業以外の業種 | 加入しなければならない |
| 個　人 | 農林水産業 | ※常時雇用している人数が５人以上の場合、加入しなければならない |

※農林水産業のうち、個人経営かつ常時雇用している人数が５人未満の場合は原則適用除外ですが、申請して認可を受けることで労災を成立させることができます。

事業主と同居している親族や法人の役員は原則労災保険に加入できませんが、業務上事業主の指揮命令に従っていることが明確な場合や、勤務実態や給与額がほかの従業員と同様な場合は加入できます。

# 労働保険に加入義務がある事業所の手続き

- 新しく会社や支店ができた場合には、「労働保険 保険関係成立届」と「労働保険 概算保険料申告書」を届け出る
- 概算保険料申告書は、保険関係成立届と一緒に届け出る

## 労働保険番号を取得するために書類を提出する

新しく会社や支店を発足し、従業員を１人でも雇った場合には、事業主や従業員の意思にかかわらず、労働保険に加入する必要があります。

「労働保険 保険関係成立届」と「労働保険 概算保険料申告書」を、管轄の労働基準監督署に届け出て、成立日から３月31日までの見込み保険料を納付します。これにより、会社が労働保険に加入したことの証となる労働保険番号を取得できます。この労働保険番号は事業所ごとに振り出される番号で、今後の給付申請や手続きの際に必要となる大切な番号です。

健康 年金 労災 雇用

**書式DATA**

| | |
|---|---|
| 必要書類 | 1 労働保険　保険関係成立届<br>2 労働保険　概算保険料申告書 |
| 届け先 | 1 2ともに管轄の労働基準監督署 |
| 期　日 | 1 保険関係成立日から10日以内<br>2は1と同時に届け出る |
| 添付書類 | 1 法人登記簿謄本（個人事業主は代表者の住民票）<br>2 原則なし。同時に届け出ができないときは1の控えを持参するとよい |
| 入手先 | 1・2 HPからダウンロードはできないため、最寄りの労働基準監督署で用紙をもらう<br>※2 次年度以降は毎年５月末から６月１日までに労働局より郵送で送られてくる |

労災保険成立の手続きを行うよう指導を受けていたにもかかわらずその手続きを行わない事業者に対しては、さかのぼって労働保険料が徴収されるほか、あわせて追徴金も徴収されます。

## 従業員を雇ったら提出する2つの書類

つぎの2つの書類を提出しないと、労働保険が適用されません。

### 1 労働保険　保険関係成立届

従業員を1人でも雇用した場合には、「労働保険 保険関係成立届」を提出することで、労働保険を成立させます。これは、同時に会社が労働保険に加入したことの証となる、労働保険番号を取得することにもなります。本社のほかに支店や店舗などがある場合は、その事業場ごとに労働保険を成立させ、それぞれの労働保険番号を取得します。

※農林水産業・建設業などのように、労災保険と雇用保険を区別してそれぞれで労働保険番号を取得する場合もあります。

### 2 労働保険　概算保険料申告書

労働保険が成立した日から、その年度の末日（3月31日）までに従業員に支払う賃金総額の見込み額に保険料率を乗じて得た額を概算保険料として申告したあと、概算保険料を最寄りの金融機関窓口で納付する必要があります。「労働保険 概算保険料申告書」は、原則「労働保険 保険関係成立届」とセットで労働基準監督署へ届け出るため、成立届より先に提出することはできません。

## 保険料納付は口座振替にしたほうがよい？

労働保険料などの納付には口座振替が利用できます。口座振替のメリットとしては、「保険料納付のために毎回金融機関の窓口へ行く手間や時間が解消される」「納付の忘れや遅れがなくなるため、延滞金を課される心配がない」「手数料がかからない」「保険料の引き落としに、最大約2か月のゆとりができる」といった点があげられます。

### 保険料の口座振替による納付に必要な書類

「労働保険　保険料等口座振替納付書送付(変更)依頼書　兼　口座振替依頼書」

厚生労働省のサイトに、PC上で直接入力して作成できるPDFがあるので、こちらを使うと便利です。

| 検索 | 厚生労働省　労働保険　口座振替 |
|---|---|

https://www.mhlw.go.jp/bunya/roudoukijun/hokenryou/kouza_moushikomi.html

保険料の引き落とし日の約3週間前には、はがきで引き落とし内容の知らせが届きます。また、約3週間後にも、はがきで引き落としの結果が届きます。

# 「労働保険 保険関係成立届」の記入例

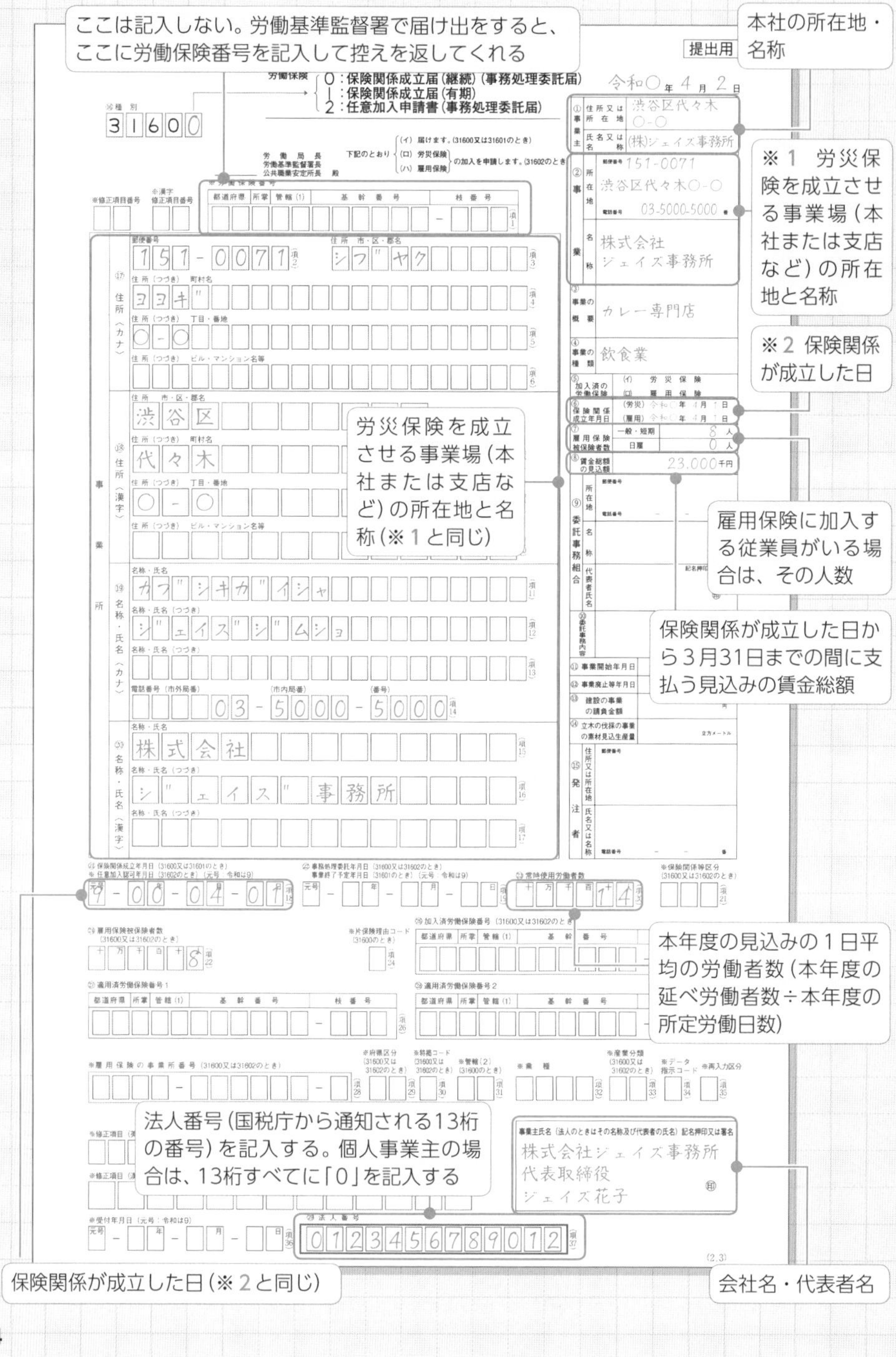

ここは記入しない。労働基準監督署で届け出をすると、ここに労働保険番号を記入して控えを返してくれる

本社の所在地・名称

※1 労災保険を成立させる事業場（本社または支店など）の所在地と名称

※2 保険関係が成立した日

労災保険を成立させる事業場（本社または支店など）の所在地と名称（※1と同じ）

雇用保険に加入する従業員がいる場合は、その人数

保険関係が成立した日から3月31日までの間に支払う見込みの賃金総額

本年度の見込みの1日平均の労働者数（本年度の延べ労働者数÷本年度の所定労働日数）

法人番号（国税庁から通知される13桁の番号）を記入する。個人事業主の場合は、13桁すべてに「0」を記入する

保険関係が成立した日（※2と同じ）

会社名・代表者名

提出用

労働保険
0：保険関係成立届（継続）（事務処理委託届）
1：保険関係成立届（有期）
2：任意加入申請書（事務処理委託届）

※種別 31600

令和○年4月2日

①事業主 住所又は所在地 渋谷区代々木○-○
氏名又は名称 (株)ジェイズ事務所

下記のとおり（イ）届けます。（31600又は31601のとき）（ロ）労災保険（ハ）雇用保険 の加入を申請します。（31602のとき）

労働局長
労働基準監督署長
公共職業安定所長 殿

②事業 所在地 郵便番号 151-0071 渋谷区代々木○-○ 電話番号 03-5000-5000
名称 株式会社ジェイズ事務所

③事業の概要 カレー専門店

④事業の種類 飲食業

⑤加入済の労働保険 (イ)労災保険 (ロ)雇用保険

⑥保険関係成立年月日 （労災）令和○年4月1日 （雇用）令和○年4月1日

⑦雇用保険被保険者数 一般・短期 8人 日雇 0人

⑧賃金総額の見込額 23,000千円

⑨委託事務組合 所在地 名称 代表者氏名

⑩委託事務内容

⑪事業開始年月日

⑫事業廃止等年月日

⑬建設の事業の請負金額

⑭立木の伐採の事業の素材見込生産量

⑮発注者 住所又は所在地 氏名又は名称

※修正項目番号 ※漢字修正項目番号 ※労働保険番号（都道府県 所掌 管轄(1) 基幹番号 枝番号）

事業所

⑰住所（カナ） 郵便番号 151-0071 住所 市・区・郡名 シブヤク
住所（つづき）町村名 ヨヨギ
住所（つづき）丁目・番地 ○-○
住所（つづき）ビル・マンション名等

⑱住所（漢字） 住所 市・区・郡名 渋谷区
住所（つづき）町村名 代々木
住所（つづき）丁目・番地 ○-○
住所（つづき）ビル・マンション名等

⑲名称・氏名（カナ） カブシキガイシャ
名称・氏名（つづき） ジェイズジムショ
電話番号 03-5000-5000

⑳名称・氏名（漢字） 株式会社
名称・氏名（つづき） ジェイズ事務所

㉑保険関係成立年月日（31600又は31601のとき）※任意加入認可年月日（31602のとき）（元号 令和は9） 9-00-04-01

㉒事務処理委託年月日（31600又は31602のとき）事業終了予定年月日（31601のとき）

㉓常時使用労働者数 14

※保険関係等区分（31600又は31602のとき）

㉔雇用保険被保険者数（31600又は31602のとき） 8

※片保険理由コード（31600のとき）

㉕加入済労働保険番号（31600又は31602のとき）

㉗適用済労働保険番号1

㉘適用済労働保険番号2

※雇用保険の事業所番号（31600又は31602のとき）

※府県区分 ※特掲コード ※管轄(2) ※業種 ※産業分類 ※データ指示コード ※再入力区分

※修正項目

※受付年月日（元号：令和は9）

㉙法人番号 0123456789012

事業主氏名（法人のときはその名称及び代表者の氏名）記名押印又は署名
株式会社ジェイズ事務所
代表取締役
ジェイズ花子 ㊞

(2.3)

## 「労働保険 概算保険料申告書」の記入例

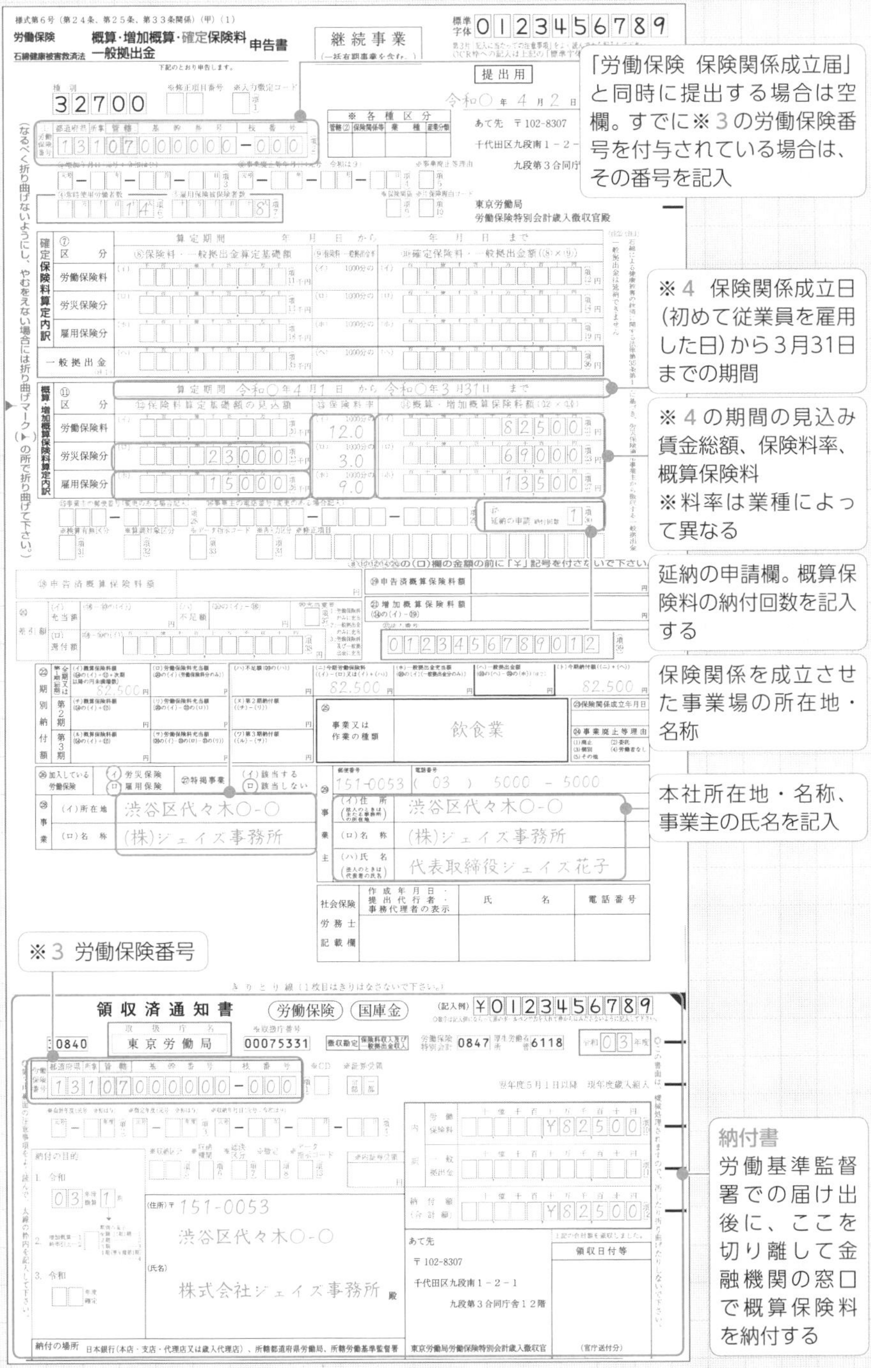

様式第6号（第24条、第25条、第33条関係）（甲）（1）

労働保険 概算・増加概算・確定保険料 申告書
石綿健康被害救済法 一般拠出金

継続事業（一括有期事業を含む。）

標準字体 0123456789

下記のとおり申告します。

提出用

種別 32700

令和○年 4月 2日

あて先 〒102-8307 千代田区九段南1－2－1 九段第3合同庁舎12階

東京労働局 労働保険特別会計歳入徴収官殿

①労働保険番号 13107000000-000

⑤常時使用労働者数 14　⑥雇用保険被保険者数 8

（なるべく折り曲げないようにし、やむをえない場合には折り曲げマーク（►）の所で折り曲げて下さい。）

確定保険料算定内訳：算定期間 年 月 日 から 年 月 日 まで
⑦区分／⑧保険料・一般拠出金算定基礎額／⑨保険料・一般拠出金率／⑩確定保険料・一般拠出金額（⑧×⑨）
労働保険料／労災保険分／雇用保険分／一般拠出金

概算・増加概算保険料算定内訳：算定期間 令和○年4月1日 から 令和○年3月31日 まで

| ⑪区分 | ⑫保険料算定基礎額の見込額 | ⑬保険料率 | ⑭概算・増加概算保険料額（⑫×⑬） |
|---|---|---|---|
| 労働保険料 | | 1000分の 12.0 | 82500 |
| 労災保険分 | 23000 千円 | 1000分の 3.0 | 69000 |
| 雇用保険分 | 15000 千円 | 1000分の 9.0 | 13500 |

延納の申請 納付回数 1

⑧⑩⑫⑭の（ロ）欄の金額の前に「¥」記号を付さないで下さい。

⑱申告済概算保険料額　⑲増加概算保険料額

01234567890 12

㉒期別納付額：全期又は第1期 (イ)概算保険料額 82,500円 … (ト)今期納付額 82,500円 … 82,500円

㉕事業又は作業の種類 飲食業

㉖加入している労働保険 (イ)労災保険 (ロ)雇用保険　㉗特掲事業 (イ)該当する (ロ)該当しない

㉘事業 (イ)所在地 渋谷区代々木○-○　(ロ)名称 (株)ジェイズ事務所

㉙事業主 郵便番号 151-0053　電話番号 (03) 5000 - 5000
(イ)住所 渋谷区代々木○-○
(ロ)名称 (株)ジェイズ事務所
(ハ)氏名 代表取締役ジェイズ花子

社会保険労務士記載欄：作成年月日・提出代行者・事務代理者の表示／氏名／電話番号

きりとり線（1枚目はきりはなさないで下さい。）

領収済通知書（労働保険）（国庫金）（記入例）¥0123456789

取扱庁名 0840 東京労働局　収納済庁番号 00075331　労働保険特別会計 0847　6118　令和03年度

労働保険番号 13107000000-000

納付の目的 1. 令和 03年度 概算 1期

内訳 労働保険料 ¥82500　一般拠出金　納付額（合計額） ¥82500

(住所) 〒151-0053 渋谷区代々木○-○
(氏名) 株式会社ジェイズ事務所 殿

あて先 〒102-8307 千代田区九段南1－2－1 九段第3合同庁舎12階

納付の場所 日本銀行（本店・支店・代理店又は歳入代理店）、所轄都道府県労働局、所轄労働基準監督署
東京労働局労働保険特別会計歳入徴収官

「労働保険 保険関係成立届」と同時に提出する場合は空欄。すでに※3の労働保険番号を付与されている場合は、その番号を記入

※4 保険関係成立日（初めて従業員を雇用した日）から3月31日までの期間

※4の期間の見込み賃金総額、保険料率、概算保険料
※料率は業種によって異なる

延納の申請欄。概算保険料の納付回数を記入する

保険関係を成立させた事業場の所在地・名称

本社所在地・名称、事業主の氏名を記入

※3 労働保険番号

納付書
労働基準監督署での届け出後に、ここを切り離して金融機関の窓口で概算保険料を納付する

# 雇用保険に加入義務がある事業所の要件と手続き

- 雇用保険は要件を満たした従業員のみ加入する
- アルバイトやパートタイマーも要件を満たせば加入する

## 要件を満たす従業員を雇用するたびに加入手続きをする

雇用保険は、つぎの3つの条件を満たした従業員が加入します。(1)勤務開始時から31日以上雇用する見込みがあること、(2)1週間あたり20時間以上働いていること、(3)昼間学生（ちゅうかんがくせい）※ではないこと(例外あり)。

雇用保険の加入条件を満たしている従業員が1人でもいる場合、その事業所は強制適用事業所として雇用保険に加入します。労災保険との違いは、加入要件を満たす従業員を雇用するたびに、手続きが必要となる点です。

アルバイトやパートタイマーは雇用保険とは関係ないと思うかもしれませんが、強制適用なので条件を満たせば加入します

## 労災保険の手続きのあとに書類を提出する

「労働保険 保険関係成立届」(→P.54)を提出して労働保険が成立したあとに、「雇用保険 適用事業所設置届」(→P.58)と「雇用保険被保険者資格取得届」(→P.75)を提出します。労働保険番号に雇用保険をひもづける必要があるため、逆の順序での手続きはできません。

「雇用保険被保険者資格取得届」は、雇用保険の加入対象者を雇用するごとに1人ずつ手続きします。この書類を提出すると、会社用の控えのほか、従業員用にも「雇用保険被保険者証」と「雇用保険資格取得等確認通知書」が交付されます。これらの書類はすみやかに従業員に渡しましょう。

昼間学生とは、昼間は学校に行き、夜にアルバイトなどで働く学生のことです。この学生は雇用保険の対象外ですが、昼に働き夜間に学校で勉強する人は雇用保険の対象になります。

## 「雇用保険 適用事業所設置届 事業主控」の例

※ハローワークから交付される書類

この番号が会社の登録番号となる。雇用保険に関する手続きで、ほとんどの用紙に記入することになる

適用事業所台帳　雇用保険 適用事業所設置届／事業主事業所各種変更届 事業主控

1.法人番号
0123456789012

2.事業所番号
1307-000000-0

3.管轄区分
0

4.変更年月日

5.事業所の名称
カブシキガイシャ　ジェイズジムショ
株式会社ジェイズ事務所

6.郵便番号
151-0053

7.事業所の所在地
渋谷区代々木
○-○

8.事業所の電話番号
03-5000-5000

9.設置年月日
令和○年4月1日

10.設置区分
1 〔1.当然　2.任意〕

強制適用か、暫定任意適用かの区別

11.事業所区分
1 〔1.個別　2.委託〕

12.産業分類
76

13.労働保険番号
13107000000

14.備考
名　称
代表者氏名
電話番号

雇用保険にひもづいている労働保険番号。労災の給付申請時に、この番号が必要

# 「雇用保険適用事業所設置届」の記入例

法人番号を必ず記入

表

**雇用保険適用事業所設置届**（必ず第２面の注意事項を読んでから記載してください。）

※ 事業所番号

帳票種別 12001

1.法人番号（個人事業の場合は記入不要です。） 0123456789012

下記のとおり届けます。
公共職業安定所長 殿
令和 ◯ 年 4月 2日

2.事業所の名称（カタカナ） カブシキガイシャ
事業所の名称〔続き（カタカナ）〕 ジェイズジムショ

3.事業所の名称（漢字） 株式会社
事業所の名称〔続き（漢字）〕 ジェイズ事務所

4.郵便番号 151−0053

5.事業所の所在地（漢字）※市・区・郡及び町村名 渋谷区代々木
事業所の所在地（漢字）※丁目・番地 ◯−◯
事業所の所在地（漢字）※ビル、マンション名等

常時使用する労働者数（雇用保険に加入しない人も含む）を記入

労働基準監督署へ届け出た「労働保険 保険関係成立届」（→P.54）に振り出された労働保険番号を記入

6.事業所の電話番号（項目ごとにそれぞれ左詰めで記入してください。） 03−5000−5000
市外局番 市内局番 番号

7.設置年月日 5−030401（3 昭和 4 平成 5 令和）
元号 年 月 日

8.労働保険番号 13107000000000
府県 所掌 管轄 基幹番号 枝番号

初めて雇用保険の被保険者となる従業員を雇い入れた日を記入

9.設置区分 10.事業所区分（1 個別 2 委託） 11.産業分類 12.台帳保存区分（1 日雇被保険者のみの事業所 2 船舶所有者）

| | | | | | |
|---|---|---|---|---|---|
| 13.事業主 | 住所（法人のときは主たる事務所の所在地）（フリガナ）シブヤクヨヨギ | 渋谷区代々木◯−◯ | 17.常時使用労働者数 | | 14 人 |
| | 名称（フリガナ）カブシキガイシャジェイズジムショ | 株式会社ジェイズ事務所 | 18.雇用保険被保険者数 | 一般 | 8 人 |
| | | | | 日雇 | 0 人 |
| | 氏名（法人のときは代表者の氏名）（フリガナ）ジェイズハナコ | ジェイズ花子（記名押印又は署名 印） | 19.賃金支払関係 | 賃金締切日 | 末 日 |
| | | | | 賃金支払日 | 当・（翌月）25日 |
| 14.事業の概要（漁業の場合は漁船の総トン数を記入すること） | | カレー専門の飲食店 | 20.雇用保険担当課名 | | 人事総務 課 係 |
| 15.事業の開始年月日 | 令和 3 年 4 月 1 日 | ※事業の 16.廃止年月日 令和 年 月 日 | 21.社会保険加入状況 | | （健康保険）（厚生年金保険）（労災保険） |

備考

※ 所長 次長 課長 係長 係 操作者

（この届出は、事業所を設置した日の翌日から起算して10日以内に提出してください。）

一般：一般被保険者数、高年齢被保険者数、短期雇用特例被保険者※数の合計数を記入
日雇：日雇労働被保険者数を記入

（この用紙は、このまま機械で処理しますので、汚さないようにしてください。）

裏

| 22. 登録印 | 事業所印影 | 事業主（代理人）印影 | 改印欄（事業所・事業主） | 改印欄（事業所・事業主） | 改印欄（事業所・事業主） |
|---|---|---|---|---|---|
| | 印 | 印 | 改印年月日 令和 年 月 日 | 改印年月日 令和 年 月 日 | 改印年月日 令和 年 月 日 |

23.最寄りの駅又はバス停から事業所への道順



労働保険事務組合記載欄

所在地

名　称

代表者氏名　印

委託開始　令和　年　月　日

委託解除　令和　年　月　日

| 社会保険労務士記載欄 | 作成年月日・提出代行者・事務代理者の表示 | 氏名 | 電話番号 |
|---|---|---|---|
| | | 印 | |

※本手続は電子申請による届出も可能です。詳しくは管轄の公共職業安定所までお問い合わせください。
なお、本手続について、社会保険労務士が電子申請により本届書の提出に関する手続を事業主に代わって行う場合には、当該社会保険労務士が当該事業主の提出代行者であることを証明することができるものを本届書の提出と併せて送信することをもって、当該事業主の電子署名に代えることができます。

最寄りの駅またはバス停から事業所への道順略図を記入。インターネットで表示した地図を印刷して貼り付けてもOK

## 書式DATA

**届け先** 1 2ともに管轄するハローワーク

**期　日** 1 設置日（加入要件を満たす従業員を雇い入れた日の翌日）から10日以内
2 資格取得日の属する月の翌月10日まで

**必要書類** 1 雇用保険 適用事業所設置届
2 雇用保険 被保険者資格取得届（→P.75）

**添付書類** 1 保険関係成立届の控え、法人登記簿謄本、事業開始を証明する書類、出勤簿、労働者名簿、賃金台帳、源泉徴収票など
2 賃金台帳、労働者名簿、出勤簿、雇用契約書など

**入手先** 1 2ともにハローワークのHPからダウンロード可能

健康 年金 労災 雇用

短期雇用特例被保険者とは、季節的に雇用される人のうち、つぎのいずれにも該当しない人のことをいいます。①4か月以内の期間を定めて雇用される、②1週間の所定労働時間が30時間未満。

# マイナンバー制度・マイナンバーの取り扱い

- 社会保険と労働保険の届出・申請ではマイナンバーが必要になる
- マイナンバーは特定個人情報のため適正に管理する

## 日本に住むすべての人に割り当てられる

マイナンバー(個人番号)は、日本に住民票があるすべての人に割り当てられている12桁の番号です。このマイナンバー制度により、個人の社会保障・税・災害対策の３分野での情報がひもづけられるようになり、行政手続きも簡略化されています。

個人を特定できるマイナンバーは悪用されるおそれもあります。このため、利用できる分野は上記の３分野に限定されています。事業主は、社会保険や税の事務手続きで得た従業員や被扶養家族のマイナンバーを適正に管理することが義務づけられています。定められた利用範囲(→右ページを参照)を超えたり、他人に提供したりしてはいけません。

## 申請・届出でのマイナンバーの使い方

社会保険では、原則として申請手続きにマイナンバーが必要となります。健康保険の各種給付申請では、健康保険証の記号・番号またはマイナンバーを記入します。

雇用保険では、最初の届出となる被保険者資格取得時にマイナンバーを記載すれば、その後の届出ではマイナンバーの記載を省略することができます。

健康保険の給付申請でマイナンバーを記載する場合は、マイナンバーカードのコピー(表・裏)を添付するニャ。ただしマイナンバーの記入は任意のため、健康保険証の記号・番号を記入する方法でもOKだニャ

マイナンバーの確認が遅れている場合は、あとからマイナンバーの個人番号登録・変更届を行います。

## マイナンバー情報の流れと管理

マイナンバー制度のもと、「社会保障」「税」「災害」の３分野で個人の情報を共有します。

マイナンバー ＝ 12桁の個人番号

| 従業員・被扶養者家族 | 事業主 | 行政機関 |
|---|---|---|

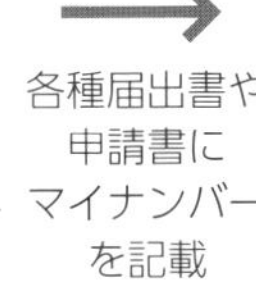

年金事務所、健康保険組合、ハローワーク など
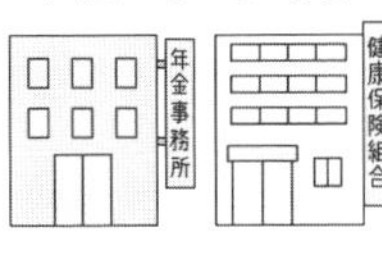


会社に属するすべての従業員がマイナンバー収集の対象となる
- 正社員
- アルバイト
- パートタイマー
- 従業員の扶養家族

など

管理方法
- 利用目的を伝えてマイナンバーを収集する。収集時に本人確認をする
- 利用範囲は、「社会保障」「税」「災害」の行政事務に限る
- 社内での管理担当者を決める
- 退職などで必要がなくなったら完全に廃棄・削除する

（例）日本年金機構におけるマイナンバーの利用
- 年金に関する相談
- 年金記録に関する照合
- 届け出をする際にマイナンバーを記入する

など

## マイナンバーの記載が必要なおもな届出

### ▶社会保険

社会保険では原則としてすべての手続きでマイナンバーが必要です。おもなものを挙げます。
- 健康保険・厚生年金保険 被保険者資格取得届・70歳以上被用者該当届（→P.73）
- 健康保険 被扶養者（異動）届／国民年金 第３号被保険者関係届（→P.80）
- 健康保険・厚生年金保険 被保険者資格喪失届・70歳以上被用者不該当届（→P.101）

### ▶雇用保険

雇用保険でマイナンバーが必要な届出はつぎの５つです。

❶雇用保険被保険者資格取得届（→P.75）
❷雇用保険被保険者資格喪失届（→P.103）
❸高年齢雇用継続給付受給資格確認票・（初回）高年齢雇用継続給付支給申請書（→P.234）
❹育児休業給付受給資格確認票・（初回）育児休業給付金支給申請書（→P.203）
❺介護休業給付金支給申請書（→P.210）

雇用保険は❶でマイナンバーを記載したら、❷～❺ではマイナンバーを書く必要はありません。申請書の欄外（電子申請では備考欄）に「マイナンバー届出済」と記載します

マイナンバー収集での本人確認書類は、マイナンバーカードでOKです。マイナンバーカードを所持していなければ、住民票の写しなどが必要になります。

column 1

# 国民年金は「保険」ではない!?

## ✓厚生年金保険と国民年金の名前に注目

日本の公的年金制度は、国民年金と厚生年金保険などの2階建てになっています(→P.37参照)。ここですこし気になるのは、厚生年金保険は名前に「保険」とつくのに、国民年金には「保険」とつかないことです。これは一体どうしてでしょうか?

この理由は、一説には給付内容にあるといわれています。まず公的年金には、老齢年金、障害年金、遺族年金と3つの給付があります。この3つの給付をそれぞれ国民年金の給付である1階部分と厚生年金保険の給付である2階部分の6つに分けて示したのが、下の図です。

この6つの給付のうち、ほかとは異なる給付要件を持つものが1つあります。それは障害年金の1階部分にあたる障害基礎年金です。

### ▶公的年金制度の給付の種類

| | | 老齢年金 | 障害年金 | 遺族年金 |
|---|---|---|---|---|
| 要件を満たす従業員が加入 ▶ | 厚生年金保険(2階部分) | 老齢厚生年金 | 障害厚生年金 | 遺族厚生年金 |
| 20歳以上60歳未満の全員が加入 ▶ | 国民年金(1階部分) | 老齢基礎年金 | 障害基礎年金 | 遺族基礎年金 |

被保険者ではない人にも支給される(障害基礎年金)

## ✓唯一「保険対象外」の人にも支払われる障害基礎年金

障害基礎年金がほかの給付と異なるのは、国民年金の被保険者になったことがない20歳未満の人にも年金が支給される点です。

そもそも「保険」とは、リスクに備えて被保険者が保険料を支払い、リスクが発生したいざというときに被保険者へ保険金が支払われるという契約のしくみです。本来なら、被保険者がいなければ、「保険」はありません。

つまり国民年金には、障害基礎年金という「保険」の性質からはみ出た給付が含まれているため、名称に「保険」がつかなかったということです。

# 第2章

# 入社時の手続き

section 1　社会保険・労働保険の加入基準

正社員／非正規社員／労働時間／労働日数／会社の規模

section 2　社員が入社したときの手続き

健康保険・厚生年金保険の加入手続き／雇用保険の加入手続き／被保険者／被扶養者／第３号被保険者

section 3　外国人が入社したときの手続き

在留カード／在留資格／在留期間／不法就労／就労制限／脱退一時金

section 4　兼務役員の手続き

兼務役員／兼務役員雇用実態証明書／労災保険・雇用保険の適用

# 従業員が入社するときの手続きと一連の流れ

従業員を雇うときに必要な手続きを確認するニャ

## 入社時に行う手続きのポイント

### ポイント1 社会保険と雇用保険の加入要件を確認する

社会保険や雇用保険の加入要件は、労働時間、雇用契約期間などによって決まります。従業員の採用が決まった段階で、社会保険や雇用保険の加入要件に該当するのかどうかを、雇用契約書などから判断します。

加入要件に該当するとなれば、社会保険では被扶養者になる人がいるかどうかの確認も必要です。本人への聞き取りや履歴書から、家族状況などを把握します。

### ポイント2 入社日に必要書類がそろうように準備する

たとえば、社会保険の加入手続きは、入社（資格取得日）から５日以内に行わなければなりません。従業員の被扶養者の手続きでは、収入証明などを準備してもらう必要があります。入社日以降から準備を始めると、間に合わないことも多いでしょう。

入社が決まったあと、従業員に用意してもらう書類を案内し、入社日には書類がそろうように段取りをつけましょう。

採用決定時には、入社時に提出する書類に漏れのないように、必要書類をリスト化したものなどを採用決定者に渡すといいニャ

## 入社時に必要な手続きとそのタイミング

### 1 採用決定時

□ **社会保険・雇用保険の加入要件に当てはまるか確認する**

正社員だけでなく、パートタイマーやアルバイトでも加入要件に当てはまる従業員は必ず社会保険・雇用保険に加入します。労災保険はすべての従業員が対象になります。

➡社会保険・雇用保険の加入要件は労働時間、労働日数を確認（→P.66-69参照）

### 2 入社日決定時

□ **入社日に必要書類がそろうように準備する**

入社日に必要書類がそろうよう、採用決定者にあらかじめ必要書類を伝えておきます。入社時に提出する書類は種類が多いため、リストを作成して採用決定者に渡しておくと、漏れの心配がありません。

### 3 入社日

□ **従業員に書類を提出してもらう**

入社日に必要書類を提出してもらいます。社会保険の加入手続きは期限が短いため、いつまでに提出してもらうのか従業員にきちんと伝えておきましょう。

### 4 入社から5日以内

□ **社会保険の加入手続きを行う**

加入要件を満たしている場合、入社日が社会保険の加入日となります。健康保険と厚生年金保険は5日以内に届け出が必要です。（→P.72参照）

□ **社会保険の被扶養者の手続きを行う**

入社する従業員に被扶養者がいる場合は、同じく5日以内に手続きをする必要があります。（→P.78参照）

### 5 入社月の翌月10日まで

□ **雇用保険の資格取得手続きを行う**

雇用保険の資格取得手続きは、入社月の翌月10日までです（→P.74参照）。雇用保険の手続きではマイナンバーの記入も必要です。

**おもな必要書類**

●従業員本人から受け取る書類

□雇用保険被保険者証　□年金手帳　□マイナンバー　□源泉徴収票

□健康診断書（3か月以内に健康診断を行っている場合）

●会社から従業員本人に渡して書いてもらう書類

□給与所得者の扶養控除等（異動）申告書　□雇用契約書

□給与振込先届出書　□各種手当支給届出書

# 社会保険の加入対象となる人

- 要件に当てはまる人は必ず社会保険に加入する
- 社会保険の加入要件は、正社員の所定労働時間や労働日数が基準となる

## 要件を満たす場合はアルバイトも加入する

従業員を採用したり、雇っている従業員の労働条件を変更したときは、社会保険の加入要件に当てはまるかどうかを確認しましょう。正社員だけではなく、パートタイマーやアルバイトも要件に当てはまる従業員は必ず社会保険に加入します。従業員や会社の都合で加入するかどうかを選べるわけではありません。

## 正社員の労働時間や労働日数が加入の基準となる

まず、所定労働時間で常時雇用される人、つまり正社員は強制的に加入の対象となります。一方、パートタイマーなどの短時間労働者は、週の所定労働時間と所定労働日数の両方が正社員の４分の３以上であることが加入の要件です。

もしパートタイマーばかりの職場で、「そもそも正社員という立ち位置がない」という会社の場合は、労働基準法の大原則である週40時間の法定労働時間が正社員であると仮定して、社会保険の加入対象者を確認します。この場合は週30時間以上、週４日以上の勤務が加入対象ということです。ただし「そもそも週40時間もの労働時間がない」といった、会社の個別の事情によりパートタイマーしかいない場合などは、一度最寄りの年金事務所で要件の確認をしてもらうのがいいでしょう。

週30時間以上働いていると社会保険の加入義務がある、と考えられることが多いのですが、これはあくまで週の所定労働時間を労働基準法の上限である40時間としている場合です

家族の扶養下で働くパートタイマーの主婦（主夫）などの年収が130万円以上になる場合、勤務先の社会保険の加入要件を満たさなくても、扶養から外れて国民健康保険に加入します。

## 社会保険に加入する従業員・加入しない従業員

パートタイマーなどの非正規社員が社会保険に加入するかどうかは、正社員の労働時間や労働日数を基準に判断します。

正社員
（所定労働時間で常時雇用される人）

全員加入！

パートタイマーや契約社員などの非正規社員

つぎのAまたはBに該当する場合は加入する

### A 正社員の労働時間・労働日数を基準に判断するパターン

週の所定労働時間と所定労働日数の両方が正社員の４分の３以上

正社員

例［所定労働時間］
１日８時間×週５日＝週40時間の場合

非正規社員

- 労働時間＝週30時間以上
- 労働日数＝週４日以上

この２つを満たす人は社会保険の加入対象となる！

### B 会社の規模で判断するパターン

規模が501人以上の会社に勤めている　または　規模が500人以下[※1]で社会保険の加入を労使で合意している会社に勤めている

＋ 以下の１～４をすべて満たす場合 ＋

1. １週間の所定労働時間が20時間以上
2. 決まった給与が月８万8000円以上
3. 雇用契約期間が１年以上[※2]見込まれる
4. 昼間学生ではない

条件をすべて満たせば加入！

※1 2022年10月からは従業員101人以上、2024年10月からは従業員51人以上の会社が対象になる。
※2 2022年10月からは雇用契約期間が2か月以上見込まれる従業員が対象となる。

常時雇用される従業員の呼び方や定義は、社会保険と労働保険では若干異なることがありますが、名称にこだわらず、実態から判断するようにしましょう。

# 労働保険の加入対象となる人

- 労災保険は事業所単位で加入する保険なので、個々の従業員の入社ごとに手続きをする必要はない
- 雇用保険は労災保険と異なり、加入の要件が定められている

## 労災保険は働き始めた日から退職する日まで適用される

第1章で見てきたように、パートタイマー・アルバイトなども含むすべての従業員は労災保険の対象となります。従業員が働き始めたその日から退職する日まで適用されます。1日だけのアルバイトや、外国人労働者も例外ではありません。

社会保険や雇用保険と違って、労災保険は事業所ごとに加入していれば個々の従業員の入社・退職ごとの手続きは不要です。

労災保険には、被保険者という考え方がありません。これは、労災保険が強制適用であり、事業所単位での加入を義務づけられているからです

## 雇用保険は加入要件を満たす従業員が加入する

雇用保険に加入する人は、つぎの①②の要件を満たす従業員です。

①1週間あたりの所定労働時間が20時間以上

②31日以上の雇用の見込みがある

パートタイマーやアルバイトなどの雇用形態や、事業主や労働者からの加入希望の有無にかかわらず、要件に該当すれば加入する必要があります。ただし、学業が本業となる昼間学生などは、労働時間などが加入要件を満たしていても雇用保険に加入することができません。

雇用保険料率は、一般の事業、農林水産・清酒製造の事業、建設の事業で異なります(→P.288参照)。雇用保険料率は毎年4月に見直されるため、毎年この時期には料率に変更がないか厚生労働省のHPを確認しましょう。

## 雇用保険に加入する人・加入できない人

**左ページで見てきたように、雇用保険には加入要件があります。どういった従業員が加入するのかチェックしましょう。**

- 1週間あたりの所定労働時間が20時間以上
- 31日以上の雇用の見込みがある

**加入する！**

- 本来学業が主となる人
  ➡全日制の学校に通う学生（通信制・夜間制の学生は加入できる）
- 会社の役員

**加入できない**

加入要件を満たしていても、就労以外の活動を目的に滞在している外国人は対象から外れます。たとえば、在留資格「留学」でアルバイトをする昼間学生などです

## 役員や同居親族も加入できる場合がある

**本来、事業主の同居親族は雇用保険の対象外ですが、つぎの条件を満たすと加入できます（労災保険も同じ）。**

1. 業務を行うときに、事業主の指揮命令に従っていることが明確
2. 勤務実態や給与額がほかの従業員と同様である場合
   ➡とくに、始業・就業時刻、休憩時間、休日、休暇、賃金の決定・計算および支払いの方法、賃金の締め切りおよび支払いの時期がほかの従業員と同様

**これらの条件を満たしている場合には、通常の従業員として扱われるため雇用保険・労災保険に加入できる！**

事業主と雇用関係があるかどうかによって、労働者性があると判断されるのニャー

同居親族を雇用保険に加入させる手続きの際、雇用の実態が確認できる書類などを提出することがあります。要件に該当するか迷う場合は、事前に最寄りのハローワークに相談しましょう。

●ダブルワークの社会保険加入

# 従業員がダブルワークをしています。社会保険に加入するときの注意点などはありますか？

**Q** 従業員Aさんが複業でアルバイトをしていることがわかりました。当社とアルバイト先の両方で社会保険の加入要件を満たすそうです。2つの会社で社会保険に加入するときの注意点を教えてください。

**A** 社会保険は、加入要件を満たせばどちらの会社でも加入します。ただし健康保険証は1枚しか持たないので、どちらの健康保険証を持つかを従業員が選びます。

## 疑問解決のポイント！

### ❶加入要件を満たしていれば、どちらの会社でも加入する

社会保険は加入要件を満たしていれば、**どちらの会社でも加入します**。反対にどちらの会社でも加入要件を満たしていなければ、加入はしません。

### ❷健康保険証を２枚持つことはできない

社会保険は両方の会社で加入することはできても、**健康保険証を２枚持つことはできません**。どちらの会社の健康保険証を持つかを、従業員に決めてもらいます。

### ❸会社間で調整をする必要はない

ダブルワークで複数の会社の社会保険に加入しているからといって、**会社同士が連絡を取り合って調整する必要はありません**。それぞれの会社で、自社のほかの従業員と同じ扱いで、社会保険の手続きなどを進めてかまいません。

※保険料については年金事務所から通知がくるので、その通知にしたがって給与から控除してください。

●複業・兼業の労災保険加入

## 他社で働いている従業員を雇うとき、労災保険に加入しますか？

**Q** すでにほかの会社で働いているBさんを、短時間のアルバイトで雇うことになりました。それでも労災保険には加入しますか？

**A** 複業先でも短時間でも、労災保険には加入していることになります。

**疑問解決のポイント！**

### ❶労災保険は雇用関係があればすべての会社で加入している

すでに２つ３つと複業していても、短時間労働の雇用契約であっても、**人を雇った時点で労災保険に加入している**と考えておくといいでしょう。

### ❷複業先の就労状況を把握しておく

業務災害や通勤災害で仕事を休むときに給付される休業（補償）日額は、本業と副業の給与を合算した金額で算出されます。従業員のためにも、**複業・兼業した際には必ず会社に届け出てもらい**、従業員の就労状況を把握しておきましょう。

●ダブルワークの雇用保険加入

## ダブルワークではどちらの会社で雇用保険に加入しますか？

**Q** ダブルワークをしている従業員Cさんは、当社と複業先の会社のどちらでも雇用保険の加入要件を満たすようです。雇用保険はどちらの会社で加入しますか？

**A** 雇用保険は１つの会社でしか加入できません。原則は、給与の多い会社で加入します。

**疑問解決のポイント！**

### ●給与の多い方の会社で加入する

２つの会社で週20時間ずつ勤務するなど、複数の会社で雇用保険の加入要件を満たすことはあり得ます。ただし、**２社同時に雇用保険に加入することはできません**。このような場合は、**給与の多い方の会社**（主たる生計を維持する会社）**で加入する**のが原則です。

# 健康保険・厚生年金保険の加入手続き

- 健康保険・厚生年金保険の加入手続きは、加入日から５日以内に行う
- 会社が加入している保険が、協会けんぽか健康保険組合かで届出先が変わる

## 入社日または加入基準に達した日が加入日となる

健康保険・厚生年金保険の加入日は、加入基準に達した日です。入社する従業員が加入要件に当てはまっていれば、入社日が加入日となります。

加入手続きは、加入日から５日以内に行います。協会けんぽに加入する会社の場合は、管轄する年金事務所で健康保険と厚生年金保険の加入手続きを行います。各種業界の健康保険組合に加入する会社の場合は、健康保険の加入手続きは健康保険組合で、厚生年金保険の加入手続きは年金事務所で行います。

この手続きを行うことで、入社した社員が健康保険・厚生年金保険の被保険者として認められます。

**書式DATA**

健康　年金　労災　雇用

**届け先** 管轄する年金事務所および加入する健康保険組合

**期　日** 健康保険・厚生年金保険の加入日から５日以内

**必要書類**
1. 健康保険・厚生年金保険 被保険者資格取得届／厚生年金保険70歳以上被用者該当届※
2. 健康保険 被扶養者（異動）届（扶養家族がいる場合）（→P.80）
3. 国民年金第３号被保険者関係届（扶養家族のうち、20歳以上60歳未満の配偶者がいる場合）

**入手先** 1～3まで、日本年金機構のHPからダウンロード可能※

※健康保険組合の場合は、各健康保険組合から健康保険資格取得届を入手する。

年金手帳を紛失している場合は、書類を届け出る際に年金手帳の再交付申請書を一緒に提出します（→P.337）。

# 「健康保険・厚生年金保険 被保険者資格取得届」の記入例

※1 本人確認をし、マイナンバーを記入。基礎年金番号を記入する場合は、住所欄に住所を記入する必要あり

「適用通知書」に記載されている事業所整理記号・事業所番号を記入。(→P.47)

試用期間であっても、加入要件を満たしていれば雇い入れた年月日を記入

提出順に番号が振られるため、記入する必要なし

住民票と同じ氏名で記入

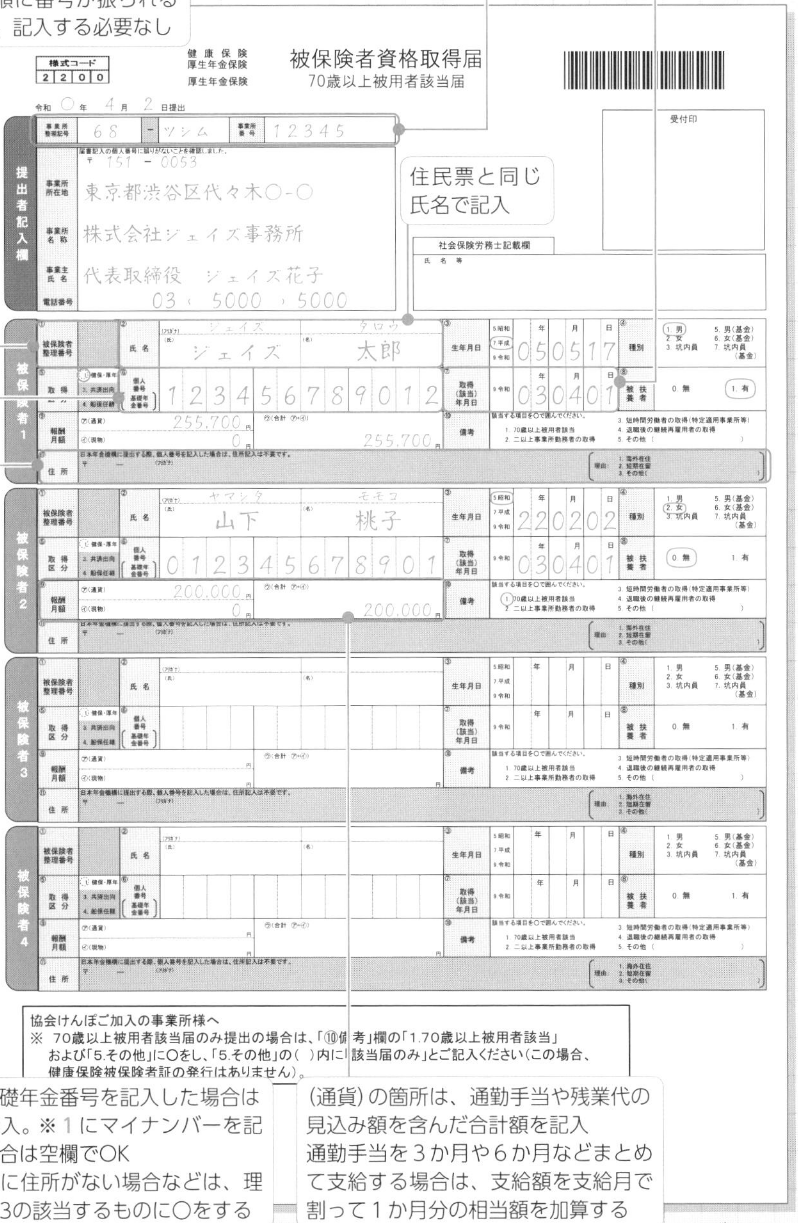

健康保険
厚生年金保険
厚生年金保険

被保険者資格取得届
70歳以上被用者該当届

様式コード 2200

令和 ○ 年 4 月 2 日提出

受付印

提出者記入欄

事業所整理記号 68 - ツシム　事業所番号 12345

届書記入の個人番号に誤りがないことを確認しました。
〒 151 - 0053

事業所所在地 東京都渋谷区代々木○-○

事業所名称 株式会社ジェイズ事務所

事業主氏名 代表取締役　ジェイズ花子

電話番号 03 ( 5000 ) 5000

社会保険労務士記載欄
氏名等

被保険者1

| | |
|---|---|
| ①被保険者整理番号 | |
| ②氏名 | (フリガナ) ジェイズ タロウ / (氏) ジェイズ (名) 太郎 |
| ③生年月日 | 7.平成 050517 |
| ④種別 | 1.男 |
| ⑤取得区分 | 1.健保・厚年 |
| ⑥個人番号(基礎年金番号) | 123456789012 |
| ⑦取得(該当)年月日 | 9.令和 030401 |
| ⑧被扶養者 | 1.有 |
| ⑨報酬月額 | ㋐(通貨) 255,700円 ㋑(現物) 0円 ㋒(合計 ㋐+㋑) 255,700円 |
| ⑩備考 | 該当する項目を○で囲んでください。1. 70歳以上被用者該当 2. 二以上事業所勤務者の取得 3. 短時間労働者の取得(特定適用事業所等) 4. 退職後の継続再雇用者の取得 5. その他( ) |
| ⑪住所 | 日本年金機構に提出する際、個人番号を記入した場合は、住所記入は不要です。 〒 — (フリガナ) 理由:1. 海外在住 2. 短期在留 3. その他( ) |

被保険者2

| | |
|---|---|
| ①被保険者整理番号 | |
| ②氏名 | (フリガナ) ヤマシタ モモコ / (氏) 山下 (名) 桃子 |
| ③生年月日 | 5.昭和 220202 |
| ④種別 | 2.女 |
| ⑤取得区分 | 1.健保・厚年 |
| ⑥個人番号(基礎年金番号) | 012345678901 |
| ⑦取得(該当)年月日 | 9.令和 030401 |
| ⑧被扶養者 | 0.無 |
| ⑨報酬月額 | ㋐(通貨) 200,000円 ㋑(現物) 0円 ㋒(合計 ㋐+㋑) 200,000円 |
| ⑩備考 | 該当する項目を○で囲んでください。1. 70歳以上被用者該当(○) 2. 二以上事業所勤務者の取得 3. 短時間労働者の取得(特定適用事業所等) 4. 退職後の継続再雇用者の取得 5. その他( ) |
| ⑪住所 | 日本年金機構に提出する際、個人番号を記入した場合は、住所記入は不要です。 〒 — (フリガナ) 理由:1. 海外在住 2. 短期在留 3. その他( ) |

被保険者3・被保険者4(空欄)

| | |
|---|---|
| ①被保険者整理番号 | |
| ②氏名 | (フリガナ) (氏) (名) |
| ③生年月日 | 5.昭和 7.平成 9.令和 年 月 日 |
| ④種別 | 1.男 2.女 3.坑内員 5.男(基金) 6.女(基金) 7.坑内員(基金) |
| ⑤取得区分 | 1.健保・厚年 3.共済出向 4.船保任継 |
| ⑥個人番号(基礎年金番号) | |
| ⑦取得(該当)年月日 | 9.令和 年 月 日 |
| ⑧被扶養者 | 0.無 1.有 |
| ⑨報酬月額 | ㋐(通貨) 円 ㋑(現物) 円 ㋒(合計 ㋐+㋑) 円 |
| ⑩備考 | 該当する項目を○で囲んでください。1. 70歳以上被用者該当 2. 二以上事業所勤務者の取得 3. 短時間労働者の取得(特定適用事業所等) 4. 退職後の継続再雇用者の取得 5. その他( ) |
| ⑪住所 | 日本年金機構に提出する際、個人番号を記入した場合は、住所記入は不要です。 〒 — (フリガナ) 理由:1. 海外在住 2. 短期在留 3. その他( ) |

協会けんぽご加入の事業所様へ
※ 70歳以上被用者該当届のみ提出の場合は、「⑩備考」欄の「1.70歳以上被用者該当」および「5.その他」に○をし、「5.その他」の( )内に「該当届のみ」とご記入ください(この場合、健康保険被保険者証の発行はありません)。

※1に基礎年金番号を記入した場合は住所を記入。※1にマイナンバーを記入した場合は空欄でOK
日本国内に住所がない場合などは、理由の1～3の該当するものに○をする

(通貨)の箇所は、通勤手当や残業代の見込み額を含んだ合計額を記入
通勤手当を3か月や6か月などまとめて支給する場合は、支給額を支給月で割って1か月分の相当額を加算する

# 雇用保険の加入手続き

- 雇用保険の資格取得日は健康保険や厚生年金保険と同じく、加入基準に達した日
- 被保険者資格が認められると、ハローワークから被保険者証などの書類が発行される

## 要件を満たす従業員の場合、入社日が資格取得日となる

雇用保険の資格取得日は、加入基準に達した日です。入社する従業員が雇用保険の加入要件に当てはまっていれば、入社日が資格取得日となります。資格取得日の属する月の翌月10日までに、管轄のハローワークに届け出ます。

被保険者資格が認められると、ハローワークから「雇用保険被保険者資格取得等確認通知書（事業主用※・被保険者用）」と「雇用保険被保険者証」が交付されます。「雇用保険被保険者資格取得等確認通知書」の事業主用は会社が保管し、被保険者用と雇用保険被保険者証は従業員に渡します。

入社が月の初めでも終わりでも、届け出る期限は翌月10日です。雇用保険の手続きが遅れた場合、過去にさかのぼって被保険者となったことの確認を行います

**書式DATA**

| | |
|---|---|
| 届け先 | 管轄するハローワーク |
| 期　日 | 資格取得日の属する月の翌月10日まで |
| 必要書類 | 雇用保険被保険者資格取得届 |
| 確認書類 | 雇用契約書などの雇用期間を確認できる資料。その他、賃金台帳、労働者名簿、出勤簿（タイムカード）、他の社会保険の資格取得関係書類 |
| 入手先 | ハローワークインターネットサービスからダウンロード可能 |

健康 年金 労災 雇用

※「雇用保険被保険者資格取得等確認通知書（事業主用）」は、従業員の雇用保険の加入の有無を確認するための書類です。氏名変更や資格喪失などの届出にも使うので大切に保管しましょう。

# 「雇用保険被保険者資格取得届」の記入例

※1 初めて被保険者となる場合や、最後に被保険者資格を喪失してから7年以上経過している場合は「1」、それ以外の場合は「2」を記入

※1の「取得区分」で「2 再取得」を選んだ場合には、ここの被保険者番号を記入

※1で「2 再取得」を選択した場合で、被保険者証の氏名と現在の氏名が異なっているときに記入

該当するものの番号を記入。期間の定めのない正社員は「7」

■ 様式第2号

## 雇用保険被保険者資格取得届

標準字体 0 1 2 3 4 5 6 7 8 9

（必ず第2面の注意事項を読んでから記載してください。）

帳票種別 19101

1.個人番号 123456789012

2.被保険者番号 1234-567890-1

3.取得区分 2（1 新規 2 再取得）

4.被保険者氏名 ジェイズ太郎

フリガナ（カタカナ） ジ゛ェイズ゛ タロウ

5.変更後の氏名

フリガナ（カタカナ）

6.性別 1（1 男 2 女）

7.生年月日 4-050517（元号 年 月 日）（2 大正 3 昭和 4 平成 5 令和）

8.事業所番号 1307-000000-0

9.被保険者となったことの原因 2

1 新規雇用（新規学卒） 2 新規（その他）雇用 3 日雇からの切替 4 その他 8 出向元への復帰等（65歳以上）

10.賃金（支払の態様－賃金月額：単位千円） 1-0255（百万 十万 万 千円）（1 月給 2 週給 3 日給 4 時間給 5 その他）

11.資格取得年月日 5-030401（元号 年 月 日）（4 平成 5 令和）

12.雇用形態 7（1 日雇 2 派遣 3 パートタイム 4 有期契約労働者 5 季節的雇用 6 船員 7 その他）

13.職種 05（01～11）第2面参照

14.就職経路 1（1 安定所紹介 2 自己就職 3 民間紹介 4 把握していない）

15.1週間の所定労働時間 4000（時間 分）

16.契約期間の定め 1

1 有 — 契約期間 5-030401 から 5-040331 まで（元号 年 月 日）（4 平成 5 令和）

契約更新条項の有無 1（1 有 2 無）

2 無

事業所名 （株）ジェイズ事務所　　備考

（この用紙は、このまま機械で処理しますので、汚さないようにしてください。）

17欄から23欄までは、被保険者が外国人の場合のみ記入してください。

17.被保険者氏名（ローマ字）（アルファベット大文字で記入してください。）

被保険者氏名〔続き（ローマ字）〕

18.在留カード番号（在留カードの右上に記載されている12桁の英数字）

19.在留期間 まで（西暦 年 月 日）

20.資格外活動許可の有無（1 有 2 無）

21.派遣・請負就労区分（1 派遣・請負労働者として主として当該事業所以外で就労する場合 2 1に該当しない場合）

22.国籍・地域 （ ）

23.在留資格 （ ）

※公共職業安定所記載欄

24.取得時被保険者種類（1 一般 2 短期常態 3 季節 11 高年齢被保険者（65歳以上））

25.番号複数取得チェック不要（チェック・リストが出力されたが、調査の結果、同一人でなかった場合に「1」を記入。）

26.国籍・地域コード（22欄に対応するコードを記入）

27.在留資格コード（23欄に対応するコードを記入）

雇用保険法施行規則第6条第1項の規定により上記のとおり届けます。

令和 ○ 年 4 月 2 日

事業主
住所 渋谷区代々木0-0
氏名 （株）ジェイズ事務所 代表取締役 ジェイズ花子
記名押印又は署名 印
電話番号 03-5000-5000

公共職業安定所長 殿

| 社会保険労務士記載欄 | 作成年月日・提出代行者・事務代理者の表示 | 氏名 | 電話番号 |
|---|---|---|---|
| | | 印 | |

| ※所長 | 次長 | 課長 | 係長 | 係 | 操作者 |
|---|---|---|---|---|---|
| | | | | | |

※備考

確認通知 令和 年 月 日

2020.11

フリガナ欄には、被保険者証の交付を受けている者については、その被保険者証に記載されている通りカタカナで記入し、姓と名の間は1枠空ける

# 健康保険の被扶養者の範囲

- 被扶養者となるには、国内居住の有無、親族の範囲、同居の有無、収入が判断のポイントになる
- 被扶養者は、保険料の負担をせずに健康保険の給付を受けることができる

## 被扶養者となるには収入や国内居住などの要件がある

保険料を支払って保険に加入している人を被保険者といい、その被保険者に扶養されている親族を被扶養者といいます。

健康保険の被扶養者は、保険料を免除されながら被保険者と同じ保険サービスを受けることができます。また、夫（または妻）が加入している厚生年金の扶養に入っている配偶者のことを国民年金第３号被保険者といい、国民年金に加入していながらも保険料の支払いを免除されることとなります。

被扶養者となる親族は、被保険者によって生計が維持されているか、一定の収入未満か、別居か同居かなどの要件で判断されます。また、親族の範囲も決められています。被扶養者は、原則として国内に住んでいる人に限定されます。

## 海外に住んでいる人は被扶養者にはなれない

以前は海外に住んでいる人でも、一定の要件を満たせば健康保険の被扶養者になれました。しかし、健康保険法の一部改正により、被扶養者の要件に日本国内に住所を有することが追加されました。これにより、2020年４月からは原則として健康保険の被扶養者は国内居住者に限定されています。

だれが被扶養者になれるかの条件は今後も変更されるかもしれません。しっかりチェックしておきましょう

原則、住民票が日本国内にある人が国内に居住していると認められます。特例要件として、外国に留学中の場合や、就労以外の目的で一時的に海外にいる場合なども、国内に生活の基盤があると判断されます。

## 被保険者との同居が必要になる親族

すべての親族が被扶養者と認められるわけではありません。被保険者との親等（しんとう）などによって、被保険者との同居が必要になる親族もいます。

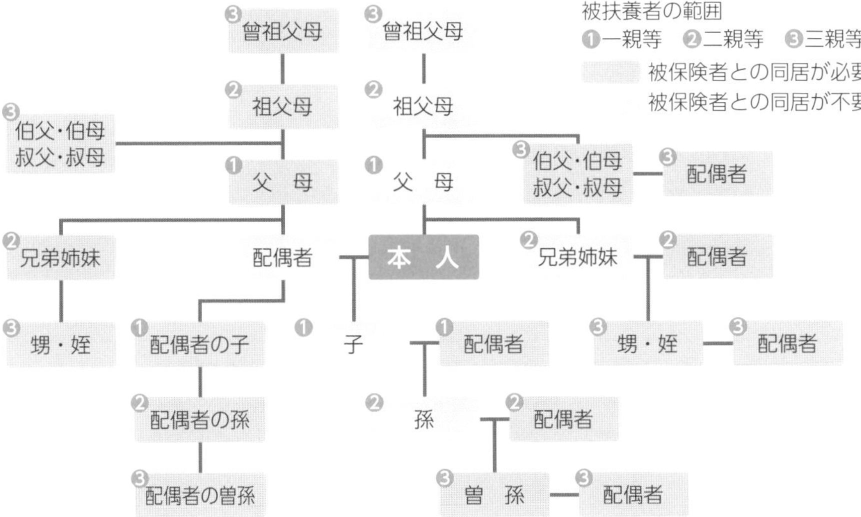

例 本人と父母（一親等）が別々の家に住んでいる場合

例 本人と伯父（三親等）が別々の家に住んでいる場合

## 被扶養者となるには同居や別居のほかにも条件がある

つぎの３つの条件に加えて、収入が重要なポイントです。

1 被保険者（従業員）の収入によって生計を維持していること
2 勤務先の社会保険の加入要件を満たしていないこと
3 75歳未満であること（後期高齢者医療制度に加入していない）

この3つの条件に加えて、収入が…

**同居の場合**

年収が130万円未満、
かつ、被保険者の年収の半分未満の場合
※60歳以上または一定の障害者の場合は180万円未満

**別居の場合**

年収が130万円未満、
かつ、年収が被保険者からの仕送りより少ない場合
※60歳以上または一定の障害者の場合は180万円未満

被扶養者の収入には、給与収入はもちろん、各種年金や投資収入なども含まれます。なお、雇用保険の失業給付などを受給している場合は、その期間中は原則認定対象外となります。

# 被扶養者の手続き

- 入社する従業員に被扶養者がいる場合は、被扶養者となることを証明する書類を提出する
- 資格取得日から5日以内に届け出なければならない

## 被扶養者認定の手続きでは添付書類を忘れずに

入社する従業員に被扶養者がいる場合は、「健康保険被扶養者（異動）届（国民年金第３号被保険者関係届）」と一緒に、被扶養者の続柄や収入などを確認する書類を提出します。被扶養者の範囲に当たるかどうかを確認する大切な書類です。

被扶養者の証明書類の提出先は年金事務所、または健康保険組合だニャ

この手続きは、入社時点での被扶養者のみに限られています。入社後に扶養親族に変更があった場合は、改めて手続きが必要になります（→P.326参照）

**書式DATA**

健康　年金　労災　雇用

| | |
|---|---|
| 届け先 | 管轄する年金事務所または加入する健康保険組合 |
| 期　日 | 資格取得日から５日以内 |
| 必要書類 | 健康保険被扶養者（異動）届（国民年金第３号被保険者関係届） |
| 入手先 | 日本年金機構のHPからダウンロード可能※ |

※健康保険組合の場合は、各健康保険組合から健康保険被扶養者（異動）届を入手して、記載後に提出する。年金事務所からは国民年金第３号被保険者関係届を入手して、記載後に提出する。

外国籍の従業員を雇用したり外国籍の人を被扶養者とする際に、マイナンバーと基礎年金番号がひもづいていない場合は、「国民年金第３号被保険者ローマ字氏名届」も提出します。

## 被扶養者の手続きをするときに必要な添付書類

**健康保険の被扶養者の認定を受ける場合、その被扶養者の状況に応じて必要な書類が異なります。どの書類を添付すればいいのかチェックしましょう。**

| 提出する人 | 提出する書類 | 証明する内容 |
|---|---|---|
| 全　員 | 戸籍謄本・戸籍抄本または住民票の写し | 続柄を証明※1 |
| 退職した人 | 雇用保険被保険者離職票のコピーまたは退職証明書 | 収入要件を証明※2（16歳未満は提出不要） |
| 失業給付を受給中または受給が終了した人 | 雇用保険受給資格者証のコピー | |
| 年金を受給中の人 | 年金額の改定通知書などのコピー | |
| 自営、不動産収入などがある人 | 直近の確定申告書のコピー | |
| 障害年金、遺族年金、傷病手当金、出産手当金、失業給付などの非課税対象となる収入がある人 | 受取金額のわかる通知書などのコピー | |
| その他 | 課税証明書または非課税証明書 | |
| 別居していて仕送りを受け取っている人 | 振込みの場合：預金通帳などの写し<br>送金の場合：現金書留の控え | 仕送りの事実と額を証明（16歳未満または16歳以上の学生は提出不要） |
| 内縁の関係にある人 | ●内縁関係にある両人の戸籍謄(抄)本<br>●被保険者の世帯全員の住民票の写し（マイナンバーの記載がないもの）など | 内縁関係を証明 |
| 国外に居住していて特例要件（→P.76まめ知識参照）に当てはまる人 | ●被扶養者現況申立書<br>●海外特例要件に該当することを証明する書類（ビザなど） | 国外にいて特例要件に当てはまることを証明 |

※1　届書に被保険者と扶養認定を受ける人の双方のマイナンバーが書かれているとき、または事業主が続柄を確認している旨を届書に記載しているときは提出する必要はありません。

※2　認定を受ける被保険者が所得税で控除対象配偶者または扶養親族となっている場合で事業主の証明があれば、提出する必要はありません。16歳未満も提出不要です。

いわゆる里子については、民法上の親族関係ではないことから、健康保険の被扶養者となることはできません。ただし、里子との間に養子縁組をした場合は、被保険者の子となるため被扶養者になります。

# 「健康保険 被扶養者(異動)届／国民年金 第3号被保険者関係届」の記入例

記載された被扶養者の収入について事業主が確認した場合は、「確認」を○で囲む

マイナンバー(個人番号)を記載した場合は住所の記入は不要

事業主が住民票などで続柄を確認した場合、「続柄確認済み」にチェック

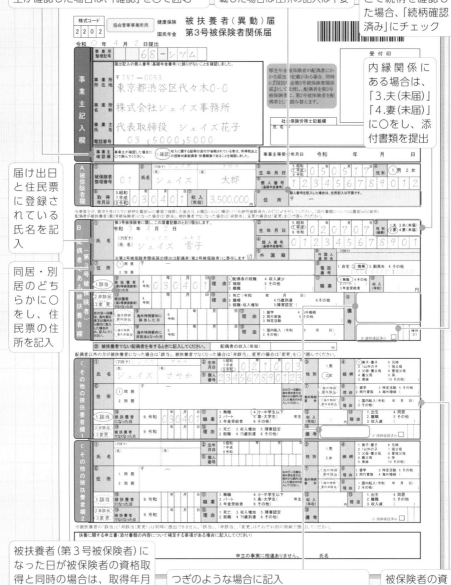

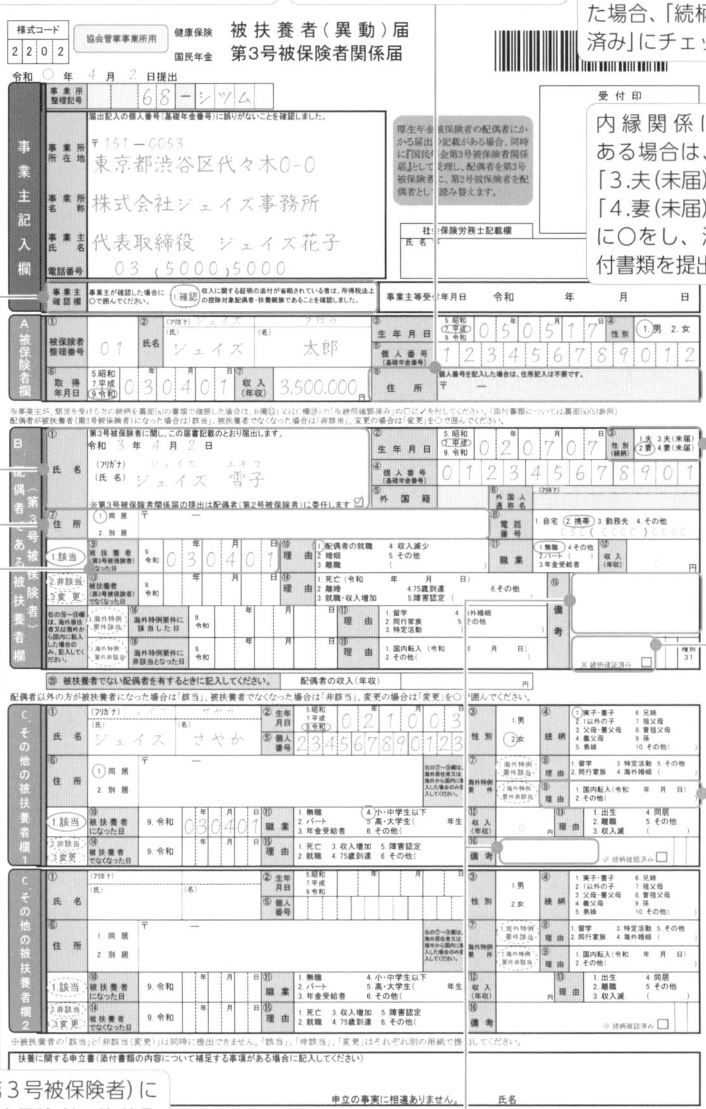

様式コード 2202　協会管掌事業所用　健康保険 被扶養者(異動)届　国民年金 第3号被保険者関係届

令和 ○ 年 4 月 2 日提出

**事業主記入欄**

事業所整理記号：68－シツム

届出記入の個人番号(基礎年金番号)に誤りがないことを確認しました。

事業所所在地：〒151－0053 東京都渋谷区代々木0-0

事業所名称：株式会社ジェイズ事務所

事業主氏名：代表取締役 ジェイズ花子

電話番号：03(5000)5000

厚生年金保険被保険者の配偶者にかかる届出の記載がある場合、同時に『国民年金第3号被保険者関係届』として受理し、配偶者を第3号被保険者に、第2号被保険者を配偶者として読み替えます。

受付印

社会保険労務士記載欄　氏名等

事業主確認欄：事業主が確認した場合に(1.確認)を○で囲んでください。収入に関する証明の添付が省略されている者は、所得税法上の控除対象配偶者・扶養親族であることを確認しました。

事業主等受付年月日 令和 年 月 日

内縁関係にある場合は、「3.夫(未届)」「4.妻(未届)」に○をし、添付書類を提出

**A.被保険者欄**

| | |
|---|---|
| ① 被保険者整理番号 | 01 |
| ② 氏名 | (フリガナ)ジェイズ タロウ／(氏)ジェイズ (名)太郎 |
| ③ 生年月日 | 7.平成 050517 |
| ④ 性別 | 1.男 |
| ⑤ 個人番号[基礎年金番号] | 123456789012 |
| ⑥ 取得年月日 | 9.令和 030401 |
| ⑦ 収入(年収) | 3,500,000円 |
| ⑧ 住所 | 個人番号を記入した場合は、住所記入は不要です。〒 |

※事業主が、認定を受ける方の続柄を裏面(a)の書類で確認した場合は、B欄⑮又はC欄⑯の「続柄確認済み」の□に✓を付してください。(添付書類については裏面(a)(b)参照)

配偶者が被扶養者(第3号被保険者)になった場合は「該当」、被扶養者でなくなった場合は「非該当」、変更の場合は「変更」を○で囲んでください。

届け出日と住民票に登録されている氏名を記入

**B.配偶者である被扶養者(第3号被保険者)欄**

| | |
|---|---|
| ① 氏名 | 第3号被保険者に関し、この届書記載のとおり届出します。令和 3 年 4 月 2 日／(フリガナ)ジェイズ ユキコ／(氏名)ジェイズ 雪子／※第3号被保険者関係届の提出は配偶者(第2号被保険者)に委任します ☑ |
| ② 生年月日 | 7.平成 020707 |
| ③ 性別(続柄) | 1.夫 2.妻 3.夫(未届) 4.妻(未届) — 2.妻 |
| ④ 個人番号[基礎年金番号] | 012345678901 |
| ⑤ 外国籍 | |
| ⑥ 外国人通称名 | |
| ⑦ 住所 | 1.同居 2.別居 — 1.同居 |
| ⑧ 電話番号 | 1.自宅 2.携帯 3.勤務先 4.その他 — 2.携帯 080(0000)0000 |
| 1.該当 ⑨ 被扶養者(第3号被保険者)になった日 | 9.令和 030401 |
| ⑩ 理由 | 1.配偶者の就職 2.婚姻 3.離職 4.収入減少 5.その他 — 1 |
| ⑪ 職業 | 1.無職 2.パート 3.年金受給者 4.その他 — 1.無職 |
| ⑫ 収入(年収) | 0円 |
| 2.非該当 3.変更 ⑬ 被扶養者(第3号被保険者)でなくなった日 | 9.令和 |
| ⑭ 理由 | 1.死亡(令和 年 月 日) 2.離婚 3.就職・収入増加 4.75歳到達 5.障害認定 6.その他 |
| ⑮ 備考 | ※続柄確認済み □ |
| ⑯ 海外特例要件に該当した日 | 9.令和 |
| ⑰ 理由 | 1.留学 2.同行家族 3.特定活動 4.海外婚姻 5.その他 |
| ⑱ 海外特例要件に非該当となった日 | 9.令和 |
| ⑲ 理由 | 1.国内転入(令和 年 月 日) 2.その他 |

⑳ 被扶養者でない配偶者を有するときに記入してください。　配偶者の収入(年収)　円

同居・別居のどちらかに○をし、住民票の住所を記入

配偶者以外の方が被扶養者になった場合は「該当」、被扶養者でなくなった場合は「非該当」、変更の場合は「変更」を○で囲んでください。

**C.その他の被扶養者欄1**

| | |
|---|---|
| ① 氏名 | (フリガナ)ジェイズ サヤカ／(氏)ジェイズ (名)さやか |
| ② 生年月日 | 9.令和 021003 |
| ③ 性別 | 2.女 |
| ④ 続柄 | 1.実子・養子 |
| ⑤ 個人番号 | 234567890123 |
| ⑥ 住所 | 1.同居 |
| ⑦ 海外特例要件 | 1.海外特例要件該当 2.海外特例要件非該当 |
| ⑧ 理由 | 1.留学 2.同行家族 3.特定活動 4.海外婚姻 5.その他 |
| ⑨ 理由 | 1.国内転入(令和 年 月 日) 2.その他 |
| 1.該当 ⑩ 被扶養者になった日 | 9.令和 030401 |
| ⑪ 職業 | 1.無職 2.パート 3.年金受給者 4.小・中学生以下 5.高・大学生( 年生) 6.その他 — 4.小・中学生以下 |
| ⑫ 収入(年収) | 0円 |
| ⑬ 理由 | 1.出生 2.離職 3.収入減 4.同居 5.その他 |
| 2.非該当 3.変更 ⑭ 被扶養者でなくなった日 | 9.令和 |
| ⑮ 理由 | 1.死亡 2.就職 3.収入増加 4.75歳到達 5.障害認定 6.その他 |
| ⑯ 備考 | 続柄確認済み □ |

**C.その他の被扶養者欄2**

| | |
|---|---|
| ① 氏名 | (フリガナ)(氏)(名) |
| ② 生年月日 | 5.昭和 7.平成 9.令和 |
| ③ 性別 | 1.男 2.女 |
| ④ 続柄 | 1.実子・養子 2.1以外の子 3.父母・養父母 4.義父母 5.弟妹 6.兄姉 7.祖父母 8.曾祖父母 9.孫 10.その他 |
| ⑤ 個人番号 | |
| ⑥ 住所 | 1.同居 2.別居 |
| ⑦ 海外特例要件 | 1.海外特例要件該当 2.海外特例要件非該当 |
| ⑧ 理由 | 1.留学 2.同行家族 3.特定活動 4.海外婚姻 5.その他 |
| ⑨ 理由 | 1.国内転入(令和 年 月 日) 2.その他 |
| 1.該当 ⑩ 被扶養者になった日 | 9.令和 |
| ⑪ 職業 | 1.無職 2.パート 3.年金受給者 4.小・中学生以下 5.高・大学生( 年生) 6.その他 |
| ⑫ 収入(年収) | 円 |
| ⑬ 理由 | 1.出生 2.離職 3.収入減 4.同居 5.その他 |
| 2.非該当 3.変更 ⑭ 被扶養者でなくなった日 | 9.令和 |
| ⑮ 理由 | 1.死亡 2.就職 3.収入増加 4.75歳到達 5.障害認定 6.その他 |
| ⑯ 備考 | 続柄確認済み □ |

※被扶養者の「該当」と「非該当(変更)」は同時に提出できません。「該当」、「非該当」、「変更」はそれぞれ別の用紙で提出してください。

扶養に関する申立書(添付書類の内容について補足する事項がある場合に記入してください)

申立の事実に相違ありません。　氏名

被扶養者(第3号被保険者)になった日が被保険者の資格取得と同時の場合は、取得年月日を記入する。そうでない場合は、婚姻や退職などで実際に被扶養者となった年月日を記入する

つぎのような場合に記入

- 仕送りを受け取っている場合、その金額
- 収入に非課税のものを含んでいる場合(障害年金、遺族年金、失業給付など)

被保険者の資格取得と同時の場合は記入不要

●社会保険の加入漏れ

# 社会保険に加入していない場合、どのようなリスクがありますか？

**Q** パートタイマーの従業員Dさんは社会保険の加入要件を満たしていますが、加入漏れしていることに気がつきました。この状態を続けていると、どのようなリスクがありますか？

**A** 社会保険の加入漏れは、過去の保険料の支払い、従業員からの賠償金請求などのリスクがあります。

## 疑問解決のポイント！

### ❶未払い保険料を徴収される

年金事務所の調査で加入漏れを指摘された場合、**最大で過去２年分の保険料を徴収**されます。罰則として、会社に６か月以下の懲役や50万円の罰金が科されることもあります。

### ❷従業員が年金を受給できなくなる

もし調査などがないからといって、加入要件を満たしているにもかかわらず相当年数を未加入のままにした場合、従業員に大きな不利益が生じます。**従業員が本来受給できるはずの年金額を受け取ることができなくなる**のです。それを知った従業員から、損害賠償を請求されるなどというおそれもあります。

### ❸一刻もはやく加入の手続きを行う

リスクを減らすための対策は、**一刻もはやく加入手続きをして加入漏れの状態を解消する**ことです。加入対象の従業員は、全員きちんと加入させましょう。

**［ 社会保険の加入漏れで起こる不利益 ］**

**従業員**

- 厚生年金保険の手厚い付加サービスが受けられない
- 傷病手当金が受けられない
- 出産手当金が受けられない

**会　社**

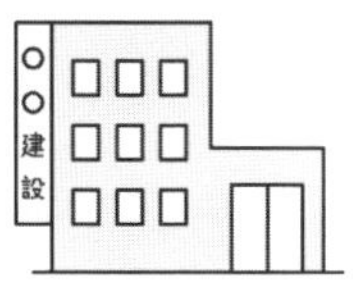


- 最大で過去２年分の保険料を徴収される
- ６か月以下の懲役
- 50万円の罰金
- 助成金を利用できなくなる

●派遣社員の社会保険・労働保険

## 派遣先が社会保険・労働保険で注意することはありますか？

**Q** 当社でも派遣社員を活用することになりました。派遣先として社会保険や労働保険について注意することはありますか？

**A** 資格取得の手続きなどは必要ありませんが、派遣社員が派遣先で労災にあったときには、労災発生の証明をする必要があります。

### 疑問解決のポイント！

#### ❶資格取得の手続きなどは必要ない

派遣先の会社が社会保険・労働保険の資格取得や**各種申請について行うことはとくにありません**。派遣会社である派遣元が、派遣社員の社会保険や労働保険に加入し、保険料も全額派遣元会社が負担します。

#### ❷派遣社員が労災にあったときは労災申請を行う

派遣社員が派遣先の会社で労災にあった場合には、**派遣先が労災申請時に証明をする**必要があります。

●雇用保険の加入漏れ

## 雇用保険の加入漏れに気づいた場合、どう対応したらいいですか？

**Q** 雇用保険の加入要件を満たしているのに加入していない従業員がいることに気づきました。もう1年以上加入漏れが続いています。加入漏れを放っておくとどのような問題がありますか。また、どう対応したらいいでしょうか？

**A** 雇用関係の助成金利用やハローワークでの求人活動ができないなど、さまざまな制限を受けるという問題が出てきます。加入手続きをして、さかのぼって保険料を支払いましょう。

### 疑問解決のポイント！

#### ❶従業員と会社の両方に不利益が生じる

加入要件を満たすのに雇用保険に加入していないと、**従業員は失業給付を受給できない**といった不利益を被ります。会社側にも、加入漏れが発覚することで、**助成金が受給できない**、**ハローワークでの求人ができない**といった不利益が生じます。

### ❷加入漏れがわかった時点ですぐに手続きをする

雇用保険の加入漏れがわかった時点で、すぐに加入手続きをしましょう。また、**加入要件に当てはまる時期までさかのぼって、雇用保険料を支払う**ことも必要です。6か月以上の加入漏れがある場合には、「雇用保険被保険者資格取得届」に「遅延理由書」を添付します。

労働者が失業給付を受給できないなどの不利益を生じることがないよう、事業主はきちんと加入手続きを行いましょう

## 「遅延理由書」の記入例

遅延理由書

令和 ○ 年 ○ 月 ○ 日

渋谷 公共職業安定所長　殿

このたび、下記１の雇用保険被保険者資格取得届について、提出が遅れた理由は、下記２のとおりです。以後、届出期限までに提出するよう留意いたします。

記

１　雇用保険被保険者資格取得届の内容

| 被保険者氏名 | 生年月日 | 雇入年月日 | 資格取得年月日 | 被保険者番号 |
|---|---|---|---|---|
| 山田正子 | 平成○年○月○日 | 令和○年○月○日 | 令和○年○月○日 | 1234-4567890-1 |
| | | | | |
| | | | | |
| | | | | |

提出が遅れた被保険者の情報を記入

２　遅延理由

事務処理をするうえでのミスがあり、雇用保険被保険者資格取得届の提出を失念していました。

資格取得届の提出が遅れた理由を記入する

事業所　名称　（株）もみじ
代表者氏名　もみじ花子
所在地　渋谷区代々木○-○

# 外国人を雇い入れるときの確認ポイント❶ 不法就労に注意

- 外国人の不法就労があった場合、雇用主も罪に問われることがある
- 雇用主は、雇い入れ時に在留カードのチェックを必ずしなければならない

## 外国人を雇うときは不法就労に注意

近年、グローバル化や労働者不足が進んでおり、今後は外国人を当たり前に雇う社会になっていくことでしょう。外国人を雇う際にまず気をつけたいのは、不法就労になってはいないかということです。

不正な手段での入国や滞在など、在留期間が切れた状態で国内に住む不法滞在者が働くことはもちろん、国内で許可されている活動範囲から外れた就労をしている場合も不法就労になります。

## 不法就労かどうかは在留カードでチェックする

不法就労になるかどうかは、その外国人が持っている在留カードでチェックします。在留カードには、国内で認められている活動範囲(在留資格)、在留期間などが記載されています。

外国人の雇い入れ時には、必ず在留カードを確認してください。外国人従業員の不法就労が発覚したとき、雇い入れ時に在留カードのチェックを怠ったというような過失があれば、その雇用主も不法就労助長罪という罪に問われることがあります。

在留カードは、必ず原本で確認します。在留カードのコピーをとって、個人情報扱いで保管しておきましょう。在留カードの見方は、在留カードのチェック方法(→P.86)で確認しましょう

特別永住者を除いて、中長期滞在する外国人には在留カードが交付されます。在留カードは常に携帯することが義務づけられています。

## 不法就労となる３つのケース

**不法就労は法律で禁止されています。就労した外国人だけでなく、就労させた事業主も処罰の対象になります。**

### 1 不法滞在者や、退去強制処分が決まっている外国人が働く

例
- 偽造パスポートなどで入国した
- 不正な手段で在留資格を取得・変更した
- 在留期間が切れた状態（オーバーステイ）
- すでに国外へ退去することが決まっている

### 2 出入国在留管理庁から働く許可を受けていないのに働く

例
- 観光などの短期滞在で入国した人
- 許可を受けていない留学生や難民認定申請中の人

### 3 出入国在留管理庁から認められた範囲を超えて働く

例
- 語学学校の先生として働くことを認められた人が、工場などで単純労働をする
- 留学生が、許可された時間数を超えて働く

## 不法就労をした場合・させた場合の処罰

**実際に外国人従業員が不法就労をした場合、または不法就労をさせた場合には厳しい処罰が待っています。**

**外国人が不法就労をすると…**

出国命令処分（上陸拒否期間１年）
または
退去強制処分（上陸拒否期間５年）

**雇用主が不法就労をさせたり、不法就労をあっせんすると…**

３年以下の懲役・300万円以下の罰金
（雇用主が外国人の場合は、退去強制処分）

在留カードが偽造・変造されていて、雇用時には見抜けないこともあります。しかし、雇用時にチェックしていれば、雇用主の過失が問われる可能性は低くなります。

# 外国人を雇い入れるときの確認ポイント②
# 在留カードのチェック方法

- まずは在留カードが有効かどうか確認する
- 在留カード番号、就労制限の有無に注目

## 在留カードのチェックポイントは2つ

外国人を適法に雇い入れることができるかどうかを在留カードで確認する際のポイントは、①在留カード番号は有効か、②就労制限の有無の記載の2つです。

まず①については、在留カード表面右上（→P.87参照）にある在留カード番号が有効かチェックします。在留カード等番号失効情報照会というサイトページで番号を入力すると、有効かどうかが表示されます。

## 就労制限の有無の記載は3パターンある

続いて②就労制限の有無の記載は、大きく分けて（1）就労制限なし、（2）在留資格※に基づく就労活動のみ可、（3）就労不可の３つのパターンがあります。

（1）**就労制限なし**…永住者、日本人の配偶者、永住者の配偶者、定住者などの在留資格を持つ人は、この記載があります。日本人と同じように制限なく雇い入れることができます。

（2）**在留資格に基づく就労活動のみ可**…あらかじめ認められた職種で就労するために滞在することを許可された人で、在留資格には「技術・人文知識・国際業務」「技能」「教育」などがあります。

（3）**就労不可**…留学生や短期滞在者など、原則として就労が認められない在留資格を持つ人です。ただし留学生などは、資格外活動許可を得れば原則として労働時間や就業場所の制限つきで働くことができます。

在留資格とは、外国人が日本で認められた活動の種類のことです。たとえば在留資格「留学」を持つ外国人は、日本国内の大学などに留学することを認められて滞在しています。

## 在留カードのチェックポイント

**外国人を雇用する際に、チェックするべき在留カードのポイントを見ていきましょう。**

在留カード番号：失効状況などを見てカードの有効性をチェックする

検索　在留カード等番号失効情報照会ページ　https://lapse-immi.moj.go.jp/

表

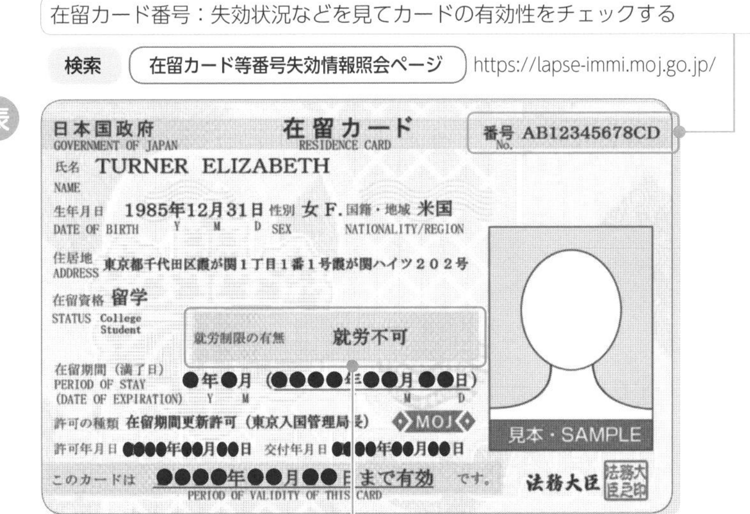

日本国政府
GOVERNMENT OF JAPAN
在留カード
RESIDENCE CARD
番号 No. AB12345678CD
氏名 NAME TURNER ELIZABETH
生年月日 DATE OF BIRTH 1985年12月31日 Y M D
性別 SEX 女 F.
国籍・地域 NATIONALITY/REGION 米国
住居地 ADDRESS 東京都千代田区霞が関1丁目1番1号霞が関ハイツ202号
在留資格 STATUS 留学 College Student
就労制限の有無 就労不可
在留期間（満了日） PERIOD OF STAY (DATE OF EXPIRATION) ●年●月（●●●●年●●月●●日） Y M D
許可の種類 在留期間更新許可（東京入国管理局長）
MOJ
許可年月日 ●●●●年●●月●●日 交付年月日 ●●●●年●●月●●日
このカードは ●●●●年●●月●●日まで有効 です。
PERIOD OF VALIDITY OF THIS CARD
法務大臣
見本・SAMPLE


就労制限の有無、就労の可・不可をチェックする。「就労不可」と書いてあっても、裏面で資格外活動許可を得ていれば就労できる

裏

住居地記載欄
届出年月日
住居地
記載者印
●●●●年●月●日
東京都港区港南5丁目5番30号
東京都港区長
資格外活動許可欄
許可：原則週28時間以内・風俗営業等の従事を除く
在留期間更新等許可申請欄
在留資格変更許可申請中


表面の就労制限の有無欄で「就労不可」と記載されていても、裏面の資格外活動許可欄に「許可」の記載があれば、制限つきで就労が可能になる

外国人の在留資格は、仕事のカテゴリーによって種類が分かれています。いずれにも該当しない仕事を特定活動といい、ワーキングホリデーやインターンシップなどがあります

実務のツボ　外国人労働者の場合、言葉や文化の違いから意思の疎通が困難なこともあります。危険な作業のときは、同国出身の人がいればその人に伝えてもらうなど、本人の母国語で伝えることがベストです。

# 外国人の社会保険・労働保険の加入条件

- 日本での滞在目的が就労ではない外国人は、雇用保険の加入対象から除外される
- 外国人が厚生年金保険に加入していても、10年以上保険料を納めていないと年金は支払われない

## 社会保険の加入要件は基本的に日本人と変わらない

社会保険や労働保険に加入する要件は、外国人も日本人も基本的に変わりません。ただし、つぎのいずれかに該当する外国人は、雇用保険の加入の対象から除外されます。

雇用保険の対象から除外されるのは、(1)全日制の学校に通う留学生、(2)在留資格「特定活動」のうち、ワーキングホリデーで在留している外国人です。

※ワーキングホリデーとは、18歳～30歳を対象とした、海外で一定期間生活ができる特別なビザ制度のことです。すべての国でワーキングホリデーを利用できるわけではなく、日本との間で協定が結ばれている国の人のみ取得できます。

## 今まで払ってきた厚生年金保険料を返してもらう制度がある

外国人が厚生年金保険に加入したとしても、年金が支払われるのは、10年以上保険料を納めていることが要件です。厚生年金保険を利用しないまま10年未満で母国などに帰ってしまうと、それまで納めた保険料は宙に浮いてしまいます。そこで、今まで払ってきた保険料をすこしでも返してもらうための、脱退一時金という制度が用意されています。脱退一時金については、右ページで詳しく解説します。

脱退一時金制度は、日本の年金制度に6か月以上加入して帰国する外国人に対して、納付した保険料の額に応じて一定額を返してもらう制度です

保険料を負担することに難色を示す外国人には、加入要件を満たせば必ず加入することや、保険に加入することのメリットを説明して納得してもらいましょう。

## 脱退一時金制度を利用できる外国人の条件

厚生年金保険の脱退一時金制度を利用できるのは、つぎの条件を満たす外国人です。

- 日本国籍を持っていない
- 公的年金制度の被保険者ではない
- 日本国内に住所がない(出国してから請求する)
- 厚生年金保険料の加入期間が合計6か月以上ある
- 厚生年金保険の資格を喪失してから2年以上経過していない
- これまで年金を受け取る権利を持ったことがない
  ※障害年金を受け取ったり、10年以上日本にいて年金保険を受け取る権利がある人は除外される

**これらの条件を満たす外国人が脱退一時金制度を利用できる!**

日本に住所を有しなくなった日から2年以内に脱退一時金を請求することができるのニャ

## 海外と日本で同時に保険に加入することは免除されている

海外の会社から日本の関連会社に出向するような場合、海外と日本の社会保険に同時加入することがあります。このような負担を避けるための制度を社会保障協定といいます。

### 社会保障協定が適用される要件

**つぎのようなケースがすべて当てはまる外国人労働者は社会保障協定が適用されます。**

- 海外の関連会社と雇用関係を結んだまま、日本の事業所などに赴任している。在留資格は「企業内転勤」
- 関連会社の国と日本との間に、社会保障協定が結ばれている
- 日本の事業所に赴任している期間は5年未満の見込み

**社会保障協定の相手国**(2019年10月1日時点)

ドイツ、英国、韓国、アメリカ、ベルギー、フランス、カナダ、オーストラリア、オランダ、チェコ、スペイン、アイルランド、ブラジル、スイス、ハンガリー、インド、ルクセンブルク、フィリピン、スロバキア、中国、イタリア、スウェーデン、フィンランド

社会保障協定が適用される国は限られていますが、対象となる外国人がいたらしっかりと相談に乗ってあげましょう。

# 外国人を雇用するときの届出・雇用管理の注意点

- 外国人の雇用の開始と終了には、ハローワークに届出をする必要がある
- 社会保険・労働保険の手続きは基本的に日本人従業員を加入させるときと変わらない

## 外国人の雇用の開始と終了には届出を行う

外国人の雇用と離職の際には、雇用主はハローワークに届け出る義務があります。これを外国人雇用状況報告制度といいます。

短期間のアルバイトなど、雇用保険の被保険者に当てはまらない外国人を雇い入れる場合には、「外国人雇用状況届出書」をハローワークに提出します。1日だけ働いた場合でも届出が必要です。提示してもらった在留カードやパスポートの原本をもとに、「外国人雇用状況届出書」に記入をします。

雇い入れる外国人が雇用保険の被保険者に当てはまる場合は、資格取得・資格喪失手続きの際に、届出用紙に在留資格などを記載することによって、この届出をしたことになります。

### 書式DATA

| | |
|---|---|
| 届け先 | 管轄するハローワーク |
| 期日 | 1 雇用保険加入者の場合：雇用保険の資格取得日の属する月の翌月10日まで<br>2 雇用保険に加入しない場合：雇用した月（入社日）の末日、または退職日の翌月の末日まで |
| 必要書類 | 1 雇用保険被保険者資格取得届<br>2 外国人雇用状況届出書 |
| 入手先 | 1 ハローワークインターネットサービスからダウンロード可能<br>2 厚生労働省のHPからダウンロード可能 |

外国人従業員を社会保険に加入させる手続き自体は、日本人従業員を加入させる場合と変わりません。各種保険とも、条件を満たしていれば国籍を問わず加入します。

# 外国人雇用に関する事業主の責務

**外国人を雇用する際は、在留資格の範囲内で能力を十分に発揮しながら、適正に就労できるよう守るべきルールや配慮すべき事項があります。**

## 1 雇い入れ・離職時の届け出

- 外国人労働者の雇い入れ・離職の際にはその氏名、在留資格などについてハローワークへの届出が必要。
- 上記の届出をもとに、ハローワークでは雇用環境の改善に向けて事業主への助言や指導、離職した外国人への再就職支援を行っている。

※「特別永住者」の人は特別の法的地位が与えられているため、外国人雇用状況の届出制度の対象外とされており、確認・届出の必要はありません。

## 2 適切な雇用管理

- 外国人労働者の雇用管理の改善は事業主の努力義務。
- 外国人労働者の雇用管理の改善に関して、事業主が適切に対処するための指針が定められている。

### 雇用管理の改善に関するおもな指針

**[募集・採用時]**

国籍で差別しない公平な採用選考を行う。日本国籍でないこと、外国人であることのみを理由に、求人者が採用面接などへの応募を拒否することは、公平な採用選考の観点から適切ではない。

**[法令の適用]**

労働基準法や健康保険法などの労働関係法令および社会保険関係法令は、国籍を問わず外国人にも適用される。また、労働条件面での国籍による差別も禁止されている。

**[適正な人事管理]**

労働契約の締結に際し、賃金、労働時間など主要な労働条件について書面などで明示することが必要。その際、母国語で伝えるなど外国人が理解できる方法を用いることが望ましい。

**[解雇の予防と再就職援助]**

安易な解雇などを行わないようにするほか、やむを得ず解雇などを行う場合には、再就職希望者に対して在留資格に応じた再就職が可能となるよう必要な援助を行うよう努める。

外国人労働者が安心して働き、その能力を十分に発揮する環境を確保することが大切です

「外国人雇用状況届出書」の手続きは、インターネットで行うこともできます。

# 「雇用保険被保険者資格取得届」の記入例

※P.75と同じ様式

※1で「2 再取得」を選択した場合で、被保険者証の氏名と現在の氏名が異なっているときに記入

※1の「取得区分」で「2 再取得」を選んだ場合には、ここの被保険者番号を記入

※1 初めて被保険者となる場合や、最後に被保険者資格を喪失してから7年以上経過している場合は「1」、それ以外の場合は「2」を記入

様式第2号

雇用保険被保険者資格取得届

標準字体 0123456789

（必ず第2面の注意事項を読んでから記載してください。）

帳票種別 19101

1.個人番号 234567890123

2.被保険者番号 2345-678901-2

3.取得区分 2（1 新規 2 再取得）

4.被保険者氏名 ジェームズジェイズ

フリガナ（カタカナ） ジ ェ ー ム ズ ジ ェ イ ズ

5.変更後の氏名

フリガナ（カタカナ）

6.性別 1（1 男 2 女）

7.生年月日 4-060106（2 大正 3 昭和 4 平成 5 令和）元号 年 月 日

8.事業所番号 1307-000000-0

9.被保険者となったことの原因 2

1 新規雇用（新規学卒） 2 新規（その他）雇用 3 日雇からの切替 4 その他 8 出向元への復帰等（65歳以上）

10.賃金（支払の態様－賃金月額:単位千円） 1-0255（1 月給 2 週給 3 日給 4 時間給 5 その他）百万 十万 万 千円

11.資格取得年月日 5-030401（4 平成 5 令和）元号 年 月 日

12.雇用形態 7（1 日雇 2 派遣 3 パートタイム 4 有期契約労働者 5 季節的雇用 6 船員 7 その他）

13.職種 05（01～11）第2面参照

14.就職経路 1（1 安定所紹介 2 自己就職 3 民間紹介 4 把握していない）

15.1週間の所定労働時間 4000 時間 分

該当するものの番号を記入。期間の定めのない正社員は「7」

16.契約期間の定め 1
1 有 — 契約期間 5-030401 から 5-040331 まで 元号 年 月 日（4 平成 5 令和）
契約更新条項の有無 1（1 有 2 無）
2 無

事業所名（株）ジェイズ事務所　備考

17欄から23欄までは、被保険者が外国人の場合のみ記入してください。

17.被保険者氏名（ローマ字）（アルファベット大文字で記入してください。） JAMES JAYS

被保険者氏名〔続き（ローマ字）〕

18.在留カード番号（在留カードの右上に記載されている12桁の英数字） AB12345678CD

19.在留期間 20220801 まで 西暦 年 月 日

20.資格外活動許可の有無（1 有 2 無）

21.派遣・請負就労区分（1 派遣・請負労働者として主として当該事業所以外で就労する場合 2 1に該当しない場合）

22.国籍・地域（米国）　23.在留資格（研修）

※公共職業安定所記載欄
24.取得時被保険者種類（1 一般 2 短期常態 3 季節 11 高年齢被保険者（65歳以上））
25.番号複数取得チェック不要（チェック・リストが出力されたが、調査の結果、同一人でなかった場合に「1」を記入。）
26.国籍・地域コード（22欄に対応するコードを記入）
27.在留資格コード（23欄に対応するコードを記入）

雇用保険法施行規則第6条第1項の規定により上記のとおり届けます。

令和 年 月 日

事業主 住所 氏名 電話番号

記名押印又は署名 印

公共職業安定所長 殿

※備考

| 社会保険労務士記載欄 | 作成年月日・提出代行者・事務代理者の表示 | 氏名 | 電話番号 |
|---|---|---|---|
| | | 印 | |

| ※所長 | 次長 | 課長 | 係長 | 係 | 操作者 |
|---|---|---|---|---|---|
| | | | | | |

（この用紙は、このまま機械で処理しますので、汚さないようにしてください。）

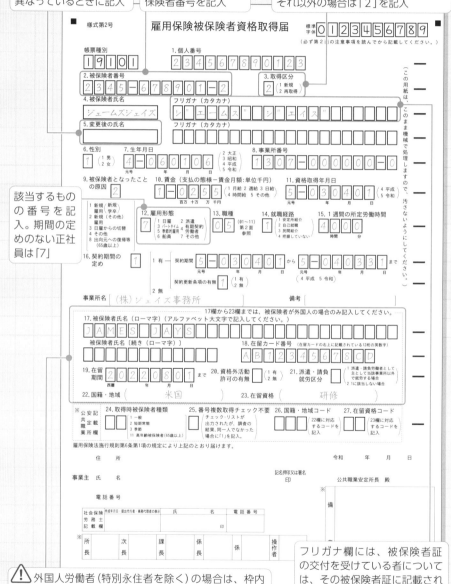

⚠外国人労働者（特別永住者を除く）の場合は、枠内をすべて記入することで外国人雇用状況の届出とすることが可能

フリガナ欄には、被保険者証の交付を受けている者については、その被保険者証に記載されている通りカタカナで記入し、姓と名の間は1枠空ける

## 「外国人雇用状況届出書（様式第３号）」の記入例

※雇用保険被保険者以外の外国人の届け出に必要な書類

使用する状況に応じて表題の文字に横線を引いて抹消する、または○をつける

「在留カード」または「パスポート」に記載されているものをそのまま転記

様式第３号（第10条関係）（表面）

（雇入れ〔○印〕／離職）に係る外国人雇用状況届出書

| フリガナ（カタカナ） | ジョン | スミス | |
|---|---|---|---|
| ①外国人の氏名（ローマ字） | 姓 JOHN | 名 SMITH | ミドルネーム |
| ②①の者の在留資格 | 留学 | ③①の者の在留期間（期限）（西暦） | 20△△年 ○月 ○日 まで |
| ④①の者の生年月日（西暦） | 1995年 1月 1日 | ⑤①の者の性別 | ①男 ・ 2 女 |
| ⑥①の者の国籍・地域 | 米国、Chicago | ⑦①の者の資格外活動許可の有無 | ①有 ・ 2 無 |

| ⑧①の者の在留カードの番号（在留カードの右上に記載されている12桁の英数字） | A | B | 1 | 2 | 3 | 4 | 5 | 6 | 7 | 8 | C | D |
|---|---|---|---|---|---|---|---|---|---|---|---|---|

| 雇入れ年月日（西暦） | 20XX 年 4 月 1 日 | 離職年月日（西暦） | 年 月 日 |
|---|---|---|---|
| | 年 月 日 | | 年 月 日 |
| | 年 月 日 | | 年 月 日 |

労働施策の総合的な推進並びに労働者の雇用の安定及び職業生活の充実等に関する法律施行規則第10条第3項の規定により上記のとおり届けます。

20XX 年 4 月 2 日

| 事業主 | 事業所の名称、所在地、電話番号等 | 雇入れ又は離職に係る事業所<br>（名称）（株）ジェイズ事務所<br>（所在地）渋谷区代々木0-0<br>主たる事務所<br>（名称）<br>（所在地） | 雇用保険適用事業所番号 1307-000000-0<br>①の者が主として左記以外の事業所で就労する場合 □<br>TEL 03-5000-5000<br>TEL |
|---|---|---|---|
| | 氏名 | 代表取締役　ジェイズ花子 | |

| 社会保険労務士記載欄 | 作成年月日・提出代行者・事務代理者の表示 | 氏名 |
|---|---|---|
| | | |

公共職業安定所長　殿

# 兼務役員の労働保険の加入手続き

- 代表権を持つ役員を除いて、労働者の性格が強い役員を兼務役員という
- 兼務役員では、労働者の部分に労働保険が適用される

## 雇用保険の手続きでは兼務役員を証明することが必要

労働保険は「労働者」のための保険です。会社の取締役や監査役などの役員にあたる人は「労働者」ではないため、労働保険の対象にはなりません。

ただし、工場長、支店長、部長職など、会社の取締役でありながらも、会社に雇われる労働者の性格を持っている人がいます。そういった立場の人を兼務役員といいます。兼務役員であって、労働者としてもらう給与の方が役員報酬より高い場合は、労働者としての給与に対して労災保険、雇用保険が適用されます。

労災保険では、兼務役員として認めてもらうための手続きはありません。雇用保険では、「兼務役員雇用実態証明書」を提出することで兼務役員であることを証明します。

### 書式DATA

健康 年金 労災 雇用

| | |
|---|---|
| 届け先 | 管轄するハローワーク |
| 期日 | 期限はとくに定められていないが、すみやかに行う |
| 必要書類 | 兼務役員雇用実態証明書 |
| 添付書類 | 出勤簿、賃金台帳、労働者名簿、役員決定時の議事録、雇用保険被保険者証、3か月以内の登記簿謄本コピー、定款、就業規則、給与規定、従業員報酬決定など |
| 入手先 | ハローワークインターネットサービスからダウンロード可能 |

保険料の計算に関わってくるので、兼務役員の報酬については役員として支給する分と労働者として支給する分がそれぞれいくらなのかを明確にしておきます。

# 「兼務役員雇用実態証明書」の記入例

兼務役員の実態を正確に記入すること

⚠従業員としての賃金の方が役員報酬よりも高いこと



## 兼務役員雇用実態証明書

| フリガナ | ハギワラ　トモコ | 性別 | 生年月日・年齢 |
|---|---|---|---|
| 氏名 | 萩原　智子 | 男・(女) | (昭和)・平成・令和 47年 10月 3日生 （　　歳） |
| 被保険者番号 | 0123-456789-0 | | |
| 適用事業所番号 | 0307-000000-0 | 事業所名 | (株)ジェイズ事務所 |

| | | | | |
|---|---|---|---|---|
| 服務態様 | 就業規則の適用状況 | (1.)全部適用　2. 適用無し　3. 一部適用（適用除外条項:　　） | | |
| | 出勤義務 | (1.)常勤　2. 非常勤（出勤指定日　　）出勤日の勤務拘束時間 9時00分～18時00分 所定労働時間 週40時間00分 | | |
| | **役員（委任）関係** | | **従業員（雇用）関係** | |
| | 代表権 | 有・(無) | 前職名称（役員就任前職名） | 総務課長 |
| | 業務執行権 | 有・(無) | | |
| | 役員名称 | 取締役 | 現職名称 | 総務部長 |
| | 就任年月日 | 令和 3年 4月 1日 | 雇用年月日 | 平成 ~~令和~~ 7年 4月 1日 |
| | 役員としての担当業務内容（具体的に） | 人事総務の管理 | 従業員としての労務内容（具体的に）及び指揮命令権者 | 人事・総務　指揮命令権者（　　） |
| 給与等 | 役員報酬 | (月額)・年俸 100,000円 | 従業員賃金 | (月額)・年俸 350,000円 |
| | 役員報酬以外の報酬 | 有・(無) | 上記以外の賃金（賞与等） | (有)・無 |
| | 決算の際役員報酬として | (1.)計上する　2. 計上しない | 決算の際賃金・給料として | (1.)計上する　2. 計上しない |
| その他 | 加入済みの社会保険 | (労災保険)・(健康保険)・(厚生年金保険)・その他（　　） | | |
| | 諸帳簿等への登録整備状況 | (労働者名簿)・(賃金台帳)・(出勤簿)・(雇用契約書)　その他（　　） | | |

上記の者に係る記載内容について、事実に相違ないことを証明するとともに、記載内容に変更が生じた場合には、速やかに再提出します。

また、被保険者資格を喪失すべき状態となった場合には、速やかに資格喪失届を提出します。

令和 ○年 4月 2日

事業主
住　所　渋谷区代々木0-0
氏　名　ジェイズ花子
電話番号　03-5000-5000

渋谷　公共職業安定所長 殿

| ※安定所記入欄 | 確認資料 | 被保険者性 | 備考 |
|---|---|---|---|
| | 雇用契約書・労働者名簿・賃金台帳・登記事項証明書・定款・議事録・就業規則・給与規程・・出勤簿・寄付行為・総勘定元帳・人事組織図・役員報酬規程・決算書の添付書類の役員報酬・その他（　　） | あり　なし | |

| 課長 | 係長 | 係 |
|---|---|---|
| | | |

# テレワークでも社会保険や労働保険に加入する？

## ✓加入要件を満たしていれば加入する

現在、会社員の勤務スタイルは従来の出勤形式からリモートワークや在宅勤務などのテレワークへと大きくシフトしつつあります。

そこで気になるのが、会社に出勤しない働き方でも社会保険や労働保険に加入するのか、というところです。結論からいえば、テレワークでも要件を満たしていれば社会保険・労働保険に加入します。

## ✓雇用の実態を証明する必要あり

テレワーク勤務での社会保険・労働保険加入で注意したいのは、請負などの業務委託ではないことを説明できるかどうかです。出社しない働き方という点でテレワークと業務委託は共通していますが、テレワークはあくまで勤務形態の１つです。テレワークをする従業員は当然会社の労働者ですので、外部スタッフである業務委託社員とは明確に区別しましょう。

その従業員を雇用している実態があるかチェックするために、おもにテレワーク勤務をする従業員の雇用保険加入を申請する際に、「在宅勤務雇用実態証明書」の提出をハローワークから求められることがあります。雇用の実態がないとみなされないように、働き方について取り決めておきましょう。

### ▶雇用か業務委託かを判断するチェックポイント

「在宅勤務雇用実態証明書」では以下の項目の状況を記入します。当てはまる項目が多いほど、雇用の実態があると認められやすくなります。反対にチェックに当てはまらないほど、業務委託とみなされる可能性が高くなります。

- □ 就業規則が適用されている
- □ 備品・原材料・通信費は会社が負担している
- □ 勤務管理をしている
- □ 労働者名簿・賃金台帳・出勤簿・雇用契約書などがある　　など

# 第3章

# 退職時の手続き

## section 1 従業員が退職したときの手続き

健康保険・厚生年金保険の資格喪失手続き／健康保険証の回収／高齢受給者証／雇用保険の資格喪失手続き／退職理由／失業給付

## section 2 退職後に本人が行う手続き

退職後の健康保険／失業給付の受給要件／待期期間／給付制限／一般の離職者／退職後の労災保険の給付

# 従業員が退職するときの手続きと一連の流れ

社会保険の資格喪失日は、退職日の翌日であることに注意が必要だニャ

## 退職時に行う手続きのポイント

### ポイント1 退職日までの出勤予定日を確認する

残っている有給休暇を消化するために、退職日の直前までまとまった休みをとることも考えられます。退職日までの出勤スケジュールを確認して、健康保険証などの回収予定を立てるようにしましょう。

### ポイント2 従業員が行う手続きを案内する

退職したあとも健康保険や公的年金の加入が途切れないように、従業員自身が退職後に行わなければならない手続きもいくつかあります。すぐに転職するか、失業給付を受けながら就職活動をするかなどによって手続きが異なります。退職後の予定を聞いてから、予定に合った手続きの案内をするといいでしょう。

### ポイント3 健康保険証などを回収する

本人と扶養家族に交付されていた健康保険証を回収しましょう。ほかにも退職届を提出してもらい、貸与していた制服などを回収します。

### ポイント4 資格喪失手続きを行う

社会保険と雇用保険の資格喪失手続きを行います。会社の手続きはとくに変わりませんが、従業員個人が行う手続きは再就職先が決まっている場合と決まっていない場合で異なります。

## 退職時に必要な手続きとそのタイミング

### 1 退職の届出が従業員からあったとき

- □ **退職届を提出してもらう**
- □ **健康保険証の回収**

健康保険の資格喪失手続きを行うため、健康保険証を回収します（→P.100参照）。健康保険証は退職日の23時59分まで使用できるので、いつ回収するかは従業員と相談しましょう。

- □ **連絡先・離職理由の確認**

離職票を渡すなどで連絡を取ることがあるので、退職後の連絡先は確認しておきましょう。従業員に離職理由を確認しておきます。（→P.102参照）

### 2 退職日の翌日

- □ **健康保険・厚生年金保険の資格喪失**

健康保険・厚生年金保険は、退職日の翌日に資格を喪失します。ここまでに健康保険証を回収できると理想的です。

### 3 資格喪失日から５日以内

- □ **健康保険・厚生年金保険の資格喪失手続きを行う**

退職者から回収した健康保険証に「健康保険・厚生年金保険 被保険者資格喪失届」を添付して、資格喪失日から５日以内に年金事務所に提出します（健康保険組合に加入している場合は健康保険組合にも提出する）。（→P.100参照）

### 4 資格喪失日から10日以内

- □ **雇用保険の資格喪失手続きを行う**

雇用保険の資格喪失手続きのあと、「雇用保険 被保険者資格喪失確認通知書」が送付されます。そのうちの被保険者通知用は退職した従業員に渡しましょう。（→P.102参照）

- □ **離職票の発行手続きを行う**

「雇用保険 被保険者離職票」については、従業員が失業給付を希望する場合はもちろん、希望していない場合でも後から必要になったといわれることがあるので、はじめから発行しておくといいでしょう。（→P.104参照）

外国人従業員が退職する場合には、国に帰るのか日本国内で転職する予定があるのかなどを聞いて、必要な情報を伝えましょう。厚生労働省などでは、多言語による健康保険や公的年金の手続きガイドブックを作成しています

# 健康保険・厚生年金保険の手続き

- 従業員が退職したときには、健康保険と厚生年金保険の資格喪失手続きを行う
- 資格喪失日（退職日の翌日）から5日以内に書類を提出する

## 退職の際には従業員から健康保険証を回収する

従業員が退職したときには、健康保険と厚生年金保険の資格喪失手続きを行います。退職者から健康保険証を回収し、「健康保険・厚生年金保険 被保険者資格喪失届」（以下、喪失届）を添付して資格喪失日から5日以内に年金事務所に提出します（別途健康保険組合に加入している場合、健康保険組合にも提出する）。退職する人が70歳～74歳の場合、健康保険証に加えて「高齢受給者証」も回収します。健康保険に加入している70歳以上の人のなかで後期高齢者医療に該当しない人を高齢受給者といい、この「高齢受給者証」が交付されます。（→P.343参照）

もし退職者やその扶養家族が健康保険証を紛失していたときは、「健康保険 被保険者証回収不能届」を喪失届に添付して提出します。健康保険証を回収しないまま退職者と連絡が取れなくなったときも、同様の手続きをします。

**書式DATA**

健康　年金　労災　雇用

| | |
|---|---|
| 届け先 | 管轄する年金事務所（別途加入している場合は健康保険組合にも提出） |
| 期日 | 資格喪失日から5日以内 |
| 必要書類 | 1 健康保険・厚生年金保険　被保険者資格喪失届 70歳以上被用者不該当届<br>2 健康保険　被保険者証回収不能届（保険証を紛失した場合） |
| 添付書類 | 健康保険証（被保険者・被扶養者から回収する）<br>高齢受給者証（70～74歳の場合に、被保険者から回収する） |
| 入手先 | 1 2 協会けんぽのHP、または年金事務所のHPからダウンロード可能 |

健康保険、厚生年金保険の資格喪失は年齢によるものもあります。厚生年金保険は70歳の誕生日の前日、健康保険は75歳の誕生日当日に資格を喪失します。この場合も健康保険証を回収します。

## 「健康保険・厚生年金保険 被保険者資格喪失届」の記入例

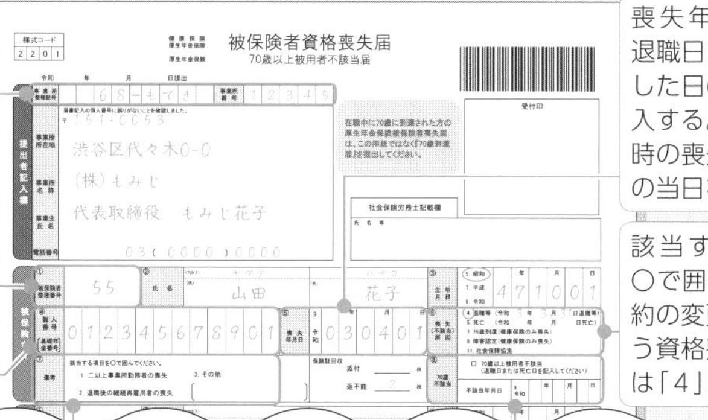

様式コード 2201
健康保険 厚生年金保険 厚生年金保険
被保険者資格喪失届
70歳以上被用者不該当届
令和 年 月 日提出
事業所整理記号 68－もてき
事業所番号 12345
届書記入の個人番号に誤りがないことを確認しました。
提出者記入欄
事業所所在地 〒151-0053 渋谷区代々木0-0
事業所名称 (株)もみじ
事業主氏名 代表取締役 もみじ花子
電話番号 03(0000)0000
在職中に70歳に到達された方の厚生年金保険被保険者喪失届は、この用紙ではなく『70歳到達届』を提出してください。
受付印
社会保険労務士記載欄
氏名等
① 被保険者整理番号 55
② 氏名 (ﾌﾘｶﾞﾅ) ヤマダ ハナコ (氏) 山田 (名) 花子
③ 生年月日 5.昭和 7.平成 9.令和 年 月 日 471001
④ 個人番号［基礎年金番号］ 012345678901
⑤ 喪失年月日 9.令和 年 月 日 030401
⑥ 喪失（不該当）原因 4.退職等（令和 3年 3月 31日退職等） 5.死亡（令和 年 月 日死亡） 7.75歳到達（健康保険のみ喪失） 9.障害認定（健康保険のみ喪失） 11.社会保障協定
⑦ 備考 該当する項目を○で囲んでください。 1.二以上事業所勤務者の喪失 2.退職後の継続再雇用者の喪失 3.その他
保険証回収 添付 枚 返不能 2 枚
⑧ 70歳不該当 □ 70歳以上被用者不該当（退職日または死亡日を記入してください） 不該当年月日 9.令和 年 月 日

事業所整理記号・番号は適用通知書(→P.47)に記載されているものを記入

健康保険証の「番号」と書かれている数字(資格取得時に割り振られる)

マイナンバーを記入する。基礎年金番号を記入する場合は、左詰めで記入

喪失年月日は、退職日または死亡した日の翌日を記入する。75歳到達時の喪失は誕生日の当日を記入

該当する数字を○で囲む。雇用契約の変更にともなう資格喪失の場合は「4」に○をする

60歳以上の従業員が、退職後に1日も空けることなく再雇用された場合は「2」に○をする

70歳以上の資格喪失の場合は、「70歳以上被用者不該当」にチェックをし、「不該当年月日」に退職日または死亡日を記入

## 「健康保険　被保険者証回収不能届」の記入例

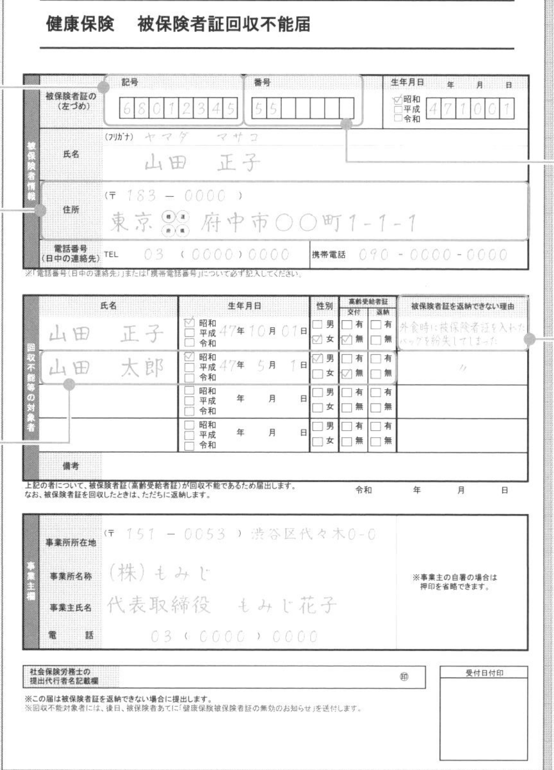

健康保険　被保険者証回収不能届

被保険者情報
被保険者証の（左づめ） 記号 68012345 番号 55
生年月日 ☑昭和 □平成 □令和 年 月 日 471001
氏名 (ﾌﾘｶﾞﾅ) ヤマダ マサコ 山田 正子
住所 (〒 183 － 0000 ) 東京 都道府県 府中市○○町1-1-1
電話番号（日中の連絡先） TEL 03 (0000) 0000 携帯電話 090 - 0000 - 0000
※「電話番号（日中の連絡先）」または「携帯電話番号」について必ず記入してください。

回収不能等の対象者

| 氏名 | 生年月日 | 性別 | 高齢受給者証 交付 | 高齢受給者証 返納 | 被保険者証を返納できない理由 |
|---|---|---|---|---|---|
| 山田　正子 | ☑昭和 □平成 □令和 47年 10月 01日 | □男 ☑女 | □有 ☑無 | □有 □無 | 外食時に被保険者証を入れたバッグを紛失してしまった |
| 山田　太郎 | ☑昭和 □平成 □令和 47年 5月 1日 | ☑男 □女 | □有 ☑無 | □有 □無 | 〃 |
| | □昭和 □平成 □令和 年 月 日 | □男 □女 | □有 □無 | □有 □無 | |
| | □昭和 □平成 □令和 年 月 日 | □男 □女 | □有 □無 | □有 □無 | |
| 備考 | | | | | |

上記の者について、被保険者証（高齢受給者証）が回収不能であるため届出します。
なお、被保険者証を回収したときは、ただちに返納します。　令和 年 月 日

事業主欄
事業所所在地 (〒 151 － 0053 ) 渋谷区代々木0-0
事業所名称 (株)もみじ
事業主氏名 代表取締役　もみじ花子
電話 03 (0000) 0000
※事業主の自署の場合は押印を省略できます。

社会保険労務士の提出代行者名記載欄 印
受付日付印
※この届は被保険者証を返納できない場合に提出します。
※回収不能対象者には、後日、被保険者あてに「健康保険被保険者証の無効のお知らせ」を送付します。

健康保険証に記載されている8桁の記号を記入する(会社の記号)

被保険者の住所を記入する。所在不明の場合は、現時点でわかっている住所を記入する

被扶養者の健康保険証が回収不能な場合は、その氏名、生年月日などを記入する

資格取得時などの決定通知書で確認する

紛失の場合は、その詳細を記入する

# 雇用保険の手続き

- 退職などにより雇用保険の加入要件を満たさなくなった場合、資格喪失の届出が必要となる
- 資格喪失の手続きのあとには、「雇用保険 被保険者資格喪失確認通知書」が交付される。忘れずに退職した従業員に渡す

## 退職日に雇用保険の資格を喪失する

雇用保険に加入している従業員が退職するときは、雇用保険の資格喪失手続きを行います。雇用保険は退職日に資格を喪失します。

資格喪失手続きでは、資格喪失原因、つまり退職理由を示します。退職理由はつぎの3つのいずれかです。①死亡・在籍出向※など離職以外の理由、②契約期間満了・自己都合退職・定年など事業主の都合以外による退職、③解雇：退職勧奨（かんしょう）（企業が退職を促すこと）など事業主の都合による退職。

資格喪失の手続きをしたあとに、「雇用保険 被保険者資格喪失確認通知書」が交付されます。資格喪失確認通知書は、事業主通知用と被保険者通知用に分かれているので、被保険者通知用を退職者に渡します。

### 書式DATA

| | |
|---|---|
| 届け先 | 管轄するハローワーク |
| 期　日 | 資格喪失日の翌日から10日以内 |
| 必要書類 | 1 雇用保険被保険者資格喪失届<br>2 雇用保険被保険者離職証明書（→P.106） |
| 添付書類 | 労働者名簿、出勤簿（タイムカード）、賃金台帳、雇用契約書、退職届、辞令・定年などによる場合はその規定など |
| 入手先 | ハローワークのHPからダウンロード可能 |

健康 年金 労災 雇用

キホン用語　在籍出向とは、元の会社に籍を置いたまま出向先で働くことです。元の会社との労働契約は消滅しませんが、出向先の会社で賃金を支払っている場合、雇用保険の加入は出向先となります。

# 「雇用保険被保険者資格喪失届」の記入例

※雇用保険の資格取得時に、すでに印字されている様式を入手できます。

離職日時点での１週間の所定労働時間を記入する

1、2、3の喪失原因のうち、該当する番号を記入する（→P.102参照）

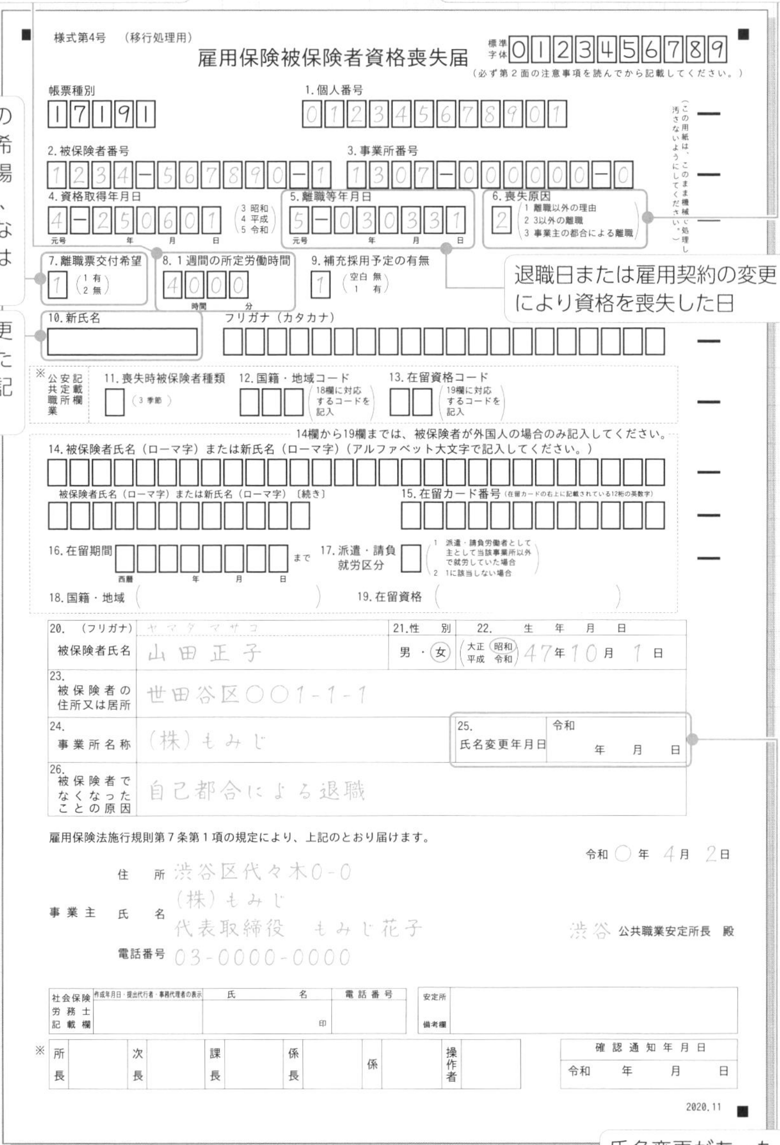

様式第4号　（移行処理用）

雇用保険被保険者資格喪失届

標準字体 0123456789

（必ず第２面の注意事項を読んでから記載してください。）

帳票種別 17191

1. 個人番号 012345678901

2. 被保険者番号 1234-567890-1

3. 事業所番号 1307-000000-0

4. 資格取得年月日 4-250601（3 昭和 4 平成 5 令和）元号 年 月 日

5. 離職等年月日 5-030331 元号 年 月 日

6. 喪失原因 2（1 離職以外の理由 2 3以外の離職 3 事業主の都合による離職）

（この用紙は、このまま機械で処理しますので、汚さないようにしてください。）

7. 離職票交付希望 1（1 有 2 無）

8. 1週間の所定労働時間 4000 時間 分

9. 補充採用予定の有無 1（空白 無 1 有）

10. 新氏名　　フリガナ（カタカナ）

※公共職業安定所記載欄　11. 喪失時被保険者種類（3 季節）　12. 国籍・地域コード（18欄に対応するコードを記入）　13. 在留資格コード（19欄に対応するコードを記入）

14欄から19欄までは、被保険者が外国人の場合のみ記入してください。

14. 被保険者氏名（ローマ字）または新氏名（ローマ字）（アルファベット大文字で記入してください。）

被保険者氏名（ローマ字）または新氏名（ローマ字）〔続き〕

15. 在留カード番号（在留カードの右上に記載されている12桁の英数字）

16. 在留期間　　まで　西暦 年 月 日

17. 派遣・請負就労区分（1 派遣・請負労働者として主として当該事業所以外で就労していた場合 2 1に該当しない場合）

18. 国籍・地域（　）　19. 在留資格（　）

| 20.（フリガナ） | ヤマダマサコ | 21.性別 | 22. 生年月日 |
|---|---|---|---|
| 被保険者氏名 | 山田正子 | 男・(女) | 大正 (昭和) 平成 令和 47年10月1日 |
| 23. 被保険者の住所又は居所 | 世田谷区〇〇1-1-1 | | |
| 24. 事業所名称 | （株）もみじ | 25. 氏名変更年月日 | 令和 年 月 日 |
| 26. 被保険者でなくなったことの原因 | 自己都合による退職 | | |

雇用保険法施行規則第７条第１項の規定により、上記のとおり届けます。

令和〇年 4月 2日

事業主　住所 渋谷区代々木0-0
氏名 （株）もみじ 代表取締役　もみじ花子
電話番号 03-0000-0000

渋谷 公共職業安定所長 殿

| 社会保険労務士記載欄 | 作成年月日・提出代行者・事務代理者の表示 | 氏名 | 電話番号 |
|---|---|---|---|
| | | 印 | |

安定所備考欄

| ※ | 所長 | 次長 | 課長 | 係長 | 係 | 操作者 |
|---|---|---|---|---|---|---|
| | | | | | | |

| 確認通知年月日 |
|---|
| 令和　年　月　日 |

2020.11

離職票の交付を希望する場合は「1」、希望しない場合は「2」

氏名変更があった場合に記入

退職日または雇用契約の変更により資格を喪失した日

氏名変更があった場合に記入

# 退職する従業員が失業給付を希望するときの手続き

- 退職する従業員が失業給付を申請する際には、離職票の発行が必要になる
- 離職票の発行手続きのために、「雇用保険被保険者離職証明書」と「雇用保険被保険者資格喪失届」を提出する

## ハローワークに離職証明書と資格喪失届を提出する

雇用保険の給付の1つに、失業給付があります。退職後に求職活動をする人を対象に支給される給付です。

退職する従業員が失業給付を申請する場合には、「雇用保険 被保険者離職票」(以下、離職票)の発行が必要になります。離職票を発行するには、「雇用保険被保険者離職証明書」と「雇用保険被保険者資格喪失届」(→P.103参照)を一緒にハローワークに提出します。

会社がハローワークへ離職証明書を提出するのが遅れた場合、その分だけ退職者へ離職票を渡すのも遅れてしまいます。すみやかに提出しましょう

**書式DATA**

| | |
|---|---|
| 届け先 | 管轄するハローワーク |
| 期日 | 資格喪失日の翌日から10日以内 |
| 必要書類 | 1 雇用保険被保険者離職証明書<br>2 雇用保険被保険者資格喪失届 |
| 添付書類 | 労働者名簿、出勤簿(タイムカード)、賃金台帳、雇用契約書、退職届<br>※退職理由が辞令・定年などによる場合はその規定など |
| 入手先 | ハローワークのHPからダウンロード可能 |

健康 年金 労災 雇用

まめ知識 「離職証明書」については、原則離職前に本人が自筆による署名をすることになっています。

## 離職票を従業員に渡すまでの３つのステップ

離職票は、離職証明書・資格喪失届をハローワークに提出することで交付されます。大きく分けて３つのステップで離職票を発行できます。

### 1 会社からハローワークに離職証明書を提出する

- 離職票の交付が必要であれば、離職証明書と資格喪失届を作成する
- 離職証明書の内容を退職者に確認してもらう
- 内容に誤りがなければ署名してもらう
- 資格喪失届と一緒にハローワークに提出する（添付書類はP.104を参照）

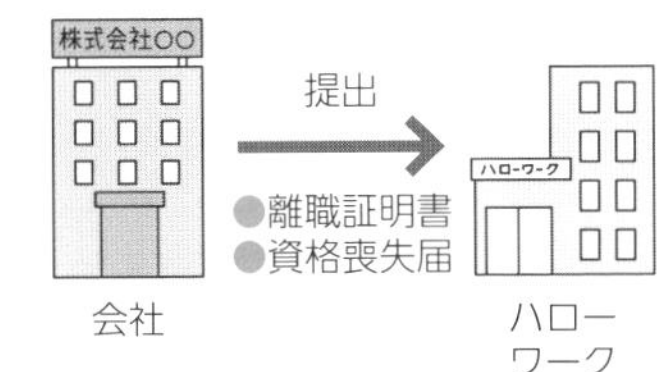

すでに転職先が決まっていても、その転職先をすぐに辞めてしまった場合には、失業給付を受けるために離職票が必要になります。必要ないといわれても、発行しておくといいでしょう

### 2 ハローワークから離職票を受け取る

- 離職証明書をハローワークが確認し、内容に問題がなければ離職票が交付される
- 離職票には２種類あり、離職年月日などが記載されている離職票１と、離職理由などが記載されている離職票２がある

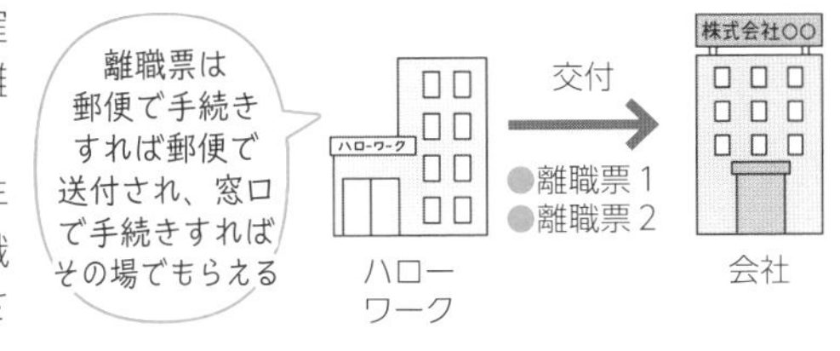


※離職票と一緒に資格喪失確認通知書（事業主通知用）と離職証明書（事業主控）も渡されるので、この２つの書類は会社で保管する

### 3 離職票に必要事項を記入し、退職者に渡す

- 離職票を退職者に郵送で送る、または受け取りにきてもらう

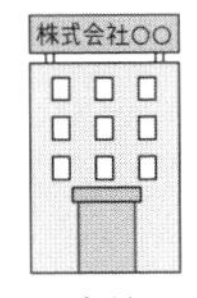


送付

●離職票１
●離職票２

会社

退職者

離職理由によって、失業給付を受け取る時期に違いがあるニャ。離職証明書を作成するときは、退職者に自己都合退職なのか、それともほかの理由があるのかなど、離職理由について十分に確認しておくといいニャ

離職証明書は、退職日までの出勤日数や賃金額、離職理由を届け出るものです。この内容により、失業給付を受給できる金額や日数などが決まります。

# 「雇用保険被保険者離職証明書（安定所提出用）」の記入例

※1　離職日の翌日

※2　離職日の直前の賃金締切日の翌日を記入。以降、順次さかのぼって1か月ごとに記入

疾病や出産などで30日以上賃金支払いがなかった場合には期間と理由を記載。その他特記事項がある場合も記載

様式第5号

**雇用保険被保険者離職証明書（安定所提出用）**

| | | | |
|---|---|---|---|
| ① 被保険者番号 | 8901-234567-8 | ③ フリガナ | マルカク　シカミ |
| ② 事業所番号 | 1306-000000-0 | 離職者氏名 | ○△　□美 |
| ④ 離職年月日 | 令和 00年 3月 31日 | | |
| ⑤ 事業所 名称 | （株）○○ | ⑥ 離職者の住所又は居所 | 〒000-0000 調布市○○1-2-3 |
| 所在地 | 渋谷区代々木○-○ | | |
| 電話番号 | 03-5000-5000 | 電話番号 | （042）300-0000 |

この証明書の記載は、事実に相違ないことを証明します。

事業主　住所　渋谷区代々木○-○　（株）○○　氏名　代表取締役　○○　○子　㊞

※離職票交付　令和　年　月　日（交付番号　番）　離職票受領印

**離職の日以前の賃金支払状況等**

| ⑧ 被保険者期間算定対象期間 Ⓐ 一般被保険者等 | Ⓑ 短期雇用特例被保険者 | ⑨ ⑧の期間における賃金支払基礎日数 | ⑩ 賃金支払対象期間 | ⑪ ⑩の基礎日数 | ⑫ 賃金額 Ⓐ | Ⓑ | 計 | ⑬ 備考 |
|---|---|---|---|---|---|---|---|---|
| 離職日の翌日 4月1日 | | | | | | | | |
| 3月1日～離職日 | 離職月 | 31日 | 3月16日～離職日 | 11日 | 未計算 | | | |
| 2月1日～2月28日 | 月 | 28日 | 2月16日～3月15日 | 28日 | 250,000 | | | |
| 1月1日～1月31日 | 月 | 31日 | 1月16日～2月15日 | 31日 | 250,000 | | | |
| 12月1日～12月31日 | 月 | 31日 | 12月16日～1月15日 | 31日 | 250,000 | | | |
| 11月1日～11月30日 | 月 | 30日 | 11月16日～12月15日 | 30 ~~31~~日 | 250,000 | | | |
| 10月1日～10月31日 | 月 | 31日 | 10月16日～11月15日 | 31 ~~30~~日 | 250,000 | | | |
| 9月1日～9月30日 | 月 | 30日 | 9月16日～10月15日 | 30日 | 250,000 | | | |
| 8月1日～8月31日 | 月 | 31日 | 8月16日～9月15日 | 31日 | 250,000 | | | |
| 7月1日～7月31日 | 月 | 20日 | 7月16日～8月15日 | 31日 | 250,000 | | | 7/16より月給制に変更 |
| 6月1日～6月30日 | 月 | 22日 | 6月16日～7月15日 | 22日 | 8,000 | 193,600 | 201,600 | |
| 5月1日～5月31日 | 月 | 18日 | 5月16日～6月15日 | 22日 | 8,000 | 193,600 | 201,600 | |
| 4月1日～4月30日 | 月 | 21日 | 4月16日～5月15日 | 17日 | 8,000 | 149,600 | 157,600 | |
| 3月1日～3月31日 | 月 | 23日 | 3月16日～4月15日 | 23日 | 8,000 | 202,400 | 210,400 | |

⑮この証明書の記載内容（⑦欄を除く）は相違ないと認めます。（記名押印又は自筆による署名）

（離職者氏名）○△　□美

⑭

資・聴

社会保険労務士記載欄　作成年月日・提出代行者・

⚠ 訂正箇所がある場合は二重線で訂正し、2枚目に捨印を押すこと

※1より前の1か月ごとの期間を順次記入

月給者：暦日（欠勤日数は差し引く）
日給・時給者：左隣に記入した期間のうち、賃金支払い対象となった出勤日数

⚠ 記入内容に訂正がある場合は2枚目のこの箇所に押印する

A欄：月または週で決められた賃金を記入
B欄：日または時間、出来高で支払われた賃金を記入
※時給者でも通勤手当が月額で支払われていれば、通勤手当の分はA欄へ記入する
※通勤手当が3か月や6か月などまとめて支払われている場合は、月数で案分して金額を記入する
端数が生じた場合は、最後の月に加算

原則、退職者本人に内容を確認してもらったうえで署名をもらうが、離職後で本人と連絡が取れない場合は、その旨を記入し代表印を代印、または代表者自署を記入する
例：「帰郷のため本人の署名・押印とれず」

離職理由が労働契約期間満了の場合、
添付書類として雇用契約書が必要

重責解雇に該当する場合、
「懲戒の通知書」などが必要

⑦**離職理由欄**…事業主の方は、離職者の主たる離職理由が該当する理由を１つ選択し、左の事業主記入欄の□の中に○印を記入の上、下の具体的事情記載欄に具体的事情を記載してください。

【離職理由は所定給付日数・給付制限の有無に影響を与える場合があり、適正に記載してください。】

| 事業主記入欄 | 離　職　理　由 | ※離職区分 |
|---|---|---|
| | 1　事業所の倒産等によるもの | |
| □ | ……（1）倒産手続開始、手形取引停止による離職 | 1A |
| □ | ……（2）事業所の廃止又は事業活動停止後事業再開の見込みがないため離職 | 1B |
| | 2　定年によるもの | |
| □ | ……定年による離職（定年　　歳）<br>定年後の継続雇用 { を希望していた（以下のaからcまでのいずれかを1つ選択してください）<br>を希望していなかった<br>a　就業規則に定める解雇事由又は退職事由（年齢に係るものを除く。以下同じ。）に該当したため<br>（解雇事由又は退職事由と同一の事由として就業規則又は労使協定に定める「継続雇用しないことができる事由」に該当して離職した場合も含む。）<br>b　平成25年3月31日以前に労使協定により定めた継続雇用制度の対象となる高年齢者に係る基準に該当しなかったため<br>c　その他（具体的理由：　　　　） | 2A<br>2B |
| | 3　労働契約期間満了等によるもの | 2C |
| □ | ……（1）採用又は定年後の再雇用時等にあらかじめ定められた雇用期限到来による離職<br>（1回の契約期間　　箇月、通算契約期間　　箇月、契約更新回数　　回）<br>（当初の契約締結後に契約期間や更新回数の上限を短縮し、その上限到来による離職に該当　する・しない）<br>（当初の契約締結後に契約期間や更新回数の上限を設け、その上限到来による離職に該当　する・しない）<br>（定年後の再雇用時にあらかじめ定められた雇用期限到来による離職で　ある・ない）<br>（4年6箇月以上5年以下の通算契約期間の上限が定められ、この上限到来による離職で　ある・ない）<br>→ある場合（同一事業所の有期雇用労働者に一様に4年6箇月以上5年以下の通算契約期間の上限が平成24年8月10日前から定められて　いた・いなかった） | 2D<br>2E |
| □ | ……（2）労働契約期間満了による離職<br>①　下記②以外の労働者<br>（1回の契約期間　　箇月、通算契約期間　　箇月、契約更新回数　　回）<br>（契約を更新又は延長することの確約・合意の　有・無（更新又は延長しない旨の明示の　有・無））<br>（直前の契約更新時に雇止め通知の　有　・　無　）<br>（当初の契約締結後に不更新条項の追加が　ある・ない）<br>労働者から契約の更新又は延長 { を希望する旨の申出があった<br>を希望しない旨の申出があった<br>の希望に関する申出はなかった<br>②　労働者派遣事業に雇用される派遣労働者のうち常時雇用される労働者以外の者<br>（1回の契約期間　　箇月、通算契約期間　　箇月、契約更新回数　　回）<br>（契約を更新又は延長することの確約・合意の　有・無（更新又は延長しない旨の明示の　有・無））<br>労働者から契約の更新又は延長 { を希望する旨の申出があった<br>を希望しない旨の申出があった<br>の希望に関する申出はなかった<br>a　労働者が適用基準に該当する派遣就業の指示を拒否したことによる場合<br>b　事業主が適用基準に該当する派遣就業の指示を行わなかったことによる場合（指示した派遣就業が取りやめになったことによる場合を含む。）<br>（aに該当する場合は、更に下記の5のうち、該当する主たる離職理由を更に1つ選択し、○印を記入してください。該当するものがない場合は下記の6に○印を記入した上、具体的な理由を記載してください。） | 3A<br>3B<br>3C<br>3D<br>4D<br>5E |
| □ | ……（3）早期退職優遇制度、選択定年制度等により離職 | |
| □ | ……（4）移籍出向 | |
| | 4　事業主からの働きかけによるもの | |
| □ | ……（1）解雇（重責解雇を除く。） | |
| □ | ……（2）重責解雇（労働者の責めに帰すべき重大な理由による解雇） | |
| | （3）希望退職の募集又は退職勧奨 | |
| □ | ……①　事業の縮小又は一部休廃止に伴う人員整理を行うためのもの | |
| □ | ……②　その他（理由を具体的に　　　　） | |
| | 5　労働者の判断によるもの<br>（1）職場における事情による離職 | |
| □ | ……①　労働条件に係る問題（賃金低下、賃金遅配、時間外労働、採用条件との相違等）があったと労働者が判断したため | |
| □ | ……②　事業主又は他の労働者から就業環境が著しく害されるような言動（故意の排斥、嫌がらせ等）を受けたと労働者が判断したため | |
| □ | ……③　妊娠、出産、育児休業、介護休業等に係る問題（休業等の申出拒否、妊娠、出産、休業等を理由とする不利益取扱い）があったと労働者が判断したため | |
| □ | ……④　事業所での大規模な人員整理があったことを考慮した離職 | |
| □ | ……⑤　職種転換等に適応することが困難であったため（教育訓練の　有・無　） | |
| □ | ……⑥　事業所移転により通勤困難となった（なる）ため（旧（新）所在地：　　　　） | |
| □ | ……⑦　その他（理由を具体的に　　　　） | |
| ☑ | ……（2）労働者の個人的な事情による離職（一身上の都合、転職希望等） | |
| □ | ……6　その他（1－5のいずれにも該当しない場合）<br>（理由を具体的に　　　　） | |

※3　該当する離職理由に○

**具体的事情記載欄（事業主用）**　本人より芸人になる夢を捨てられず転職希望の申し出があったため

⑯**離職者本人の判断**（○で囲むこと）
**事業主が○を付けた離職理由に異議**　有り・（無し）
記名押印又は自筆による署名（離職者氏名）　○△　□美

※3の離職理由を詳しく書く

●雇用保険の資格喪失手続き

# 前職で雇用保険の資格喪失手続きがされていない場合、どうしたらいいですか？

**Q** 中途採用した従業員Eさんの雇用保険の資格取得手続きをしようとしたところ、ハローワークで「前の会社で雇用保険の資格喪失手続きがされていないので、加入できない」といわれました。どうすればいいでしょうか？

**A** 従業員を通じて、前の会社に資格喪失手続きの依頼をします。ハローワークで資格喪失手続きをする場合もあります。

## 疑問解決のポイント！

### ❶資格喪失手続きがされていないケースに注意

音信不通のまま辞めたり、会社とケンカをして辞めたようなケースでは、会社側が雇用保険の資格喪失手続きをしないまま、といったこともあるようです。このような場合、つぎの就職先で雇用保険に加入しようにも、「前職で資格喪失手続きがされていない」という理由で、**資格取得手続きがストップしてしまいます。**

### ❷前の職場に資格喪失手続きを依頼する

解決策として、**本人から以前の職場へ雇用保険の資格喪失手続きをするように依頼する**方法があります。しかし、以前の職場とトラブルを起こして辞めたような場合、依頼の連絡をすることすらむずかしいものです。また、依頼できたとしても、なかなか資格喪失届を出してもらえないような場合もあるようです。

### ❸ハローワークに資格喪失手続きを依頼する

❷の解決策が進まない場合は、**2か月ほどでハローワークの職権で喪失手続きが行われることとなります。**

こういったトラブルを未然に防止するために、従業員が入社したときに情報収集として前職の退職日に関する情報などをきちんと確認しておきましょう

雇用保険は原則1人につき1つの番号だから、転職をしてもずっと同じ番号を使い続けるんだニャ

●健康保険証の返還期日

## 健康保険証はいつまでに回収すればいいですか？

**Q** 近々退職する従業員の扶養家族が、持病で定期的に病院にかかっています。「有効期間が切れるぎりぎりまで健康保険証を使いたい」と相談してきましたが、会社はどのような対応をすればいいのでしょうか。

**A** 健康保険証の有効期間と従業員の事情を考えて、返還期日を退職日の翌日にしても大丈夫です。

**疑問解決のポイント！**

●健康保険証は退職日当日まで使うことができる

健康保険証は、社会保険の資格を喪失するまで使うことができます。**社会保険の資格喪失日は退職日の翌日**なので、健康保険証は退職日当日の23時59分まで使用できるということです。

退職日までに返却してもらうことを原則としている会社が多いですが、このケースでは**退職日の翌日に返却してもらうような対応でもよい**でしょう。

●外国人の脱退一時金制度

## 外国人従業員が退職した場合、厚生年金保険が一部返ってきますか？

**Q** 外国人の従業員Fさんが、１年で退職して帰国することになりました。「支払った社会保険料は返ってくるのか？」と本人から問い合わせがありましたが、そのような制度があるのでしょうか？

**A** 厚生年金保険では、日本を離れた外国人に一部保険料を返金する脱退一時金制度があります。

**疑問解決のポイント！**

●６か月以上加入していた場合、返金を請求できる

厚生年金保険については、日本国籍を持っていない外国人が**厚生年金保険に６か月以上加入したあとに出国する場合**、脱退一時金制度を利用して、**納めた保険料の一部を返金してもらうことができます**。

日本滞在中に障害年金などを受け取っていなければ、手続きできる可能性が高いでしょう。

この手続きは、退職後に**外国人本人が行います**（→P.88参照）。

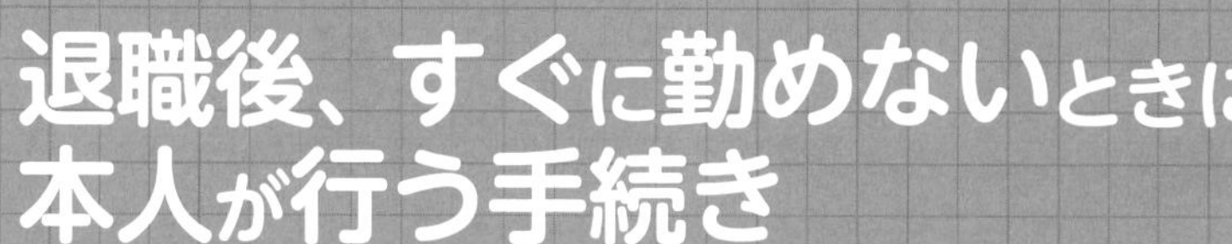

# 退職後、すぐに勤めないときに本人が行う手続き

- 日本は国民皆保険制度のため、退職したあとにも保険の加入が途切れないよう退職者本人に手続きをしてもらう
- 退職後の健康保険の加入方法は、家族の人数や扶養者の状況などを考慮して選択する

## 退職後の健康保険は3つの加入方法から選ぶ

退職後、すぐにつぎの会社に勤めない場合は、何らかの形で社会保険に加入しなくてはなりません。健康保険では、つぎの３つの加入方法があります。①被扶養者として家族の健康保険に加入する、②住んでいる自治体で国民健康保険に加入する、③引き続き健康保険に加入し任意継続被保険者となる。これら３つの加入方法から、保険料や加入条件などを考慮して選択しましょう。

いずれの場合も医療費の一部負担金は原則３割と、差はありません。異なるのは保険料、手続きの方法や場所、提出する書類などです

## 厚生年金保険は国民年金に切り替わる

会社に勤めていたときは厚生年金保険（第２号被保険者）に加入していたため給与から保険料が控除されていましたが、退職して再就職しない場合は国民年金（第１号被保険者）に切り替わるため、退職者自身で保険料の納付手続きを行わなければなりません。

第３号被保険者だった配偶者も、保険料の納付手続きをする必要があるニャ

第２号被保険者が退職すると、配偶者は第3号被保険者ではなく第１号被保険者となるため、自分で保険料を納めなくてはいけません。

## 3種類の加入方法から選ぶ退職後の健康保険

退職後すぐに就職しない場合には、退職者が自分で健康保険の加入手続きをしなければなりません。つぎの３つから保険料や加入条件などを考慮して選びましょう。

| | 手続き | 保険料など | 加入の条件 |
|---|---|---|---|
| 1 家族の被扶養者となる | ●家族の勤務先に申請する<br>●手続き時に資格喪失証明書や離職票を求められることがある | ●原則、保険料はかからない | ●失業給付の受給額が日額3,612円未満（60歳以上は5,000円未満）<br>●所得や居住場所などの扶養家族の要件を満たすことが必要 |
| 2 国民健康保険に加入する | ●住んでいる自治体で手続きをする<br>●手続き時に資格喪失証明書や離職票を求められることがある | ●１世帯あたりの年間所得をもとに、各自治体が定めた率により保険料が決められる | |
| 3 健康保険任意継続被保険者になる（→P.112参照） | ●退職した会社で加入していた協会けんぽや健康保険組合に本人が手続きをする | ●事業主と折半していた保険料を全額負担する<br>●扶養家族の人数によっては、国民健康保険よりも割安になる<br>●標準報酬の等級は退職時と同じ | ●資格喪失日の前日までに継続して２か月以上加入しているなどの条件を満たしていることが必要 |

## 「健康保険・厚生年金保険 資格喪失証明書※」の例

資格喪失証明書は、健康保険被保険者資格の喪失日などを証明する書類です。退職者本人が市区町村で健康保険証を交付してもらうために必要なものです。

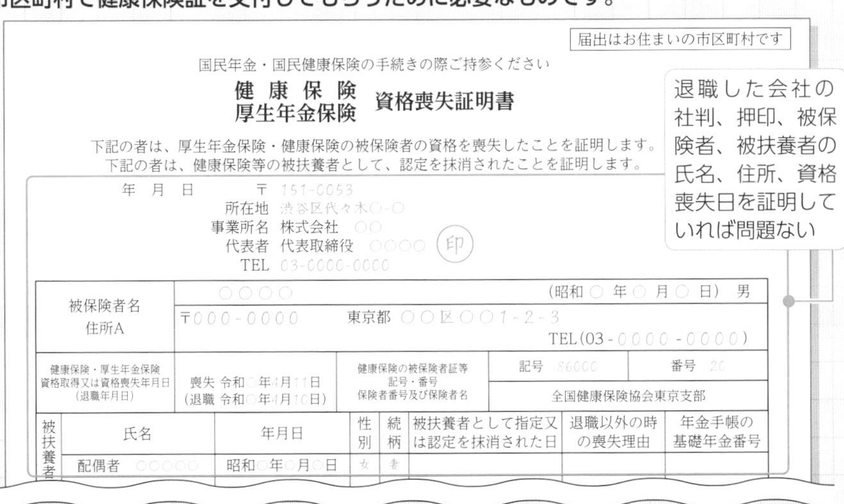

届出はお住まいの市区町村です

国民年金・国民健康保険の手続きの際ご持参ください

健康保険
厚生年金保険 資格喪失証明書

下記の者は、厚生年金保険・健康保険の被保険者の資格を喪失したことを証明します。
下記の者は、健康保険等の被扶養者として、認定を抹消されたことを証明します。

年　月　日　〒151-0053
所在地　渋谷区代々木○-○
事業所名　株式会社　○○
代表者　代表取締役　○○○○　印
TEL　03-0000-0000

| 被保険者名<br>住所A | ○○○○　（昭和○年○月○日）　男<br>〒000-0000　東京都○○区○○1-2-3<br>TEL（03-0000-0000） | | | | | |
|---|---|---|---|---|---|---|
| 健康保険・厚生年金保険 資格取得又は資格喪失年月日（退職年月日） | 喪失 令和○年4月11日（退職 令和○年4月10日） | 健康保険の被保険者証等 記号・番号 保険者番号及び保険者名 | 記号 86000 | 番号 20 | 全国健康保険協会東京支部 | |
| 被扶養者 氏名 | 年月日 | 性別 | 続柄 | 被扶養者として指定又は認定を抹消された日 | 退職以外の時の喪失理由 | 年金手帳の基礎年金番号 |
| 配偶者　○○○○○ | 昭和○年○月○日 | 女 | 妻 | | | |

退職した会社の社判、押印、被保険者、被扶養者の氏名、住所、資格喪失日を証明していれば問題ない

キーワード
用語

資格喪失証明書の書式に決まりはないため、任意の書式で作成ができます。

# 個人として引き続き健康保険制度に加入するときの手続き

- 退職後に引き続き会社の健康保険に加入することができる
- 加入要件や加入期間をしっかり確認してから、加入するかどうか決める

## 退職後も継続して会社の健康保険に加入できる

退職後も引き続き会社の健康保険制度に加入することができます。これを健康保険の任意継続といいます。個人単位の加入となるため、会社は健康保険証を回収し、資格喪失の手続きをします。その後、退職者本人が任意継続の手続きをします。

事業主と折半していた保険料が全額自己負担に変わるため、保険料はほぼ倍となります。在職中と同じように扶養家族の保険料は免除されるので、扶養家族が多い場合などは、国民健康保険に加入する場合よりもお得になることがあります。

▶健康保険の任意継続の内容

❶**加入要件**…資格喪失日までに、継続して２か月以上の被保険者期間がある

❷**届出期限**…正当な理由による届出遅延を除いて、資格喪失日（退職日の翌日）から20日以内（20日目が土日祝の場合は翌営業日）

❸**加入期間**…２年間

❹**加入期間中に資格を喪失するとき**…就職して就職先の健康保険に加入した、後期高齢者医療制度に加入したとき、納付期限までに保険料を納付しなかったときなど

❺**保険料**…原則として２年間変わらない。退職時の標準報酬月額に、住んでいる都道府県の保険料率を掛けた額[※1] ※1 退職時の標準報酬月額が30万円を超えている場合は標準報酬月額を30万円として算出する（2021年時点）

❻**保険給付**…在職中とほぼ同じ給付内容。ただし、傷病手当金、出産手当金は在職中から受けている人を除いて対象外

**書式DATA**

健康　年金　労災　雇用

| | |
|---|---|
| 届け先 | 協会けんぽまたは健康保険組合 |
| 期　日 | 資格喪失日（退職日の翌日）から20日以内 |
| 必要書類 | 健康保険 任意継続被保険者資格取得申出書 |
| 入手先 | 協会けんぽのHPからダウンロード可能、または加入する健康保険組合で入手 |

まめ知識　納付期限までに保険料を納付しないと、その時点で被保険者資格を失います。遅れないように注意しましょう。

# 「健康保険 任意継続被保険者 資格取得申出書」の記入例

1ページ目

在職時に持っていた健康保険証の発行都道府県支部を記入する

記号・番号は在職時に持っていた健康保険証を確認

退職日の翌日の年月日を記入する

保険料の納付方法を選択。口座振替を希望する場合は、別途「口座振替依頼書」を提出（→P.53参照）

健康保険 任意継続被保険者 **資格取得** 申出書　1 2　申出者記入用　取

記入方法および添付書類等については、「健康保険 任意継続被保険者 資格取得 申出書 記入の手引き」をご確認ください。
申出書は、黒のボールペン等を使用し、楷書で枠内に丁寧にご記入ください。　記入見本 0 1 2 3 4 5 6 7 8 9 アイウ

申出者情報

| | | |
|---|---|---|
| 勤務していた時に使用していた被保険者証の発行都道府県 | 東京 支部 | |
| 勤務していた時に使用していた被保険者証の（左づめ） | 記号 86012345　番号 48 | 生年月日 ☑昭和 □平成 50 年 05 月 23 日 |
| 氏名・印 | （フリガナ）ハヤシ ジロウ　林 二郎　印 | 自署の場合は押印を省略できます。　性別 □男 □女 |
| 住所 | （〒166-0000）東京 都道府県 杉並区〇〇1-2-3 | |
| 電話番号（日中の連絡先） | TEL 03（0000）0000 | |

| | |
|---|---|
| 勤務していた事業所の | 名称 （株）もみじ　所在地 渋谷区代々木0-0 |
| 資格喪失年月日（退職日の翌日） | 令和 3 年 4 月 1 日 |
| 保険料の納付方法 | 保険料の納付方法について、希望する番号をご記入ください。 3　1. 口座振替（毎月納付のみ）　2. 毎月納付　3. 6か月前納　4. 12か月前納　「口座振替」を希望される方は、別途「口座振替依頼書」の提出が必要です。 |

**▌健康保険資格喪失証明欄【事業主記入用】**※任意

あくまでも任意

| | | |
|---|---|---|
| 在職時に使用していた被保険者証の記号・番号 | 記号 | 番号 |
| フリガナ / 被保険者氏名 | | |
| 資格喪失年月日 ※退職日の翌日 | 年　月　日 | 備考欄 |

上記の記載内容に誤りのないことを証明します。　年　月　日
事業所所在地
事業所名称
事業主氏名　印
電話番号　（　）

※健康保険資格喪失証明欄（事業主記入用）の記載は任意です。
※任意継続資格取得申出書の提出は、退職日の翌日から20日以内です。証明の準備に時間がかかる場合は、証明欄の記載がなくてもお手続きできます。（被保険者証は、日本年金機構での資格喪失処理が完了してからの交付となります。）

**被扶養者となられる方がいる場合は裏面の被扶養者届の記載をお願いします。**

被保険者のマイナンバー記載欄

被扶養者がいる場合は裏面に必要事項を記入する

2ページ目

健康保険 任意継続被保険者 **資格取得** 申出書　1 2　申出者記入用　取

被扶養者のマイナンバーを記入する

**▌健康保険 被扶養者届【資格取得時】**
●被扶養者となられる方についてご記入ください。
●資格取得日の翌日以降に被扶養者となられる方は、別途「被扶養者（異動）届」をご提出ください。

被扶養者欄

| 氏名 | 生年月日 | 性別 | 続柄 | 職業 | 年間収入 | 同居別居の別 |
|---|---|---|---|---|---|---|
| （フリガナ）ハヤシ ハナコ　（氏）林 （名）花子 | ☑昭和 □平成 □令和 54 年 3 月 9 日 | □男 ☑女 | 妻 | なし | 0 万円 | ☑同居 □別居（国内在住） □別居（海外特例） |
| | | | マイナンバー 123456789123 | | | |
| 住所（同居の場合は記載不要です。海外在住の方は国名のみ記載してください。） 〒 | 海外特例に該当する場合は☑してください。 ※各要件の詳細については記入の手引きの3ページ目を参照してください。 □留学 □同行家族 □特定活動 □海外婚姻等 □その他（ ） | | | | | |
| 氏名 | 生年月日 | 性別 | 続柄 | 職業 | 年間収入 | 同居別居の別 |
| （フリガナ） （氏） （名） | □昭和 □平成 □令和 年 月 日 | □男 □女 | | | 万円 | □同居 □別居（国内在住） □別居（海外特例） |

# 失業給付の受給要件など

- 失業給付は退職者が一定の要件を満たしていなければ受給はできない
- 退職者が失業給付を受給できる期間などは、離職理由が自己都合か会社都合かにより異なる

## 失業給付の受給要件は？

雇用保険の失業給付（基本手当）は、雇用保険に加入していた退職者が、離職後にハローワークで求職の申し込みをし、就職しようという積極的な意思があり、就職できる能力があるのに、就職できず失業状態にある場合に支給されます。

したがって、病気、ケガ、出産、妊娠、育児などですぐには就職できない、定年退職でしばらく休養する、結婚などにより家事に専念するためすぐに就職しない場合などは、失業の要件に該当しないため失業給付を受給できません。

## 受給開始には７日間の待期期間と３か月の給付制限がある

失業給付は、離職後にハローワークで手続きをすることで受給できます。しかし、手続きをすればすぐにもらえるというわけではありません。受給資格決定日（離職票の提出と求職の申し込みを行った日）から７日間は待期期間といい、離職理由にかかわらず、すべての人が受給できない期間があります。

通常の転職や自己都合により退職した一般の離職者は、７日間の待期期間のあと、さらに３か月の給付制限（一部の人は２か月）が設けられています。給付制限期間は失業手当の給付を受けることはできません。

**まめ知識** 2020年10月１日より、一般の離職者（正当な理由なく自己都合で退職した人）であっても、５年間のうち2回まで給付制限期間が２か月に短縮されることとなりました。

## 離職理由によって失業給付を受給できる期間や金額が異なる

離職の理由によって、失業給付を受け取る期間などが異なります。区分はつぎの３つがあります。

### 1 一般の離職者の場合

●自分が希望する仕事の内容や待遇を求めての転職や独立など（自己都合退職）

要件　離職の日以前の２年間に、雇用保険の被保険者期間が通算12か月※以上あること

受給開始日…７日間の待期期間＋３か月の給付制限後（一部２か月）

### 2 特定理由離職者の場合

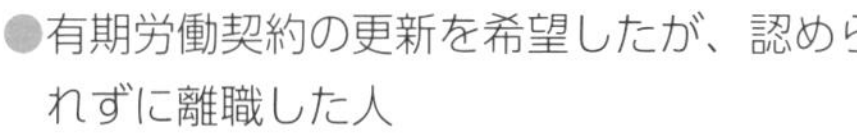

●有期労働契約の更新を希望したが、認められずに離職した人
●父、母の看護など、家庭事情の急変により離職した人
●企業の人員整理などで、希望退職者の募集に応じて離職した人

離職の日以前の１年間に、雇用保険の被保険者期間が通算６か月※以上あること

受給開始日…７日間の待期期間後

### 3 特定受給資格者の場合

●企業の倒産や解雇によって、事前の準備をする時間がなく再就職を余儀なくされた人

要件　離職の日以前の１年間に、雇用保険の被保険者期間が通算６か月※以上あること

受給開始日…７日間の待期期間後

失業給付をもらえる時期がはやくなるからといって、本来は自己都合退職であるところを会社都合退職にするようなケースは不正受給に当たります。会社にも労働者にも厳しい罰則があるので、絶対にしないようにしましょう

※失業給付の受給要件における１か月とは、離職日から１か月ごとに区切った期間に、賃金が支払われた日が11日以上ある月をいいます。

# 休業補償給付を退職後に申請するときの手続き

- 労災保険の給付は、退職した後も継続して受け取ることができる
- 従業員との間に雇用関係がなくなったとしても、給付は行われる

## 労災保険の給付は退職後でも受けることができる

労災保険の保険料は会社が全額負担しているので、退職をしたら労災保険の給付は終了すると考える従業員もいるかもしれません。しかし、会社をはなれたことを理由に労災保険の給付が終了することはありません。支給事由があるかぎり、すべての労災保険の給付に関して継続した給付が行われます。

たとえば労災の休業給付では、長期間休業する場合は、1か月程度に区切って請求します。「働くことができない」などの支給要件が継続していれば、退職後も本人が直接手続きをすることによって請求できます（詳しくは→P.138参照）。

働くことができないというのは、必ずしも「元の仕事ができない」という意味ではありません。元の仕事には復帰できなくても軽作業ならできるという状態に回復すれば、「働ける」と判断されることがあります

この辺りの判断は職場の状況にもよるので、むずかしいところだニャー

書式DATA

| | |
|---|---|
| 届け先 | 管轄する労働基準監督署 |
| 期　日 | 休業した日の翌日から２年以内 |
| 必要書類 | 業務災害：労働者災害補償保険 休業補償給付支給請求書（様式第８号）<br>通勤災害：労働者災害補償保険 休業給付支給請求書（様式第16号の６） |
| 入手先 | 厚生労働省のHPからダウンロード可能 |

健康 年金 労災 雇用

休業給付とは、労働中に発生したケガや病気により働けない間の賃金の補償を目的としています。一方、療養給付は労働中に発生したケガや病気の治療費などの補償が目的です。

業務災害用

# 「労働者災害補償保険 休業補償給付支給請求書(様式第8号)」の記入例

※裏面はP.141を参照。

本人名義(休業した従業員本人)の口座

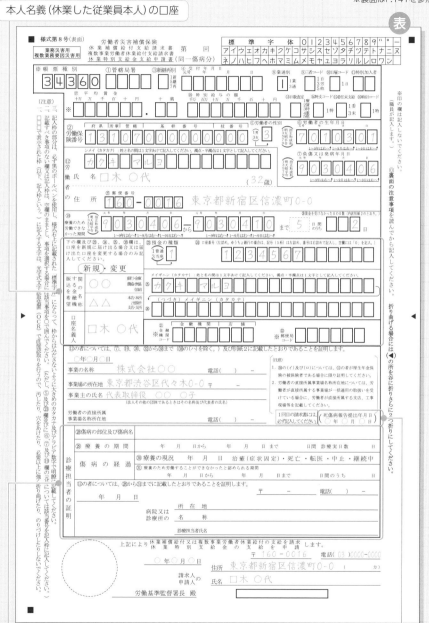

表

様式第8号(表面)
業務災害用 複数業務要因災害用
労働者災害補償保険
休業補償給付支給請求書
複数事業労働者休業給付支給請求書
休業特別支給金支給申請書(同一傷病分)

帳票種別 34360
労働保険番号 13107000000000
労働者の性別 3
労働者の生年月日 7010301
シメイ(カタカナ) カクキ マルヨ
労働者の氏名 □木 ○代 (32歳)
負傷又は発病年月日 9030406
住所 160-0016 東京都新宿区信濃町0-0
療養のため労働できなかった期間 9030406から9030410まで 5日間のうち 2日
預金の種類 1
口座番号 1234567
新規・変更
メイギニン(カタカナ) カクキ マルヨ
振込を希望する金融機関の名称 ○○ 銀行・金庫 農協・漁協 信組 / △△ 本店・本所 出張所 支店・支所
口座名義人 □木 ○代

⑫の者については、⑦、⑲、⑳、㉜から㊳まで(㊳の(ハ)を除く。)及び別紙2に記載したとおりであることを証明します。
○年○月○日
事業の名称 株式会社○○
事業場の所在地 東京都渋谷区代々木0-0
事業主の氏名 代表取締役 ○○ ○子
(法人その他の団体であるときはその名称及び代表者の氏名)
労働者の直接所属事業場名称所在地

(注意)
1. ㊳の(イ)及び(ロ)については、⑫の者が厚生年金保険の被保険者である場合に限り証明してください。
2. 労働者の直接所属事業場名称所在地については、労働者が直接所属する事業場が一括適用の取扱いを受けている場合に、労働者が直接所属する支店、工事現場等を記載してください。

1回目の請求書には、必ず記入してください。(死傷病報告提出年月日 ○年○月○日)

診療担当者の証明
㉘傷病の部位及び傷病名
㉙療養の期間 年 月 日から 年 月 日まで 日間 診療実日数 日
傷病の経過 ㉚療養の現況 年 月 日 治癒(症状固定)・死亡・転医・中止・継続中
㉛療養のため労働することができなかったと認められる期間 年 月 日から 年 月 日まで 日間のうち 日
⑫の者については、㉘から㉛までに記載したとおりであることを証明します。
年 月 日
病院又は診療所の 所在地 名称 診療担当者氏名

上記により休業補償給付又は複数事業労働者休業給付の支給を請求/休業特別支給金の支給を申請します。
○年○月○日
〒160-0016 電話(03)0000-0000
住所 東京都新宿区信濃町0-0
請求人・申請人の 氏名 □木 ○代
労働基準監督署長 殿

請求の都度、医師または歯科医師に証明をもらう

初回請求時に、必ず労働者死傷病報告を提出した日付を記入する

Q&A

●失業給付の離職理由❶

# 退職者が「離職理由が違う」と訴えた場合、どのように対応したらいいですか？

**Q** 退職した元従業員Gさんが、失業給付の手続きで離職理由について異議を唱えていると、ハローワークから問い合わせがきました。
どのように対応すればよいでしょうか？

**A** 会社と退職者との間で、離職理由の認識にズレがあるときにこのような問い合わせがあります。離職理由が「事実と異なるかどうか」で対応が変わります。

## 疑問解決のポイント！

### ❶離職理由を確認する

退職者が「退職した理由が違う」と訴えているので、**退職に至った経緯や理由について、社内で再度確認**しましょう。

### ❷主張通りなら「補正願」を提出、言いがかりなら正当性を主張

会社が離職票に記載した離職理由が事実と異なっていた場合には、「**補正願**（雇用保険被保険者離職票記載内容補正願）」を提出し、訂正の手続きをします。
反対に、退職者の訴えがまったくの言いがかりであれば、その旨をしっかりとハローワークに伝え、証明する書類（退職届など）、経緯書などを送付します。

### ❸退職時にトラブルの種を解消しておく

このようなトラブルは、従業員が何らかの不満を抱えて退職した場合に起こりやすいものです。「表向きは自己都合だが、実はひどいパワハラで辞めたんだ！」とハローワークに訴えているような例も少なくありません。
未然に防ぐためにも、**トラブルを解決したうえで退職者を送り出すようにしましょう**。「終わりよければすべてよし」です。

離職理由の判定は、事実関係を確認したうえで最終的にはハローワークが慎重に行うことになっています

会社や従業員どちらかの主張のみで判定することはないニャ

●失業給付の離職理由❷

# 失業給付申請で離職理由をごまかしたらどうなりますか？

Q 自己都合で退職する従業員Hさんが、「会社都合の退職にしてほしい」といってきました。どうやら失業給付を早く受けたいそうです。会社としても本人が喜ぶならそうしてあげたいと思いますが、離職理由を変えてあげてもいいでしょうか。

A 自己都合の退職を会社都合に変えるのは虚偽申請です。不正受給として、本人と会社に大きなペナルティーが科せられます。

## 疑問解決のポイント！

### ❶受給額の３倍を返還する重いペナルティーが科される

不正受給がわかると、申請者本人には、**受給額の３倍を返還する**というペナルティーに加えて、不正に受給した日以後全額を返還し終わるまでの間、**年率５％の延滞金**が科せられます。

それらの納付を怠ったときは、財産の差押えなどが行われる場合もあります。とくに悪質とみなされると、刑事告発されて詐欺罪などにより処罰されることもあります。

### ❷会社は連帯責任を負い、助成金申請を制限される

会社は、虚偽の証明をすることで不正受給をほう助したとして、連帯責任を負います。不正受給者である申請者本人と連帯して、**受給額を返還したり延滞金を納付することになります**。また、助成金を一定期間申請することができなくなります。

### ❸どんな理由があっても、離職理由の虚偽記載は行わない

元従業員のために良かれと思って離職理由を都合のいい内容へ変えてあげても、罪は罪です。今は法令遵守（コンプライアンス）が重要視される社会です。**虚偽の申請は決して行わないようにしてください**。

不正受給がわかった場合、不正に受給した金額の返還に加えて、さらに不正受給額の２倍の額を返還する必要があるニャ。合計すると不正受給額の３倍なので「3倍返し」といわれているニャ

column 3

# 雇用関係助成金の最新情報を入手する方法

## ✓雇用関係助成金の受給の要件とは？

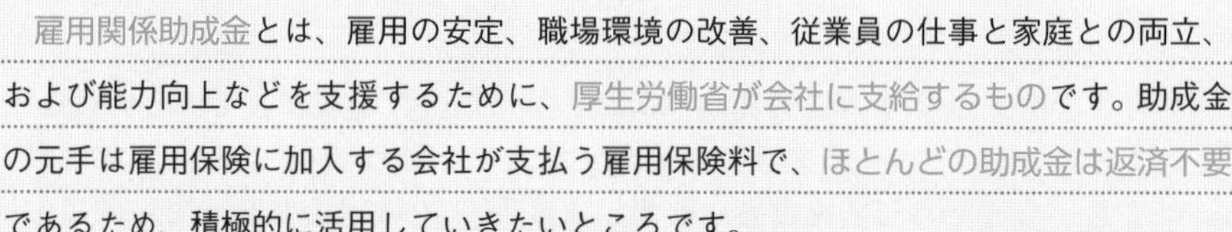

雇用関係助成金とは、雇用の安定、職場環境の改善、従業員の仕事と家庭との両立、および能力向上などを支援するために、厚生労働省が会社に支給するものです。助成金の元手は雇用保険に加入する会社が支払う雇用保険料で、ほとんどの助成金は返済不要であるため、積極的に活用していきたいところです。

助成金を希望する会社は、必要な要件を備え、一定の審査を経たうえで助成金を受け取ることができます。申請時に必要な要件はおもにつぎの４つです。①労働法を遵守している、②会社が雇用保険の適用事業所である、③雇用保険料を滞納していない、④指定の期限内に申請する。④は意外と見過ごされやすいのですが、期限を過ぎると申請が受理されません。必要な書類を用意して、期限内に申請することが重要です。

## ✓指定の期限内に申請するためのノウハウ

指定の期限内に申請するためには、自分の会社の経営計画に該当する助成金とその申請期間を正確に知っておかなければなりません。雇用関係助成金は、社会情勢に応じて内容や受給要件が変わります。毎年のように設けられるものもあれば、新しく追加されたり、または削除される助成金もあります。

臨時的・救済的に助成金が設置されることもあります。2020年・2021年には、コロナ禍で雇用状況が悪化した会社に向けて、いくつもの助成金が設けられました。

このように刻々と変わる助成金情報を入手するために、最新の助成金情報を提供するサービスを実施する社会保険労務士から情報を得るとよいでしょう。

自力で助成金の最新情報を入手したい場合は、下記の厚生労働省の助成金検索サービスを利用するのがオススメです。こまめにチェックしてみてください。

### ▶厚生労働省　雇用関係助成金検索ツール

検索　厚生労働省　助成金

https://www.mhlw.go.jp/stf/seisakunitsuite/bunya/koyou_roudou/koyou/kyufukin/index_00007.html

雇用関係助成金を、取組内容や対象者から検索できます。

# 第4章

# 従業員が病気・ケガ・死亡したときの手続き

## section 1　仕事中・通勤中のケガなどの場合

労災保険／通勤災害／業務災害／労災指定病院／労災指定外病院／休業（補償）給付／障害等級／第三者

## section2　業務外でのケガなどの場合

健康保険の療養の給付／医療費の自己負担割合／健康保険証の提示／傷病手当金

## section3　そのほかのケースの場合

１か月の治療費の限度額／限度額適用認定申請／埋葬料／埋葬費／障害年金／遺族年金

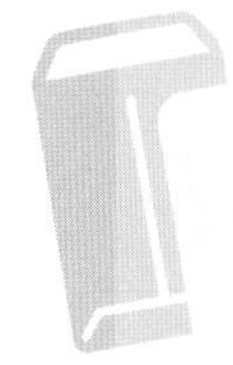

# 従業員が病気・ケガ・死亡したときの手続きと一連の流れ

労災保険と健康保険の使い分けには明確な基準があるニャ

## 従業員が病気・ケガ・死亡したときに行う手続きのポイント

### ポイント1 労災保険と健康保険を使い分ける基準

従業員が病気やケガをしたとき、労災保険または健康保険から給付を受けることができます。労災保険と健康保険のどちらを使うかは、病気やケガの原因が仕事に関係するかどうかによります。

労災保険は、通勤中の事故も含めて仕事に起因する病気やケガを対象としています。一方健康保険は、仕事とは関係のないところでの病気やケガ、いわゆる私傷病（ししょうびょう）を対象としています。

### ポイント2 労災保険は労災だと認定されることが必要

労災保険は、原則として自己負担なしで治療を受けることができます。給付も、健康保険より手厚いものとなっています。ただし、業務と関連する災害だと認定されることが必要になります。

労災かどうかの判断は、提出した資料をもとに労働基準監督署が行います。従業員がすこしでも労災と疑われる病気やケガをしたら、労災申請のための情報を集め、状況に応じた申請書類を作成しましょう。

故意に労災申請をしなかったり、虚偽の内容を記載して労災申請や「労働者死傷病報告」を所轄の労働基準監督署長に提出することを、労災かくしといいます。労災かくしに対しては厳しい罰則が設けられています

## 労災が発生したときに必要な手続きとそのタイミング

### 1 労災が発生したとき

- [ ] **労災申請のための情報を集める**

従業員がすこしでも労災と疑われる病気やケガをしたら、労災申請のための情報を集め、状況に応じた申請書類を作成します。

### 2 労災発生後

- [ ] **該当従業員に医療機関を受診してもらう**

労災指定医療機関で受診した場合、自己負担なしで治療を受けることができ、労災の手続きも煩雑になりません。(→P.128参照)

- [ ] **労働基準監督署に報告する**

まずは労働基準監督署に報告が必要です。とくに休業が４日以上のケガや病気、あるいは死亡の場合は、労災発生後遅滞なく「労働者死傷病報告」を提出します。(→P.126参照)

### 3 従業員が治療を受けたあとに会社へ報告があった場合

- [ ] **労働基準監督署に請求書を提出する**

治療を受けた病院が労災指定かそれ以外の病院か、さらに通勤中の災害か業務中の災害かにより、提出する書類が異なります。

休業４日未満の場合は、四半期ごとに取りまとめて報告します

四半期ごとというのは、１～３月、４～６月、７～９月、10～12月の期間をいうニャ。それぞれ４月末、７月末、10月末、1月末までに提出するんだニャ

# 通勤災害・業務災害とは

- 通勤中に発生した労災を通勤災害、業務中に発生した労災を業務災害という
- 労災かどうかを認定するのは労働基準監督署なので、会社側が勝手に判断してはならない

## 労災には通勤災害と業務災害がある

通勤中や業務上の事故などで、従業員がケガや病気、死亡したりすることを労働災害（労災）といいます。そのうち、通勤途中の事故などが原因の場合は通勤災害、業務が原因の場合は業務災害といいます。

労災保険の給付請求では、ケガや病気などが業務や通勤に起因することを証明します。

パートタイマーやアルバイトも労災の対象だニャ。外国人従業員や1日だけ働くアルバイトなども同様だニャ

## 労災かどうかを会社が判断してはならない

労災かどうかの認定をするのは、あくまでも労働基準監督署です。会社側が安易に、「これは労災にならないだろうから申請しない」といった判断をしないように留意してください。判断基準はあるものの、最終的に判断するのは会社ではありません。とにかく労災がすこしでも疑われたら、まずは労働基準監督署に申請を行い、判断を仰ぎましょう。

実務のツボ　会社内で勝手に労災ではないと判断して申請をしなかった場合や、虚偽の内容で届け出た場合、労災かくしとなり、罰金が科されます。

## 業務災害を認定するときの２つのポイント

**業務災害を認定するときのポイントは、業務遂行性と業務起因性の２つです。**

○ …業務災害になる　✕…業務災害にならない

**1 業務遂行性** ＝業務と傷病などの間に一定の因果関係があるか

例 上司の指示で外出して事故にあう➡○
休憩時間に私用で外出して事故にあう➡✕ 休憩時間は労働時間外であり、事業主の支配下にあるとはいえない

**2 業務起因性** ＝雇われて働いていることが原因となって発生した災害であるか

例 仕事中に持ち上げようとした荷物が予想に反して重く、突発的に腰に力がかかったことによる腰痛➡○
加齢の要素が強いとみられる腰痛➡✕ 労働者の個人的要因として発症したと考えられる

**1業務遂行性と2業務起因性を満たした場合、業務災害と認定される！**

業務遂行性、業務起因性は聞き慣れない言葉ではありますが、労働基準監督署の職員が実務上よく使用する用語です

## 通勤災害を認定するときの３つのポイント

**通勤災害と認定されるためには、就業に関する移動かどうかなど、いくつかの要件を満たす必要があります。**

**1 就業に関する移動かどうか**

＝業務に就くため、または業務を終えたことによる移動であること

例 遅刻や早退など、決められた時間外の移動➡○
会社命令で取引先を接待したあと➡○
業務後に社内でサークル活動をしたあと➡✕

**2 住居と就業場所の間で起きたかどうか** ＝規定された自宅と就業場所の間であること

例 朝、会社に出勤せずに得意先に直行➡○
出張先から帰宅する➡○
友人の家に泊まって、そこから出勤➡✕

**3 合理的な経路と方法で往復しているか**

＝通勤途中で、逸脱※や中断※がないこと。ただし、日常生活に必要な行為であれば通勤災害と認定される。

例 保育所に子どもを預けてから出勤する➡○
病院で治療してから出社する➡○
家族の介護先に立ち寄る➡○
仕事帰りにスーパーで日用品を購入する➡○
無免許運転や飲酒運転など➡✕
会社帰りにカフェや居酒屋に立ち寄る➡✕

**123を満たした場合、通勤災害と認定される！**

逸脱とは、就業や通勤とは関係のない目的で経路をそれることです。中断とは、通勤経路上で通勤とは関係のない行為をすることです。

# 仕事中・通勤中にケガをしたときの最初の対応

- 仕事中・通勤中にケガや病気などが発生した場合、会社はまず従業員へ聞き取りを行う
- 従業員のケガや病気が労災だと疑われる場合は遅滞なく「労働者死傷病報告」を提出する

## 労災の可能性がある場合はまず聞き取り

仕事中、あるいは通勤中にケガや病気などが発生したときには、会社はまず従業員へ聞き取りを行います。事故日時や発生場所など、労災申請するための詳細情報を、ケガなどをした従業員やその場に居合わせた従業員、事情を知っている従業員からしっかり聞き取ります。

従業員のケガや病気などが業務災害による労災だと疑われるときは、労働基準監督署に「労働者死傷病報告」の提出が必要です。とくに休業が4日以上になるケガや病気、または死亡のときは、発生後にすみやかに提出します。

ケガや病気が発生したときに集めるべき情報をまとめたフォーマットを作成しておくと、聞き取り漏れがなくて安心だニャ

▶従業員へのおもな聞き取り内容

- 被災労働者の氏名、生年月日、年齢、性別、職種、仕事の経験年数
- 事故日時
- 事故の発生場所
- 就労内容

書式DATA

健康 年金 労災 雇用

届け先　管轄の労働基準監督署

期日　休業4日以上のケガや病気、死亡の場合：労災発生後、遅滞なく
休業4日未満の場合：四半期ごと※にまとめた期間の翌月末まで

必要書類　労働者死傷病報告

入手先　厚生労働省のHPからダウンロード可能

休業4日未満の場合の「四半期ごと」とは、1～3月、4～6月、7～9月、10～12月を指しています。たとえば4月1日～6月30日に発生した4日未満の労災は、7月31日までに提出します。

# 「労働者死傷病報告」の記入例

※休業４日以上の場合に提出する様式

建設業の場合はここに工事名を入れる

派遣労働者が被災した場合は、提出事業者の名称を記入

提出事業者の区分に○（派遣労働者が被災した場合は、派遣先・派遣元ともにこの報告をするため）

## 労働者死傷病報告

様式第23号（第97条関係）（表面）

- 様式番号：81001
- 労働保険番号：1310700000000（都道府県｜所掌｜管轄｜基幹番号｜枝番号｜被一括事業場番号）（建設業の工事に従事する下請人の労働者が被災した場合、元請人の労働保険番号を記入すること。）
- 事業の種類：（記入なし）
- 事業場の名称（建設業にあつては工事名を併記のこと。）
  - カナ：カブシキガイシャマルマル
  - 漢字：株式会社○○
- 工事名：（記入なし）

建設の事業や下請けの事業の場合は、元方または元請の事業場名を記入

派遣労働者が被災して、提出事業者が派遣元の場合は、ここに派遣先の名称と郵便番号を記入

- 職員記入欄（派遣先の事業の労働保険番号）：都道府県｜所掌｜管轄｜基幹番号｜枝番号｜被一括事業場番号
- 派遣労働者が被災した場合は、派遣先の事業場の郵便番号：□□□－□□□□
- 事業場の所在地：電話（　）
- 構内下請事業の場合は親事業場の名称、建設業の場合は元方事業場の名称：（記入なし）
- 派遣労働者が被災した場合は、派遣先の事業場の名称：（記入なし）
- 提出事業者の区分：派遣先｜派遣元
- 郵便番号：151－0053
- 労働者数：12人

アルバイト・パートタイマーなども含む

- 発生日時（時間は24時間表記とすること。）：7：平成／9：令和 → 9030406（元号・年・月・日）1330（時・分）
- 被災労働者の氏名（姓と名の間は1文字空けること。）
  - カナ：カクキ　マルヨ
  - 漢字：口木　○代
- 生年月日：1：明治／2：大正／3：昭和／5：平成／9：令和 → 7010301（元号・年・月・日）（32）歳
- 性別：男｜女 ○
- 職種：（記入なし）
- 経験期間：1年（いずれかに○：年｜月）

この事業場での経験年数だけではなく、該当する職種の経験年数を記入

- 休業見込期間又は死亡日時（死亡の場合は死亡欄に○）：休業見込 5（いずれかに○：月｜週｜日 ○）　死亡　死亡日時
- 傷病名：やけど
- 傷病部位：右手前腕部
- 被災地の場所：（記入なし）

医師の診断書をもとに正確に記入

**災害発生状況及び原因**

①どのような場所で ②どのような作業をしているときに ③どのような物又は環境に ④どのような不安全な又は有害な状態があつて ⑤どのような災害が発生したかを詳細に記入すること。

ランチタイムに調理をしていて、コンロにかけた鍋を持ち上げようとしたところ、誤って手を滑らせて火がついたコンロで右手前腕をやけどしてしまった。

**略図（発生時の状況を図示すること。）**



労働者が外国人である場合のみ記入すること。

- 国籍・地域：（　　）
- 在留資格：（　　）

職員記入欄：国籍・地域コード｜在留資格コード｜起因物｜店社コード｜業種分類｜事故の型｜発注者種類｜事業場等区分｜業務上疾病（1：該当　2：非該当）｜自由設定項目（1）（2）（3）

報告書作成者職氏名：総務　○川玉子

令和○年　○月　○日

事業者職氏名　株式会社○○　代表取締役　○○　○子

渋谷　労働基準監督署長殿

受付印

報告書作成者の氏名を記入

第4章　病気・ケガ・死亡 ― 仕事中・通勤中にケガをしたときの最初の対応

# 労災指定病院で仕事中・通勤中のケガなどの治療を受けるとき

- 従業員が労災指定病院で治療を受ける場合、「療養の給付請求書」を病院の窓口に提出する
- 業務災害、通勤災害で提出する書類や給付の名称が異なる

## 労災指定病院での治療は自己負担なし

従業員が労災にあって病院で治療を受けるときには、労災保険を利用します。このとき、治療先の病院が労災指定かどうかで手続きが異なります。

労災指定病院を最初に受診するとき、労災による治療であることを伝えて、「療養（補償）給付たる療養の給付請求書」を窓口に提出します。そうすると、療養（補償）給付として、従業員は自己負担なしで治療を受けることができます。

通勤災害と業務災害では、提出する書類などの名称が異なります。業務災害の場合は「療養補償給付」ですが、通勤災害の場合は「療養給付」と、「補償」の一文がつくかつかないかの違いがあります。業務災害は労働基準法において事業主の災害補償が義務づけられていますが、通勤災害は事業主の個別責任を問えるものではなく、労働基準法上では事業主の災害補償責任が義務づけられていません。そのため、業務災害の給付の場合は「補償」という文字が使われているのです。

### 書式DATA

健康 年金 労災 雇用

| | |
|---|---|
| 届け先 | 労災指定病院 |
| 期日 | 最初の治療時に提出（場合によっては治療のあと） |
| 必要書類 | 業務災害の場合：療養補償給付たる療養の給付請求書（様式第５号）<br>通勤災害の場合：療養給付たる療養の給付請求書（様式第16号の３） |
| 入手先 | 厚生労働省の「労災保険給付関係請求書等ダウンロード」のページからダウンロード可能 |

労災であるかどうかは、労働基準監督署が判断します。会社の判断や周囲からの情報で「労災ではない」と判断しても、労災保険の給付の可否を決定することにはなりません。

## 労働災害の発生から療養給付までの流れ

労働災害は、労災指定病院と労災指定外の病院で手続きが異なります。労災の発生から療養給付までの流れを確認しておきましょう。

**労働災害の発生**

**労災指定病院**で受診

受診時に労災による治療であることを伝える

**労災指定病院の窓口へ療養の給付請求書**を提出する

- **業務災害…様式第５号**（→P.132～133参照）
- **通勤災害…様式第16号の３**（→P.130～131参照）

療養給付として、**治療費の自己負担なし**

＝

**現物給付**

**労災指定外**の病院で受診

- 受診時に労災であることを伝える
- いったん治療費を全額支払う

**労働基準監督署**へ**療養の費用請求書**を提出する

- **業務災害…様式第７号**（→P.136参照）
- **通勤災害…様式第16号の５**（→P.137参照）

後日、**治療費が口座へ振り込まれる**

＝

**現金給付**

労災指定外病院で治療を受けるときの書類の届け出先や提出期日は、P.134の書式DATAを参照

大きな違いとしては、労災指定病院では基本的な治療費の自己負担はありませんが、労災指定外病院ではいったん治療費の全額を負担しなければいけません

業務中にケガをした場合など、病院に行くまえに療養の給付請求書を用意できないこともあります。そういったときは、初回の治療のときに病院と相談をしましょう。

# 「労働者災害補償保険 療養給付たる療養の給付請求書（様式第16号の3）」の記入例

表

災害発生日を正確に記入

第三者行為による災害かどうかを記入

様式第16号の3(表面)　労働者災害補償保険
通勤災害用
療養給付たる療養の給付請求書

裏面に記載してある注意事項をよく読んだ上で、記入してください。

標準字体 0123456789゛゜ー アイウエオカキクケコサシスセソタチツテトナニヌネノハヒフヘホマミムメモヤユヨラリルレロワン

※帳票種別 34590　①管轄局署　②業通別 3（1業 3通）　③保留（1全レセ 3全給付）　⑥処理区分　④受付年月日

⑤労働保険番号 13107000000000（府県・所掌・管轄・基幹番号・枝番号）

⑦支給・不支給決定年月日

⑧性別 3（1男 3女）　⑨労働者の生年月日 7010301（1明治 3大正 5昭和 7平成 9令和）　⑩負傷又は発病年月日 9030406

⑪再発年月日

標準字体で記入してください。

⑫労働者の　シメイ（カタカナ）：姓と名の間は1文字あけて記入してください。濁点・半濁点は1文字として記入してください。 カクキ マルヨ

⑬三者（1自 3労 5他）　⑮特別加入者

氏名 角木 丸代（32歳）

⑯郵便番号 160-0016

住所 フリガナ トウキョウトシンジュククシナノマチ
東京都新宿区信濃町〇-〇

職種

⑰第三者行為災害　該当する・該当しない

⑱健康保険日雇特例被保険者手帳の記号及び番号

※印の欄は記入しないでください。（職員が記入します。）

⑲通勤災害に関する事項　裏面のとおり

⑳指定病院等の　名称 〇〇病院　電話（03）5000-5000
所在地 東京都渋谷区〇〇1-2-3　〒151-0053

㉑傷病の部位及び状態　左足首の捻挫

⑫の者については、⑩及び裏面の(ロ)、(ハ)、(ニ)、(ホ)、(ト)、(チ)、(リ)（通常の通勤の経路及び方法に限る。）及び(ヲ)に記載したとおりであることを証明します。　令和〇年〇月〇日

事業の名称　〇〇病院　電話（03）5000-5000
事業場の所在地　東京都渋谷区代々木〇-〇　〒151-0053
事業主の氏名　代表取締役　〇〇　〇子
（法人その他の団体であるときはその名称及び代表者の氏名）

労働者の所属事業場の名称・所在地　電話（　）　-

（注意）1　事業主は、裏面の(ロ)、(ハ)及び(リ)については、知り得なかった場合には証明する必要がないので、知り得なかった事項の符号を消してください。
2　労働者の所属事業場の名称・所在地については、労働者が直接所属する事業場が一括適用の取扱いを受けている場合に、労働者が直接所属する支店、工事現場等を記載してください。
3　派遣労働者について、療養給付のみの請求がなされる場合にあっては、派遣先事業主は、派遣元事業主が証明する事項の記載内容が事実と相違ない旨裏面に記載してください。

折り曲げる場合には（◀）の所を谷に折りさらに2つ折りにしてください。

上記により療養給付たる療養の給付を請求します。　令和〇年〇月〇日

労働基準監督署長 殿

病院・診療所・薬局・訪問看護事業者 経由

請求人の　〒160-0016　電話（　）　-
住所 東京都新宿区信濃町〇-〇（　方）
氏名 角木 丸代

| 長 | 課長 | 係長 | 係 | 決定年月日 | ・ ・ |
|---|---|---|---|---|---|
| 定 | | | | 不支給の理由 | |
| 月日 | ・ ・ | ・ ・ | ・ ・ | | |
| 番号 | 第 号 | 第 号 | 第 号 | | |

（この欄は記入しないでください。）

被災した従業員が所属している事業場が※1とは異なる場合、その従業員の所属する事業場を記入

※1 請求の内容を確認のうえ、事業主の証明を行う

裏

災害時の通勤の経路、方法、所要時間、災害発生場所などをわかりやすく記入。枠が狭いので、地図を貼付してそれに書き入れたり、別紙に記載することも可能

災害発生を発見した人か、災害の報告を受けた人の氏名を記入

災害時の通勤の種別について、該当する記号を記入

通勤の種別により、記入する項目が異なるため注意すること

様式第16号の3(裏面)

通勤災害に関する事項

| | | |
|---|---|---|
| (イ) 災害時の通勤の種別(該当する記号を記入) | イ | イ. 住居から就業の場所への移動　ロ. 就業の場所から住居への移動<br>ハ. 就業の場所から他の就業の場所への移動<br>ニ. イに先行する住居間の移動　ホ. ロに接続する住居間の移動 |
| (ロ) 負傷又は発病の年月日及び時刻 | | ○年 4月 6日 午前 8時30分頃 |
| (ハ) 災害発生の場所 | | (ニ) 就業の場所(災害時の通勤の種別がハに該当する場合は移動の終点たる就業の場所) |
| (ホ) 就業開始の予定年月日及び時刻(災害時の通勤の種別がイ、ハ又はニに該当する場合は記載すること) | | ○年 4月 6日 午前 9時 0分頃 |
| (ヘ) 住居を離れた年月日及び時刻(災害時の通勤の種別がイ、ニ又はホに該当する場合は記載すること) | | ○年 4月 6日 午前 9時 0分頃 |
| (ト) 就業終了の年月日及び時刻(災害時の通勤の種別がロ、ハ又はホに該当する場合は記載すること) | | 年 月 日 午前後 時 分頃 |
| (チ) 就業の場所を離れた年月日及び時刻(災害時の通勤の種別がロ又はハに該当する場合は記載すること) | | 年 月 日 午前後 時 分頃 |
| (リ) 災害時の通勤の種別に関する移動の通常の経路、方法及び所要時間並びに災害発生の日に住居又は就業の場所から災害発生の場所に至った経路、方法、所要時間その他の状況 | | 自宅→○○バス停→バス20分→△△バス停→徒歩5分→会社<br>←至△△　○○バス停　×ケガ △△バス停 至△△→　会社<br>〔通常の通勤所要時間　時間 30 分〕 |
| (ヌ) 災害の原因及び発生状況<br>(あ)どのような場所を<br>(い)どのような方法で移動している際に<br>(う)どのような物で又はどのような状況において<br>(え)どのようにして災害が発生したか<br>(お)⑨と初診日が異なる場合はその理由を簡明に記載すること | | 通常、バス停○○停留所→バス停△△停留所の路線を利用していますが、朝の出勤時、△△停留所でバスを降りようとしたところ、バスの昇降階段を踏み外してしまい左足首を捻挫してしまいました。 |
| (ル) 現認者の | 住所 | 東京都渋谷区代々木○-○ |
| | 氏名 | ○山 ○子　電話(03)1000-1000 |
| (ヲ) 転任の事実の有無(災害時の通勤の種別がニ又はホに該当する場合) | 有・無 | (ワ) 転任直前の住居に係る住所 |

㉒その他就業先の有無

| | |
|---|---|
| (有)・無　有の場合のその数(ただし表面の事業場を含まない) 1 社 | 有の場合でいずれかの事業で特別加入している場合の特別加入状況(ただし表面の事業を含まない)<br>労働保険事務組合又は特別加入団体の名称 |
| 労働保険番号(特別加入) | 加入年月日　年 月 日 |

[項目記入に当たっての注意事項]

1 記入すべき事項のない欄又は記入枠は空欄のままとし、事項を選択する場合には当該事項を○で囲んでください。(ただし、⑧欄並びに⑨及び⑩欄の元号については該当番号を記入枠に記入してください。)
2 傷病年金の受給権者が当該傷病にかかる療養の給付を請求する場合には、⑤労働保険番号欄に左詰で年金証書番号を記入してください。また、⑨及び⑩は記入しないでください。
3 ⑱は、請求人が健康保険の日雇特例被保険者でない場合には記載する必要はありません。
4 (ホ)は、災害時の通勤の種別がハの場合には、移動の終点たる就業の場所における就業開始の予定時刻を、ニの場合には、後続するイの移動の終点たる就業の場所における就業開始の予定の年月日及び時刻を記載してください。
5 (ト)は、災害時の通勤の種別がハの場合には、移動の起点たる就業の場所における就業終了の年月日及び時刻を、ホの場合には、先行するロの移動の起点たる就業の場所における就業終了の年月日及び時刻を記載してください。
6 (チ)は、災害時の通勤の種別がハの場合には、移動の起点たる就業の場所を離れた年月日及び時刻を記載してください。
7 (リ)は、通常の通勤の経路を図示し、災害発生の場所及び災害発生の日に住居又は就業の場所から災害発生の場所に至った経路を朱線等を用いて分かりやすく記載するとともに、その他の事項についてもできるだけ詳細に記載してください。

[標準字体記入にあたっての注意事項]

□□□ で表示された記入枠に記入する文字は、光学式文字読取装置(OCR)で直接読取りを行いますので、以下の注意事項に従って、表面の右上に示す標準字体で記入してください。
1 筆記用具は黒ボールペンを使用し、記入枠からはみださないように書いてください。
2 「促音」「よう音」などは大きく書き、濁点、半濁点は1文字として書いてください。
(例) キッテ → キツテ　キョ → キヨ　バ → ハ゛
3 シツソン は斜の弧を書き始めるとき、小さくカギを付けてください。
4 | はカギを付けないで垂直に、 4 の2本の縦線は上で閉じないで書いてください。

| | |
|---|---|
| 派遣先事業主証明欄 | 派遣元事業主が証明する事項(表面の⑩並びに(ロ)、(ハ)、(ニ)、(ホ)、(ト)、(チ)、(リ)(通常の通勤の経路及び方法に限る。)及び(ヲ))の記載内容について事実と相違ないことを証明します。<br>年 月 日　事業の名称　電話( ) −<br>事業場の所在地　〒 −<br>事業主の氏名<br>(法人その他の団体であるときはその名称及び代表者の氏名) |

| 社会保険労務士記載欄 | 作成年月日・提出代行者・事務代理者の表示 | 氏名 | 電話番号 |
|---|---|---|---|
| | | | ( ) − |

複数の事業場に勤務している場合は、「有」に○をして事業場数を記入

被災者が派遣労働者の場合、派遣先事業主が記入

複数の事業場に勤務している場合で、かつ特別加入している場合に記入

# 「労働者災害補償保険 療養給付たる療養の給付請求書(様式第5号)」の記入例

## 表

災害発生日を正確に記入

現認者または災害が発生したとの連絡をはじめて受けた会社の人を記入

負傷または発病の時刻をできる限り正確に記入

様式第5号(表面) 労働者災害補償保険
業務災害用
複数業務要因災害用
療養補償給付及び複数事業労働者
療養給付たる療養の給付請求書

裏面に記載してある注意事項をよく読んだ上で、記入してください。

標準字体で記入してください。

| | |
|---|---|
| ※帳票種別 | 34590 |
| ②業通別 | 1 |
| ⑤労働保険番号 | 13107000000000 |
| ⑧性別 | 3(女) |
| ⑨労働者の生年月日 | 7010301 |
| ⑩負傷又は発病年月日 | 9030406 |
| ⑫労働者のシメイ(カタカナ) | カクキ マルヨ |
| 氏名 | 角木 丸代 ( 歳) |
| 郵便番号 | 160-0016 |
| 住所 | トウキョウトシンジュククシナノマチ<br>東京都新宿区信濃町○-○ |
| 職種 | 調理 |
| ⑰負傷又は発病の時刻 | 午後 1時30分頃 |
| ⑱災害発生の事実を確認した者の職名、氏名 | 職名 代表取締役<br>氏名 ○山○子 |

⑲災害の原因及び発生状況 (あ)どのような場所で(い)どのような作業をしているときに(う)どのような物又は環境に(え)どのような不安全な又は有害な状態があって(お)どのような災害が発生したか(か)⑩と初診日が異なる場合はその理由を詳細に記入すること

鍋を振っているときに手を滑らせて鍋を落としてしまい、おもわず鍋を支えようとしてやけどしてしまった。

| | |
|---|---|
| ⑳指定病院等の 名称 | ○○病院 電話(03)0000-0000 |
| 所在地 | 東京都渋谷区○○1-2-3 〒151-0000 |
| ㉑傷病の部位及び状態 | 左前腕部火傷 |

⑫の者については、⑩、⑰及び⑲に記載したとおりであることを証明します。 令和○年○月○日

| | |
|---|---|
| 事業の名称 | 株式会社○○ 電話(03)5000-5000 |
| 事業場の所在地 | 東京都渋谷区代々木○-○ 〒151-0053 |
| 事業主の氏名 | 代表取締役 ○○ ○子 |

(法人その他の団体であるときはその名称及び代表者の氏名)

労働者の所属事業場の名称・所在地 電話( ) -

(注意) 1 労働者の所属事業場の名称・所在地については、労働者が直接所属する事業場が一括適用の取扱いを受けている場合に、労働者が直接所属する支店、工事現場等を記載してください。
2 派遣労働者について、療養補償給付又は複数事業労働者療養給付のみの請求がなされる場合にあっては、派遣先事業主は、派遣元事業主が証明する事項の記載内容が事実と相違ない旨裏面に記載してください。

上記により療養補償給付又は複数事業労働者療養給付たる療養の給付を請求します。 令和○年○月○日

渋谷 労働基準監督署長 殿

○○ 病院・診療所・薬局・訪問看護事業者 経由

請求人の 〒160-0015 電話(03)0000-0000
住所 東京都新宿区信濃町○-○ ( 方)
氏名 角木 丸代

折り曲げる場合には(◀)の所を谷に折りさらに2つ折りにしてください。

※印の欄は記入しないでください。(職員が記入します。)

| 長 | 課長 | 係長 | 係 | 決定年月日 |
|---|---|---|---|---|
| | | | | 不支給の理由 |
| 調査年月日 | ・・ | ・・ | ・・ | |
| 復命書番号 | 第 号 | 第 号 | 第 号 | |

(この欄は記入しないでください。)

被災した従業員が所属している事業場が※1とは異なる場合、その従業員の所属する事業場を記入

※1 請求の内容を確認のうえ、事業主の証明を行う

災害発生の原因と状況を正確に具体的に記入(労災認定の基準となる)

自社を含まない数

建築業の一人親方など、他社で特別加入しているときに記入

様式第5号(裏面)

| ㉒その他就業先の有無 | | |
|---|---|---|
| ㊒<br>無 | 有の場合のその数<br>(ただし表面の事業場を含まない)<br>1 社 | 有の場合でいずれかの事業で特別加入している場合の特別加入状況<br>(ただし表面の事業を含まない)<br>労働保険事務組合又は特別加入団体の名称 |
| 労働保険番号(特別加入) | | 加入年月日<br>年 月 日 |

[項目記入にあたっての注意事項]

1 記入すべき事項のない欄又は記入枠は空欄のままとし、事項を選択する場合には該当事項を○で囲んでください。(ただし、⑧欄並びに⑨及び⑩欄の元号については、該当番号を記入枠に記入してください。)
2 ⑱は、災害発生の事実を確認した者(確認した者が多数のときは最初に発見した者)を記載してください。
3 傷病補償年金又は複数事業労働者傷病年金の受給権者が当該傷病に係る療養の給付を請求する場合には、⑤労働保険番号欄に左詰めで年金証書番号を記入してください。また、⑨及び⑩は記入しないでください。
4 複数事業労働者療養給付の請求は、療養補償給付の支給決定がなされた場合、遡って請求されなかったものとみなされます。
5 ㉒「その他就業先の有無」欄の記載がない場合又は複数就業していない場合は、複数事業労働者療養給付の請求はないものとして取り扱います。
6 疾病に係る請求の場合、脳・心臓疾患、精神障害及びその他二以上の事業の業務を要因とすることが明らかな疾病以外は、療養補償給付のみで請求されることとなります。

[その他の注意事項]

この用紙は、機械によって読取りを行いますので汚したり、穴をあけたり、必要以上に強く折り曲げたり、のりづけしたりしないでください。

| 派遣先事業主<br>証明欄 | 派遣元事業主が証明する事項(表面の⑩、⑰及び⑲)の記載内容について事実と相違ないことを証明します。<br>年 月 日<br>事業の名称 電話( ) ―<br>〒 ―<br>事業場の所在地<br>事業主の氏名<br>(法人その他の団体であるときはその名称及び代表者の氏名) |
|---|---|

| 社会保険<br>労務士<br>記載欄 | 作成年月日・提出代行者・事務代理者の表示 | 氏名 | 電話番号 |
|---|---|---|---|
| | | | ( ) ― |

派遣先で労災が起こった場合は派遣先が記入する

# 労災指定外の病院で仕事中・通勤中のケガなどの治療を受けるとき

- 労災指定外の病院で治療を受ける場合は、受診時に労災であることを伝えるよう従業員に周知すること
- 従業員が受診時に支払った治療費は、その後「療養（補償）給付たる療養のの費用請求書」を労働基準監督署に提出することで返金される

## 治療費は労働基準監督署経由で返金される

労災指定外の病院（以下、労災指定外病院）で治療を受ける場合、まずは受診時に労災であることを伝えて、その場では治療費を全額立て替えます。その後、「療養（補償）給付たる療養の費用請求書」を労働基準監督署に提出します。これにより、後日労働基準監督署から被災労働者に立て替えた金額が返金されます。

労災指定病院に提出する書類は「療養の給付請求書」でしたが、労災指定外病院には「療養の費用請求書」を提出します

労災指定外病院での手続きは、労災指定病院に比べて大変だニャ。なるべく労災指定病院での受診が望ましいニャー

### 書式DATA

健康 年金 労災 雇用

| | |
|---|---|
| 届け先 | 管轄の労働基準監督署 |
| 期日 | 労災指定外病院で治療費を立て替えたあとに |
| 必要書類 | 業務災害の場合：療養（補償）給付たる療養の費用請求書（様式第７号）<br>通勤災害の場合：療養給付たる療養の費用請求書（様式第16号の５） |
| 添付書類 | 医師の証明、立て替え払いをした領収書 |
| 入手先 | 厚生労働省の「労災保険給付関係請求書等ダウンロード」のページからダウンロード可能 |

請求書の提出先は、労災指定病院の場合は病院の窓口でしたが、労災指定外病院の場合は労働基準監督署に提出します。

## 労災指定外病院で受診をする際に注意すること

労災での診療には健康保険証を使うことができません。さらに労災指定外病院の場合はその場で全額自己負担のため、一時的ですが高額の医療費を請求されることもあります。

1 健康保険証を提示してはいけない

2 従業員が負担した診察代の還付請求に、医師の証明が必要

3 原則10割負担でまず支払う

4 還付対象はその傷病の治療に必要な立て替えた金額
（下記まめ知識参照）

従業員には、万が一の場合は労災指定病院へ行くようにいつも周知しておくことが大切です

## 労災指定医療機関の調べ方

受診する病院が労災指定医療機関かどうかは、厚生労働省のHPから調べることができます。また、受診をする医療機関に電話をすることで、労災指定を受けているか確認もできます。

検索 労災指定医療機関 厚生労働省 https://rousai-kensaku.mhlw.go.jp/

厚生労働省 Ministry of Health, Labour and Welfare　文字サイズ 小 中 大　労災保険指定医療機関検索

この労災保険指定医療機関検索では、労働者災害補償保険による指定を受けている全国の診療所・病院について、医療機関名や所在地、診療科目などから検索することができます。

**医療機関の名称から検索**

お探しの医療機関の名称を入力してください。
※キーワードを複数入力する場合、単語の間にスペースを入れてください。

（入力例）霞ヶ関 厚労 クリニック

**所在地から検索**

お探しの医療機関の所在地について、以下のいずれかの方法により入力してください。
※労働基準監督署の管轄単位で検索したい場合には、「2.所在地選択」で都道府県を選択すると、市区町村の追加画面が表示されて検索できるようになります。

1.キーワード入力
※キーワードを複数入力する場合、単語の間にスペースを入れてください。

（入力例）東京都 千代田区

入院時のパジャマ代や自ら希望した個室代などは保険診療の対象外のため、自己負担となります。

業務災害用

# 「労働者災害補償保険 療養（補償）給付たる療養の費用請求書（様式第７号）」の記入例

表

様式第７号（１）（表面）　労働者災害補償保険

業務災害用
複数業務要因災害用

第　回

療養補償給付及び複数事業労働者療養給付たる療養の費用請求書（同一傷病分）

| 標準字体 | 0 | 1 | 2 | 3 | 4 | 5 | 6 | 7 | 8 | 9 | ゛ | ゜ | ー |
|---|---|---|---|---|---|---|---|---|---|---|---|---|---|

| ア | イ | ウ | エ | オ | カ | キ | ク | ケ | コ | サ | シ | ス | セ | ソ | タ | チ | ツ | テ | ト | ナ | ニ | ヌ |
|---|---|---|---|---|---|---|---|---|---|---|---|---|---|---|---|---|---|---|---|---|---|---|
| ネ | ノ | ハ | ヒ | フ | ヘ | ホ | マ | ミ | ム | メ | モ | ヤ | ユ | ヨ | ラ | リ | ル | レ | ロ | ワ | ン | |

※帳票種別 34260　①管轄局署　②業通別 1（1業 3通）　⑧受付年月日　⑩三者コード（1自 5他）　⑪委任未支給（1委任 5委未）　⑫特別加入者　⑬審査コード

③労働保険番号（府県・所掌・管轄・基幹番号・枝番号）1310700000000000
④年金証書の番号（管轄局・種別・西暦年・番号）

⑤労働者の性別（1男 3女）3
⑥労働者の生年月日（1明治 3大正 5昭和 7平成 9令和）7010301
⑦負傷又は発病年月日 9030406
（1〜9月は右へ　1〜9日は右へ）

※⑭金融機関コード（金融機関・店舗）
⑮※郵便局コード

⑨労働者の
シメイ（カタカナ）：姓と名の間は１文字あけて記入してください。濁点・半濁点は1文字として記入してください。
カクキ マルヨ
氏名　角木　丸代（32歳）
職種　調理
住所　㉖郵便番号 160-0016

変更する場合のみ記入してください。新規に届け出る場合又は届け出た口座を変更する場合のみ記入してください。右の欄及び⑯から⑲までの欄は、口座を
（新規）・変更
振込を希望する金融機関の名称　〇〇　銀行・金庫 農協・漁協 信組
△△　本店・本所 出張所 支店・支所
口座名義人　角木 丸代
⑯預金の種類（1普通 3当座）1
⑰口座番号（左詰め、ゆうちょ銀行の場合は、記号（5桁）は左詰め、番号は右詰めで記入し、空欄には「0」を記入。）1234567
⑱メイギニン（カタカナ）：姓と名の間は1文字あけて記入してください。濁点・半濁点は1文字として記入してください。
カクキ マルヨ
⑲（つづき）メイギニン（カタカナ）

⑨の者については、⑦並びに裏面の(ヌ)及び(ヲ)に記載したとおりであることを証明します。
3年〇月〇日
事業の名称　株式会社〇〇　電話（03）5000-5000
事業場の所在地　東京都渋谷区代々木〇-〇　〒151-0053
事業主の氏名　代表取締役　〇〇　〇子
（法人その他の団体であるときはその名称及び代表者の氏名）
（注意）派遣労働者について、療養補償給付又は複数事業労働者療養給付のみの請求がなされる場合にあっては、派遣先事業主は、派遣元事業主が証明する事項の記載内容が事実と相違ない旨裏面に記載してください。

医師又は歯科医師等の証明
療養の内容　(イ)期間〇年〇月〇日から〇年〇月〇日まで　日間　診療実日数 4 日
(ロ)傷病の部位及び傷病名　右手小指切傷
(ハ)傷病の経過の概要　病状は安定、治癒した
年　月　日　治癒（症状固定）・継続中・転医・中止・死亡
⑨の者については、(イ)から(ニ)までに記載したとおりであることを証明します。
年　月　日　〒　－
病院又は診療所の　所在地
名称　電話（　）－
診療担当者氏名
(ニ)療養の内訳及び金額（内訳裏面のとおり。）35,000円
(ホ)看護料　年　月　日から　年　月　日まで　日間（看護師の資格の有・無）
(ヘ)移送費　から　まで　片道・往復　キロメートル　回
(ト)上記以外の療養費（内訳別紙請求書又は領収書　枚のとおり。）
(チ)療養の給付を受けなかった理由　近くに労災指定病院がなかったため
⑳療養に要した費用の額（合計）（千万・百万・十万・万・千・百・十・円）35000

㉑費用の種別 ※（1診療 2看護 3移送 4装具 5診断書）
㉒療養期間の初日（元号・年・月・日）から
㉓療養期間の末日（元号・年・月・日）まで
㉔診療実日数　日
㉕転帰事由（1治癒（症状固定） 3継続 5転医 7中止 9死亡）

上記により療養補償給付又は複数事業労働者療養給付たる療養の費用の支給を請求します。
〇年〇月〇日
〒160-0016　電話（03）0000-0000
請求人の　住所　東京都新宿区信濃町〇-〇（　方）
氏名　角木　丸代
渋谷　労働基準監督署長　殿

（注意）
一、□□□で表示された枠（以下、記入枠という。）に記入する文字は、光学式文字読取装置（OCR）で直接読取りを行うので、汚したり、穴をあけたり、必要以上に強く折り曲げたり、のりづけしたりしないでください。
二、記載すべき事項のない欄又は記入枠は、空欄のままとし、事項を選択する場合には該当事項を○で囲んでください。（ただし、⑤及び⑯欄並びに⑥及び⑦欄の元号については該当番号を記入枠に記入してください。）
三、記入枠の部分は、必ず黒のボールペンを使用し、様式右上に記載された「標準字体」にならって、枠からはみださないように大きめのカタカナ及びアラビア数字で明瞭に記載してください。

※印の欄は記入しないでください。（職員が記入します。）
◯裏面の注意事項を読んでから記入してください。
折り曲げる場合には(◀)の所を谷に折りさらに2つ折りにしてください。

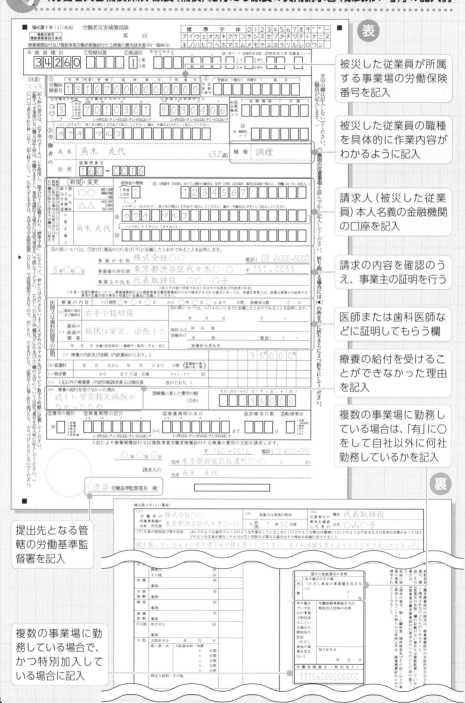

被災した従業員が所属する事業場の労働保険番号を記入

被災した従業員の職種を具体的に作業内容がわかるように記入

請求人（被災した従業員）本人名義の金融機関の口座を記入

請求の内容を確認のうえ、事業主の証明を行う

医師または歯科医師などに証明してもらう欄

療養の給付を受けることができなかった理由を記入

複数の事業場に勤務している場合は、「有」に〇をして自社以外に何社勤務しているかを記入

提出先となる管轄の労働基準監督署を記入

裏

様式第７号（１）（裏面）

(リ)労働者の所属事業場の名称・所在地　株式会社〇〇　東京都渋谷区代々木〇-〇
(ヌ)負傷又は発病の時刻　午前・（後）1時30分頃
(ル)災害発生の事実を確認した者の　職名　代表取締役　氏名　〇山〇子
(ヲ)災害の原因及び発生状況　(あ)どのような場所で(い)どのような作業をしているときに(う)どのような物又は環境に(え)どのような不安全な又は有害な状態があって(お)どのような災害が発生したか(か)⑦と初診日が異なる場合はその理由を詳細に記入すること
鍋を振っているときに手を滑らせて鍋を落としてしまい、おもわず鍋を支えようとしてやけどしてしまった。

| | | |
|---|---|---|
| 注射 | 静脈内 | 回 |
| | その他 | 回 |
| 処置 | | 回 |
| | 薬剤 | |
| 手術 麻酔 | | 回 |
| | 薬剤 | |
| 検査 | | 回 |
| | 薬剤 | |
| 画像 診断 | | 回 |
| | 薬剤 | |
| その他 | 処方せん | 回 |
| | 薬剤 | |
| 入院 | 入院年月日　年　月　日 | |
| | 病・診・衣　入院基本料・加算　×　日間　×　日間　×　日間　×　日間　×　日間 | |
| | 特定入院料・その他 | |

㉖その他就業先の有無　（有）・無
有の場合のその数（ただし表面の事業場を含まない）1社
有の場合でいずれかの事業で特別加入している場合の特別加入状況（ただし表面の事業を含まない）
労働保険事務組合又は特別加入団体の名称
加入年月日　年　月　日
労働保険番号（特別加入）13106000000000

複数事業労働者療養給付の請求は、療養補償給付の支給決定がなされた場合、遡って請求されなかったものとみなすこと。
㉖「その他就業先の有無」欄の記載がない場合又は複数就業していない場合は、複数事業労働者療養給付の請求はないものとして取り扱うこと。
疾病に係る請求の場合、脳・心臓疾患、精神障害及びその他二以上の事業の業務を要因とすることが明らかな疾病以外は、療養補償給付のみで請求されることとなること。

複数の事業場に勤務している場合で、かつ特別加入している場合に記入

通勤災害用

# 「労働者災害補償保険 療養給付たる療養の費用請求書（様式第16号の5）」の記入例

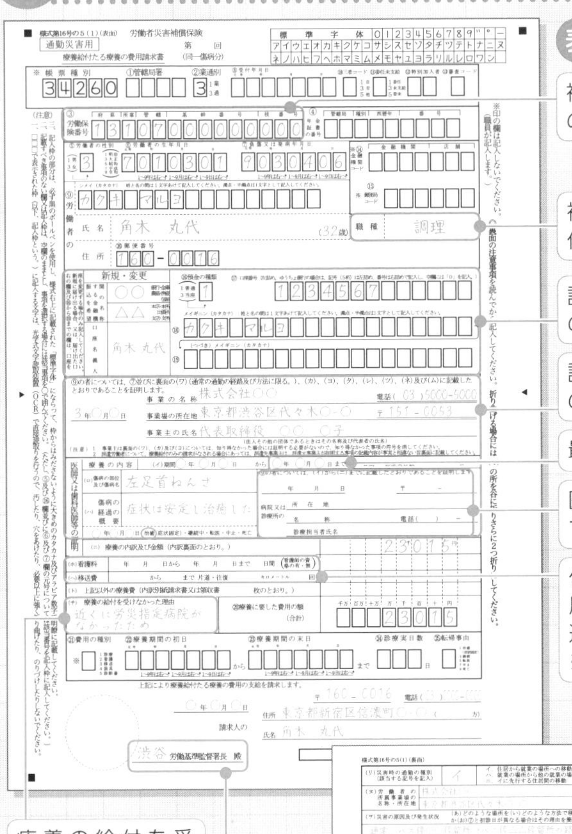

様式第16号の5（1）（表面）　労働者災害補償保険

通勤災害用

療養給付たる療養の費用請求書　第　回（同一傷病分）

帳票種別 34260　業通別 3

①労働保険番号 13107000000000

⑤労働者の性別 3　⑥労働者の生年月日 7010301　⑦負傷又は発病年月日 9030406

労働者　シメイ（カタカナ）カクキマルヨ

氏名 角木　丸代（32歳）　職種 調理

住所　郵便番号 160-0016

新規・変更　⑯預金の種類 1　⑰口座番号 1234567

名義人　カクキマルヨ　角木 丸代

⑤の者については、⑦並びに裏面の(ワ)（通常の通勤の経路及び方法に限る。）、(カ)、(ヨ)、(タ)、(レ)、(ツ)、(ネ)及び(ム)に記載したとおりであることを証明します。

3年○月○日　事業の名称 株式会社○○　電話（03）5000-5000

事業場の所在地 東京都渋谷区代々木○-○　〒151-0053

事業主の氏名 代表取締役 ○○ ○子

療養の内容　(イ)期間　年 月 日から　年 月 日まで

(ロ)傷病の部位及び傷病名 左足首ねんさ

(ハ)傷病の経過の概要 症状は安定し治癒した

療養の内訳及び金額（内訳裏面のとおり。）23015

(ホ)看護料　(ヘ)移送費　(ト)上記以外の療養費

(チ)療養の給付を受けなかった理由 近くに労災指定病院がなかったため

⑳療養に要した費用の額（合計）23015

上記により療養給付たる療養の費用の支給を請求します。

○年○月○日　〒160-0016　請求人の住所 東京都新宿区信濃町○-○　氏名 角木 丸代

渋谷 労働基準監督署長 殿

表

被災した従業員が所属する事業場の労働保険番号を記入

被災した従業員の職種を具体的に作業内容がわかるように記入

請求人（被災した従業員）本人名義の金融機関の口座を記入

請求の内容を確認のうえ、事業主の証明を行う

最終の投薬期間も算入する

医師または歯科医師などに証明してもらう欄

付添看護人を必要とした場合の費用、病院が遠距離だった場合の移送にかかった費用などを記入。
※領収書などの支払った証明が必要

療養の給付を受けることができなかった理由を記入

提出先となる管轄の労働基準監督署を記入

裏

様式第16号の5（1）（裏面）

(リ)災害時の通勤の種別（該当する記号を記入）イ

イ．住居から就業の場所への移動　ロ．就業の場所から住居への移動　ハ．就業の場所から他の就業の場所への移動　ニ．イに先行する住居間の移動　ホ．ロに後続する住居間の移動

(ヌ)労働者の所属事業場の名称・所在地　株式会社○○　東京都渋谷区代々木○-○

(ヲ)災害の原因及び発生状況

(カ)負傷又は発病の年月日及び時刻

(ヨ)災害発生の場所

(ワ)災害時の通勤の種別に関する移動の通常の通勤の経路、方法及び所要時間並びに災害発生の日に住居又は就業の場所から災害発生の場所に至った経路、方法、所要時間その他の状況

(ナ)第三者行為災害　該当する（該当しない）

療養の内訳及び金額

⑳その他就業先の有無　有　無　有の場合のその数（ただし表面の事業場を含まない）1社

有の場合でいずれかの事業で特別加入している場合の特別加入状況（ただし表面の事業を含まない）　労働保険事務組合又は特別加入団体の名称　加入年月日　年 月 日　労働保険番号（特別加入）

通常の通勤経路、災害発生の場所を正確に記入

複数の事業場に勤務している場合は、「有」に○をして自社以外に何社勤務しているかを記入

複数の事業場に勤務している場合で、かつ特別加入している場合に記入

# 仕事中・通勤中のケガなどで休業するとき

- 仕事中・通勤中のケガなどが理由で休業した場合、休業給付が支給される
- 3つの要件を満たすことで休業給付が支給される

## 休業給付を受給するための3つの要件

従業員が業務または通勤が原因となった負傷や疾病により働けなくなり仕事を休んだ場合、その休業期間の賃金を補償するために、労災保険から休業（補償）給付と休業特別支給金が給付されます。

給付の支給要件として、①業務上または通勤中に起こったケガや病気のために働けないこと、②休業が4日以上に及ぶこと、③休業中に賃金が支払われていないこと、以上の3つの要件を満たすことが必要です。

休業（補償）給付を含めた労災の給付は、正社員だけでなくパートタイマーやアルバイトも含むすべての従業員が対象だニャ

### 書式DATA

健康 年金 労災 雇用

| | |
|---|---|
| 届け先 | 管轄の労働基準監督署 |
| 期　日 | 休業から復帰したあと。または長期間休業する場合、1か月ごとに請求する（時効は休業日ごとにその翌日から2年間） |
| 必要書類 | 業務災害の場合：休業補償給付※支給請求書（様式第8号）<br>通勤災害の場合：休業給付※支給請求書（様式第16号の6） |
| 入手先 | 厚生労働省の「労災保険給付関係請求書等ダウンロード」のページからダウンロード可能 |

休業補償給付とは、業務中に発生した災害が原因による給付のことをいいます。一方、休業給付とは、通勤中に発生した災害が原因による給付のことです。

## 休業（補償）給付の受給開始までの流れ

**休業（補償）給付の受給開始には医師の証明が必要です。**

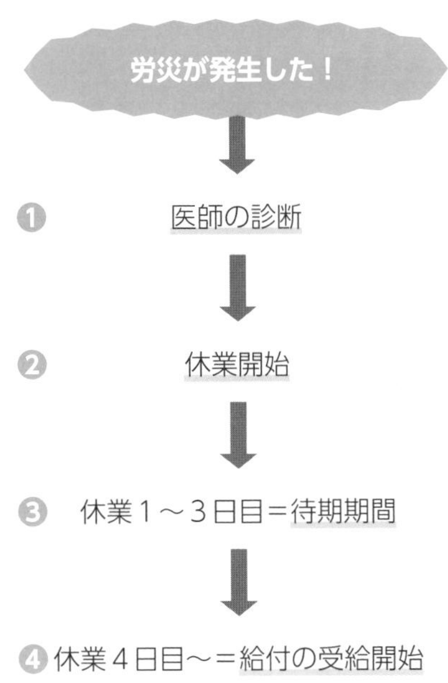


※業務災害の場合、休業１日目から３日目までの間、会社は平均賃金※の60％以上を支払う必要があります。通勤災害の場合は会社の補償義務はありません。

給付を受けるには医師の証明が必要

療養のために働くことができず、はじめて賃金の支払いがなかった日が休業開始日

待期期間中は労災保険からの給付はない

※平均賃金とは、給料の相場などという意味ではなく、労働基準法などで定められている手当や補償を算定するときなどの基準となる金額です。給付基礎日額に相当します（→P.159参照）。

## 労災の休業開始日の判断基準

**療養のために働くことができず、はじめて賃金の支払いがなかった日が休業開始日となります。**

業務中に労災にあい、その日のうちに診断を受けて休業した場合 ➡ 当日から休業１日目

業務後、または残業中に労災にあった場合 ➡ その日のうちに診断を受けたとしても、翌日が休業１日目

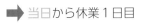

休業初日から３日までは「待期期間」といい、労働基準法に基づき、業務災害の場合は事業主に休業補償を行う義務があります

通勤災害による休業３日目までの３日間は会社に補償義務はありませんが、従業員が自発的に有給休暇を申請して対応する場合もあります。柔軟に対応しましょう。

**業務災害用**

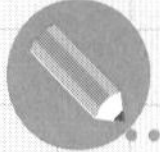

# 「労働者災害補償保険 休業補償給付支給請求書（様式第８号）」の記入例

表

- 労働者の氏名、住所、年齢を記入する
- 被災した従業員が所属する事業場の労働保険番号を記入
- 災害発生日を正確に記入

様式第８号（表面）

業務災害用
複数業務要因災害用

労働者災害補償保険
休業補償給付支給請求書
複数事業労働者休業給付支給請求書
休業特別支給金支給申請書
第　回（同一傷病分）

標準字体 0123456789゛゜ー
アイウエオカキクケコサシスセソタチツテトナニヌ
ネノハヒフヘホマミムメモヤユヨラリルレロワン

※帳票種別 34360　①管轄局署　③新継再別 1新 5継 7再　④受付年月日　⑧業通別 1業 3通　⑨三者コード 1自 3労 5他　⑩日雇コード 1日　⑪特別加入者

⑰平均賃金 十万 万 千 百 十 円 十 銭　⑱特別給与の額 千万 百万 十万 万 千 百 十 円　⑬日数査定　⑭特支コード　⑮委任未支給 1委 3未　⑯特別コード

② 労働保険番号 府県 所掌 管轄 基幹番号 枝番号　13107000000000
⑤労働者の性別 1男 3女　3
⑥労働者の生年月日 1明 3大 5昭 7平 9令　7010301

⑫ 労働者
シメイ（カタカナ）：姓と名の間は１文字あけて記入してください。濁点・半濁点は１文字として記入してください。
カクキ マルヨ
氏名 角木　丸代（32歳）
⑦負傷又は発病年月日 9030406
の住所 ㉗郵便番号 160－0016　東京都新宿区信濃町○-○

⑲ 療養のため労働できなかった期間 9030406 から 9030410 まで 3 日間のうち
⑳賃金を受けなかった日の日数（内訳別紙２のとおり。） 2 日

下の欄及び㉓、㉔、㉕、㉖欄は、口座を新規に届け出る場合又は届け出た口座を変更する場合のみ記入してください。
新規・変更
振込を希望する金融機関の名称　○○　銀行・金庫 農協・漁協 信組　△△　本店・本所 出張所 支店・支所
口座名義人　角木 丸代
㉓預金の種類 1普通 3当座　1
㉔口座番号（左詰め。ゆうちょ銀行の場合は、記号（５桁）は左詰め、番号は右詰めで記入し、空欄には「0」を記入。）　1234567
㉕メイギニン（カタカナ）：姓と名の間は１文字あけて記入してください。濁点・半濁点は１文字として記入してください。　カクキ マルヨ
㉖（つづき）メイギニン（カタカナ）
㉑※金融機関コード 金融機関 店舗　㉒※郵便局コード

⑫の者については、⑦、⑲、⑳、㉜から㊳まで（㊳の(ハ)を除く。）及び別紙２に記載したとおりであることを証明します。

年　月　日
事業の名称　株式会社○○　電話（03）5000-5000
事業場の所在地　東京都渋谷区代々木○-○　〒151-0053
事業主の氏名　代表取締役　○○　○子
（法人その他の団体であるときはその名称及び代表者の氏名）
労働者の直接所属事業場名称所在地　電話（　）－

（注意）
1. ㊳の(イ)及び(ロ)については、⑫の者が厚生年金保険の被保険者である場合に限り証明してください。
2. 労働者の直接所属事業場名称所在地については、労働者が直接所属する事業場が一括適用の取扱いを受けている場合に、労働者が直接所属する支店、工事現場等を記載してください。

1回目の請求書には、必ず記入してください。（死傷病報告提出年月日 令和○年○月○日）

診療担当者の証明
㉘傷病の部位及び傷病名
㉙療養の期間　年　月　日から　年　月　日まで　日間　診療実日数　日
傷病の経過　㉚療養の現況　年　月　日　治癒（症状固定）・死亡・転医・中止・継続中
㉛療養のため労働することができなかったと認められる期間　年　月　日から　年　月　日まで　日間のうち　日
⑫の者については、㉘から㉛までに記載したとおりであることを証明します。
年　月　日　〒　－　電話（　）－
病院又は診療所の　所在地　名称　診療担当者氏名

上記により休業補償給付又は複数事業労働者休業給付の支給を請求／休業特別支給金の支給を申請します。
令和○年○月○日　〒160-0016　電話（03）0000-0000
請求人・申請人の　住所 東京都新宿区信濃町○-○（　方）
氏名 角木　丸代
渋谷 労働基準監督署長 殿

（注意）
一、□□□で表示された枠（以下、記入枠という。）に記入する文字は、光学式文字読取装置（OCR）で直接読取りを行うので汚したり、穴をあけたり、必要以上に強く折り曲げたり、のりづけしたりしないでください。
二、記載すべき事項のない欄又は記入枠は、空欄のままとし、事項を選択する場合には該当事項を○で囲んでください。（ただし、⑤及び㉓欄並びに⑥、⑦及び⑲欄の元号については該当番号を記入枠に記入してください。）
三、記入枠の部分は、必ず黒のボールペンを使用し、様式右上に記載された「標準字体」にならって、枠からはみださないように大きめのカタカナ及びアラビア数字で明瞭に記載してください。

※印の欄は記入しないでください。（職員が記入します。）
◎裏面の注意事項を読んでから記入してください。
折り曲げる場合には（◀）の所を谷に折りさらに２つ折りにしてください。

- 請求の内容を確認のうえ、事業主の証明を行う
- 請求の都度、医師または歯科医師に証明をもらう
- 初回請求時に、必ず労働者死傷病報告を提出した日付を記入する
- 請求人（被災した従業員）本人名義の金融機関の口座を記入

災害が発生した状況を正確に、具体的に記入すること。２回目以降は記入不要

具体的に、作業内容がわかるように記入

別紙の「平均賃金算定内訳」で計算した平均賃金を記入（→P.142）

裏

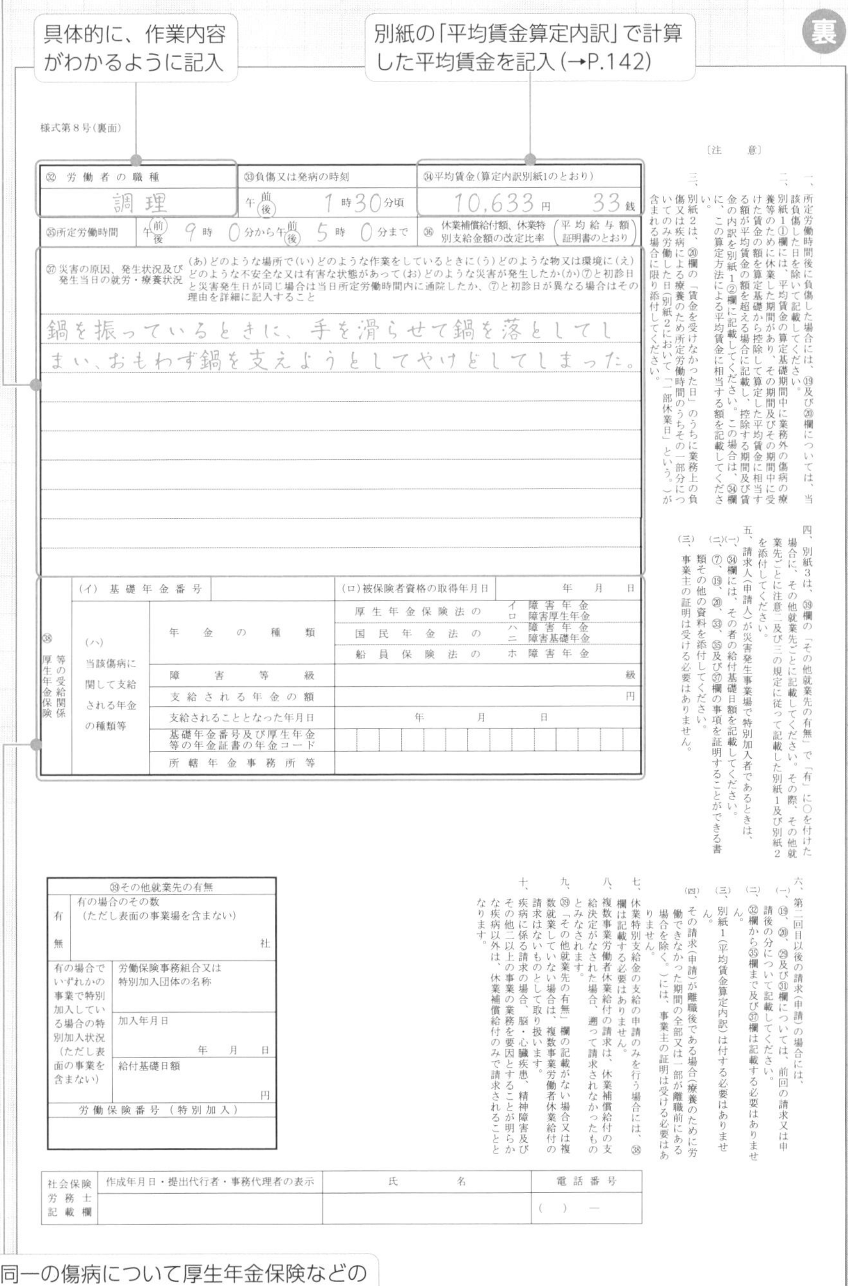

様式第８号（裏面）

| ㉜労働者の職種 | ㉝負傷又は発病の時刻 | ㉞平均賃金（算定内訳別紙1のとおり） |
|---|---|---|
| 調理 | 午（前・後） 1時30分頃 | 10,633円 33銭 |

| ㉟所定労働時間 | ㊱休業補償給付額、休業特別支給金額の改定比率 |
|---|---|
| 午（前・後） 9時 0分から午（前・後） 5時 0分まで | （平均給与額証明書のとおり） |

㊲災害の原因、発生状況及び発生当日の就労・療養状況　(あ)どのような場所で(い)どのような作業をしているときに(う)どのような物又は環境に(え)どのような不安全な又は有害な状態があって(お)どのような災害が発生したか(か)⑦と初診日と災害発生日が同じ場合は当日所定労働時間内に通院したか、⑦と初診日が異なる場合はその理由を詳細に記入すること

鍋を振っているときに、手を滑らせて鍋を落としてしまい、おもわず鍋を支えようとしてやけどしてしまった。

| ㊳厚生年金保険等の受給関係 | | | |
|---|---|---|---|
| (イ) 基礎年金番号 | | (ロ) 被保険者資格の取得年月日 | 年　月　日 |
| (ハ) 当該傷病に関して支給される年金の種類等 | 年金の種類 | 厚生年金保険法の | イ 障害年金　ロ 障害厚生年金 |
| | | 国民年金法の | ハ 障害年金　ニ 障害基礎年金 |
| | | 船員保険法の | ホ 障害年金 |
| | 障害等級 | | 級 |
| | 支給される年金の額 | | 円 |
| | 支給されることとなった年月日 | | 年　月　日 |
| | 基礎年金番号及び厚生年金等の年金証書の年金コード | | |
| | 所轄年金事務所等 | | |

〔注　意〕

一、所定労働時間後に負傷した場合には、⑲及び⑳欄については、当該負傷した日を除いて記載してください。

二、別紙1①欄には、平均賃金の算定基礎期間中に業務外の傷病の療養等のために休業した期間があり、その期間及びその期間中に受けた賃金の額を算定基礎から控除して算定した平均賃金に相当する額が平均賃金の額を超える場合に記載し、控除する期間及び賃金の内訳を別紙1②欄に記載してください。この場合は、㉞欄に、この算定方法による平均賃金に相当する額を記載してください。

三、別紙2は、⑳欄の「賃金を受けなかった日」のうちに業務上の負傷又は疾病による療養のため所定労働時間のうちその一部分についてのみ労働した日（別紙2において「一部休業日」という。）が含まれる場合に限り添付してください。

四、別紙3は、㊴欄の「その他就業先の有無」で「有」に○を付けた場合に、その他就業先ごとに注意二及び三の規定に従って記載した別紙1及び別紙2を添付してください。

五、請求人（申請人）が災害発生事業場で特別加入者であるときは、
(一)、㉞欄には、その者の給付基礎日額を記載してください。
(二)、⑦、⑲、⑳、㉝、㉟及び㊲欄の事項を証明することができる書類その他の資料を添付してください。
(三)、事業主の証明は受ける必要はありません。

六、第二回目以後の請求（申請）の場合には、
(一)、⑲、⑳、㉙及び㉛欄については、前回の請求又は申請後の分について記載してください。
(二)、㉜欄から㉟欄まで及び㊲欄は記載する必要はありません。
(三)、別紙1（平均賃金算定内訳）は付する必要はありません。
(四)、その請求（申請）が離職後である場合（療養のために労働できなかった期間の全部又は一部が離職前にある場合を除く。）には、事業主の証明は受ける必要はありません。

七、休業特別支給金の支給の申請のみを行う場合には、㊳欄は記載する必要はありません。

八、複数事業労働者休業給付の請求は、休業補償給付の支給決定がなされた場合、遡って請求されなかったものとみなされます。

九、㊴「その他就業先の有無」欄の記載がない場合又は複数就業していない場合は、複数事業労働者休業給付の請求はないものとして取り扱います。

十、疾病に係る請求の場合、脳・心臓疾患、精神障害及びその他二以上の事業の業務を要因とすることが明らかな疾病以外は、休業補償給付のみで請求されることとなります。

| ㊴その他就業先の有無 | |
|---|---|
| 有・無 | 有の場合のその数（ただし表面の事業場を含まない）　社 |
| 有の場合でいずれかの事業で特別加入している場合の特別加入状況（ただし表面の事業を含まない） | 労働保険事務組合又は特別加入団体の名称 |
| | 加入年月日　年　月　日 |
| | 給付基礎日額　円 |
| 労働保険番号（特別加入） | |

| 社会保険労務士記載欄 | 作成年月日・提出代行者・事務代理者の表示 | 氏名 | 電話番号 |
|---|---|---|---|
| | | | （　）　— |

同一の傷病について厚生年金保険などの年金を受給している場合にのみ記入

# 「労働者災害補償保険 休業補償給付支給請求書 様式第8号(別紙1)」の記入例

## 平均賃金算定内訳 表

様式第8号(別紙1)　(表面)

| 労働保険番号 | | | | 氏名 | 災害発生年月日 |
|---|---|---|---|---|---|
| 府県 | 所掌 | 管轄 | 基幹番号 | 枝番号 | |
| 13 | 1 | 07 | 000000 | 000 | 角木 丸代 | 令和○年 ○月 ○日 |

### 平均賃金算定内訳

(労働基準法第12条参照のこと。)

| 雇入年月日 | 令和○年 4月 1日 | 常用・日雇の別 | 常用・日雇 |
|---|---|---|---|
| 賃金支給方法 | 月給・週給・日給・時間給・出来高払制・その他請負制 | 賃金締切日 | 毎月 10 日 |

| | | 賃金計算期間 | 12月11日から 1月10日まで | 1月11日から 2月10日まで | 2月11日から 3月10日まで | 計 |
|---|---|---|---|---|---|---|
| A 月・週その他一定の期間によって支払ったもの | | 総日数 | 31日 | 31日 | 28日 | (イ) 90日 |
| | 賃金 | 基本賃金 | 300,000円 | 300,000円 | 300,000円 | 900,000円 |
| | | 通勤手当 | 5,000 | 5,000 | 5,000 | 15,000 |
| | | 手当 | | | | |
| | | 計 | 305,000円 | 305,000円 | 305,000円 | (ロ) 915,000円 |
| B 日若しくは時間又は出来高払制その他の請負制によって支払ったもの | | 賃金計算期間 | 12月11日から 1月10日まで | 1月11日から 2月10日まで | 2月11日から 3月10日まで | 計 |
| | | 総日数 | 31日 | 31日 | 28日 | (イ) 90日 |
| | | 労働日数 | 21日 | 20日 | 19日 | (ハ) 60日 |
| | 賃金 | 基本賃金 | 円 | 円 | 円 | 円 |
| | | 残業手当 | 18,000 | 15,000 | 9,000 | 42,000 |
| | | 手当 | | | | |
| | | 計 | 18,000円 | 15,000円 | 9,000円 | (ニ) 42,000円 |
| 総計 | | | 323,000円 | 320,000円 | 314,000円 | (ホ) 957,000円 |
| 平均賃金 | | 賃金総額(ホ) 957,000円÷総日数(イ) 90 = 10,633円 33銭 | | | | |

最低保障平均賃金の計算方法

Aの(ロ) 915,000円÷総日数(イ) 90 = 10,166円 銭(ヘ)

Bの(ニ) 42,000円÷労働日数(ハ) 60 × $\frac{60}{100}$ = 420円 銭(ト)

(ヘ) 10,166円66銭+(ト) 420円 0銭 = 10,586円 銭(最低保障平均賃金)

| 日日雇い入れられる者の平均賃 | 第1号又は第2号の場合 | 賃金計算期間 | (り) 労働日数又は労働総日数 | (ろ) 賃金総額 | 平均賃金((ろ)÷(り)×$\frac{73}{100}$) |
|---|---|---|---|---|---|
| | | 月 日から 月 日まで | 日 | 円 | 円 銭 |

…る金額　円

…た金額　円

日　職種　平均賃金協定額　円

…休業した期間の日数及びその期間中の賃金を業務…の期間中の賃金とみなして算定した平均賃金

(総日数(イ)−休業した期間②の(チ))

日−　日) =　円　銭

賃金締切日を記入

災害発生日の直前の賃金締切日からさかのぼって3か月間を記入

労働日数などに関係なく一定の期間に支払われた賃金を記入

該当する賃金計算期間中に実際に勤務した日数を記入

労働日数や労働時間に応じて支払われた賃金を記入

いずれかの高い方が平均賃金となり、これに基づいて休業補償の単価が決まる

## 裏

表欄の対象期間について、労災以外での休業日数を記入

様式第8号(別紙1)　(裏面)

② 業務外の傷病の療養等のため休業した期間及びその期間中の賃金の内訳

| | 賃金計算期間 | 月 日から 月 日まで | 月 日から 月 日まで | 月 日から 月 日まで | 計 |
|---|---|---|---|---|---|
| 業務外の傷病の療養等のため休業した期間の日数 | | 日 | 日 | 日 | (チ) 日 |
| 業務外の傷病の療養等のため休業した期間中の賃金 | 基本賃金 | 円 | 円 | 円 | 円 |
| | 手当 | | | | |
| | 手当 | | | | |
| | 計 | 円 | 円 | 円 | (リ) 円 |
| 休業の事由 | | | | | |

| ③ 特別給与の… | 支払年月日 | 支払額 |
|---|---|---|
| | 2年 12月 10日 | 100,000円 |
| | 2年 7月 10日 | 100,000円 |
| | 1年 12月 10日 | 100,000円 |
| | 1年 7月 10日 | 100,000円 |
| | 年 月 日 | 円 |

災害発生日以前2年間に支払われた賞与(特別給与)を記入

## 「労働者災害補償保険 休業補償給付支給請求書 様式第8号(別紙3)」の記入例

※P140の様式第8号(表面)で記入した事業場以外の事業場ごとに記入する

複業している場合に記入する書類

様式第8号(表面)で記入した事業場以外の事業場で、療養のために勤務できなかった期間と、そのうちの賃金を受けることができなかった日数を記入

様式第8号(別紙3)

**複数事業労働者用**

① 労働保険番号(請求書に記載した事業場以外の就労先労働保険番号)

| 都道府県 | 所掌 | 管轄 | 基幹番号 | 枝番号 |
|---|---|---|---|---|
| 13 | 1 | 08 | 000000 | 000 |

→ 様式第8号(表面)で記入した事業場以外の事業場の労働保険番号を記入

② 労働者の氏名・性別・生年月日・住所

(フリガナ氏名) カクキ マルヨ　男　生年月日
(漢字氏名) 角木 丸代　(女)　(昭和・(平成)・令和) 1 年 3 月 1 日
〒 160 － 0016
(フリガナ住所) トウキョウトシンジュククシナノマチ
(漢字住所) 東京都新宿区信濃町○-○

③ 平均賃金(内訳は別紙1のとおり)
○○○ 円 ○○ 銭

→ 様式第8号(表面)で記入した事業場以外の事業場について、P.142で計算した平均賃金を記入

④ 雇入期間
(昭和・平成・(令和)) 2 年 4 月 1 日 から ~~年 月 日~~ 現在 まで

→ 様式第8号(表面)で記入した事業場以外の事業場の雇用期間を記入

⑤ 療養のため労働できなかつた期間
(令和) ○年 ○月 ○日 から ○年 ○月 ○日 まで　○ 日間のうち
⑥ 賃金を受けなかつた日数(内訳は別紙2のとおり)　○ 日

⑦ 厚生年金保険等の受給関係
(イ)基礎年金番号 0000-000000　(ロ)被保険者資格の取得年月日 ○年 ○月 ○日
(ハ)当該傷病に関して支給される年金の種類等
年金の種類　厚生年金保険法の　イ 障害年金　ロ 障害厚生年金
国民年金法の　ハ 障害年金　ニ 障害基礎年金
船員保険法の　ホ 障害年金
障害等級 　級　支給されることとなつた年月日 　年 　月 　日
基礎年金番号及び厚生年金等の年金証書の年金コード
所轄年金事務所等

→ 同一の傷病について厚生年金保険などの年金を受給している場合にのみ記入

上記②の者について、③から⑦までに記載されたとおりであることを証明します。
○年 ○月 ○日
事業の名称 △△　電話( 03 )0000－0000
事業場の所在地 △△1-2-3
事業主の氏名 ○○ ○夫

渋谷 労働基準監督署長 殿

| 社会保険労務士記載欄 | 作成年月日・提出代行者・事務代理者の表示 | 氏名 | 電話番号 |
|---|---|---|---|
| | | | ( ) － |

→ 請求の内容を確認のうえ、事業主の証明を行う

# 仕事中・通勤中のケガなどで障害が残ったとき

- 障害等級に応じて給付金が支給される
- 「治る」という用語について、労災保険での使われ方は一般的な意味と異なる

## 障害の程度に応じて給付金が支給される

従業員が仕事中・通勤中にケガなどをして、そのケガが治った際に障害が残っていた場合には、障害等級に応じた給付金が支給されます。障害の程度がもっとも重い状態を第１級として、障害等級が１～７級の場合には障害特別年金、８～14級の場合には障害特別一時金が支給されます。

### ▶障害等級と給付金の種類

| 障害等級 | 受給できる給付金 | 受給日数 |
|---|---|---|
| 第１級～第７級 | 障害特別年金（障害が残る間） | １年間につき、給付基礎日額の313日分（１級）～131日分（７級） |
| 第８級～第14級 | 障害特別一時金 | 給付基礎日額の503日分（８級）～56日分（14級） |

労災保険でいう「治る」とは、症状が固定して、治療を行ってもこれ以上の回復が期待できない状態をいうニャ。たとえば、麻痺が残っていても症状が固定していれば治ったことになるのニャ

**書式DATA**

- **届け先** 管轄の労働基準監督署
- **期日** 傷病が治癒したとき（治癒日の翌日から５年間で時効）
- **必要書類** 業務災害の場合：障害補償給付支給請求書（様式第10号）
  通勤災害の場合：障害給付支給請求書（様式第16号の７）
- **添付書類** 所定の形式の診断書、通勤災害に関する事項（通勤災害の場合）
- **入手先** 厚生労働省の「労災保険給付関係請求書等ダウンロード」のページからダウンロード可能

障害（補償）給付の支給請求では、マイナンバーを記入します。労災保険では会社が従業員に代わって請求手続きをすることが多いのですが、この給付は従業員本人に請求してもらいます。

# 「労働者災害補償保険 障害補償給付 支給請求書（様式第10号）」の記入例

表

※通勤災害の場合は、（様式第16号の7）を使用する

様式第10号（表面）

業務災害用
複数業務要因災害用

労働者災害補償保険
障害補償給付 支給請求書
複数事業労働者障害給付
障害特別支給金 支給申請書
障害特別年金
障害特別一時金

| ①労働保険番号 | | | | |
|---|---|---|---|---|
| 府県 | 所掌 | 管轄 | 基幹番号 | 枝番号 |
| 13 | 1 | 07 | 000000 | 000 |

②年金証書の番号

| 管轄局 | 種別 | 西暦年 | 番号 |
|---|---|---|---|
| | | | |

③労働者の

| | |
|---|---|
| フリガナ | カクキ マルヨ |
| 氏名 | 角木 丸代 （男・㊛） |
| 生年月日 | ○年 ○月 ○日（○歳） |
| フリガナ | シンジュククマルマル |
| 住所 | 新宿区○○1-1-1 |
| 職種 | 調理 |
| 所属事業場名称・所在地 | |

| | |
|---|---|
| ④負傷又は発病年月日 | ○年 ○月 ○日 午前・㊖ 1時30分頃 |
| ⑤傷病の治癒した年月日 | ○年 ○月 ○日 |
| ⑦平均賃金 | ○○○円 ○銭 |
| ⑧特別給与の総額（年額） | 400,000円 |

⑥災害の原因及び発生状況　（あ）どのような場所で（い）どのような作業をしているときに（う）どのような物又は環境に（え）どのような不安全な又は有害な状態があって（お）どのような災害が発生したかを簡明に記載すること

製麺機内部を洗う際に、誤って安全装置を外してしまい左手が巻き込まれてしまった。

⑨厚生年金保険等の受給関係

| | | |
|---|---|---|
| ㋑厚年等の年金証書の基礎年金番号・年金コード | | ㋺被保険者資格の取得年月日　年　月　日 |
| ㋩当該傷病に関して支給される年金の種類等 | 年金の種類 | 厚生年金保険法の　イ、障害年金　ロ、障害厚生年金<br>国民年金法の　イ、障害年金　ロ、障害基礎年金<br>船員保険法の障害年金 |
| | 障害等級 | 級 |
| | 支給される年金の額 | 円 |
| | 支給されることとなった年月日 | 年　月　日 |
| | 厚年等の年金証書の基礎年金番号・年金コード | |
| | 所轄年金事務所等 | |

③の者については、④、⑥から⑧まで並びに⑨の㋑及び㋺に記載したとおりであることを証明します。

○年 ○月 ○日

事業の名称　（株）○○　電話（03）0000-0000
事業場の所在地　渋谷区代々木○-○　〒151-0053
事業主の氏名　代表取締役　○○　○子
（法人その他の団体であるときは、その名称及び代表者の氏名）

〔注意〕⑨の㋑及び㋺については、③の者が厚生年金保険の被保険者である場合に限り証明すること。

| | | | |
|---|---|---|---|
| ⑩障害の部位及び状態 | （診断書のとおり） | ⑪既存障害がある場合にはその部位及び状態 | |
| ⑫添付する書類その他の資料名 | 診療経過記録、レントゲン写真2枚 | | |

⑬年金の払渡しを受けることを希望する金融機関又は郵便局

| | | |
|---|---|---|
| 金融機関（郵便貯金銀行の支店等を除く。） | ※金融機関店舗コード | |
| | 名称 | ○○ ㊐銀行・金庫 農協・漁協・信組　△△ 本店・本所 出張所 ㊐支店・支所 |
| | 預金通帳の記号番号 | ㊐普通・当座　第 1234567 号 |
| 郵便貯金銀行の支店等又は郵便局 | ※郵便局コード | |
| | フリガナ / 名称 | |
| | 所在地 | 都道府県　市郡区 |
| | 預金通帳の記号番号 | 第　号 |

障害補償給付・複数事業労働者障害給付の支給を請求します。
上記により　障害特別支給金・障害特別年金・障害特別一時金の支給を申請します。

○年 ○月 ○日

渋谷　労働基準監督署長　殿

〒000-0000
電話（03）0000-0000
請求人・申請人の　住所　新宿区○○1-1-1
氏名　角木丸代

□本件手続を裏面に記載の社会保険労務士に委託します。

個人番号　000000000000

| 振込を希望する金融機関の名称 | | 預金の種類及び口座番号 |
|---|---|---|
| ○○ ㊐銀行・金庫 農協・漁協・信組 | △△ 本店・本所 出張所 ㊐支店・支所 | ㊐普通・当座 第 1234567 号<br>口座名義人 角木丸代 |

添付書類の名称を記入

本人名義の口座

兼業・副業をしている場合は、被災した会社以外の数を記入

裏

様式第10号（裏面）

⑭その他就業先の有無

| | |
|---|---|
| ㊒・無　有の場合のその数（ただし表面の事業場を含まない）　1 社 | 有の場合でいずれかの事業で特別加入している場合の特別加入状況（ただし表面の事業を含まない） |
| | 労働保険事務組合又は特別加入団体の名称 |
| 労働保険番号（特別加入） | 加入年月日　年　月　日 |
| | 給付基礎日額　円 |

〔注意〕

兼業で労災の特別加入をしている場合は記入する

# 仕事中・通勤中のケガなどで死亡したとき❶

● 仕事中・通勤中に死亡した場合、従業員の遺族へ給付金が支払われる

● 遺族ならだれでも受給できるわけではなく、最優先順位の遺族に支給される

## 遺族へ給付金が支給される

仕事中・通勤中に労災が発生し、そのケガや病気が原因で従業員が死亡した場合、従業員の遺族に対して労災保険から遺族（補償）給付が支給されます。

死亡した従業員に受給資格者（一定の要件をもつ遺族）がいる場合、遺族（補償）年金が支給されます。従業員の死亡当時に遺族（補償）年金を受け取る遺族がいない場合、特定の範囲の遺族に遺族（補償）一時金が支給されます。

**書式DATA**

健康 年金 労災 雇用

**届け先** 管轄の労働基準監督署

**期　日** 従業員が死亡したとき（死亡日の翌日から５年間で時効）

**必要書類**
●**遺族（補償）年金**
業務災害：遺族補償年金支給請求書（様式第12号）
通勤災害：遺族年金支給請求書（様式第16号の8）
●**遺族（補償）一時金**
業務災害：遺族補償一時金支給請求書（様式第15号）
通勤災害：遺族一時金支給請求書（様式第16号の9）

**添付書類**
死亡の事実や死亡日を証明できる書類（死亡診断書など）
死亡者と遺族の関係を証明できる書類（戸籍謄本など）
死亡者によって生計を維持していたことがわかる書類
その他、受給権者の状況に応じた必要書類

**入手先** 厚生労働省の「労災保険給付関係請求書等ダウンロード」のページからダウンロード可能

はじめに給付を受けていた遺族が再婚をしたり死亡した場合などは、つぎの順位の遺族が給付を受けることとなります。

## 遺族（補償）年金の受給資格者と優先順位

遺族（補償）年金は、受給できる遺族に優先順位があります。受給資格者となる一定の要件とあわせて確認しましょう。

高 ↕ 低

| 優先順位 | 受給資格者 |
|---|---|
| 1 | 妻、60歳以上または一定の障害を持った夫 |
| 2 | 18歳になった日以後、最初の３月31日までの間にある子<br>または一定の障害を持った子 |
| 3 | 60歳以上または一定の障害を持った父母 |
| 4 | 18歳になった日以後、最初の３月31日までの間にある孫<br>または一定の障害を持った孫 |
| 5 | 60歳以上または一定の障害を持った祖父母 |
| 6 | 18歳になった日以後、最初の３月31日までの間にある兄弟姉妹<br>または60歳以上か一定の障害を持った兄弟姉妹 |
| 7 | 55歳以上60歳未満の夫※ |
| 8 | 55歳以上60歳未満の父母※ |
| 9 | 55歳以上60歳未満の祖父母※ |
| 10 | 55歳以上60歳未満の兄弟姉妹※ |

※55歳以上60歳未満の夫・父母・祖父母・兄弟姉妹は、受給権者となっても60歳に達するまでは年金の支給を停止されます（若年停止）。

## 遺族（補償）一時金の受給資格者と優先順位

遺族（補償）年金を受給できる受給資格者がいない場合、あるいは本来の受給資格者が資格を失った場合、以下の２つの条件を満たす人に遺族（補償）一時金が支給されます。

- 従業員の死亡当時、遺族（補償）年金を受ける遺族がいない場合

または

- 死亡などで全員失権した場合

- すでに支払われた遺族（補償）年金の合計額が給与基礎日額の1000日分に満たない場合

### ▶遺族（補償）一時金の受給資格者

| 優先順位 | 受給資格者 |
|---|---|
| 1 | 配偶者 |
| 2 | 死亡した従業員の収入によって生計を維持していた子・父母・孫・祖父母 |
| 3 | その他の子・父母・孫・祖父母 |
| 4 | 兄弟姉妹 |

遺族（補償）年金は、１回のみ前払いで受給ができます。前払い金の請求の時効は、従業員が亡くなった日の翌日から２年間かつ、年金の支給の決定通知があった日の翌日から１年間です。

業務災害用

# 「労働者災害補償保険 遺族補償年金 支給請求書（様式第12号）」の記入例

※通勤災害の場合は様式第16号の８を使用する

休業補償給付を請求している場合は、すでに様式第８号で報告済み。請求していない場合は、様式第８号（通勤災害の場合は様式第６号の６）を本様式と一緒に提出し請求する

表

様式第12号（表面）

業務災害用 複数業務要因災害用

労働者災害補償保険 遺族補償年金／複数事業労働者遺族年金 支給請求書／遺族特別支給金・遺族特別年金 支給申請書

年金新規報告書提出

① 労働保険番号：府県 13　所掌 1　管轄 07　基幹番号 000000　枝番号 000

② 年金証書の番号：管轄局　種別　西暦年　番号　枝番号

③ 死亡労働者の　フリガナ マルオマルオ　氏名 丸尾丸夫（男・女）　生年月日 昭○年○月○日（○歳）　職種 運転手　所属事業場名称・所在地

④ 負傷又は発病年月日 令和○年○月○日 午前 7時00分頃

⑤ 死亡年月日 令和○年○月○日

⑥ 災害の原因及び発生状況（あ）どのような場所で（い）どのような作業をしているときに（う）どのような物又は環境に（え）どのような不安全な又は有害な状態があって（お）どのような災害が発生したかを簡明に記載すること

納品先の○○へ向かう途中、千代田区の○○交差点付近で雨のためスリップしてしまい、側壁に衝突し全身打撲で即死した。

⑦ 平均賃金 12,000円 51銭

⑧ 特別給与の総額（年額） 500,000円

⑨ 厚生年金保険等の受給関係　㋑ 死亡労働者の厚年等の年金証書の基礎年金番号・年金コード 1234567890　㋺ 死亡労働者の被保険者資格の取得年月日 ○年○月1日

㋩ 当該死亡に関して支給される年金の種類：厚生年金保険法の イ 遺族年金 ロ 遺族厚生年金／国民年金法の イ 母子年金 ロ 準母子年金 ハ 遺児年金 ニ 寡婦年金 ホ 遺族基礎年金／船員保険法の遺族年金

支給される年金の額　円／支給されることとなった年月日　年　月　日／厚年等の年金証書の基礎年金番号・年金コード（複数のコードがある場合は下段に記載すること。）／所轄年金事務所等

受けていない場合は、次のいずれかを○で囲む。・裁定請求中・不支給裁定・未加入・請求していない・老齢年金等選択

③の者については、④、⑥から⑧まで並びに⑨の㋑及び㋺に記載したとおりであることを証明します。

令和○年○月○日

事業の名称 (株)○○運送　電話（03）0000－0000　〒151－0053

事業場の所在地 渋谷区代々木○－○－○

事業主の氏名 代表取締役 △山○雄

（法人その他の団体であるときはその名称及び代表者の氏名）

〔注意〕⑨の㋑及び㋺については、③の者が厚生年金保険の被保険者である場合に限り証明すること。

⑩ 請求人・申請人

| 氏名（フリガナ） | 生年月日 | 住所（フリガナ） | 死亡労働者との関係 | 障害の有無 | 請求人（申請人）の代表者を選任しないときは、その理由 |
|---|---|---|---|---|---|
| 丸尾 丸子 | 昭和48・2・17 | 世田谷区○○1-2-3 | 妻 | ある・ない | |
| | ・ ・ | | | ある・ない | |
| | ・ ・ | | | ある・ない | |

⑪ 請求人（申請人）以外の遺族補償年金又は複数事業労働者遺族年金を受けることができる遺族

| 氏名（フリガナ） | 生年月日 | 住所（フリガナ） | 死亡労働者との関係 | 障害の有無 | 請求人（申請人）と生計を同じくしているか |
|---|---|---|---|---|---|
| 丸尾 丸美 | 平成20・9・18 | 世田谷区○○1-2-3 | 長女 | ある・ない | いる・いない |
| 丸尾 角也 | 平成26・12・19 | 世田谷区○○1-2-3 | 長男 | ある・ない | いる・いない |
| | ・ ・ | | | ある・ない | いる・いない |
| | ・ ・ | | | ある・ない | いる・いない |

⑫ 添付する書類その他の資料名

⑬ 年金の払渡しを受けることを希望する金融機関又は郵便局

金融機関（郵便貯金銀行の支店等を除く。）：名称 ○○ 銀行・金庫・農協・漁協・信組 △△ 本店・本所・出張所・支店・支所　※金融機関店舗コード　預金通帳の記号番号 普通・当座 第0123456号

郵便貯金銀行の支店等又は郵便局：※郵便局コード　フリガナ　名称　所在地　預金通帳の記号番号

上記により 遺族補償年金／複数事業労働者遺族年金 の支給を請求します。遺族特別支給金／遺族特別年金 の支給を申請します。

○年○月○日

渋谷 労働基準監督署長 殿

〒000－0000 電話（03）0000－0000

請求人・申請人（代表者）の 住所 世田谷区○○1-2-3 氏名 丸尾丸子

□本件手続を裏面に記載の社会保険労務士に委託します。

個人番号 345678901234

特別支給金について振込を希望する金融機関の名称：○○ 銀行・金庫・農協・漁協・信組 △△ 本店・本所・出張所・支店・支所

預金の種類及び口座番号：普通・当座 第0123456号 口座名義人 丸尾丸子

同一事由で厚生年金保険等の年金を請求する場合にのみ記入

請求人（申請人）以外で遺族補償年金を受けることができる遺族を記入

請求人名義の口座を記入

社会保険労務士に手続きを依頼する場合はチェックを入れる

裏

様式第12号（裏面）

⑭その他就業先の有無

有・無　有の場合のその数（ただし表面の事業場を含まない） 1社

労働保険番号（特別加入）

有の場合でいずれかの事業で特別加入している場合の特別加入状況（ただし表面の事業を含まない）

労働保険事務組合又は特別加入団体の名称

加入年月日　年　月　日

給付基礎日額　円

〔注意〕

1 ※印欄には記載しないこと。

兼業・副業をしていた場合は、被災した会社以外の数を記入

請求人の12桁の個人番号（マイナンバー）を記入

兼業で労災の特別加入をしている場合は記入

業務災害用

# 「労働者災害補償保険 遺族補償一時金 支給請求書(様式第15号)」の記入例

※通勤災害の場合は様式第16号の9を使用する

表

被災した従業員の直接所属する事業場の名称、所在地を記入

該当の日時を正確に記入

様式第15号(表面)

労働者災害補償保険
遺族補償一時金 / 複数事業労働者遺族一時金 支給請求書
遺族特別支給金 / 遺族特別一時金 支給申請書

① 労働保険番号: 府県 13 / 所掌 1 / 管轄 07 / 基幹番号 000000 / 枝番号 000

② 年金証書の番号: 管轄局 / 種別 / 西暦年 / 番号 / 枝番号

③ 死亡労働者の: フリガナ マルオマルオ / 氏名 丸尾丸夫 (男・女) / 生年月日 昭○年○月○日(○歳) / 職種 運転手 / 所属事業場名称所在地

④ 負傷又は発病年月日: 令和○年○月○日 午前 7時00分頃

⑤ 死亡年月日: 令和○年○月○日

⑥ 災害の原因及び発生状況 (あ)どのような場所で(い)どのような作業をしているときに(う)どのような物又は環境に(え)どのような不安全な又は有害な状態があって(お)どのような災害が発生したかを簡明に記載すること
納品先の○○へ向かう途中、千代田区の○○交差点付近で雨のためスリップしてしまい、側壁に衝突し全身打撲で即死した。

⑦ 平均賃金: 12,000円51銭

⑧ 特別給与の総額(年額): 500,000円

請求の内容を確認のうえ、事業主の証明を行う

③の者については、④及び⑤から⑧までに記載したとおりであることを証明します。
令和○年○月○日
電話(03)○○○○-○○○○
事業の名称 (株)○○運送
〒151-0053
事業場の所在地 渋谷区代々木○-○-○
事業主の氏名 代表取締役 △山○雄
(法人その他の団体であるときはその名称及び代表者の氏名)

請求人(申請人)が2人以上いるときは、それぞれ連記してもらう

| ⑨請求人申請人 フリガナ 氏名 | 生年月日 | フリガナ 住所 | 死亡労働者との関係 | 請求人(申請人)の代表者を選任しないときはその理由 |
|---|---|---|---|---|
| 丸尾 丸子 | 昭和48年2月17日 | 世田谷区○○1-2-3 | 妻 | |
| | 年 月 日 | | | |
| | 年 月 日 | | | |
| | 年 月 日 | | | |
| | 年 月 日 | | | |
| | 年 月 日 | | | |

添付する書類などの名称を記入

⑩ 添付する書類その他の資料名 死亡診断書・戸籍謄本

上記により 遺族補償一時金 / 複数事業労働者遺族一時金 の支給を請求します。遺族特別支給金 / 遺族特別一時金 の支給を申請します。

請求人の住所、氏名を記入

○年○月○日
渋谷 労働基準監督署長 殿

〒○○○-○○○○ 電話(03)○○○○-○○○○
請求人 申請人 (代表者) の 住所 世田谷区○○1-2-3 方
氏名 丸尾丸子

請求人名義の口座を記入

| 振込を希望する金融機関の名称 | | 預金の種類及び口座番号 |
|---|---|---|
| ○○ 銀行・金庫 農協・漁協・信組 | △△ 本店・本所 出張所 支店・支所 | 普通・当座 第0123456号 口座名義人 丸尾丸子 |

裏

複数の事業場に勤務している場合は、「有」に○をして自社以外に何社勤務しているかを記入

複数の事業場に勤務している場合で、かつ特別加入している場合に記入

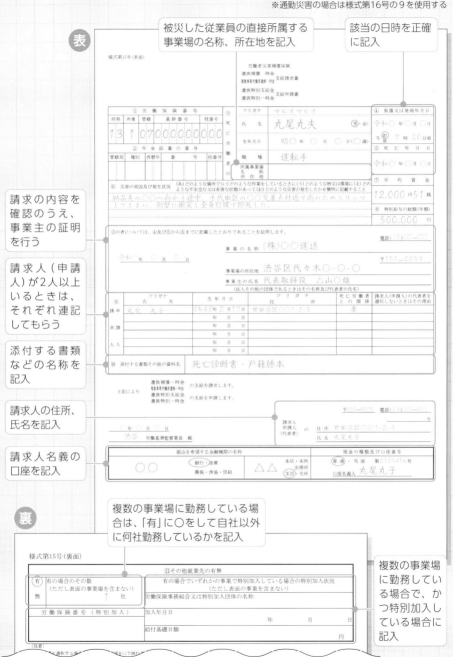

様式第15号(裏面)

⑪その他就業先の有無

| 有・無 | 有の場合のその数 (ただし表面の事業場を含まない) 1社 | 有の場合でいずれかの事業で特別加入している場合の特別加入状況 (ただし表面の事業を含まない) |
|---|---|---|
| | | 労働保険事務組合又は特別加入団体の名称 |
| 労働保険番号(特別加入) | | 加入年月日 年 月 日 |
| | | 給付基礎日額 円 |

[注意]

# 仕事中・通勤中のケガなどで死亡したとき❷

- 業務災害や通勤災害で死亡した場合、葬儀を行った遺族や会社が葬祭料（葬祭給付）を請求できる
- 葬祭料は、死亡日の翌日から２年間が請求期限

## 葬儀を行った人が一時金を請求できる

労災により従業員が死亡した場合、葬儀を行った遺族、もしくは葬儀を行う遺族がいない場合は葬儀を行った会社に対して葬祭料が支給されます。

給付額は、315,000円＋給付基礎日額の30日分、または給付基礎日額の60日分のどちらか多いほうです。

葬祭料の申請には時効があるニャ。対象の従業員が死亡した日の翌日から２年間が経過すると、請求権が消えてしまうのニャ

遺族（補償）給付（→P.146参照）を同時に請求する場合は、添付書類が重複するため、「葬祭料請求書」「葬祭給付請求書」で重複する添付書類を省略できます

### 書式DATA

| | |
|---|---|
| 届け先 | 管轄の労働基準監督署 |
| 期日 | 従業員が死亡したとき（死亡日の翌日から２年間で時効） |
| 必要書類 | 業務災害：葬祭料請求書（様式第16号）<br>通勤災害：葬祭給付請求書（様式第16号の10） |
| 添付書類 | 死亡の事実や死亡日を証明できる書類（死亡診断書など） |
| 入手先 | 厚生労働省の「労災保険給付関係請求書等ダウンロード」のページからダウンロード可能 |

死亡の原因が業務災害の場合は葬祭料、通勤災害の場合は葬祭給付とよびます。

業務災害用

# 「労働者災害補償保険 葬祭料請求書(様式第16号)」の記入例

※通勤災害の場合は葬祭給付請求書(様式第16号の10)を使用する

表

様式第16号(表面)

業務災害用
複数業務要因災害用

労働者災害補償保険
葬祭料又は複数事業労働者葬祭給付請求書

請求人の情報を記入する

| ① 労働保険番号 | | | | |
|---|---|---|---|---|
| 府県 | 所掌 | 管轄 | 基幹番号 | 枝番号 |
| 13 | 1 | 07 | 000000 | 000 |

| ② 年金証書の番号 | | | |
|---|---|---|---|
| 管轄局 | 種別 | 西暦年 | 番号 |
| | | | |

③ 請求人の

| フリガナ | マルヤママルコ |
|---|---|
| 氏名 | ○山 ○子 |
| 住所 | 八王子市○○1-2-3 |
| 死亡労働者との関係 | 妻 |

死亡者の情報を記入する

④ 死亡労働者の

| フリガナ | マルヤママルユキ |
|---|---|
| 氏名 | ○山 ○之 (男・女) |
| 生年月日 | 昭和○○年 8 月 1 日( ○ 歳) |
| 職種 | 営業 |
| 所属事業場名称所在地 | |

被災した従業員の直接所属する事業場の名称、所在地を記入

⑤ 負傷又は発病年月日　○○年 5 月 23 日　午前・後 3 時 40 分頃

⑥ 災害の原因及び発生状況　(あ)どのような場所で(い)どのような作業をしているときに(う)どのような物又は環境に(え)どのような不安全な又は有害な状態があって(お)どのような災害が発生したかを簡明に記載すること

顧客先を自転車でまわっていたところ、○○交差点で後ろから来たトラックに巻き込まれて死亡した。

⑦ 死亡年月日　○○年 5 月 23 日

⑧ 平均賃金　8,686 円 50 銭

④の者については、⑤、⑥及び⑧に記載したとおりであることを証明します。

令和○○年 ○○月 ○○日

電話(03)000―0000
事業の名称 (株)○○設備
〒 000 ― 0000
事業場の所在地 世田谷区○○1-1-1
事業主の氏名 代表取締役 △川 □夫
(法人その他の団体であるときはその名称及び代表者の氏名)

請求の内容を確認のうえ、事業主の証明を行う

⑨ 添付する書類その他の資料名

上記により葬祭料又は複数事業労働者葬祭給付の支給を請求します。

令和○○年 ○○月 ○○日

〒 000 ― 0000　電話(042)000―0000

請求人の 住所 八王子市○○1-2-3
氏名 ○山○子

労働基準監督署長 殿

請求人の口座情報を記入する

| 振込を希望する金融機関の名称 | | 預金の種類及び口座番号 |
|---|---|---|
| ○○ 銀行・金庫 農協・漁協・信組 | △△ 本店・本所 出張所 支店・支所 | 普通・当座 第123456号 口座名義人 ○山○子 |

裏

様式第16号(裏面)

複数の事業場に勤務している場合は、「有」に○をして自社以外に何社勤務しているかを記入

⑩その他就業先の有無

| 有・無 | 有の場合のその数 (ただし表面の事業場を含まない) 社 | 有の場合でいずれかの事業で特別加入している場合の特別加入状況 (ただし表面の事業を含まない) |
|---|---|---|
| | | 労働保険事務組合又は特別加入団体の名称 |
| 労働保険番号(特別加入) | | 加入年月日 年 月 日 |
| | | 給付基礎日額 円 |

複数の事業場に勤務している場合で、かつ特別加入している場合に記入

[注意]
事項を選択……該当する事項……こと。

仕事中・通勤中のケガなどの場合

# 交通事故などに巻き込まれたとき

- 仕事中や通勤中に、交通事故など第三者※の行為によって起きたケガなどを、第三者行為災害という
- 第三者行為災害では、ケガをした従業員は第三者に損害賠償を請求できる

## 第三者に損害賠償を請求できる

通勤中に交通事故に巻き込まれたり、外回りをしているときに建設現場から落下したものに当たるなどしてケガをすることがあります。このように、雇用主ではない第三者の行為によって起こった業務上・通勤中のケガや病気などを第三者行為災害といいます。

ケガなどをした従業員は、第三者に損害賠償を請求できます。ただし、それに加えて労災給付を受けると実際の損害額より多く支払われることになるため、労災保険法で損害賠償との支給を調整しています。

届け出書類の「第三者行為災害届」は、届その1～4まであります。2枚目の「届その2」は、交通事故以外の場合は提出不要です

健康 年金 労災 雇用

**書式DATA**

- **届け先** 管轄の労働基準監督署
- **期　日** 事故発生後、すみやかに
- **必要書類** 第三者行為災害届
- **添付書類** 所定の念書（兼同意書）、示談書の謄本など
  従業員が死亡した場合：死亡診断書、戸籍謄本など
- **入手先** 厚生労働省の「労災保険給付関係請求書等ダウンロード」のページからダウンロード可能

第三者とは、起こった災害に関する労災保険の保険関係の当事者（政府、事業主、災害にあった従業員）以外の人のことをいいます。

## 第三者行為災害の支払い調整方法

第三者と労災保険の両方から損害の補填を受けると、実際の損害額より多く支払われてしまいます。そのため、労災保険法により支払いの調整がされます。

### ●労災保険の給付を先に受けた場合

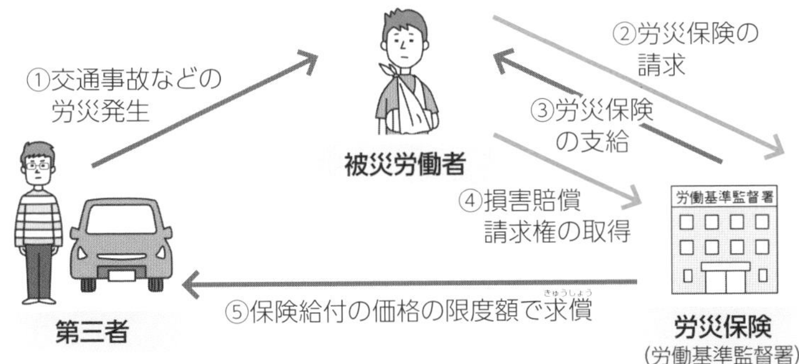


### ●損害賠償を先に受けた場合

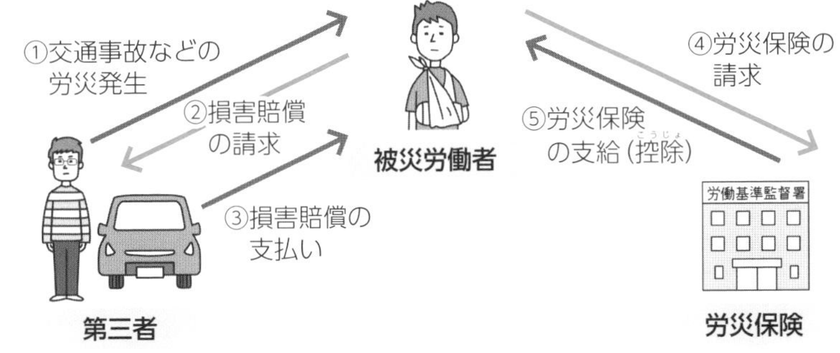


## 求償と控除とは

第三者行為災害の手続きには、求償と控除という聞き慣れない言葉が出てきます。

**求償とは**

政府が労災保険を給付する際に、被災労働者から損害賠償請求権を取得し、その権利を第三者に直接行使すること。

**控除とは**

被災労働者が労災保険よりも先に損害賠償を受けていた場合に、政府が労災保険の給付を支給しないこと。

通勤途中にペットに足を噛まれた、というのも第三者行為災害に該当するニャ

第三者行為災害の最終的な損害賠償責任は、加害者である第三者が負担するものと考えられています。そのため、政府は第三者の損害賠償責任を肩代わりし、その金額を第三者に請求しているのです。

# 「第三者行為災害届（届その１）」の記入例

該当する箇所に○

（届その１）

第三者行為災害届（業務災害・**通勤災害**）（**交通事故**・交通事故以外）

令和 ○ 年 ○ 月 ○ 日

労働者災害補償保険法施行規則第22条の規定により届け出ます。

署受付日付

保険給付請求権者
住所 さいたま市○○1-2-3
フリガナ マルオマルマル 郵便番号（330-0000）
氏名 ○尾 ○○
電話（自宅）048-0000-0000
（携帯）090-0000-0000

渋谷 労働基準監督署長 殿

**1 第一当事者（被災者）**
フリガナ マルオマルマル
氏名 ○尾 ○○ （男・女） 生年月日 昭和58年 8月 1日（○歳）
住所 さいたま市○○1-2-3
職種 接客

**2 第一当事者（被災者）の所属事業場**
労働保険番号

| 府県 | | 所掌 | 管轄 | | 基幹番号 | | | | | | 枝番号 | | |
|---|---|---|---|---|---|---|---|---|---|---|---|---|---|
| 1 | 3 | 1 | 0 | 7 | 1 | 2 | 3 | 4 | 5 | 6 | 0 | 0 | 0 |

名称 （株）○○ 電話 03-0000-0000
所在地 渋谷区代々木○-○ 郵便番号 151-0053
代表者（役職）代表取締役 担当者（所属部課名）総務
（氏名）○○ ○子 （氏名）○川 △夫

**3 災害発生日**
日時 令和○年 11月 1日 午前・午後 8時 30分頃
場所 新宿区西新宿○-○-○

**4 第二当事者（相手方）**
氏名 ×山 △△ （○歳） 電話（自宅）03-0000-0000（携帯）070-0000-0000
住所 港区○○1-2-3 郵便番号 000-0000
第二当事者（相手方）が業務中であった場合
所属事業場名称 ○○△株式会社 電話 03-0000-0000
所在地 新宿区西新宿○-○-○ 郵便番号 000-0000
代表者（役職）代表取締役 （氏名）△田 ××

**5 災害調査を行った警察署又は派出所の名称**
新宿 警察署 交通 係（派出所）

**6 災害発生の事実の現認者**（5の災害調査を行った警察署又は派出所がない場合に記入してください）
氏名 （ 歳） 電話（自宅） - - （携帯） - -
住所 郵便番号 -

**7 あなたの運転していた車両**（あなたが運転者の場合にのみ記入してください）

| 車種 | | 大・中・普・特・自二・軽自・原付自 | | 登録番号（車両番号） | | | |
|---|---|---|---|---|---|---|---|
| 運転者の免許 | 有 無 | 免許の種類 | 免許証番号 | 資格取得 年 月 日 | 有効期限 年 月 日まで | | 免許の条件 |

事故の相手方を記入

※P.157 念書（兼同意書）様式第１号を必ず添付する

# 「第三者行為災害届（届その２）」の記入例

交通事故以外の災害の場合は記入の必要なし

相手方の保険情報を記入

（届その２）

8　事故現場の状況
天　　候　晴・曇・小雨・雨・小雪・雪・暴風雨・霧・濃霧
見　通　し　良い・悪い（障害物　　　　があった。）
道路の状況（あなた（被災者）が運転者であった場合に記入してください。）
道路の幅（　　　m）、舗装・非舗装、坂（上り・下り・緩・急）
でこぼこ・砂利道・道路欠損・工事中・凍結・その他（　　　）
（あなた（被災者）が歩行者であった場合に記入してください。）
歩車道の区別が（ある・ない）道路、車の交通頻繁な道路、住宅地・商店街の道路
歩行者用道路（車の通行　許・否）、その他の道路（　　　）
標　　識　速度制限（30　km/h）・追い越し禁止・一方通行・歩行者横断禁止
一時停止（有・無）・停止線（有・無）
信　号　機　無・有（青　色で交差点に入った。）、信号機時間外（黄点滅・赤点滅）
横断歩道上の信号機（有・無）
交　通　量　多い・少ない・中位

9　事故当時の行為、心身の状況及び車両の状況
心身の状況　正常・いねむり・疲労・わき見・病気（　　　）・飲酒
あなたの行為（あなた（被災者）が運転者であった場合に記入してください。）
直前に警笛を（鳴らした・鳴らさない）相手を発見したのは（　　）m手前
ブレーキを（かけた（スリップ　　m）・かけない）、方向指示灯（だした・ださない）
停止線で一時停止（した・しない）、速度は約（　　）km/h　相手は約（　　）km/h
（あなた（被災者）が歩行者であった場合に記入してください。）
横断中の場合　横断場所（　　　）、信号機（　　）色で横断歩道に入った。
左右の安全確認（した・しない）、車の直前・直後を横断（した・しない）
通行中の場合　通行場所　（歩道・車道・歩車道の区別がない道路）
通行のしかた　（車と同方向・対面方向）

10　第二当事者（相手方）の自賠責保険（共済）及び任意の対人賠償保険（共済）に関すること
(1) 自賠責保険（共済）について
証明書番号　第　××××××××××　号
保険（共済）契約者　（氏名）○○△（株）　第二当事者（相手方）と契約者との関係　契約者の従業員
（住所）新宿区西新宿○-○-○
保険会社の管轄店名　△△海上火災　電話　03　-0000-0000
管轄店所在地　新宿区西新宿○-△-□　郵便番号000-0000
(2) 任意の対人賠償保険（共済）について
証券番号　第　××××××××××　号　保険金額　対人　無制限　万円
保険（共済）契約者　（氏名）○○△（株）　第二当事者（相手方）と契約者との関係　契約者の従業員
（住所）新宿区西新宿○-○-○
保険会社の管轄店名　△△海上火災　電話　03　-0000-0000
管轄店所在地　新宿区西新宿○-△-□　郵便番号000-0000
(3) 保険金（損害賠償額）請求の有無　有・無
有の場合の請求方法　イ　自賠責保険（共済）単独
ロ　自賠責保険（共済）と任意の対人賠償保険（共済）との一括
保険金（損害賠償額）の支払を受けている場合は、受けた者の氏名、金額及びその年月日
氏名　　金額　　円　受領年月日　　年　　月　　日

11　運行供用者が第二当事者（相手方）以外の場合の運行供用者
名称（氏名）　○○△（株）　電話　03　-0000-0000
所在地（住所）　新宿区西新宿○-○-○　郵便番号000-0000

12　あなた（被災者）の人身傷害補償保険に関すること
人身障害補償保険に　（加入している・していない）
証券番号　第　　号　保険金額　　万円
保険（共済）契約者　（氏名）　あなた（被災者）と契約者との関係
（住所）
保険会社の管轄店名　電話　－　－
管轄店所在地　郵便番号　－
人身傷害補償保険金の請求の有無　有・無
人身傷害補償保険の支払を受けている場合は、受けた者の氏名、金額及びその年月日
氏名　　金額　　円　受領年月日　　年　　月　　日

# 「第三者行為災害届（届その３）」の記入例

診断書をもとに記入

事故現場の見取り図を記入。欄が不足する場合は届その４を使用し、あわせて提出

自身の判断で過失割合とその理由を記入

損害賠償金を受領した場合は、必ず記入

（届その３）

**13　災害発生状況**

第一当事者（被災者）・第二当事者（相手方）の行動、災害発生原因と状況をわかりやすく記入してください。

被災者は甲州街道沿いの歩道を初台方面に歩行していた。信号が青であることを確認し横断歩道を渡ったところ、甲州街道から左折してきた加害者の車に衝突された。

**14　現場見取図**

道路方向の地名（至○○方面）、道路幅、信号、横断歩道、区画線、道路標識、接触点等くわしく記入してください。

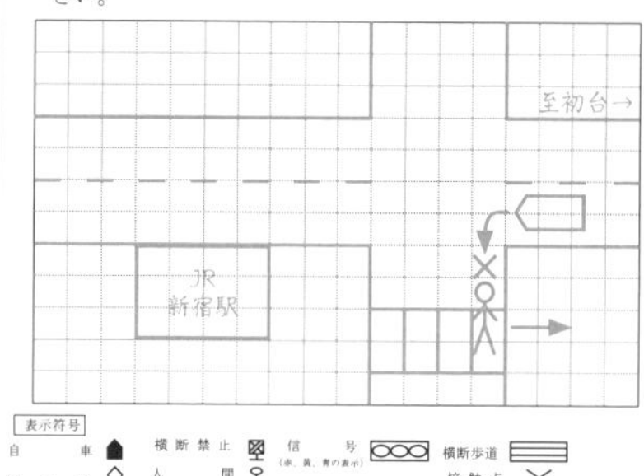


表示符号

自動車　相手車　進行方向　横断禁止　人間　自転車 オートバイ　信号（赤、黄、青の表示）　一時停止　横断歩道　接触点

**15　過失割合**

私の過失割合は　0　%、相手の過失割合は　100　%だと思います。

理由　私は横断歩道の信号が青であることを確認し、過失はありません。相手の前方不注意で、充分な確認を怠って左折したために起きた事故である。

**16　示談について**

イ　示談が成立した。（　　年　　月　　日）　ロ　交渉中

ハ　示談はしない。　ニ　示談をする予定（　　年　　月　　日頃予定）

ホ　裁判の見込み（　　年　　月　　日頃提訴予定）

**17　身体損傷及び診療機関**

| | 私（被災者）側 | 相手側（わかっていることだけ記入してください。） |
|---|---|---|
| 部位・傷病名 | 右足骨折　左側脚部打撲 | |
| 程　度 | 約2週間の入院・加療 | なし |
| 診療機関名称 | △○病院 | |
| 所在地 | 新宿区○○1-1-1 | |

**18　損害賠償金の受領**

| 受領年月日 | 支払者 | 金額・品目 | 名目 | 受領年月日 | 支払者 | 金額・品目 | 名目 |
|---|---|---|---|---|---|---|---|
| ○○年11月3日 | ○○△(株) | 30,000円 | 見舞金 | | | | |
| | | | | | | | |
| | | | | | | | |
| | | | | | | | |

事業主の証明

１欄の者については、２欄から６欄、13欄及び14欄に記載したとおりであることを証明します。

令和　○　年　11月　12日

事業場の名称　（株）○○

事業主の氏名　代表取締役　○○　○子

（法人の場合は代表者の役職・氏名）

# 「念書(兼同意書)様式第１号」の記入例

様式第1号

念　書　(　兼　同　意　書　)

| 災害発生年月日 | 令和 ○ 年 ○ 月 ○ 日 | 災害発生場所 | 新宿区西新宿○-○-○ |
|---|---|---|---|
| 第一当事者(被災者)氏名 | ○尾　○○ | 第二当事者(相手方)氏名 | ×山　△△ |

1 上記災害に関して、労災保険給付を請求するに当たり以下の事項を遵守することを誓約します。
(1) 相手方と示談や和解(裁判上・外の両方を含む。以下同じ。)を行おうとする場合は必ず前もって貴職に連絡します。
(2) 相手方に白紙委任状を渡しません。
(3) 相手方から金品を受けたときは、受領の年月日、内容、金額(評価額)を漏れなく、かつ遅滞なく貴職に連絡します。

2 上記災害に関して、私が相手方と行った示談や和解の内容によっては、労災保険給付を受けられない場合や、受領した労災保険給付の返納を求められる場合があることについては承知しました。

3 上記災害に関して、私が労災保険給付を受けた場合には、私の有する損害賠償請求権及び保険会社等(相手方もしくは私が損害賠償請求できる者が加入する自動車保険・自賠責保険会社(共済)等をいう。以下同じ。)に対する被害者請求権を、政府が労災保険給付の価額の限度で取得し、損害賠償金を受領することについては承知しました。

4 上記災害に関して、相手方、又は相手方が加入している保険会社等から、労災保険に先立ち、労災保険と同一の事由に基づく損害賠償金の支払を受けている場合、労災保険が給付すべき額から、私が受領した損害賠償金の額を差し引いて、更に労災保険より給付すべき額がある場合のみ、労災保険が給付されることについて、承知しました。

5 上記災害に関して、私が労災保険の請求と相手方が加入している自賠責保険又は自賠責共済(以下「自賠責保険等」という。)に対する被害者請求の両方を行い、かつ、労災保険に先行して労災保険と同一の事由の損害項目について、自賠責保険等からの支払を希望する旨の意思表示を行った場合の取扱いにつき、以下の事項に同意します。
(1) 労災保険と同一の事由の損害項目について、自賠責保険等からの支払が完了するまでの間は、労災保険の支給が行われないこと。
(2) 自賠責保険等からの支払に時間を要する等の事情が生じたことから、自賠責保険等からの支払に先行して労災保険の給付を希望する場合には、必ず貴職及び自賠責保険等の担当者に対してその旨の連絡を行うこと。

6 上記災害に関して、私の個人情報及びこの念書(兼同意書)の取扱いにつき、以下の事項に同意します。
(1) 貴職が、私の労災保険の請求、決定及び給付(その見込みを含む。)の状況等について、私が保険金請求権を有する人身傷害補償保険取扱会社に対して提供すること。
(2) 貴職が、私の労災保険の給付及び上記3の業務に関して必要な事項(保険会社等から受けた金品の有無及びその金額・内訳(その見込みを含む。)等)について、保険会社等から提供を受けること。
(3) 貴職が、私の労災保険の給付及び上記3の業務に関して必要な事項(保険給付額の算出基礎となる資料等)について、保険会社等に対して提供すること。
(4) この念書(兼同意書)をもって(2)に掲げる事項に対応する保険会社等への同意を含むこと。
(5) この念書(兼同意書)を保険会社等へ提示すること。

令和 ○ 年 ○ 月 ○ 日

渋谷 労働基準監督署長 殿

請求権者の住所 さいたま市○○1-2-3

氏名 ○尾　○○

(※請求権者の氏名は請求権者が自署してください。)

# 労災給付を受けるときの給付額の計算

- 労災保険の給付を受ける際、給付額の計算をする基礎となるのが給付基礎日額
- 給付基礎日額は、平均賃金と同じ意味

## 3か月間の賃金総額を3か月間の暦日※数で割る

傷病給付や休業給付など、労災保険から給付を受ける際に給付額の計算をするうえで基礎となるのが、給付基礎日額です。給付基礎日額は平均賃金（→P.139参照）に相当する額です。

給付基礎日額は、被災日または医師の診断により疾病が確定した日から直近3か月間の賃金総額を、その期間の暦日数で割った1日あたりの賃金額です。残業代や定期代なども給付基礎日額に含まれますが、特別給与（ボーナス）は含まれません。

## ボーナスは特別支給金に反映される

労災保険には、本体給付と特別支給金があります。特別給与（ボーナス）などの3か月間を超える期間ごとに支払われる賃金は、本体給付には反映されずに特別支給金の一部に反映されます。

被災日または医師の診断により疾病が確定した日以前の1年間に支払われた特別給与の総額を算定基礎年額といい、この総額を365で割った額が算定基礎日額です。障害特別年金や遺族特別年金などの給付額の計算の基礎となります。

特別給与とは、賞与（ボーナス）のような、3か月を超える期間ごとに支払われる賃金のことです。退職金や慶弔金などの臨時に支払われた賃金は含まれません

暦日とは、0時～24時までを1日とした日のことをいいます。土曜日や日曜日も含むカレンダー上の日数を指します。

## 給付基礎日額と算定基礎日額の計算方法

被災日または医師の診断により疾病が確定した日以前から、給付基礎日額は平均賃金に相当する額です。算定基礎日額は１年間のボーナス総額を365で割った額です。

### ●給付基礎日額の計算方法

給付基礎日額＝ $\dfrac{\text{３か月間の賃金総額}}{\text{３か月間の暦日数}}$

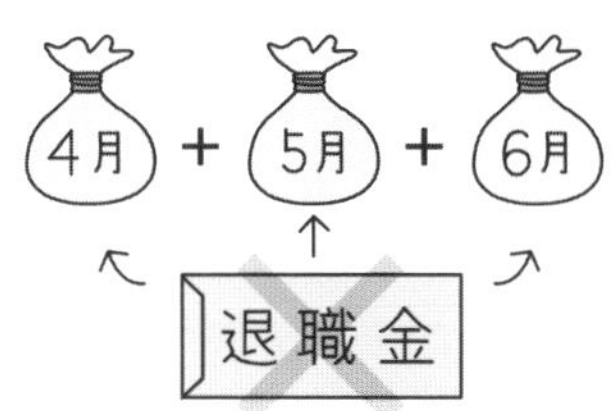


賃金総額には、賞与などの３か月を超える期間ごとに支払われる賃金や、退職金や慶弔金などの臨時に支払われる賃金は含まれない。

### ●算定基礎日額の計算方法

算定基礎日額＝ $\dfrac{\text{算定基礎年額}}{\text{365（日）}}$

算定基礎年額とは、被災日、または医師の診断により疾病が確定した日以前の１年間に支払われた特別給与（ボーナス）の総額のこと。

### ●算定基礎年額の上限は150万円

算定基礎年額には上限があり、給付基礎年額※の20％をオーバーする場合は20％が上限になります。

例 算定基礎年額が800,000円
給付基礎年額が5,000,000円の場合

5,000,000×0.20（20％）＝1,000,000円

算定基礎年額が
- 150万円を超えていない
- 給付基礎年額の20％以下である

⬇

上限に達していない！

⬇

800,000円でOK！

例 算定基礎年額が2,000,000円
給付基礎年額が8,500,000円の場合

8,500,000×0.20（％）＝1,700,000円

算定基礎年額が
- 給付基礎年額の20％を超えている

⬇

150万円をオーバーしている！

⬇

この場合は150万円が上限になる！

キーヤル用語　給付基礎年額は、給付基礎日額に365を掛けた額に相当します。

●健康保険から労災保険への切り替え

# 労災保険の治療に健康保険を使って、あとから労災保険に切り替えることはできますか？

Q 従業員Ｉさんが出張先でケガをしました。本来は労災が適用されますが、給付請求書をすぐに用意できません。この場合、いったん健康保険を使って３割負担で支払い、あとから労災保険に切り替えることはできるのでしょうか？

A 原則として、健康保険から労災保険への切り替えはできません。労災の治療は労災保険としていったん従業員がその場で治療費を負担するのが賢明です。

## 疑問解決のポイント！

### ❶労災に健康保険を使うのは虚偽申告にあたる！

労災の可能性があるケガや病気は、あくまで労災として治療を受けます。それをせずに健康保険を使うと虚偽申告にあたり、会社が「労災かくし」に問われることもあります。**受診する際に、なぜケガをしたかなどの状況を説明**すれば、病院でも労災だとわかるでしょう。

### ❷労災保険の書類がなければいったん自費で治療費を支払う

労災保険で治療を受ける場合、労災保険の書類がそろわなければ、**いったん全額自費で従業員が治療費を支払います**。一時的な負担は大きいですが、やむを得ません。
労災指定病院であれば、場合によっては一時金としていくらかを窓口で支払い、労災の申請用紙を提出した時点でその一時金を返金してもらうこともあります。

### ❸健康保険を使ってしまうと、一時的に治療費が全額負担になる

仮に何かの手違いで健康保険を使ってしまった場合、**健康保険から労災保険に切り替えるために大変な手間と労力がかかります**。はじめに協会けんぽまたは健康保険組合に取り消しの申請をして全額治療費を支払います。その後、労働基準監督署に労災保険の申請をしなければなりません。

●労災保険の治療範囲

# 病院、診療所以外で、労災での治療を受けられる施設はありますか？

**Q** 整体院や、はり、きゅうなどでも労災保険で治療を受けられると聞きました。病院以外で、労災保険による治療を受けることができる施設を知りたいです。また、そのような施設での注意点はありますか？

**A** はり、きゅう、整骨、指圧、マッサージなどを受けることができます。労災指定の施設を選びましょう。

## 疑問解決のポイント！

### ❶病院、診療所以外にも労災指定の施設がある

病院や診療所での医師による治療のほかに、以下の施設で労災保険での治療を受けられます。

- 整骨院・接骨院（柔道整復師）
- はり・きゅう・指圧・マッサージ（はり師・きゅう師・あん摩マッサージ指圧師）
- 薬局（薬剤師）
- 訪問看護事業者による訪問看護

### ❷治療を受けるときは主治医の診断書が必要

労災保険で、はり、きゅう、あん摩などの治療を受ける場合には、**労災指定された施設を選びます**。治療前あるいは治療時に、主治医の診断書と「療養（補償）給付たる療養の費用請求書」を、通院する施設または管轄の労働基準監督署に提出します。審査を経て認められると、労災保険の対象となります。

第4章 病気・ケガ・死亡 ― Q&A

●海外出張と海外派遣の労災保険適用

# 海外出張と海外派遣中、それぞれ労災保険は適用されますか？

**Q** 海外出張中の従業員Jさんが、事故にあってケガをしました。治療をするとき労災保険は適用されますか？　現地で雇用される海外派遣中のケガや病気にも、労災保険が適用されるのでしょうか？

**A** 海外出張中のケガや病気では労災保険が適用されます。一方、海外派遣で労災保険が適用されるには、特別加入（→P.41参照）していることが条件になります。

## 疑問解決のポイント！

### ❶海外出張中は日本の労災保険が適用される

海外にいる期間の長短にかかわらず、**従業員の海外出張が日本の会社の指揮管理下で行われている場合は、日本の労災保険の対象となります。**

### ❷海外派遣では日本の労災保険が適用されない

**従業員が海外の現地の事業場の指揮命令にしたがっていた場合**は、出張ではなく「**海外派遣**」とみなされます。その場合、**日本の労災保険は適用されません**。その国の労災保険に相当する給付が行われることになります。

### ❸特別加入をして海外派遣の労働災害に備える

**事前に労災保険の特別加入をしていれば、海外派遣でも日本の労災保険が適用されます。**国によっては労災保険に相当する制度が整っていないことがあるので、このような場合に備えて特別加入（本来は労災保険に加入できない海外派遣者などが労災保険に加入できるようになる制度）をしておくことをおすすめします。

**［ 海外出張と海外派遣の違い ］**

| 海外出張 | 海外派遣 |
|---|---|
| ●労働提供の場が海外にある。国内の事業場に所属しその事業場の使用者の指揮にしたがって勤務する労働者のこと<br>●特別な手続きを必要とせず、国内の事業場の労災保険から給付を受けられる<br>例商談、技術・仕様などの打ち合わせ、市場調査・会議・視察・見学、アフターサービス、現地での突発的なトラブル対処、技術習得などのために海外に赴く場合など | ●海外の事業場に所属して、その事業場の使用者の指揮にしたがって勤務する労働者またはその事業場の使用者のこと<br>●特別加入の手続きを行っていなければ、日本の労災保険による給付を受けられない<br>例海外関連会社へ出向する場合、海外支店・営業所などへ転勤する場合、海外で行う建設工事に従事する場合など |

●派遣社員への労災対応

## 派遣社員が労災にあったとき、どのような手続きが必要ですか？

**Q** 当社で働いている派遣社員Kさんが、業務中にケガをしました。派遣先として、どのような手続きが必要になりますか？

**A** まずは派遣元会社へ事故の状況を連絡します。さらに労働基準監督署へ「労働者死傷病報告」を提出します。

### 疑問解決のポイント！

**❶派遣元の会社に事故の状況を報告する**

真っ先に**派遣元の会社へ事故の状況を報告します**。必要であれば、休業補償給付などの申請時に証明をします。また、派遣社員の実際の仕事先である派遣先の会社は、管轄の労働基準監督署に「労働者死傷病報告」を遅滞なく提出する必要があります。

**❷管轄の労働基準監督署に提出**

提出後は**「労働者死傷病報告」の写しを派遣元に送付します**。派遣元も、その写しをもとに「労働者死傷病報告」を作成して、管轄の労働基準監督署に提出します（→P.126参照）。

●労災保険の傷病（補償）年金

## 労災保険の傷病（補償）年金はどんなときに支給されますか？

**Q** 勤務中に事故にあい、休業給付を受けながら自宅療養をしている従業員Yさんから「傷病年金を受ける」と連絡がきました。傷病（補償）年金はどんなときに支給されますか？　また、会社が行う手続きなどはありますか？

**A** 一定の条件に当てはまれば、傷病（補償）年金を受けることになります。基本的に会社が関わることはありません。

### 疑問解決のポイント！

**●給付について会社が行う手続きはない**

傷病（補償）年金は、つぎの３つの条件がそろうと支給されます。①業務上または通勤中のケガや病気の**療養を開始したあと、１年６か月が経過している**、②**そのケガや病気が治癒しない**、③**障害の程度が傷病等級に該当する**。

**給付については労働基準監督署が従業員本人に直接連絡します**。会社を介した申請ではありません。

# 業務外で病気・ケガをしたときの対応

- 仕事中・通勤中のケガや病気は労災保険の扱いになるが、業務外のケガや病気は健康保険で扱う
- 健康保険証を提示することで医療費の自己負担割合が軽減されている

## 健康保険証により治療費の負担が軽減されている

業務外や通勤外で病気、ケガなどをしたときは、健康保険を使って治療を受けます。健康保険証を窓口に提示することで、被保険者の治療費の負担割合は軽減され、一部負担のみで済みます。これを健康保険の療養の給付といいます。被扶養者も同様に、治療費の負担割合が軽減されています。これを家族療養費といいます。

処方箋のある薬の購入費なども療養の給付の対象となって、一部負担で済むのニャ

## 業務外での障害や死亡は厚生年金保険で保障する

業務外の病気やケガが原因で一定の障害状態になったり死亡した場合には、厚生年金保険から障害厚生年金、遺族厚生年金が支給されます。

給付申請者は、被保険者である本人または遺族ですが、会社を経由して健康保険組合や年金事務所に提出することが一般的な手続きも多いです。

会社経由の届出ではなくても、届出の際に会社の証明が必要となる書類も多いので注意しましょう

はり・きゅう・整体などの施術では、健康保険の療養の給付を受けられる場合と受けられない場合があります。治療にかかる前に確認が必要です。

## 医療費の自己負担割合

病院にかかったとき窓口で負担する医療費は一般的に３割負担であることが知られていますが、一部の人は自己負担の割合が異なります。

**2割** **3割**

小学校入学前の子ども

70歳以上の人

小学校入学以後～70歳未満の人

70歳以上で現役並み所得者※

※現役並み所得者とは、70歳以上の高齢受給者のうち、標準報酬月額が28万円以上の被保険者とその被扶養者のことをいいます。

## 病気やケガに対する健康保険・厚生年金保険の給付

業務外での病気やケガをした場合は、労災保険ではなく健康保険から給付が受けられます。障害が残った場合や死亡した場合には厚生年金保険の給付があります。

### ▶健康保険のおもな給付

| 状　況 | 給付名 |
|---|---|
| 病院などで健康保険証を提示して一部医療費を負担するとき | 療養の給付 |
| 健康保険証を提示できず、医療費などを全額立て替えたとき | 療養費 |
| 医療費が高額になったとき | 高額療養費 |
| ケガや病気で休業し、賃金が支払われないとき | 傷病手当金 |
| 死亡したとき | 埋葬料（埋葬費） |

### ▶厚生年金保険のおもな給付

| 状　況 | 給付名 |
|---|---|
| 一定の年齢となったとき | 老齢厚生年金 |
| 一定の障害が残ったとき | 障害厚生年金、障害手当金 |
| 死亡したときに一定の遺族に支給される | 遺族厚生年金 |

子どもや障害者などを対象に、医療費の自己負担分を援助する制度を設けている自治体が増えています。この場合健康保険証と一緒に、自治体が発行する医療証を窓口に提示します。

# 健康保険証を提示できなかったとき

- 被保険者や被扶養者が健康保険証を忘れてしまうなどで提示できなかったとき、治療費はいったん全額支払う
- 被保険者や被扶養者が後日治療を受けた病院などに保険証を提示し、自己負担分以外の治療費などの払い戻しを受ける

## 治療費はいったん全額支払い、後日保険証を提示

被保険者や被扶養者が治療などを行うときに、健康保険証を忘れてしまうことがあります。このような場合は、いったん治療費を全額立て替えたうえで、後日、治療などを受けた医療機関や薬局に健康保険証を提示し、その場で自己負担分を除いた治療費などの払い戻しを受けます。

上記の方法ができない、期限に間に合わないという場合は、「健康保険被保険者（家族）療養費支給申請書」を会社の所属する健康保険組合（または協会けんぽ）に提出して、自己負担分を除いた治療費などを返金してもらいます。

支払った医療費は全額払い戻されるわけではないのニャ。自己負担分はもちろん、入院時の食事など健康保険では認められない費用も払い戻しから除外されるニャ

**書式DATA**

健康　年金　労災　雇用

| | |
|---|---|
| 届け先 | 協会けんぽまたは加入する健康保険組合 |
| 期　日 | 治療費を支払った後、２年以内に |
| 必要書類 | 健康保険 被保険者（家族）療養費支給申請書 |
| 添付書類 | 治療時の領収書、負傷原因届など |
| 入手先 | 協会けんぽでは健康保険給付の申請書のページからダウンロード可能、または各健康保険組合で入手 |

後日保険証を提示する方法は、すべての医療機関が対応してくれるわけではありません。また、治療を行った月の末日までに提示するなど、期限が決められていることが多いです。

# 「健康保険 被保険者（家族）療養費 支給申請書（立替払等）」の記入例

1ページ目

**健康保険 被保険者 家族 療養費 支給申請書（立替払等）** 1 2 ページ （立） 被保険者記入用

記入方法および添付書類等については、「健康保険 被保険者 家族 療養費 支給申請書（立替払等）記入の手引き」をご確認ください。
申請書は、黒のボールペン等を使用し、楷書で枠内に丁寧にご記入ください。　記入見本 0 1 2 3 4 5 6 7 8 9 アイウ

| 被保険者情報 | | |
|---|---|---|
| 被保険者証の（左づめ） | 記号 06123456　番号 12 | 生年月日 2（1.昭和 2.平成 3.令和）020312 |
| 氏名・印 | （フリガナ）カワダ マサミ　川田 正美 | 自署の場合は押印を省略できます。 |
| 住所 | 〒3230000　栃木 都道府県 小山市○○1-1-1 | |
| 電話番号（日中の連絡先）※ハイフン除く | TEL 0285000000 | |

| 振込先指定口座 | | |
|---|---|---|
| 金融機関名称 | ○△ 銀行・金庫・信組・農協・漁協・その他（　） | □□ 本店・支店・代理店・出張所・本店営業部・本所・支所 |
| 預金種別 | 1（1.普通 3.別段 2.当座 4.通知） | 口座番号 123456　左づめでご記入ください。 |
| 口座名義 | ▼カタカナ（姓と名の間は1マス空けてご記入ください。濁点（゛）、半濁点（゜）は1字としてご記入ください。）カワダ゛ マサミ | 口座名義の区分 1（1.被保険者 2.代理人） |

記号・番号は、健康保険証に記載されている

家族（被扶養者）が受診した場合でも、従業員である被保険者の氏名などの情報を記入

従業員である被保険者の口座を記入

| 受取代理人の欄 | |
|---|---|
| 被保険者 | 本申請に基づく給付金に関する受領を下記の… 氏名・印 |
| 代理人（口座名義人） | 〒 住所 （フリガナ） 氏名・印 |

※ご注意ください　家族（被扶養者）の方の療養費の立替払等であっても、被…被保険者の氏名、生年月日、住所などの情報をご記入く…

被保険者のマイナンバー記載欄
被保険者証の記号番号がご不明の場合にご記入ください。
記入した場合は、本人確認書類及び貼付台紙の添付が必要となります。（詳細は「記入の手引き」をご覧ください。）

社会保険労務士の提出代行者名記載欄

様式番号 661164

全国健康…

2ページ目

**健康保険 被保険者 家族 療養費 支給申請書（立替払等）** 1 2 ページ　被保険者記入用

被保険者氏名

| 申請内容 | | |
|---|---|---|
| ① 受診者 | 1（1.被保険者 2.家族（被扶養者）） | |
| ①-① 家族の場合はその方の | 氏名 | 生年月日（1.昭和 2.平成 3.令和）年 月 日 |
| ② 傷病名 | 左手首ねんざ | ③ 発病または負傷年月日 2（1.平成 2.令和）030501 |
| ④ 発病の原因および経過（詳しく） | 2　1.病気（原因および経過）　2.ケガ ➡ 負傷原因届を併せてご提出ください。 | |
| ⑤ 診療を受けた医療機関等の | 名称 ○○医院　所在地 栃木県小山市○○1-2-3　診療した医師等の氏名 ○○○○ | 名称　所在地　診療した医師等の氏名 |
| ⑥ 診療を受けた期間 | 2（1.平成 2.令和）030501 から　2（1.平成 2.令和）030506 まで | 日数 2 日 |
| ⑥-① 上記の期間に入院していた場合は、その期間 | （1.平成 2.令和）年 月 日から　（1.平成 2.令和）年 月 日まで | 日数 日 |
| ⑦ 療養に要した費用の額 | 8300 円 | |
| ⑧ 診療の内容 | 診察し、しっぷ薬を処方された。 | |
| ⑨ 療養費の支給申請の理由 | 1　1.入社して間もなく、被保険者証が届いていなかったため　2.緊急やむを得ず受診し、被保険者証を持っていなかったため　3.誤って他の保険者の被保険者証を使用したため　9.その他（理由） | |

様式番号 661263

全国健康保険協会 協会けんぽ　（2/2）

ケガの場合は2を選択し、「負傷原因届」を添付する

自費で受診した期間の始めと終わりの日を記入。日数は、受診した日の数を記入

領収書に記載されている金額を記入

# 業務外の病気などで会社を休んだとき

- 業務外の病気などで会社を休んだ場合、休業４日目から傷病手当金（しょうびょうてあてきん）が支給される
- 休業してから３日間は待期期間※といい、傷病手当金は支給されない

## 休業４日目から支給される傷病手当金

健康保険の被保険者が、業務外の病気やケガのために働くことができず、十分な賃金が支払われないときに休業４日目から支給されるのが傷病手当金です。

傷病手当金を受給するにはつぎの条件を満たす必要があります。①業務外のケガや病気の療養のため働けないこと。労災保険の給付対象である通勤災害・業務災害や、美容整形など病気と見なされないものは支給対象外です。②連続する３日間を含めて４日以上仕事を休んでいること。連続して２日間会社を休み、３日目に仕事をした場合には「待期３日間」が成立しません。③休業期間中に給与の支払いがないこと。ただし、給与の支払いが傷病手当金の額より少ない場合は、その差額が支給されます。

**書式DATA**

健康 年金 労災 雇用

| | |
|---|---|
| 届け先 | 協会けんぽまたは健康保険組合 |
| 期　日 | 休業から復帰したあと<br>または長期間休業する場合、１か月ごとに請求する |
| 必要書類 | 健康保険 傷病手当金支給申請書 |
| 添付書類 | 症状やケガなどの原因に応じて：負傷原因届、第三者の行為による傷病届など |
| 入手先 | 協会けんぽでは健康保険給付の申請書のページからダウンロード可能、または各健康保険組合で入手 |

※待期期間には、有給休暇や土日祝日などの公休日も含まれます。給与の支払いがあったかどうかは関係ありません。また、連続して会社を休んだ期間が３日間なければ成立しません。

## 傷病手当金の受給要件・支給額・支給期間

**従業員が業務外でケガや病気にかかり療養している場合、給料の補填を目的として傷病手当金が支給されます。**

### ●傷病手当金を受けられる人の要件

1 業務外のケガや病気の療養で働けない（医師の証明が必要）
2 連続する３日間（待期期間）を含めて４日以上仕事を休んでいる
3 休業中に賃金の支払いがない、または支払額が傷病手当金より少ない

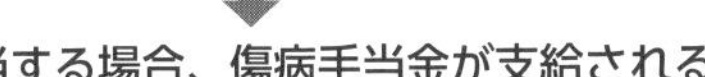

**すべて該当する場合、傷病手当金が支給される**

### ●傷病手当金の支給額

おおむね月給の3分の2といわれることが多いですが、詳しい計算方法は以下の通りです。

**傷病手当金の支給額 ＝（直近12か月間の各月の標準報酬月額の平均額）÷ 30（日）× $\frac{2}{3}$ × 休業日数（３日間の待期期間を除く）**

### ●傷病手当金が支給される期間

最長で１年６か月です。休業期間の途中に出勤して、給与の支払いがあった期間も１年６か月に含まれます。ただし、この出勤期間には傷病手当金は支給されません。

（2021年６月時点）

支給開始日 ←―― １年６か月 ――→

| | | | | |
|---|---|---|---|---|
| | 支　給 | | 支　給 | 不支給 |
| 待期期間 | 欠　勤 | 出　勤 | 欠　勤 | 欠　勤 |

出勤して給与の支払いがあった期間も１年６か月に含まれる

※2022年1月から、出勤に伴い傷病手当金を支給しない期間がある場合、その分の期間を延長して受給できるよう期間の通算が認められる予定。

## 傷病手当金の金額が調整されるケース

**傷病手当の受給中に給料が支払われた場合、傷病手当金は支給されません。ただし、給料の日額が傷病手当金の日額よりも少ない場合は、差額分が支給されます。**

傷病手当受給中に

| | |
|---|---|
| 給料が支払われた場合 | 給料の日額が傷病手当金の日額よりも少ない場合 |
| ↓ | ↓ |
| 傷病手当金は支給されない | 傷病手当金から差額分が支給される |

**「給料＋傷病手当金＝本来の傷病手当金」の金額になるように調整される！**

傷病手当金は自動的に受給できるわけではなく、従業員自身で手続きをする必要があります。傷病手当金支給申請書は合計４枚ありますが、そのうち２枚は従業員の記入が必要です。

# 「健康保険 傷病手当金 支給申請書」の記入例

1ページ目

被保険者が亡くなり相続人が申請する場合は、申請人の氏名・住所・振込口座を記入。生年月日の欄だけは、被保険者の生年月日を記入

## 健康保険 傷病手当金 支給申請書(第1回) 被保険者記入用 傷

記入方法および添付書類等については、「健康保険 傷病手当金 支給申請書 記入の手引き」をご確認ください。
申請書は、黒のボールペン等を使用し、楷書で枠内に丁寧にご記入ください。 記入見本 0123456789アイウ

※1 記号・番号は、健康保険証に記載されている

**被保険者情報**

| | |
|---|---|
| 被保険者証の(左づめ) | 記号 80123456 / 番号 10 |
| 生年月日 | 1（1.昭和 2.平成 3.令和） 57年12月29日 |
| 氏名・印 | (フリガナ) ヤマシタ モモコ / 山下 桃子 印 自署の場合は押印を省略できます。 |
| 住所 | 〒1820000 東京 都道府県 調布市○○1-2-3 |
| 電話番号(日中の連絡先)※ハイフン除く | TEL 09000000000 |

従業員である被保険者の口座を記入(被保険者が亡くなり、相続人が申請する場合は、申請人の振込口座を記入)

**振込先指定口座**

| | |
|---|---|
| 金融機関名称 | ○○ 銀行・金庫・信組・農協・漁協・その他( ) 調布 本店・支店・代理店・出張所・本店営業部・本所・支所 |
| 預金種別 | 1（1. 普通 3. 別段 2. 当座 4. 通知） |
| 口座番号 | 0000000 左づめでご記入ください。 |
| 口座名義 | ▼カタカナ(姓と名の間は1マス空けてご記入ください。濁点(゛)、半濁点(゜)は1字としてご記入ください。) ヤマシタ モモコ |
| 口座名義の区分 | 1（1. 被保険者 2. 代理人） |

「2」の場合は必ず記入・押印ください。(押印省略不可)

被保険者が給付金の受領を受取代理人に委任する場合のみ記入

**受取代理人の欄**

| | |
|---|---|
| 被保険者 | 本申請に基づく給付金に関する受領を下記の代理人に委任します。 1.平成 2.令和 年 月 日 氏名・印 印 住所 「被保険者情報」の住所と同じ |
| 代理人(口座名義人) | 〒 TEL(ハイフン除く) 住所 (フリガナ) 氏名・印 印 |
| 被保険者との関係 | |

「被保険者記入用」は2ページに続きます。

被保険者のマイナンバー記載欄
被保険者証の記号番号がご不明の場合にご記入ください。
記入した場合は、本人確認書類及び貼付台紙の添付が必要となります。
(詳細は「記入の手引き」をご覧ください。)

(2020.9)
受付日付印

社会保険労務士の提出代行者名記載欄 印

様式番号 601160

協会使用欄 1

全国健康保険協会 協会けんぽ

(1/4)

被保険者の記号・番号が不明の場合のみ、マイナンバーを記入
※1に記号・番号を記入している場合は記入不要

2ページ目

傷病名とその傷病の初診日を記入。複数の傷病名がある場合は、1)から順次記入する

医師の証明期間にあわせて記入。欠勤の初日となる待期期間の開始日から記入すること

**健康保険 傷病手当金 支給申請書**

1 2 3 4

被保険者記入用

| 被保険者氏名 | 山下 桃子 |
|---|---|

**申請内容**

| | | | |
|---|---|---|---|
| 1 傷病名<br>1つの記入欄に複数の傷病名を記入しないでください。 | 1) 右脚骨折<br>2)<br>3) | 2 初診日 | 2（1.平成 2.令和） 03年 02月 21日<br>（1.平成 2.令和） 年 月 日<br>（1.平成 2.令和） 年 月 日 |
| 3 該当の傷病は病気(疾病)ですか、ケガ(負傷)ですか。 | 2　1. 病気（発病時の状況）<br>2. ケガ ➡ 負傷原因届を併せてご提出ください。 | | |
| 4 療養のため休んだ期間(申請期間) | 2（1.平成 2.令和） 03年 02月 21日から<br>2（1.平成 2.令和） 03年 03月 12日まで | 日数 | 23日間 |
| 5 あなたの仕事の内容(具体的に)<br>(退職後の申請の場合は退職前の仕事の内容) | 外回りの営業 | | |

**確認事項**

| | |
|---|---|
| 1 上記の療養のため休んだ期間(申請期間)に報酬を受けましたか。または今後受けられますか。 | 2　1. はい 2. いいえ |
| 1-① 「はい」と答えた場合、その報酬の額と、その報酬支払の対象となった(なる)期間をご記入ください。 | （1.平成 2.令和） 年 月 日 から<br>（1.平成 2.令和） 年 月 日 まで<br>報酬額 円 |
| 2 「障害厚生年金」または「障害手当金」を受給していますか。受給している場合、どちらを受給していますか。 | 3　1. はい 2. 請求中 3. いいえ → 1. 障害厚生年金 2. 障害手当金<br>「はい」の場合 ➡ |
| 2-① 「はい」または「請求中」と答えた場合、受給の要因となった(なる)傷病名及び基礎年金番号等をご記入ください。<br>(「請求中」と答えた場合は、傷病名・基礎年金番号のみをご記入ください。) | 傷病名<br>基礎年金番号　年金コード<br>支給開始年月日（1.昭和 2.平成 3.令和） 年 月 日　年金額 円 |
| 3 (健康保険の資格を喪失した方はご記入ください。)老齢または退職を事由とする公的年金を受給していますか。 | 3　1. はい 2. 請求中 3. いいえ<br>「はい」の場合 ➡ |
| 3-① 「はい」または「請求中」と答えた場合、基礎年金番号等をご記入ください。<br>(「請求中」と答えた場合は、基礎年金番号のみをご記入ください。) | 基礎年金番号　年金コード<br>支給開始年月日（1.昭和 2.平成 3.令和） 年 月 日　年金額 円 |
| 4 労災保険から休業補償給付を受けていますか。(又は、過去に受けたことがありますか。) | 3　1. はい 2. 労災請求中 3. いいえ<br>「はい」の場合 ➡ |
| 4-① 「はい」または「労災請求中」と答えた場合、支給元(請求先)の労働基準監督署をご記入ください。 | 労働基準監督署 |

『健康保険傷病手当金支給申請書記入の手引き』に記載の「添付書類をご用意ください。」および「支給期間と支給額3」をご確認ください。

様式番号

601269

「事業主記入用」は3ページに続きます。

全国健康保険協会
協会けんぽ

2 / 4

⚠同じ病気やケガで労災保険から休業補償給付を受けているか、受けていた場合、給付金は不支給または調整される

具体的な職務内容を記入すること。例として、「事務員」などではなく「経理担当事務」「自動車組立」「プログラマー」など具体的に記入する

# 「健康保険 傷病手当金 支給申請書」の記入例

3ページ目

該当する給与の種類にチェック

勤務できなかった期間を含む賃金計算期間（賃金計算の締日の翌日から締日の期間）の勤務状況について、出勤：○、有給：△、公休日：公、欠勤：／で表示する

賃金計算の締日、支払日を記入

## 健康保険 傷病手当金 支給申請書

1 2 3 4　事業主記入用

労務に服することができなかった期間を含む賃金計算期間の勤務状況および賃金支払状況等をご記入ください。

事業主が証明するところ

被保険者氏名　山下　桃子

勤務状況　【出勤は○】で、【有給休暇は△】で、【公休は公】で、【欠勤は／】でそれぞれ表示してください。

| 1.平成 2.令和 | 年 | 月 | 日 | 出勤 | 有給 |
|---|---|---|---|---|---|
| 2 | 03 | 02 | 1〜15 / ⑯⑰⑱⑲ 20〜31（20〜28に／） | 計 4日 | 0日 |
| 2 | 03 | 03 | 1〜14に／、⑮ / 16〜31 | 計 1日 | 0日 |
|  |  |  |  | 計 日 | 日 |

上記の期間に対して、賃金を支給しました（します）か？　☑はい　□いいえ

給与の種類　☑月給　□時間給　□日給　□歩合給　□日給月給　□その他

賃金計算　締日 15日　支払日 1（1.当月 2.翌月） 25日

上記の期間を含む賃金計算期間の賃金支給状況をご記入ください。

| 区分＼期間 | 単価 | 02月16日〜03月15日分 支給額 | 月 日〜 月 日分 支給額 | 月 日〜 月 日分 支給額 |
|---|---|---|---|---|
| 基本給 | 300000 | 75000 |  |  |
| 通勤手当 | 120000 |  |  |  |
| 家族手当 | 20000 | 20000 |  |  |
| 手当 |  |  |  |  |
| 手当 |  |  |  |  |
| 手当 |  |  |  |  |
| 現物給与 |  |  |  |  |
| 計 | 440000 | 95000 |  |  |

支給した（する）賃金内訳

賃金計算方法（欠勤控除計算方法等）についてご記入ください。
基本給＝300,000円÷20日×出勤日数（欠勤3日を超える場合）
通勤手当＝欠勤控除なし（6か月定期代1月〜6月分を12月25日に支給）
家族手当＝欠勤控除なし

担当者氏名

上記のとおり相違ないことを証明します。　2（1.平成 2.令和） 03年04月11日

事業所所在地　渋谷区代々木○-○

事業所名称　（株）もみじ

事業主氏名　代表取締役　もみじ花子　印

電話番号（※ハイフン除く）　0300000000

様式番号　601368

「療養担当者記入用」は4ページに続きます。

全国健康保険協会　協会けんぽ

3/4

賃金支給状況がわかるように、賃金計算方法や欠勤控除計算方法などを記入

療養のため勤務できなかった期間を含む賃金計算期間（賃金計算の締日の翌日から締日の期間）の賃金支給状況について記入

4ページ目

⚠ 療養のため勤務できなかった期間（治療期間ではない）とその日数を記入。また、証明日以前の期間を記入すること

傷病名とその傷病の初診日を記入
複数の傷病名がある場合は、(1)から順次記入する

# 健康保険 傷病手当金 支給申請書

1 2 3 **4**

療養担当者記入用

療養担当者が意見を記入するところ

| 患者氏名 | 山下　桃子 | | |
|---|---|---|---|
| 傷病名 | (1) 右脚骨折 | 初診日（療養の給付開始年月日） | (1) 2（1.平成 2.令和） 03年02月21日 |
| | (2) | | (2) 1.平成 2.令和 |
| | (3) | | (3) 1.平成 2.令和 |

| 発病または負傷の年月日 | 2（1.平成 2.令和） 03年02月21日 | □発病 □負傷 | 発病または負傷の原因 | ○○○○ |
|---|---|---|---|---|
| 労務不能と認めた期間 | 2（1.平成 2.令和） 03年02月21日 から<br>2（1.平成 2.令和） 03年03月12日 まで | 23日間 | | |
| うち入院期間 | 1.平成 2.令和　年　月　日 から<br>1.平成 2.令和　年　月　日 まで | 日間入院 | | |

| 療養費用の別 | ☑健保 □公費（　　） □自費 □その他 |
|---|---|
| 転帰 | ☑治癒 □中止 □継続 □転医 |

| 診療実日数（入院期間を含む） | 6日 |
|---|---|

診療日及び入院していた日を○で囲んでください。

| 月 | 日 |
|---|---|
| 2月 | 1 2 3 4 5 6 7 8 9 10 11 12 13 14 15 16 17 18 19 20 (21) 22 (23) 24 25 (26) 27 28 29 30 31 |
| 3月 | (1) 2 3 4 (5) 6 7 8 (9) 10 11 12 13 14 15 16 17 18 19 20 21 22 23 24 25 26 27 28 29 30 31 |
| 月 | 1 2 3 4 5 6 7 8 9 10 11 12 13 14 15 16 17 18 19 20 21 22 23 24 25 26 27 28 29 30 31 |

上記の期間中における「主たる症状および経過」「治療内容、検査結果、療養指導」等（詳しく）

ギプス装着固定。固定するまでは安静とし、固定後はリハビリが必要。

| 手術年月日 | 1.平成 2.令和　年　月　日 |
|---|---|
| 退院年月日 | 1.平成 2.令和　年　月　日 |

症状経過からみて従来の職種について労務不能と認められた医学的な所見

骨折部位が固定するまでは安静が必要で、固定後もリハビリが必要なため労務不能と判断した。

| 人工透析を実施または人工臓器を装着したとき | 人工透析の実施または人工臓器を装着した日　1.昭和 2.平成 3.令和　年　月　日 | 人工臓器等の種類 | □人工肛門 □人工関節 □人工骨頭 □心臓ペースメーカー □人工透析 □その他（　　） |
|---|---|---|---|

上記のとおり相違ありません。　2（1.平成 2.令和） 03年03月25日

医療機関の所在地　世田谷区○○1-1-1
医療機関の名称　○○医院
医師の氏名　田中太郎　印
電話番号（※ハイフン除く）　0300000000

様式番号
601467

全国健康保険協会
協会けんぽ

4 / 4

症状や経過、労務不能と認められた医学的な所見を詳しく記入

Q&A

●健康保険の海外療養費制度

# 海外でケガや病気をしたとき、健康保険は使えますか？

**Q** プライベートで海外旅行中の従業員Mさんが病気になり、現地で治療を受けました。Mさんは当社で健康保険に加入していますが、この場合健康保険は使えるのでしょうか？

**A** 日本での治療内容や治療費を基準とした、健康保険の海外療養費制度を利用することができます。

## 疑問解決のポイント！

### ❶海外での医療費の一部を負担してもらえる

**海外療養費制度は、現地でかかった医療費の一部について、払い戻しを受けることのできる制度**です。健康保険の被保険者と被扶養者が、海外で業務外のケガや病気をして現地の医療機関で治療などを受けた場合、この制度を利用することができます。

### ❷被保険者などが直接申請する

治療などを受けた**被保険者や被扶養者が、協会けんぽまたは健康保険組合に直接海外療養費を申請します**。

### ❸対象外となる治療もある

海外療養費の対象となるのは、日本国内でも健康保険の対象となる治療です。給付額は、日本で同じ傷病を治療した場合にかかる治療費を基準にしています。
日本と海外では、医療体制や治療内容が大きく異なります。したがって、**海外で支払った治療費が全額給付の対象とはならないことがあります**。

**［ 海外療養費制度のしくみ ］**

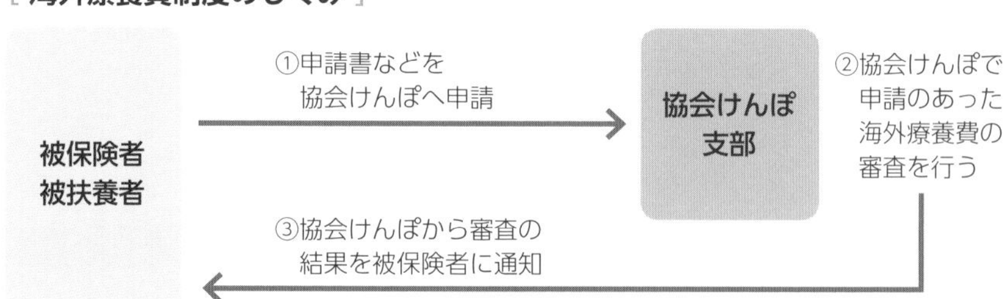
被保険者
被扶養者
①申請書などを
協会けんぽへ申請
協会けんぽ
支部
②協会けんぽで
申請のあった
海外療養費の
審査を行う
③協会けんぽから審査の
結果を被保険者に通知

## 海外療養費が適用される給付の範囲

●つぎのいずれにも当てはまる場合、海外療養費の給付の範囲とみなされます。

(1) 海外渡航中にケガや病気をした。
(2) 日本国内でも保険の対象と認められている医療行為を行う。

日本で保険診療とは認められない治療を受けた場合や、治療目的で海外へ渡航した場合は対象外となります

## 海外療養費の支給金額

支給額は、日本国内の医療機関で同じ傷病を治療した場合にかかる治療費を基準に計算します。自己負担額が３割の場合、７割が払い戻されます。

**パターン１　国内の保険診療とは認められない治療が含まれる場合**

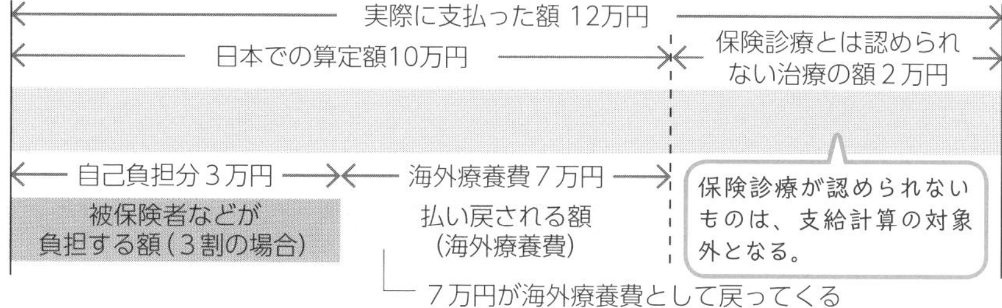


**パターン２　日本で治療した場合より治療額が上回る場合**

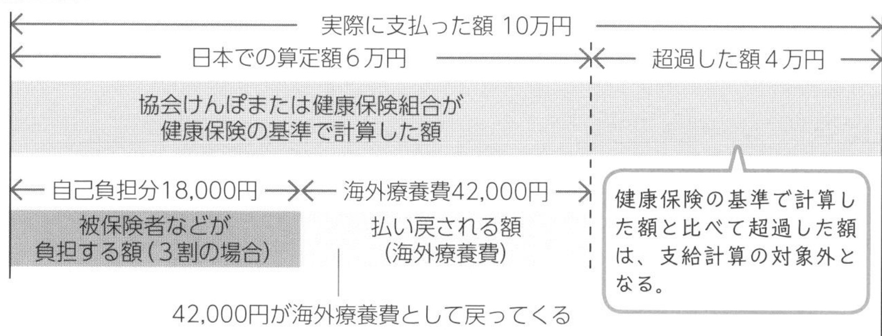

日本で治療をした場合より治療額が下回る場合も、実際に支払った額から被保険者などの負担額を差し引いた額が払い戻されます

# 業務外のケガや病気で1か月の治療費が高額になったとき

- 1か月の治療費には支払いの限度額がある
- 治療費の自己負担限度額を超えた分が払い戻される制度がある

## 1か月の自己負担額を超えた分が払い戻される制度がある

被保険者や被扶養者が業務外のケガや病気により長期入院をした場合などは、治療費が高額になることがあります。1か月の治療費が自己負担限度額を超えると、超えた分が払い戻される高額療養費制度が設けられています。

長期入院する予定があるなど、高額な治療費がかかることがわかる場合は、事前に協会けんぽや健康保険組合に限度額適用認定証を申請します。これを限度額適用認定申請といいます。交付された限度額適用認定証を医療機関に提示すれば、窓口では1か月の自己負担限度額までの支払いで済みます。

**書式DATA**

| | |
|---|---|
| 届け先 | 協会けんぽまたは健康保険組合 |
| 期日 | 通常申請の場合：1か月の治療費が高額になったとき<br>事前申請の場合：入院前など、1か月の治療費が高額になりそうなとき |
| 必要書類 | 通常申請の場合：健康保険 被保険者（被扶養者・世帯合算）高額療養費支給申請書<br>事前申請の場合：健康保険 限度額適用認定申請書 |
| 添付書類 | 通常申請の場合：領収書<br>事前申請の場合：なし |
| 入手先 | 協会けんぽでは健康保険給付の申請書のページからダウンロード可能、または各健康保険組合で入手 |

高額療養費の対象は、保険診療の金額のみです。そのため、差額ベッド代や自分で希望した個室代などは含まれません。入院中の自己負担による食事も対象外です。

## 1か月の自己負担限度額の計算方法

自己負担限度額は年齢と所得に応じて区分され、70歳未満と70歳以上75歳未満とでは上限が異なります。また、高額療養費の支給を受けた月が年に４回以上ある場合は、自己負担限度額がさらに軽減されます。

### ▶70歳未満の被保険者または被扶養者の自己負担上限額

| 所得区分 | 計算式 | 年4回以上の場合 |
|---|---|---|
| ①標準報酬月額83万円以上 | 252,600円＋<br>(総医療費－842,000円)×１% | 140,100円 |
| ②標準報酬月額53万～79万円 | 167,400円＋<br>(総医療費－558,000円)×１% | 93,000円 |
| ③標準報酬月額28万～50万円 | 80,100円＋<br>(総医療費－267,000円)×１% | 44,400円 |
| ④標準報酬月額26万円以下 | 57,600円 | 44,400円 |
| ⑤低所得者：被保険者が市区町村税の非課税者など | 35,400円 | 24,600円 |

※標準報酬月額については、「報酬と標準報酬月額を確認する」(→P.260)にて詳しく解説しています。

### ▶70歳以上75歳未満の被保険者または被扶養者の自己負担上限額

| 70歳以上75歳未満 | | 外来<br>(個人単位) | 外来＋入院<br>(世帯単位) | 年４回以上の場合 |
|---|---|---|---|---|
| ⑥現役並み所得者<br>(標準報酬月額28万円以上) | | 「70歳未満の被保険者または被扶養者の自己負担上限額」①②③と同じ扱い | | |
| ⑦一般所得者 | | 18,000円<br>(年間上限<br>144,000円) | 57,600円 | 44,400円 |
| ⑧低所得者 | 被保険者が市区町村税の非課税者 | 8,000円 | 24,600円 | |
| | 収入から経費・控除額を除いたあとの収入がない世帯 | | 15,000円 | |

１か月とは、月の１日～末日のことです。たとえば10 月31日と11月１日に治療費を払ったような場合は、それぞれの月で自己負担限度額を計算することになり、合算はできません。

通常申請用

# 「健康保険 被保険者（被扶養者・世帯合算）高額療養費 支給申請書」の記入例

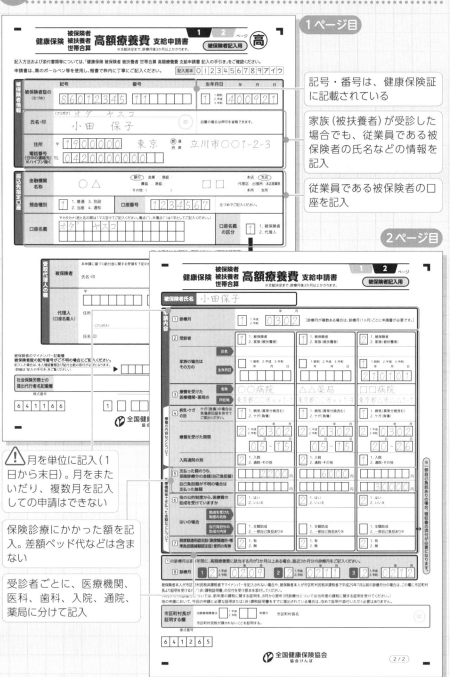

1ページ目

健康保険 被保険者 被扶養者 世帯合算 高額療養費 支給申請書
1 2 ページ
※支給決定まで、診療月後3か月以上かかります。
被保険者記入用 高

記入方法および添付書類等については、「健康保険 被保険者 被扶養者 世帯合算 高額療養費 支給申請書 記入の手引き」をご確認ください。
申請書は、黒のボールペン等を使用し、楷書で枠内に丁寧にご記入ください。 記入見本 0 1 2 3 4 5 6 7 8 9 アイウ

被保険者情報

| | |
|---|---|
| 被保険者証の（左づめ） | 記号 86012345 番号 11 |
| 生年月日 | 1（1.昭和 2.平成 3.令和） 400921 年 月 日 |
| 氏名・印 | （フリガナ）オダ ヤスコ<br>小田 保子 印<br>自署の場合は押印を省略できます。 |
| 住所 | 〒1900000 東京 都道府県 立川市〇〇1-2-3 |
| 電話番号（日中の連絡先）※ハイフン除く | TEL 0420000000 |

振込先指定口座

| | |
|---|---|
| 金融機関名称 | 〇△ 銀行・金庫・信組・農協・漁協・その他（ ） |
| | □□ 本店・支店・代理店・出張所・本店営業部・本所・支所 |
| 預金種別 | 1（1. 普通 3. 別段 2. 当座 4. 通知） |
| 口座番号 | 1234567 左づめでご記入ください。 |
| 口座名義 | ▼カタカナ（姓と名の間は1マス空けてご記入ください。濁点（゛）、半濁点（゜）は1字としてご記入ください。）<br>オダ゛ ヤスコ |
| 口座名義の区分 | 1（1. 被保険者 2. 代理人） |

受取代理人の欄
被保険者 本申請に基づく給付金に関する受領を下記の… 氏名・印
代理人（口座名義人） 〒 住所 （フリガナ） 氏名 印

被保険者のマイナンバー記載欄
被保険者証の記号番号が不明の場合にご記入ください。
記入した場合は、本人確認書類等の添付が必要となります。
（詳細は「記入の手引き」をご覧ください。）

社会保険労務士の提出代行者名記載欄

様式番号 641166

全国健康…

記号・番号は、健康保険証に記載されている

家族（被扶養者）が受診した場合でも、従業員である被保険者の氏名などの情報を記入

従業員である被保険者の口座を記入

2ページ目

健康保険 被保険者 被扶養者 世帯合算 高額療養費 支給申請書
1 2 ページ
※支給決定まで、診療月後3か月以上かかります。
被保険者記入用

被保険者氏名 小田保子

申請内容

| | | | |
|---|---|---|---|
| ① 診療月 | 1（1.平成 2.令和） 0302 年 月 | [診療月が複数ある場合は、診療月（1ヵ月）ごとに申請書が必要です。] | |
| ② 受診者 | 1（1. 被保険者 2. 家族（被扶養者）） | 1（1. 被保険者 2. 家族（被扶養者）） | 2（1. 被保険者 2. 家族（被扶養者）） |
| 家族の場合はその方の 氏名 | | | |
| 家族の場合はその方の 生年月日 | （1.昭和 2.平成 3.令和） 年 月 日 | （1.昭和 2.平成 3.令和） 年 月 日 | 1（1.昭和 2.平成 3.令和） 210101 年 月 日 |
| ③ 療養を受けた医療機関・薬局の 名称 | 〇〇病院 | △△薬局 | □□病院 |
| ③ 療養を受けた医療機関・薬局の 所在地 | 東京都〇〇市××1-1 | 東京都〇〇市××1-3 | 東京都△市△△1-1 |
| ④ 病気・ケガの別 ケガ（負傷）の場合は負傷原因届を併せてご提出ください。 | 1（1. 病気（異常分娩含む） 2. ケガ（負傷）） | 1（1. 病気（異常分娩含む） 2. ケガ（負傷）） | 1（1. 病気（異常分娩含む） 2. ケガ（負傷）） |
| 療養を受けた期間 | 2（1.平成 2.令和） 0302 年 月<br>05～15 日 | 2（1.平成 2.令和） 0302 年 月<br>05～15 日 | 2（1.平成 2.令和） 0302 年 月<br>20～26 日 |
| 入院通院の別 | 2（1. 入院 2. 通院・その他） | 2（1. 入院 2. 通院・その他） | 1（1. 入院 2. 通院・その他） |
| ⑤ 支払った額のうち、保険診療分の金額（自己負担額） | 2200 円 | 6000 円 | 円 |
| 自己負担額が不明の場合は支払った総額 | 円 | 円 | 30000 円 |
| ⑥ 他の公的制度から、医療費の助成を受けていますか | 2（1. はい 2. いいえ） | 2（1. はい 2. いいえ） | 2（1. はい 2. いいえ） |
| はいの場合 助成を受けた制度の名称 | | | |
| はいの場合 自己負担分の助成の内容 | （1. 全額助成 2. 一部自己負担あり※） | （1. 全額助成 2. 一部自己負担あり※） | （1. 全額助成 2. 一部自己負担あり※） |
| ⑦ 限度額適用認定証（限度額適用・標準負担額減額認定証）使用の有無 | 2（1. 有 2. 無） | 2（1. 有 2. 無） | 2（1. 有 2. 無） |

※一部自己負担ありの場合、領収書の添付が必要になります。

①の診療月以前1年間に、高額療養費に該当する月が3か月以上ある場合、直近3か月分の診療月をご記入ください。
⑧ 診療月 1 2（1.平成 2.令和）0209 年 月 2 2（1.平成 2.令和）0211 年 月 3 2（1.平成 2.令和）0212 年 月

被保険者本人が市区町村民税非課税者でマイナンバーを記入されない場合や、被保険者本人が市区町村民税非課税者で平成29年7月以前の診療月分の場合は、この欄に市区町村長より証明を受けるか、「（非）課税証明書」の交付を受け原本を添付してください。
（4月から7月診療分）については、前年度の課税に関する証明を、8月から翌年3月診療分については当年度の課税に関する証明を受けてください。）
他の申請において、今回の申請に必要な証明または（非）課税証明書をすでに提出されている場合は、改めて証明や添付いただく必要はありません。

市区町村長が証明する欄 当該被保険者は （1.平成 2.令和） 年度の 市区町村民税が課されないことを証明する。 市区町村長名 印

様式番号 641265

全国健康保険協会 協会けんぽ

2/2

⚠月を単位に記入（1日から末日）。月をまたいだり、複数月を記入しての申請はできない

保険診療にかかった額を記入。差額ベッド代などは含まない

受診者ごとに、医療機関、医科、歯科、入院、通院、薬局に分けて記入

事前申請用

# 「健康保険 限度額適用認定 申請書」の記入例

※1 記号・番号は、健康保険証に記載されている

自己負担の限度額を超えそうな療養予定期間を記入。最長1年間

## 健康保険 限度額適用認定 申請書

被保険者記入用 限

記入方法等については、「健康保険 限度額適用認定 申請書 記入の手引き」をご確認ください。
申請書は、黒のボールペン等を使用し、楷書で枠内に丁寧にご記入ください。 記入見本 0 1 2 3 4 5 6 7 8 9 ア イ ウ

**被保険者情報**

| | | |
|---|---|---|
| 被保険者証の（左づめ） | 記号 86012345 番号 88 | 生年月日 □昭和 ☑平成 □令和 10 06 01 |
| 氏名・印 | (フリガナ) スズキ カズオ 鈴木 和夫 印 | 自署の場合は押印を省略できます。 |
| 住所 | (〒105-0000) 東京 都道府県 港区○○1-1△□ マンション501 | |
| 電話番号（日中の連絡先） | TEL 03（0000）0000 | |

**認定対象者欄**

| | | |
|---|---|---|
| 療養を受ける方（被保険者の場合は記入の必要がありません。） | 氏名 鈴木 幸子 | 生年月日 □昭和 ☑平成 □令和 10年 8月 15日 |
| 療養予定期間（申請期間） | 令和 3年 6月 ～ 令和 4年 5月 | 申請月の初日から最長で1年間となります。 |

**送付希望先**

上記被保険者情報に記入した住所と別のところに送付を希望する場合にご記入ください。

| | |
|---|---|
| 住所 | （〒 － ） 都道府県 |
| 電話番号（日中の連絡先） | TEL （ ） |
| 宛名 | |

**申請代行者欄**

被保険者以外の方が申請する場合にご記入ください。

| | | | |
|---|---|---|---|
| 氏名・印 | 印 | 被保険者との関係 | |
| 電話番号（日中の連絡先） | TEL （ ） | 申請代行の理由 | □被保険者本人が入院中で外出できないため。 □その他（ ） |

※限度額適用認定証の送付先または、申請書を返戻する場合の送付先は、被保険者住所または送付を希望する住所となりますので十分ご注意ください。
※申請書受付月より前の月の限度額適用認定証の交付はできません。日程に余裕を持ってご提出ください。

被保険者のマイナンバー記載欄
**被保険者証の記号番号がご不明の場合にご記入ください。**
記入した場合は、本人確認書類及び貼付台紙の添付が必要となります。
（詳細は「記入の手引き」をご覧ください。）▶

(2020.9)
受付日付印

社会保険労務士の提出代行者名記載欄 印

様式番号 230117

協会使用欄 1

全国健康保険協会 協会けんぽ

1/1

自宅以外で受け取りたい場合などは、送付先を記入

⚠被保険者の記号・番号が不明の場合のみ、マイナンバーを記入
※1に記号・番号を記入している場合は記入不要

# 従業員および扶養家族の埋葬を行うとき

- 埋葬料は、死亡時に遺族に対して支給される
- 埋葬料を受給する遺族がいない場合、実際に葬儀を行った人に埋葬費が支給される

## 埋葬料は死亡した従業員の遺族に支給される

業務外のケガや病気が原因で健康保険の被保険者（従業員）が亡くなったとき、その被保険者によって生計を維持されている※遺族がいる場合、葬儀費用としてその遺族に埋葬料が支給されます。

埋葬料を受給する遺族がいない場合には、実際に葬儀を行った人に埋葬費が支給されます。また、被扶養者が亡くなったときは、被保険者に対して家族埋葬料が支給されます。

> 埋葬料と家族埋葬料は一律5万円、埋葬費は5万円を上限とした埋葬費用の実費です。埋葬料と埋葬費は名称が似ていますが、受け取る人が異なることに注意しましょう

**書式DATA**

健康 年金 労災 雇用

| | |
|---|---|
| 届け先 | 協会けんぽまたは健康保険組合 |
| 期日 | 死亡後すみやかに |
| 提出者 | 被保険者が死亡した場合：被保険者によって生計を維持されている遺族、また実際に葬儀を行った人<br>被扶養者が死亡した場合：被保険者 |
| 必要書類 | 健康保険 被保険者（家族）埋葬料（費）支給申請書 |
| 添付書類 | 被保険者や被扶養者の場合：死亡を証明できる書類（死亡診断書など）<br>被扶養者ではない遺族の場合：生計を維持されていることが確認できる書類（住民票の写しなど）<br>実際に葬儀を行った人の場合：葬儀にかかった費用の明細書と領収書 |
| 入手先 | 協会けんぽでは健康保険給付の申請書のページからダウンロード可能、または各健康保険組合で入手 |

「被保険者によって生計を維持されている」とは、生計の一部でも維持されていることをいいます。生計を維持されている遺族は被扶養者でなくてもよく、共働きの配偶者なども含まれます。

# 「健康保険 被保険者(家族) 埋葬料(費)支給申請書」の記入例

2ページ目

被扶養者が亡くなった場合はここに記入

被保険者が亡くなった場合はここに記入

1 **2** ページ

**健康保険 被保険者/家族 埋葬料(費)支給申請書**

被保険者・事業主記入用

被保険者氏名

**申請内容**

| 死亡年月日 | 死亡原因 | 第三者の行為によるものですか |
|---|---|---|
| 死亡した方の 2 (1.平成 2.令和) 03年05月28日 | 急性心不全 | □はい ☑いいえ 「はい」の場合は「第三者行為による傷病届」を提出してください。 |

●家族(被扶養者)が死亡したための申請であるとき

| ご家族の氏名 | | 生年月日 | (1.昭和 2.平成 3.令和) 年 月 日 | 被保険者との続柄 | |
|---|---|---|---|---|---|

亡くなられた家族は、退職などにより健保組合などが運営する健康保険の資格喪失後に被扶養者の認定を受けた方であって、次のいずれかに当てはまる方ですか。
①資格喪失後、3か月以内に亡くなられたとき
②資格喪失後、傷病手当金や出産手当金を引き続き受給中に亡くなられたとき
③資格喪失後、②の受給終了後、3か月以内に亡くなられたとき
□ 1.はい 2.いいえ

「はい」の場合、家族が被扶養者認定前に加入していた健康保険の保険者名と記号・番号をご記入ください。
保険者名
記号・番号

●被保険者が死亡したための申請であるとき

| 被保険者の氏名 | ○山守 | 被保険者からみた申請者との身分関係 | 子 | 埋葬した年月日 | 2 (1.平成 2.令和) 03年05月31日 |
|---|---|---|---|---|---|
| 埋葬に要した費用の額 | 000000 円 | 法第3条第2項被保険者として支給を受けた時はその金額(調整減額) | 円 | | |

亡くなられた方は、退職などによる協会けんぽの被保険者資格の喪失後、家族の被扶養者となった方であって、次のいずれかに当てはまる方ですか。
①資格喪失後、3か月以内に亡くなられたとき
②資格喪失後、傷病手当金や出産手当金を引き続き受給中に亡くなられたとき
③資格喪失後、②の受給終了後、3か月以内に亡くなられたとき
2 1.はい 2.いいえ

「はい」の場合、資格喪失後に家族の被扶養者として加入していた健康保険の保険者名と記号・番号をご記入ください。
保険者名
記号・番号

**事業主証明欄**

| | 氏名 | 被保険者・被扶養者の別 | 死亡年月日 |
|---|---|---|---|
| 死亡した方の | ○山守 | (被保険者) 被扶養者 | 2 (1.平成 2.令和) 03年05月28日 死亡 |

上記のとおり相違ないことを証明します　2 (1.平成 2.令和) 03年06月09日

事業所所在地 東京都渋谷区代々木0-0

事業所名称 (株)もみじ

事業主氏名 代表取締役　もみじ花子 印

TEL ※ハイフン除く 0300000000

様式番号 631266

全国健康保険協会 協会けんぽ

2/2

被保険者により生計を維持されていた人が申請する場合は記入不要。それ以外の場合で実際に埋葬を行った人が申請する場合は、必ず記入する

事業主の証明があれば、死亡を証明する添付書類は不要

# 障害年金の基礎知識

- 業務外のケガや病気が原因で障害が残った場合、障害年金を請求できる
- 障害等級が１級・２級に該当する人は、障害基礎年金と障害厚生年金をあわせて受け取ることができる

## 障害の程度は状態により１～３級に区分される

業務外の病気やケガが原因で、生活や仕事などが制限されるような障害が残った場合には、障害年金が支給されます。

障害の程度には１級から３級までがあり、１級と２級に該当する場合は障害基礎年金と障害厚生年金が支給されます。もっとも軽度の障害である３級は障害厚生年金のみが支給されます。また、３級より軽い障害が認められる場合には、一時金である障害手当金が支給されます。

障害等級１級は、日常生活に常に介護が必要などの重い状態を指します。２級は、１級より軽度であるものの日常生活に制限のある状態を指します

## 障害基礎年金と障害厚生年金の２階建て

障害等級が１級・２級の場合、障害基礎年金と障害厚生年金の両方が支給されます。この場合、厚生年金と同じように１階が基礎年金、２階が厚生年金の２階建ての形で支給されます。(→P.37参照)

障害者年金と混同してしまうことが多いけど、正しくは障害年金だニャ

障害年金は障害者手帳と関係がありそうですが、この２つは別の方法で判定されています。そのため、障害者手帳が２級だから障害等級も２級、重度障害だから障害等級は1級とはなりません。

## 障害年金の支給額

**障害年金は老齢年金と同じように、基礎年金に厚生年金が上乗せされて支給されます。**

(2021年４月時点での金額)

| | 障害基礎年金（国民年金から支給される） | | 障害厚生年金（厚生年金から支給される） | |
|---|---|---|---|---|
| 重 １級 | 780,900×1.25円／年 | ＋ 子の加算[※1] ＋ | 報酬比例の年金額 × 1.25 | ＋ 配偶者の加給年金額（224,700円）[※2] |
| ２級 | 780,900円／年 | ＋ 子の加算[※1] ＋ | 報酬比例の年金額 | ＋ 配偶者の加給年金額（224,700円）[※2] |
| ３級 | | | 報酬比例の年金額（最低保障額585,700円） | |
| 軽 ３級より軽い障害 | | | 障害手当金（最低1,171,400円） | |

※１ 18歳到達年度の末日（３月31日）を経過していない、または20歳未満で障害等級１級または２級の子ども１人ごとに一定額加算されます。

※２ 被保険者に生計を維持されている65歳未満の配偶者がいるときに加算されます。

## 障害年金を受給できる人

**障害年金を受給するには、初診日や保険料納付などの要件があります。**

**障害基礎年金**

国民年金に加入している期間、または年金制度に加入していない期間[※3]に、ケガや病気の初診日[※]がある人

※３ 年金制度に加入していない期間とは、20歳前、または60歳以上65歳未満の期間を指します。

**障害厚生年金**

厚生年金保険に加入している期間があり、その期間中にケガや病気の初診日がある人

**（１）（２）のいずれかを満たしていること**

ただし20歳前に初診日がある人には納付要件がない

（１）初診日のある月の前々月までの国民年金加入期間の2/3以上について、保険料を納付している、または保険料を免除されている

（２）初診日で65歳未満であり、初診日のある月の前々月までの１年間に保険料の未納期間がない

「治った」とは症状が固定されたことで、医療でこれ以上治癒する見込みがないことです。ケガや病気をする前の状態に戻るということではありません

初診日とは、その病気やケガではじめて医療機関を受診した日のことで、確定の診断を受けた日ではないので注意が必要です。この日が特定できないと、障害年金の受給がむずかしくなります。

# 遺族年金の基礎知識

- 業務外で従業員が死亡した場合、条件を満たす遺族に遺族年金が受給される
- 遺族基礎年金と遺族厚生年金の2階建ての給付

## 生計を維持されていた遺族に支給される

厚生年金保険の被保険者である従業員が、業務外の病気やケガが原因で死亡したときに、その従業員によって生計を維持されていた遺族が受け取ることのできる給付金が遺族年金です。遺族年金を受給するには、亡くなった従業員の保険料の納付状況、遺族年金を受け取る遺族の年齢、優先順位などの条件が設けられています。

## 遺族年金は遺族基礎年金と遺族厚生年金の2種類

業務外で従業員が死亡した際に受給できる遺族年金は、遺族基礎年金と遺族厚生年金の2種類があります。

遺族基礎年金は18歳以下の子どもを支えることを目的に支給されているため、18歳以下の子どもがいない世帯には支給されません。一方遺族厚生年金は、厚生年金加入者が死亡した際に支給されるため、18歳以下の子どもがいない世帯でも支給の対象になります。

労災保険から支給される遺族補償年金（→P.146参照）は、ここでの遺族年金とは別の扱いのため、混同しないようにしましょう

厚生年金保険の支給対象者は、18歳以下の子どもがいる場合には遺族基礎年金と遺族厚生年金の両方、18歳以下の子どもがいない場合には遺族厚生年金のみ受け取ることになります。

## 遺族年金を受給できる人

**遺族基礎年金と遺族厚生年金では、受給できる人が異なります。**

2021年4月時点

| | 遺族基礎年金 | 遺族厚生年金 |
|---|---|---|
| 受給対象者 | 国民年金に加入している従業員によって生計を維持されていた<br>①18歳以下の子ども、または20歳未満で障害年金の障害等級1級または2級の子どもがいる配偶者<br>②18歳以下の子ども、または20歳未満で障害年金の障害等級1級または2級の子ども<br>（18歳以下の子ども、または20歳未満で障害年金の障害等級1級または2級の子どもがいることが必要） | 厚生年金に加入している従業員によって生計を維持されていた<br>①妻（30歳未満で子どもがない場合、5年間の有期給付となる）<br>（子どもがいない妻・夫にも支給される）<br>②子、孫（18歳以下、または20歳未満で障害年金の障害等級1・2級の者）<br>③55歳以上の夫、父母、祖父母(支給開始は60歳から。ただし、夫は遺族基礎年金を受給中の場合に限り、遺族厚生年金もあわせて受給できる。) |
| 受給金額 | 780,900円／年+子の加算※<br>※第1子・第2子　各224,700円<br>第3子以降　各74,900円<br>子が遺族基礎年金を受給する場合、子の加算は第2子から行います。子1人あたりの年金額は、上記の年金額を子どもの数で割った額です。 | 老齢厚生年金額に相当する額×4分の3 |
| 受給要件 | 被保険者がつぎの状態で死亡した場合<br>●被保険者または老齢基礎年金の受給資格期間が、25年以上ある。<br>●死亡日の前日時点で免除期間を含む保険料納付済期間が加入期間の3分の2以上あること。<br>※2026年4月1日前の場合は死亡日に65歳未満であれば、死亡日の前々月までの1年間の保険料の滞納がないこと。 | 被保険者がつぎのいずれかの状態で死亡した場合<br>①被保険者期間中のケガや病気が原因で、初診の日から5年以内に死亡したとき。<br>※ただし、死亡日の前日時点で免除期間を含む保険料納付済期間が加入期間の3分の2以上あること。2026年4月1日前の場合は死亡日に65歳未満であれば、死亡日の前々月までの1年間の保険料の滞納がないこと。<br>②老齢厚生年金の受給資格期間が25年以上ある者が死亡したとき。<br>③1級・2級の障害厚生(共済)年金を受けられる者が死亡したとき。 |

「生計を維持されていた」というのは、死亡当時に死亡した従業員と生計を同一にしていた人で、原則として年収850万円未満の人が該当します

ちなみに18歳以下というのは、18歳に達した年の年度末まで、という意味だニャ。一般的には、高校を卒業する年の3月までが支給の対象だニャ

遺族厚生年金の支給対象となる配偶者は以前は妻のみでした。現在は夫も対象となっていますが、被保険者が死亡したときに55歳以上であることなどが要件になっています。

# 在宅勤務中のケガや病気はどこまで労災になる？

## ✓在宅勤務中の業務災害が認められることがある

テレワークが増えるにしたがって、在宅勤務中の労災の判断についての相談が多く持ち込まれるようになりました。

在宅勤務中のケガや病気でも、業務災害と判断されることがあります。どのようなケースが業務災害にあたるのか、例をあげながら見ていきましょう。

業務災害と判断されるには、業務遂行性と業務起因性があるかどうかを確認しなければなりません（→P.125参照）。つまり、労働者としての仕事中に発生したものか、仕事が関係しているものかどうかの2点をチェックする必要があります。

**ケース１**　**所定労働時間内にパソコンで作業中、トイレに行こうとして席を立ったところ、転んでケガをした。**

➡トイレに行くこと自体は仕事ではありませんが、仕事中にトイレに行くのをがまんするわけにはいきません。トイレに行くのは仕事に付随する行為として、実際に業務災害だと認められた例があります。

**ケース２**　**所定労働時間内に作業を中断して、昼食を買うためにコンビニへ向かったところ、道すがら事故にあってケガをした。**

➡所定労働時間内とはいえ、業務を中断して昼食を買いに行くことは仕事に関係しているとはいえません。業務災害とは認められない可能性が高いでしょう。

## ✓会社が勝手に労災かどうかを判断しない

業務災害かどうかがはっきりわかるケースもありますが、多くの場合、業務遂行性や業務起因性がはっきりとはしないものです。

テレワーク中にケガや病気をした際に大切なのは、「これは労災にならないだろう」と勝手に判断してしまわないこと。労災かどうかを判定するのは、あくまで労働基準監督署です。ケガや病気をした従業員には、健康保険ではなく労災で治療してもらいましょう（→P.124参照）。

# 第5章

# 妊娠・出産・育児・介護に関する手続き

section 1　妊娠・出産・育児・介護のサポート

産前産後休業／育児休業／介護休業／出産手当金／出産育児一時金／育児休業給付金／介護休業給付金／直接支払制度

section 2　休業により報酬・賃金が支払われないとき

出産手当金の支給期間と支給額／育児休業給付の受給資格と支給額／育児休業の延長／介護休業の取得条件

section 3　休業中の社会保険料の免除

産前産後休業中の社会保険料の免除／育児休業期間中の社会保険料の免除

section 4　賃金が下がったときなどの手続き

標準報酬月額の見直し／育児支援制度／年金ダウンをふせぐ

# 妊娠・出産・育児・介護をするときの手続きと一連の流れ

育児休業は女性だけでなく男性従業員も取得可能だニャ

## 妊娠・出産・育児・介護をするときに行う手続きのポイント

### ポイント① まずは妊娠・出産・育児に関するサポート制度を確認

妊娠・出産・育児に関する休業制度や育児のための時短制度などは、数多くあります。それらの制度をサポートするものとして、出産にかかった費用の給付や、休業中の給付金制度、休業中の給与の低下に対する受給年金額の据え置き措置などを設けています。

従業員やその家族の妊娠、出産の際は、制度を利用できる従業員の条件と、給付金制度などの支給資格要件を確認しましょう。産前産後休業や育児休業では、事前に休業期間や給付金制度の申請期限などを従業員と確認するとよいでしょう。

### ポイント② 仕事と家族の介護の両立をサポートする制度がある

社会の高齢化にともない、家族を介護しながら働くという生き方は、ますます一般的になるでしょう。家族の介護をする従業員は、介護のための休業・休暇制度を利用することができます。雇用保険では、介護休業者のための給付金制度を設けています。利用できる従業員の要件の確認は忘れないようにしましょう。

従業員が家族を介護するときは、①通算93日間介護休業を取得できること、②介護休業中は雇用保険から介護休業給付金が支給されることの2点をおさえておくことが必要だニャ

## 妊娠・出産・育児に必要な手続きとそのタイミング

### 1 妊娠(出産前)

☐ **産前休業の取得の確認**

妊娠している従業員からの申し出があれば、会社は出産予定日の前日から6週間仕事を休ませます。(→P.196参照)

☐ **出産手当金の支給を申請する**

出産により仕事を休んでいる間は会社から給与が支給されないため、生活費の補償として健康保険から出産手当金が支給されます。(→P.196参照)

### 2 出産時

☐ **出産育児一時金の支給を申請する(被保険者・被扶養者本人が行う手続き)**

出産にかかった費用として、子ども1人につき42万円が支給されます。(→P.192参照)

※2021年7月時点

### 3 出産後

☐ **産後休業の取得**

産後8週間は、従業員からの申し出がなくても仕事を休ませなくてはいけません。(→P.196参照)

☐ **出産手当金の支給を申請する**

出産前の休業と同じように、出産後の休業期間も出産手当金が支給されます。(→P.196参照)

### 4 育児をするとき

☐ **育児休業の取得**

子どもが1歳に達するまでの間、育児休業を取得できます(→P.200参照)。やむを得ない理由があれば、1歳6か月、2歳までの延長が可能です(→P.204参照)。

☐ **育児休業給付金の支給を申請する**

育児休業期間中は会社から給与が支給されないため、雇用保険から育児休業給付金が支給されます。(→P.200参照)

仕事と家庭の両立は重要な課題です。会社としても、雇用環境を整備することで人材の定着や確保につながります

# 妊娠・出産・育児・介護をサポートする給付や手続き

- 産前産後休業、育児休業、介護休業と、状況に応じた休業制度を利用できる
- 休業期間中は健康保険や雇用保険から休業給付金が支給される

## 妊娠・出産・育児・介護の休業制度

休業制度をみると、出産には産前休業と産後休業があり、この2つをあわせて産前産後休業（産休）といいます。育児には子どもが1歳に達するまでの間に取得できる育児休業（育休）があり、介護には家族が要介護状態になったときに取得できる介護休業があります。

育児休業は配偶者が専業主婦（主夫）でも取得可能です。「男性が長い育児休業を取るなんてけしからん」といった会社側の言動は、ハラスメントになります

## 休業期間中は給付金を受給できる

産休・育休ともに法律で定められた労働者の権利ではありますが、働かなかった日や時間は給料を支払わなくてもよいというノーワークノーペイの原則にもとづき、給料を支払う必要はありません。そのため、産休中や育休中は原則会社から給料は支払われません。

その間の生活費を補償するために、産休中は健康保険から出産手当金を、育休中は雇用保険から育児休業給付金を受給できます。介護休業により給料が支払われない、または減額された場合は雇用保険から介護休業給付金が支給されます。

妊娠・出産・育児・介護で休業することで、従業員を不利益に扱うことは禁じられています。会社には、休業などを理由としたハラスメントが職場で起きないように配慮する義務があります。

## 給付金を受給できる人の要件など

**出産・育児・介護により休業している期間の生活費を補償するため、対応する保険から給付金が支給されます。**

### ●出産

#### ●出産手当金

出産のため会社を休んだ場合に支給される

- **条件** 産前産後休業期間中
- **対象者** 健康保険の被保険者
- **期日** 出産のために休業した日ごとにその翌日から２年間

#### ●出産育児一時金

出産費用を補うために支給される

- **条件** 妊娠４か月以上での出産
- **対象者** 健康保険の被保険者または被扶養者
- **期日** 出産日の翌日から２年以内

### ●育児

#### ●育児休業給付金

育児休業中に支給される

- **条件** 育児休業期間中
- **対象者** 雇用保険の被保険者
- **期日** 育児休業開始日から４か月を経過する日の属する月の末日まで。以後、２か月に１度

### ●介護

#### ●介護休業給付金

介護休業中に支給される

- **条件** 介護休業期間中
- **対象者** 雇用保険の被保険者
- **期日** 介護休業終了日の翌日から２か月を経過する日の属する月の末日まで

出産と育児に関しては、休業給付以外にも保険料の免除などの制度があるニャ（→P.212〜参照）

出産手当金と出産育児一時金は名前が似ているので混同しないようにしましょう。出産手当金は産休中の生活費を補償する制度です。出産育児一時金は出産そのものをサポートする給付金です。

# 健康保険の被保険者・被扶養者が出産したとき

- 出産には健康保険の３割負担が適用されない
- 出産にかかった費用は出産育児一時金により補う

## 出産費用を補う出産育児一時金

出産は疾病ではないため、健康保険の３割負担が適用されません。そのため本来であれば出産費用は全額自己負担になってしまいますが、健康保険の補助制度として出産費用を補償する出産育児一時金があります。

出産育児一時金の支給対象となるのは、①健康保険の被保険者または被扶養者であること、②妊娠４か月(85日)以降に出産すること、この２つが要件です。子ども１人につき42万円が支給されます。

## 直接支払制度で一時的な負担もなし

出産育児一時金を申請するには、まずは出産をした医療機関で支払いをする必要があります。この際後日指定の口座に支給金が振り込まれるまでに時間がかかるため、一時的とはいえ金銭的な負担がかかります。そういった負担を解消するための制度として、直接支払制度があります。

直接支払制度は、保険者から医療機関に出産育児一時金が直接支給されるシステムです。そのため被保険者・被扶養者は、42万円を超えた部分のみ支払います。

直接支払制度を利用し、出産費用が出産育児一時金(42万円)よりも少ない場合は、その差額を保険者に請求できます

妊娠４か月以降の早産、死産、流産、人工妊娠中絶も出産育児一時金の支給対象となります。

## 出産育児一時金の支給までの流れ

**出産育児一時金は、直接支払制度を利用する場合としない場合で手続きの流れが変わります。**

被保険者または被扶養者

医療機関で出産育児一時金の直接支払制度の説明を受ける

直接支払制度を**利用する**

出産後、医療機関は健康保険組合（協会けんぽ）に費用を請求する。健康保険組合は支払いをする

直接支払制度を**利用しない**

退院時に出産費用を医療機関に支払う

健康保険組合（協会けんぽ）に出産育児一時金の支給申請をする

出産費用が出産育児一時金の支給額を**超えた場合**

被保険者側が超えた分を医療機関に支払う

出産費用が出産育児一時金の支給額より**少ない場合**

被保険者側が健康保険組合（協会けんぽ）に差額分を請求する

### 書式DATA

健康 年金 労災 雇用

**届け先** 管轄の協会けんぽまたは健康保険組合

**期　日** 出産日の翌日から２年以内

**必要書類** 直接支払制度を利用しない場合：健康保険 被保険者（家族）出産育児一時金支給申請書
直接支払制度を利用する場合(出産費用が支給額未満だったときに、差額を請求する)：健康保険出産育児一時金内払金支払依頼書・差額申請書

**添付書類** 医療機関で支払った出産費用の領収書・明細書、直接支払制度を利用しない(する)旨を医療機関と交わした合意書の写し

**入手先** 協会けんぽのHPからダウンロード可能、または健康保険組合で入手

資格喪失の日の前日（退職日など）まで被保険者期間が継続して１年以上ある人が、資格喪失日から６か月以内に出産したときは、出産育児一時金を受給できます。

# 「健康保険 被保険者（家族）出産育児一時金 支給申請書」の記入例

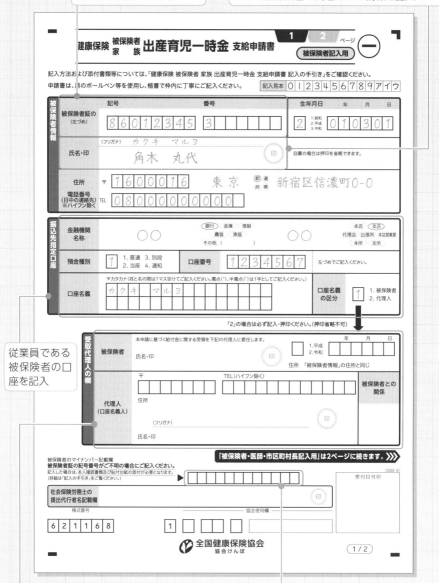

1ページ目

※1 記号・番号は、健康保険証に記載されている

家族（被扶養者）が出産した場合でも、従業員である被保険者の氏名などの情報を記入

**健康保険 被保険者 家族 出産育児一時金 支給申請書**　1　2　ページ　被保険者記入用　一

記入方法および添付書類等については、「健康保険 被保険者 家族 出産育児一時金 支給申請書 記入の手引き」をご確認ください。
申請書は、黒のボールペン等を使用し、楷書で枠内に丁寧にご記入ください。　記入見本 0 1 2 3 4 5 6 7 8 9 アイウ

**被保険者情報**

| 被保険者証の（左づめ） | 記号 86012345 | 番号 3 | 生年月日 2（1.昭和 2.平成 3.令和） 01年03月01日 |
|---|---|---|---|
| 氏名・印 | （フリガナ）カクキ　マルヨ<br>角木　丸代　印 | | 自署の場合は押印を省略できます。 |
| 住所 | 〒1600016　東京 都 道 府 県　新宿区信濃町0-0 | | |
| 電話番号（日中の連絡先）※ハイフン除く | TEL 08000000000 | | |

**振込先指定口座**

| 金融機関名称 | ○○ 銀行 金庫 信組 農協 漁協 その他（　） | ○○ 本店 支店 代理店 出張所 本店営業部 本所 支所 |
|---|---|---|
| 預金種別 | 1（1. 普通 3. 別段 2. 当座 4. 通知） | 口座番号 1234567　左づめでご記入ください。 |
| 口座名義 | ▼カタカナ（姓と名の間は1マス空けてご記入ください。濁点（゛）、半濁点（゜）は1字としてご記入ください。）<br>カクキ　マルヨ | 口座名義の区分 1（1. 被保険者 2. 代理人） |

「2」の場合は必ず記入・押印ください。（押印省略不可）

**受取代理人の欄**

| 被保険者 | 本申請に基づく給付金に関する受領を下記の代理人に委任します。　1.平成 2.令和　年 月 日<br>氏名・印　印<br>住所 「被保険者情報」の住所と同じ | |
|---|---|---|
| 代理人（口座名義人） | 〒　TEL（ハイフン除く）<br>住所<br>（フリガナ）<br>氏名・印　印 | 被保険者との関係 |

「被保険者・医師・市区町村長記入用」は2ページに続きます。

被保険者のマイナンバー記載欄
**被保険者証の記号番号がご不明の場合にご記入ください。**
記入した場合は、本人確認書類及び貼付台紙の添付が必要となります。
（詳細は「記入の手引き」をご覧ください。）

社会保険労務士の提出代行者名記載欄　印

受付日付印　(2020. 9)

様式番号 621168　協会使用欄 1

全国健康保険協会 協会けんぽ　1/2

従業員である被保険者の口座を記入

被保険者が給付金の受領を受取代理人に委任する場合のみ記入

被保険者の記号・番号が不明の場合のみ、マイナンバーを記入
※1に記号・番号を記入している場合は記入不要

2ページ目

家族が出産した場合は、その家族の氏名、生年月日を記入

死産の場合は、死産児数とともに妊娠からの週数と日数をそれぞれ記入

健康保険 被保険者 家族 出産育児一時金 支給申請書 1 2 ページ
被保険者・医師・市区町村長記入用

被保険者氏名 角木 丸代

申請内容

1 出産した者 [1] 1. 被保険者 2. 家族(被扶養者)

1-① 家族の場合はその方の 氏名 生年月日 1.昭和 2.平成 3.令和 年 月 日

2 出産した年月日 [2] 1.平成 2.令和 030221

3 生産または死産の別 [1] 1. 生産 2. 死産 3. 生産・死産混在

3-① 「生産」の場合 出生児数 人
3-② 「死産」の場合 死産児数 人
3-②-(1) 「死産」の場合 妊娠からの週数及び日数 満 週 ( )日

4 出生児の氏名 角木 □□

5 出産した医療機関等 名称 ○○産婦人科病院 所在地 新宿区西新宿○-○

6 出産した方
●被保険者 ➡ 退職後6か月以内の出産ですか。
●家族 ➡ 協会けんぽに加入後6か月以内の出産ですか。
[2] 1. はい 2. いいえ

6-① 「はい」の場合、『保険者名』と『記号・番号』をご記入ください。
●被保険者 ➡ 現在加入している保険者について
●家族 ➡ 協会けんぽ加入前に加入していた保険者について
保険者名
記号・番号

6-①-(1) 同一の出産について、6-①の保険者より出産育児一時金を 1. 受けた/受ける予定 2. 受けない

証明欄(いずれかにご記入ください)

医師・助産師による証明の場合
出産者氏名 角木 丸代
出産年月日 [2] 1.平成 2.令和 030420
出生児の数 [1] 1.単胎 2.多胎 ( [1] 児)
生産または死産の別 [1] 1.生産 2.死産 満 週 ( )日
上記のとおり相違ないことを証明する。 [2] 1.平成 2.令和 030426
医療施設の所在地 東京都新宿区西新宿○-○
医療施設の名称 ○○産婦人科病院
医師・助産師の氏名 ○○ ○○ 印

市区町村長による証明の場合(生産のみ)
本籍
筆頭者氏名
母の氏名
出生児氏名
出生年月日 1.平成 2.令和 年 月 日
上記のとおり相違ないことを証明する。 1.平成 2.令和 年 月 日
市区町村長名 印

様式番号 621267

全国健康保険協会 協会けんぽ

2/2

「医師・助産師による出産証明」または「市区町村長による出生に関して戸籍に記載した事項等の証明」を受けること。証明を受けることができない場合は、「出生(死産)が確認できる書類」を添付する

多児出産の場合は、すべての出生児の氏名を記入

# 産前産後休業中の給与が支払われないとき

- 産前休業の取得は任意だが、産後休業は義務なので就業させてはいけない
- 休業中は給与が支払われないため、健康保険から出産手当金が支給される

## 産前休業は任意、産後休業は義務

妊娠している従業員から休業の申し出があれば、会社は出産予定日の前日から6週間前の期間で従業員が希望する日数を休ませなくてはいけません。これを産前休業といいます。

一方産後８週間は、従業員からの申し出がなくても休ませなくてはいけません。これを産後休業といいます。ただし、産後６週間を経過した場合で本人が就労を希望し、医師が「働いても問題ない」と認めた業務に限っては産後７週目から就労させることができます。

## 休業中は出産手当金が支給される

産前産後休業中は仕事を休んでいるため、ノーワークノーペイの原則にもとづき会社から給与を支払う必要はありません。その間の生活費を補償するために、健康保険から出産手当金が支給されます。出産手当金は、健康保険の被保険者本人だけが受給できます。

出産手当金は非課税所得のため、所得税や雇用保険料の対象とはなりません。そのため、短時間就労して受け取った給与の額と、産前産後休業期間中の仕事をすべて休んで受給した出産手当金の額が同じ場合、手取り額が多くなるのは出産手当金の方です

産前産後休業は、妊娠して出産予定の女性労働者ならだれでも取得できます。そのうち出産手当金を受給できるのは、健康保険の被保険者のみです。

## 出産手当金の支給期間と支給額

出産手当金は、出産のため会社を休んで給与が支払われなかった期間を対象として支給されます。

### ●出産予定日に出産した場合

支給期間＝42日（6週間）＋56日（8週間）

### ●出産予定日より遅れて出産した場合

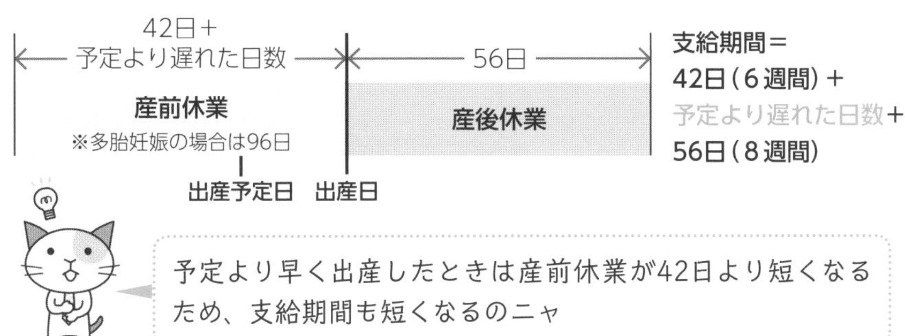


支給期間＝
42日（6週間）＋
予定より遅れた日数＋
56日（8週間）

### ●出産手当金の支給額

出産手当金の1日あたりの支給額は、以下の方法で計算します。

**出産手当金の1日あたりの支給額** ＝ **支給開始日前12か月間の各標準報酬月額平均額** ÷ 30日 × 2/3

**書式DATA**

健康 年金 労災 雇用

- **届け先** 管轄する協会けんぽまたは健康保険組合
- **期　日** 出産のために休業した日ごとに、その翌日から2年間
- **必要書類** 健康保険 出産手当金支給申請書
- **添付書類** なし
- **入手先** 協会けんぽでは健康保険給付の申請書のページからダウンロード可能、または各健康保険組合で入手可能

出産手当金は、産前産後休業終了後に一括で請求することも、複数回に分けて請求することもできます。

# 「健康保険 出産手当金 支給申請書」の記入例

1ページ目

## 健康保険 出産手当金 支給申請書（被保険者記入用）

記入方法および添付書類等については、「健康保険 出産手当金 支給申請書 記入の手引き」をご確認ください。
申請書は、黒のボールペン等を使用し、楷書で枠内に丁寧にご記入ください。 記入見本 0123456789アイウ

**被保険者情報**

| | |
|---|---|
| 被保険者証の（左づめ） 記号 | 86012345 |
| 番号 | 3 |
| 生年月日 | 2（1.昭和 2.平成 3.令和） 01年03月01日 |
| 氏名・印 | （フリガナ）カクキ マルヨ 角木 丸代 ㊞ 自署の場合は押印を省略できます。 |
| 住所 | 〒1600016 東京 都 新宿区信濃町〇-〇 |
| 電話番号（日中の連絡先）※ハイフン除く | TEL 08000000000 |

**振込先指定口座**

| | |
|---|---|
| 金融機関名称 | 〇△ 銀行（金庫 信組 農協 漁協 その他） □□ 支店（本店 代理店 出張所 本店営業部 本所 支所） |
| 預金種別 | 1（1.普通 2.当座 3.別段 4.通知） |
| 口座番号 | 1234567 左づめでご記入ください。 |
| 口座名義 | ▼カタカナ（姓と名の間は1マス空けてご記入ください。濁点（゛）、半濁点（゜）は1字としてご記入ください。） カクキ マルヨ |
| 口座名義の区分 | 1（1.被保険者 2.代理人） |

被保険者または代理人の口座を指定

**受取代理人の欄**

本申請に基づく給付金に関する受領を下記の…

被保険者 氏名・印

代理人（口座名義人） 〒 住所 （フリガナ） 氏名・印

被保険者のマイナンバー記載欄
被保険者証の記号番号が不明の場合にご記入ください。
記入した場合は、本人確認書類及び貼付台紙の添付が必要となります。
（詳細は「記入の手引き」をご覧ください。）

社会保険労務士の提出代行者名記載欄

様式番号 611169

全国健康…協会

被保険者本人が受け取りを代理人に委任する場合のみ記入

被保険者の記号・番号を記入しない場合は、ここにマイナンバーを記入する

2ページ目

## 健康保険 出産手当金 支給申請書（被保険者・医師・助産師記入用）

被保険者氏名 角木丸代

**申請内容**

| | |
|---|---|
| 1 今回の出産手当金の申請は、出産前の申請ですか、それとも出産後の申請ですか。 | 2（1.出産前の申請 2.出産後の申請） |
| 2 上記で「出産前の申請」の場合は、出産予定日をご記入ください。「出産後の申請」の場合は、出産日と出産予定日をご記入ください。 | 出産予定日 2（1.平成 2.令和） 03年04月18日<br>出産日 2（1.平成 2.令和） 03年04月20日 |
| 3 出産のため休んだ期間（申請期間） | 2（1.平成 2.令和） 03年03月08日から<br>2（1.平成 2.令和） 03年06月15日まで 100日間 |
| 4 上記の出産のため休んだ期間（申請期間）の報酬を受けましたか。または今後受けられますか。 | （1.はい 2.いいえ） |
| 5 上記で「はい」と答えた場合、その報酬の額と、その報酬支払の基礎となった（なる）期間をご記入ください。 | 年月日から 年月日まで 円 |

**医師・助産師記入欄**

| | | | |
|---|---|---|---|
| 出産者氏名 | 角木 丸代 | | |
| 出産予定年月日 | 2（1.平成 2.令和） 03年04月18日 | 出産年月日 | 2（1.平成 2.令和） 03年04月20日 |
| 出生児の数 | 1（1.単胎 2.多胎（ 児）） | 生産または死産の別 | 1（1.生産 2.死産（妊娠 週）） |

上記のとおり相違ないことを証明する。 2（1.平成 2.令和） 03年06月20日

医療施設の所在地 新宿区西新宿〇-〇
医療施設の名称 〇〇産婦人科病院
医師・助産師の氏名 〇〇 〇〇 ㊞ 電話番号※ハイフン除く 03000000000

「事業主記入用」は3ページに続きます。

様式番号 611268

全国健康保険協会 協会けんぽ

2/3

⚠医師または助産師に記入をしてもらう

3ページ目

賃金算定期間にあわせる

出勤簿と賃金台帳の記録から転記する

# 健康保険 出産手当金 支給申請書

1 2 3

事業主記入用

労務に服さなかった期間を含む賃金計算期間の勤務状況および賃金支払状況等をご記入ください。

事業主が証明するところ

被保険者氏名 角木 丸代

勤務状況 【出勤は○】で、【有給休暇は△】で、【公休は公】で、【欠勤は／】でそれぞれ表示してください。

| 1.平成 2.令和 | 年 | 月 | 日付 | 出勤 | 有給 |
|---|---|---|---|---|---|
| 2 | 03 | 02 | 1〜15、(16)(17)(18)(19)20 21 (22) 23 (24)(25)(26) 27 28 29 30 31 | 計 8日 | 0日 |
| 2 | 03 | 03 | (1)(2)(3)(4)(5) 6〜31／ | 計 5日 | 0日 |
| 2 | 03 | 04 | 1〜31／ | 計 0日 | 0日 |
| 2 | 03 | 05 | 1〜31／ | 計 0日 | 0日 |
| 2 | 03 | 06 | 1〜15／ 16〜31 | 計 0日 | 0日 |

| 上記の期間に対して、賃金を支給しました(します)か? | 給与の種類 | 賃金計算 |
|---|---|---|
| □はい ☑いいえ | ☑月給 □時間給 □日給 □歩合給 □日給月給 □その他 | 締日 15日 / 支払日 1(1.当月 2.翌月) 31日 |

上記の期間を含む賃金計算期間の賃金支給状況をご記入ください。

支給した(する)賃金内訳

| 区分＼期間 | 単価 | 02月16日〜03月15日分 支給額 | 月 日〜 月 日分 支給額 | 月 日〜 月 日分 支給額 |
|---|---|---|---|---|
| 基本給 | 310000 | 124000 | | |
| 通勤手当 | 10000 | 10000 | | |
| 手当 | | | | |
| 手当 | | | | |
| 手当 | | | | |
| 手当 | | | | |
| 現物給与 | | | | |
| 合計 | 320000 | 134000 | | |

賃金計算方法(欠勤控除計算方法等)についてご記入ください。
基本給:日割310,000÷20×8=124,000
通勤手当:欠勤控除なし

担当者氏名 ○山○子

上記のとおり相違ないことを証明します。 2(1.平成 2.令和) 03年06月24日

事業所所在地 東京都渋谷区代々木○-○

事業所名称 (株)○○

事業主氏名 ○山○子 印

電話番号(※ハイフン除く) 0350005000

様式番号 611367

全国健康保険協会 協会けんぽ

(3/3)

欠勤控除方法を記入

事業主の証明を行う

# 育児休業中の賃金が支払われないとき

- **育児休業は、**子どもが１歳に達するまでの間に取得できる
- 男女問わず**希望する期間に取得できる**

## 子どもが１歳に達するまでの休業制度

育児休業は、子どもが生まれてから原則１歳に達するまでの間に取得できる休業制度です。該当する従業員が申請することで取得できます。取得回数は、原則として子ども１人につき１回です。

育児休業の期間中は仕事を休んでいるため、会社が給与を支払う必要はありません。その間の生活費を補償するために、雇用保険から育児休業給付金が支給されます。

健康 年金 労災 **雇用**

**書式DATA**

**届け先** 管轄のハローワーク

**期　日**
1 受給資格確認手続きと初回の支給申請手続きを同時に行う場合：育児休業開始日から４か月を経過する日の属する月の末日まで
2 ２回目以降の支給申請手続きの場合：育児休業給付次回支給申請日指定通知書で指定された日（２か月に１度）

**必要書類**
1 雇用保険被保険者 休業開始時賃金月額証明書
育児休業給付受給資格確認票・（初回）育児休業給付金支給申請書
2 育児休業給付受給資格確認票・（初回）育児休業給付金支給申請書

**添付書類**
1 賃金額や賃金の支払いを証明できる書類と育児をしている事実を確認できる書類。労働者名簿、賃金台帳、出勤簿、母子手帳など
2 賃金台帳、出勤簿

**入手先**
雇用保険被保険者 休業開始時賃金月額証明書（育児）：労働基準監督署またはハローワークにて直接受け取る
育児休業給付受給資格確認票・（初回）育児休業給付金支給申請書：ハローワークのHPからダウンロード可能

原則として受給資格確認の手続きをしたあとは、２か月に１度、支給申請手続きをしなければなりません。

## 育児休業を取得できる人

**1歳に満たない子どもを育てる従業員は、原則として子ども1人につき1回、男女を問わず希望する期間に休業することができます。**

**正社員**

↓

取得できる！

**有期契約従業員**

↓

一定の要件※を満たす場合に取得できる!

**※一定の要件とは…**
休業取得を申し出た時点において、
①入社1年以上経過している
②子が1歳6か月になるまでの間に、雇用契約が更新されないことが明らかでないこと

## 育児休業の開始日と終了日

| | |
|---|---|
| 育児休業開始日 | **女性の場合**：産後休業から引き続き育児休業を取得する場合は、産後休業終了日の翌日から<br>**男性の場合**：出産当日から |
| 育児休業終了日 | **男女どちらも**：子どもの1歳の誕生日の前日まで。<br>ただし、保育所に入所できないなどのやむを得ない理由があれば、1歳6か月に達するまでの延長、または2歳に達するまでの再延長ができる。 |

## 育児休業給付の受給資格と支給額

**育児休業給付の受給には、休業開始前と休業開始後の雇用保険の被保険者期間などが要件となります。**

### ●受給資格

**育児休業開始前**

●**無期雇用契約の場合**
①育児休業開始前の2年間に被保険者期間が12か月※1以上ある

●**有期雇用契約の場合**
①育児休業開始前の2年間に被保険者期間が12か月※1以上ある
②育児休業開始時に、同じ会社で1年以上雇用が継続し、かつ、子が1歳6か月までの間に労働契約が更新されないことが明らかではないこと

※1 育児休業開始日の前日から1か月ごとに区切った期間の賃金支払基礎日数が、11日以上ある月または賃金支払基礎時間数が80時間以上ある月を1か月とする。

**育児休業開始後**

①1か月ごとの就労日数が10日以下（10日を超える場合は就業時間が80時間以下）
②1か月ごとの会社から支払われた賃金が、休業開始時の賃金月額の80％未満

### ●支給額

**1支給単位期間ごとの給付額＝**
**休業開始時賃金日額※2×支給日数※3×67％（休業開始から6か月経過後は50％）**

※2 休業開始時賃金日額＝開始前6か月間の総支給額÷180（賞与を除く）
※3 1支給単位期間の支給日数は30日（育児休業終了日を含む支給単位期間については、その育児休業終了日までの日数）

育児休業は、母親と父親が同時に取ることもできます。取得した従業員に対して、会社が不利益な扱いをすることは許されません。

# 「雇用保険被保険者 休業開始時賃金月額証明書（育児）」の記入例

間違いがあったときのために、必ず捨印を押す

「所定労働時間短縮開始時賃金証明書」を二重線で消し、育児に○

※1 休業を開始した日

**雇用保険被保険者 休業開始時賃金月額証明書** ~~所定労働時間短縮開始時賃金証明書~~ （事業主控） （介護・育児）

| | | | |
|---|---|---|---|
| ①被保険者番号 | 3456-789012-3 | ③フリガナ | カクカクカクコ |
| ②事業所番号 | 1306-000000-0 | 休業等を開始した者の氏名 | △△　△代 |
| ④休業等を開始した日の年月日 | 令和 ○年 10月 3日 | | |
| ⑤名称 | （株）○○ | ⑥休業等を開始した者の住所又は居所 | 〒300-0000 大宮市○○町1-2-3○○マンション105 |
| 事業所所在地 | 渋谷区代々木○-○ | | |
| 電話番号 | 03-5000-5000 | 電話番号 | （090）0000－0000 |
| 事業主 住所 | 渋谷区代々木○-○ | | |
| 氏名 | （株）○○ 代表取締役　○○　○子 | | 印 |

印

休業等を開始した日前の賃金支払状況等

※1 休業を開始した日

| 休業等を開始した日 10月3日 | ⑨ 賃金支払基礎日数 | 賃金支払対象期間 | ⑩ ⑨の基礎日数 | ⑪賃金額 Ⓐ | Ⓑ | 計 | ⑫備考 |
|---|---|---|---|---|---|---|---|
| 9月3日～休業等を開始した日の前日 | 0日 | 9月16日～休業等を開始した日の前日 | 0日 | 0 | | | 自○○.6.27 至○○.10.2 98日間 産前産後休業のため 賃金支払なし |
| 6月3日～7月2日 | 30日 | 6月16日～7月15日 | 8日 | 126,000 | | | |
| 5月3日～6月2日 | 31日 | 5月16日～6月15日 | 31日 | 335,000 | | | |
| 4月3日～5月2日 | 30日 | 4月16日～5月15日 | 30日 | 335,000 | | | |
| 3月3日～4月2日 | 31日 | 3月16日～4月15日 | 31日 | 335,000 | | | |
| 2月3日～3月2日 | 28日 | 2月16日～3月15日 | 28日 | 335,000 | | | |
| 1月3日～2月2日 | 31日 | 1月16日～2月15日 | 31日 | 335,000 | | | |
| 12月3日～1月2日 | 31日 | 12月16日～1月15日 | 31日 | 335,000 | | | |
| 11月3日～12月2日 | 30日 | 11月16日～12月15日 | 30日 | 335,000 | | | |
| 10月3日～11月2日 | 31日 | 10月16日～11月15日 | 31日 | 335,000 | | | |
| 9月3日～10月2日 | 30日 | 9月16日～10月15日 | 30日 | 335,000 | | | |
| 8月3日～9月2日 | 31日 | 8月16日～9月15日 | 31日 | 335,000 | | | |
| 7月3日～8月2日 | 31日 | 7月16日～8月15日 | 31日 | 335,000 | | | |
| 6月3日～7月2日 | 30日 | 6月16日～7月15日 | 30日 | 335,000 | | | |
| 月　日～　月　日 | 日 | 月　日～　月　日 | 日 | | | | |
| 月　日～　月　日 | 日 | 月　日～　月　日 | 日 | | | | |

⑬賃金に関する特記事項

⑭（休業開始時における）雇用期間　（イ）定めなし　ロ 定めあり → 令和　年

2　休業開始時賃金月額証明書等の記載方法については、別紙「雇用保険被保険者休業開…
…るための休業又は当該被保険者が就業しつつその子…
…用を開始した日のことである。
…定による産前・産後休業に引き続いて、育児休業又…
…又は当該被保険者が就業しつつその子を養育する…

| …示 | 氏　名 | … |
|---|---|---|
| | ㊞ | |

疾病や出産などで30日以上賃金支払いがなかった場合にはその期間と理由を記載。その他特記事項がある場合も記載

直前の賃金締切日の翌日を記入。以降、順次さかのぼって1か月ごとに記入

A欄：月または週で決められた賃金を記入

B欄：日または時間、出来高で支払われた賃金を記入

※時給者でも、通勤手当が月額で支払われていれば、通勤手当の分はA欄へ記入することとなる

※通勤手当が3か月や6か月でまとめて支払われている場合は月数で割り振って金額を記入する

端数が生じた場合は、最後の月に加算

月給者：暦日（欠勤日数は差し引く）

日給・時給者：左隣に記入した期間のうち、賃金支払対象となった出勤日数

※1の休業を開始した日からさかのぼって、賃金支払基礎日数が11日以上ある月を順次記入

被保険者が、記載事項に間違いがないことを確認し署名・押印。ただし、労使合意のもとで「記載内容に関する確認書・申請等に関する同意書」を作成・保存することで署名・押印の省略可

# 「育児休業給付受給資格確認票・(初回)育児休業給付金支給申請書」の記入例



受給資格の確認と同時に初回の申請をする場合は11〜18欄も記入

支給単位期間中に賃金が支払われている場合はその金額を記入

■ 様式第33号の5（第101条の13関係）（第1面）

育児休業給付受給資格確認票・（初回）育児休業給付金支給申請書

（必ず第２面の注意書きをよく読んでから記入してください。）

帳票種別 13405

1. 被保険者番号 3456-789012-3

2. 資格取得年月日 5-000401（元号 年 月 日）

3. 被保険者氏名　フリガナ（カタカナ）

4. 事業所番号 1306-000000-0

5. 育児休業開始年月日 5-001003

6. 出産年月日 5-000807（3 昭和 4 平成 5 令和）

7. 個人番号 123456789012

8. 被保険者の住所（郵便番号） 100-0000

9. 被保険者の住所（漢字）※市・区・郡及び町村名 大宮市〇〇町

被保険者の住所（漢字）※丁目・番地 1-2-3

被保険者の住所（漢字）※アパート、マンション名等 〇〇マンション105

10. 被保険者の電話番号（項目ごとにそれぞれ左詰めで記入してください。） 090-0000-0000（市外局番 市内局番 番号）

支給単位期間中に就業していると認められる日数を記入

支給単位期間の就業日が10日を超える場合は、その時間数を記入。(10日を超えない場合は記入不要)

11. 支給単位期間その１（初日）5-001003（末日）1102（4 平成 5 令和）

12. 就業日数 0

13. 就業時間

14. 支払われた賃金額 0

15. 支給単位期間その２（初日）5-001103（末日）1202

16. 就業日数 0

17. 就業時間

18. 支払われた賃金額 0

19. 最終支給単位期間（初日）（末日）

20. 就業日数　21. 就業時間　22. 支払われた賃金額

（この用紙は、このまま機械で処理しますので、汚さないようにしてください。）

23. 職場復帰年月日

24. 支給対象となる期間の延長事由－期間（事由 元号 年 月 日）

1 保育所における保育が実施されないこと　2 養育を予定していた配偶者の死亡　3 養育を予定していた配偶者の負傷・疾病等　4 養育を予定していた配偶者との婚姻の解消等による別居　5 養育を予定していた配偶者の産前産後休業等

申請時点ですでに育休を終了して職場復帰している場合は、その日付を記入

25. 配偶者育休取得

26. 配偶者の被保険者番号

27. 期間雇用者の継続雇用の見込み　28. 休業…

「パパママ育休プラス制度」を利用する場合は配偶者の雇用保険被保険者番号を記入

「パパママ育休プラス制度」を利用する場合は「1」を記入

※公共職業安定所記載欄

29. 延長等否認　30. 産後休業表示（休業がある場合に「1」を記入）

31. 賃金月額（区分－日額又は総額）（1 日額 2 総額）

32. 当初…

33. 受給資格確認年月日（4 平成 5 令和）

34. 受給資格否認（受給資格なしと判断した場合に「1」を記入）

35. 支給申請月（1 奇数月 2 偶数月）

36. 次回…

37. 支払区分　38. 金融機関・店舗コード　口座番号　39. 未支給区分（空欄 未支給以外 1 未支給）

上記被保険者が育児休業を取得し、上記の記載事実に誤りがないことを証明します。

令和〇〇年 12月 15日　事業所名（所在地・電話番号）（株）〇〇 渋谷区代々木〇-〇 03-5000-5000　事業主名 代表取締役〇〇 〇子　印

上記のとおり育児休業給付の受給資格の確認を申請します。

雇用保険法施行規則第１０１条の１３の規定により、上記のとおり育児休業給付金の支給を申請します。

令和〇〇年 12月 15日　渋谷 公共職業安定所長 殿　申請者氏名 △口 △代（ウラウク ウダヨ）　印

| 払渡希望金融機関指定届 | 40. 払渡希望金融機関 | フリガナ | マルマルギンコウ オオミヤシテン | 金融機関コード | 店舗コード | 金融機関による確認印 |
|---|---|---|---|---|---|---|
| | | 名称 | 〇〇銀行 大宮 本店・支店 | 1234 | 008 | 確認印 |
| | | 銀行等（ゆうちょ銀行以外） | 口座番号 | （普通）8686860 | | |
| | | ゆうちょ銀行 | 記号番号 | （総合） － | | |

| 備考 | 賃金締切日 15日　賃金支払日（当月）・翌月 末日 | 通勤手当 有（毎月）・3か月・6か月・無 | ※処理欄 | 資格確認の可否 | 可・否 |
|---|---|---|---|---|---|
| | | | | 資格確認年月日 | 令和 年 月 日 |
| | | | | 通知年月日 | 令和 年 月 日 |

| 社会保険労務士記載欄 | 作成年月日・提出代行者・事務代理者の表示 | 氏名 | 電話番号 |
|---|---|---|---|
| | | 印 | |

※ 所長　次長　課長　係長　係　操作者

被保険者の記名。ただし、労使合意のもとで「記載内容に関する確認書・申請等に関する同意書」を作成・保存し、氏名のところに「同意あり」と記入することで省略可能

通帳のコピー（本人名義のもの。旧姓の口座は不可）を申請書に添付する。または、キャッシュカードコピー、または銀行窓口でもらう確認印でも可。インターネットバンクや一部の外資系銀行は対象外の場合があるため、事前にハローワークへ確認する。申請前に、給付金が振り込まれる金融機関の口座に確認印をもらう

# 一定の要件を満たし育児休業給付金を延長するとき

- 保育所に入所できない場合などは、育児休業を延長できる。最長で子どもが2歳に達するまで延長ができる
- 育児休業給付金の受給期間も延長できる

## やむを得ない場合は育児休業の延長ができる

原則として、育児休業の期間は子どもが1歳に達する日までです。ただし、保育所に入所できないなどのやむを得ない理由があれば、1歳6か月までの延長や、2歳までの再延長ができます。それにともない、育児休業給付金の受給期間も、1歳6か月までの延長、または2歳までの再延長ができます。

会社独自で設定した3歳までの育児休業を当初から取得する予定でいるような場合は、育児休業給付の延長を申請することはできません

健康 年金 労災 雇用

### 書式DATA

**届け先** 管轄のハローワーク

**期日** 1歳6か月まで延長するとき：1歳に達する日前の支給対象期間、または1歳に達する日を含む支給対象期間について支給申請を行うとき
2歳まで延長するとき：1歳6か月に達する日前の支給対象期間、または1歳6か月に達する日を含む支給対象期間について支給申請を行うとき

**必要書類** 育児休業給付金支給申請書

**添付書類** 保育所の入所保留の通知、保育を予定していた配偶者の状態についての医師の診断書など、延長理由に応じてその理由を証明できる書類

**入手先** ハローワークのHPからダウンロード可能

延長理由の例としては、保育所に申し込んでいるが1歳になっても入所できない、6週間以内につぎの子どもを出産予定、養育する予定の者が病気やケガなどで養育できなくなった、などです。

## 「育児休業給付金支給申請書」の記入例

ここは初回の育児休業給付金支給申請書と同じ（→P.203）

ここはすでに入力されている

表

■ 様式第33号の8（第101条の30関係）（第1面）

**育児休業給付金支給申請書**

（必ず第２面の注意書きをよく読んでから記入してください。）

帳票種別 12406　支給申請期間 000000-000000　氏名 カクキマルヨ　1.被保険者番号 0000-000000-0

2.資格取得年月日 5-020401　3.育児休業開始年月日 5-000416　支給単位期間その１（初日－末日） 000116-000215　支給単位期間その２（初日－末日） 000216-000315

事業所番号 1307-000000-0　管轄区分　支給終了年月日 001016　出産年月日 030420　前回処理年月日 000510

4.被保険者氏名　フリガナ（カタカナ）

5.支給単位期間その１（初日）（末日） 5－000116－0215（4 平成 5 令和）元号 年 月 日 月 日　6.就業日数 0 日　7.就業時間 0 時間　8.支払われた賃金額 0 円

9.支給単位期間その２（初日）（末日） 5－000216－0315（4 平成 5 令和）元号 年 月 日 月 日　10.就業日数 0 日　11.就業時間 0 時間　12.支払われた賃金額 0 円

13.最終支給単位期間（初日）（末日）（4 平成 5 令和）元号 年 月 日 月 日　14.就業日数 日　15.就業時間 時間　16.支払われた賃金額 円

17.職場復帰年月日 元号 年 月 日　18.支給対象となる期間の延長事由－期間 1－5－00416－ 事由 元号 年 月 日 月 日

1 保育所における保育が実施されないこと
2 養育を予定していた配偶者の死亡
3 養育を予定していた配偶者の負傷・疾病等
4 養育を予定していた配偶者との婚姻の解消等による別居
5 養育を予定していた配偶者の産前産後休業等

19.配偶者育休取得　20.配偶者の被保険者番号　※21.次回支給申請年月日 元号 年 月 日　22.延長等否認　23.未支給区分（空欄 未支給以外 1 未支給）

その他賃金に関する特記事項

（なるべく折り曲げないようにし、やむをえない場合には折り曲げマーク（▶）の所で折り曲げてください。）

（この用紙は、このまま機械で処理しますので、汚さないようにしてください。）

受給資格確認通知書に記載されている支給期間末日より前に育児休業を終了した場合は、その復帰日を記入

支給対象期間の延長を行う場合に、延長事由と延長期間を記入（延長期間の末日は書かなくても問題ない）

裏

様式第33号の8（第101条の30関係）（第2面）

上記の記載事実に誤りがないことを証明します。
令和 ○年 ○月 ○日　事業所名（所在地・電話番号）（株）○○ 03-0000-0000 渋谷区代々木○-○
事業主氏名 代表取締役 ○○ ○子 印

令和 ○年 ○月 ○日　公共職業安定所長 殿　申請者氏名 □木 ○代 印

| 社会保険労務士記載欄 | 作成年月日・提出代行者・事務代理者の表示 | 氏名 | 電話番号 |
|---|---|---|---|
| | | 印 | |

| 備考 | |
|---|---|
| 賃金締切日 | 日　賃金支払日 当月・翌月 日 |
| 通勤手当 | 有（毎月・3か月・6か月・ ）・無 |
| 雇用期間（1歳6ヵ月後の延長をする場合に記載） | イ 定めなし　ロ 定めあり→令和 年 月 日まで |

| ※所長 | 次長 | 課長 | 係長 | 係 | 操作者 |
|---|---|---|---|---|---|
| | | | | | |

※支給

被保険者が記入。ただし、労使合意のもとで「記載内容に関する確認書・申請等に関する同意書」を作成・保存することで署名・押印の省略可

注意

1 提出期限について
この申請書は、指定された次回支給申請日に、事業主を経由して事業所の所在地を管轄する公共職業安定所に提出してください。ただし、やむを……出することができます。
なお、初回の支給申請に限っては、最初の支給単位期間の初日から起算して４ヵ月を経過する日の属する月の末日までに行ってください。
2 申請は正しく行ってください。偽りの記載をして提出した場合には、以後育児休業給付を受けることができなくなるばかりでなく、不正に受給した……処せられることがあります。
3 申請書の記載について
（1）５欄及び９欄には、各々第１面の「支給単位期間その１」及び「支給単位期間その２」の初日から末日までを記載してください。１ヵ月分を申請する場合は、「支給単位期間その１」のみ記載し、申請を行うこともできます。なお、年、月又は日が１桁の場合は、それぞれの10の位の部分に「０」を付加して２桁で記載してください。
なお、申請時点において、すでに育児休業が終了している場合は、最終支給単位期間を含む３ヵ月分の支給単位期間について申請できますので、最終支給単位期間に係る申請については、13欄に記載してください。
（2）６欄、10欄及び14欄には、各々５欄、９欄及び13欄に記載した支給単位期間において就業した日数を記載してください。
（3）７欄、11欄及び15欄の就業時間には、各々６欄、10欄及び14欄に記載した就業日数が10日を超える場合に各支給単位期間において就業した時間を記載してください。
（4）一の支給単位期間について、被保険者資格の喪失後一日の空白もなく別の事業主に雇用されたときも支給申請の対象となります。この場合において、被保険者資格喪失前の事業主から支払われた賃金については、８欄、12欄及び16欄に記載する賃金額に計上するとともに、備考欄にその額を記載の上、その事業主の確認印を押印してください。
（5）８欄、12欄及び16欄には、各々５欄、９欄及び13欄に記載した支給単位期間において支払われた賃金（臨時の賃金、３ヵ月を超える期間ごとに支払われる賃金を除く。）の額を記載してください。なお、その賃金は育児休業期間外を対象とした賃金の額を含めないでください。
また、賃金締切日、賃金支払日、通勤手当及び雇用期間（１歳６ヵ月後の延長をする場合に限る。）に関する事項について備考欄に記載し、併せて賃金に含まれるか判断しかねるものについては、各々24欄及び25欄にその額とその名称といずれの支給単位期間に支払われたものかを記載してください。
（6）17欄には、育児休業給付金支給決定通知書の第１面の「支給期間末日」前に休業を終了した場合に、その休業を終了して職場復帰した日を記載してください。
（7）初回の支給申請において３ヵ月分の支給単位期間について申請を行う場合は、３月目の支給単位期間に係る５欄、６欄、７欄及び８欄に相当する事項を備考欄に記載してください。
（8）18欄には、育児休業給付金の支給申請に係る子について、その子が１歳に達する日（休業終了予定日がその子の１歳に達する日後である場合は、当該休業終了予定日）又はその子が１歳６ヵ月に達する日後の期間について保育所における保育の実施が行われない等の理由により引き続き育児休業を取得し、育児休業給付金の支給申請を行う場合に記載してください。この保育の実施が行われない等の理由及び期間については、18欄に記載し、記載内容を確認できる書類をこの支給申請書に添付して提出する必要があります。
（9）19欄及び20欄は、「パパ・ママ育休プラス」制度により、育児休業に係る子が１歳以降１歳２ヵ月未満までの期間も育児休業を取得する場合のみ記載してください。
19欄には、被保険者の配偶者（婚姻の届出をしていないが、事実上婚姻関係と同様の事情にある者を含む。以下同じ。）が同一の子について既に育児休業を取得している（していた）場合に「１」と記載してください。
20欄には、19欄に記載した場合に配偶者の被保険者番号を記載してください（配偶者が公務員である場合や被保険者でない場合、不明な場合等は空欄で構いません）。
住民票の写し等被保険者の配偶者であることを確認できる書類、（20欄に記載がない場合は）配偶者の育児休業開始日が確認できる書類（配偶者の育児休業取扱通知書の写し、配偶者の疎明書等）をこの支給申請書に添付して提出する必要があります。
4 記載すべき事項のない欄又は記入枠は空欄のままとし、※印の付いた欄又は記入枠には記載しないでください。
5 事業主は、記載事実に誤りのないことの証明を行ってください。
6 事業主が偽りの証明をした場合には、不正に受給した者と連帯して、不正に受給した金額の返還と更にそれに加えて一定の金額の納付を命ぜられ、また、詐欺罪として刑罰に処せられる場合があります。
7 この支給申請書の提出に際しては、賃金額等の記載内容を確認できる賃金台帳、出勤簿等をご持参ください。
8 申請者氏名については、記名押印又は署名により記載してください。
9 本手続は電子申請による申請が可能です。
なお、本手続について、社会保険労務士が事業主の委託を受け、電子申請により本申請書の提出に関する手続を行う場合には、当該社会保険労務士が当該事業主から委託を受けた者であることを証明するものを本申請書の提出と併せて送信することをもって、当該事業主の電子署名に代えることができます。
10 本手続について、事業主が本申請書の提出に関する手続を行う場合には、当該事業主が被保険者から、当該被保険者本人の申請であることを証明するものを提出させ、保存しておくことをもって、当該被保険者の（電子）署名に代えることができます。この場合の申請者氏名欄には、申請者氏名に代えて「申請……済み」と記載してください。

# 介護休業中の賃金が支払われないとき

- 介護休業は要介護状態にある対象家族を介護する場合に取得できる休業制度
- 介護休業中は支給要件を満たすことで介護休業給付金が支給される

## 雇用保険から受給できる介護休業給付金

常時介護が必要な状態の家族がいる従業員は、介護休業を取得できます。有期雇用契約の場合、一定の要件を満たす必要があります。

介護休業中に会社から給与の支払いがないといった条件のもと、雇用保険の介護休業給付金を受給することができます。

介護休業は職場復帰を前提としているため、休業取得時に退職が確定（または予定）している場合は、支給の対象となりません。

**書式DATA**

| | |
|---|---|
| 届け先 | 管轄のハローワーク |
| 期日 | 1 被保険者が「介護休業給付金支給申請書」を提出する日まで（事業主を経由して支給申請手続きをするときは、支給申請手続きと同時でよい）<br>2 各介護休業の終了日（介護休業期間が3か月以上にわたるときは介護休業開始日から3か月経過した日）の翌日から2か月を経過する日の属する月の末日まで |
| 必要書類 | 1 受給資格確認の手続きに必要：雇用保険被保険者 休業開始時賃金月額証明書（介護）<br>2 支給申請の手続きに必要：介護休業給付金支給申請書 |
| 添付書類 | 1 賃金額や賃金の支払いを証明できる書類。労働者名簿、出勤簿など<br>2 被保険者が事業主に提出した介護休業申出書。介護対象家族の生年月日などを確認できる住民票記載事項証明書。休業日数、休業期間中に支払われた賃金額などを証明できる、賃金台帳、出勤簿　など |
| 入手先 | 雇用保険被保険者 休業開始時賃金月額証明書（介護）：労働基準監督署またはハローワークにて直接受け取る<br>介護休業給付金支給申請書：ハローワークのHPからダウンロード可能 |

介護休業給付は、(1)受給資格確認、(2)支給申請の２つの手続きが必要です。(1)は事業主が、(2)は事業主か従業員が行いますが、どちらの手続きも事業主が行った方がスムーズです。

## 介護休業給付金の受給要件

正社員など無期雇用契約の場合、介護休業給付金の受給要件は育児休業給付金の場合と同じですが、アルバイトやパートタイマーの場合は、雇用期間が大きく関わってきます。

有期雇用契約者が介護休業給付金を受給するための要件

❶取得申し出時に入社から１年以上経過していること（2022年４月１日に廃止予定）
❷介護休業開始日から93日と６か月を経過するまでに雇用契約期間が満了し、更新されないことが明らかでないこと

### ○ 受給要件を満たすケース

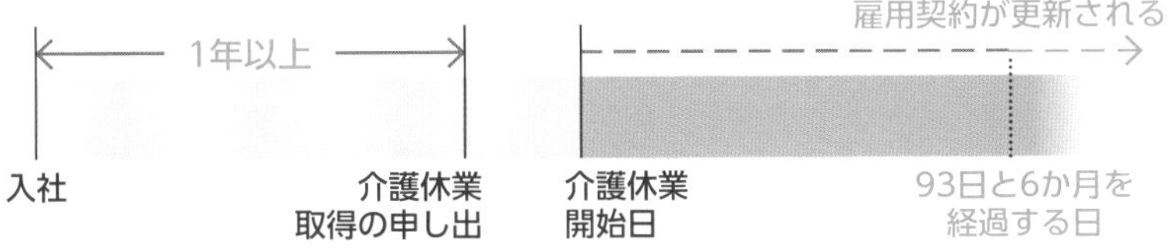


### ✕ 受給要件を満たさないケース

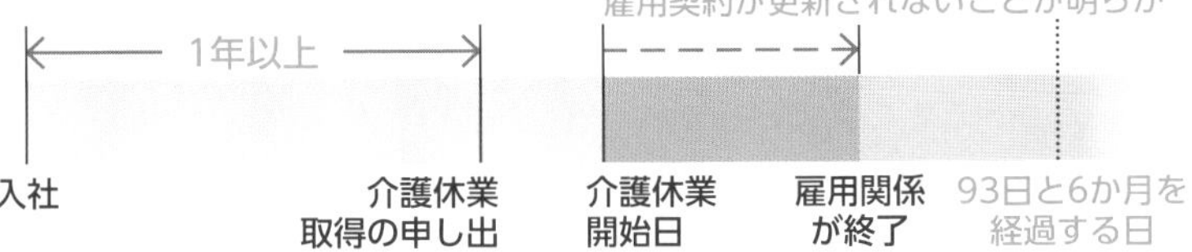


## 介護休業の対象家族の範囲など

### ●介護休業の対象となる家族

対象家族の範囲

- 配偶者（事実婚含む）
- 父母（養父母含む）
- 子（養子含む）
- 配偶者の父母
- 祖父母、兄弟姉妹、孫

### ●介護休業の対象外となる従業員

労使協定により、つぎの条件に該当する従業員の介護休業の申し出は拒むことができます。

❶入社１年未満の従業員
❷申し出の日から93日以内に雇用関係が終了することが明らかな従業員
❸１週間の所定労働日数が２日以下の従業員

介護が必要な状態を要介護といいます（→P.38～39参照）。判断基準は厚生労働省により定められています。

## 介護休業給付の受給資格

**介護休業給付の受給要件は、従業員が無期雇用契約か有期雇用契約かにより異なります。**

### 介護休業開始前

**●無期雇用契約の場合（正社員など）**

（1）介護休業開始前の２年間に**雇用保険の被保険者期間が12か月**※1**以上**ある

**●有期雇用契約の場合（アルバイト、パートタイマーなど）**

（1）介護休業開始前の２年間に**雇用保険の被保険者期間が12か月**※1**以上**ある

（2）介護休業開始時に、同じ会社で**１年以上雇用が継続**（2022年４月１日に廃止予定）、かつ、介護休業開始予定日から93日を経過する日から６か月の間に**労働契約が満了することが明らかでない**こと

※１ 介護休業開始日の前日から１か月ごとに区切った期間の賃金支払基礎日数が11日以上ある月、または賃金支払基礎時間数が80時間以上ある月を１か月とする。

### 介護休業開始後

（1）休業開始後、**１か月ごとの就労日数が10日以下**

（2）休業開始後、**１か月ごとに会社から支払われた賃金**が、休業開始時の賃金月額の80％未満

## 介護休業給付の給付額

**介護休業給付の給付額は、「賃金（日額）×支給日数×67％」で計算します。**

**給付額** ＝ **休業開始時賃金日額**※2 × **支給日数**※3 × **67％**

※２ 休業開始時賃金日額＝介護休業開始前６か月間の総支給額÷180（賞与を除く）

※３ １支給単位期間の支給日数は原則として30日（介護休業終了日を含む支給単位期間については、その介護休業終了日までの日数）

**給付額は賃金の約67％が目安です。**

ただし、休業中に会社から賃金額の13％以上が支払われている場合は、賃金日額×支給日数の80％相当額との差額を支給します。

有給休暇や手当などで会社から給与を受け取っていた場合は、その金額によっては給付額の減額や休業給付金が支給されないこともあるので注意が必要です

３回の取得で93日までを限度とする介護休業の給付金は、取得するごとに申請します。１単位期間の支給額には上限と下限があります。

# 「雇用保険被保険者 休業開始時賃金月額証明書（介護）」の記入例

間違いがあったときのために、必ず捨印を押す

「所定労働時間短縮開始時賃金証明書」を二重線で消し、介護に○

雇用保険被保険者 休業開始時賃金月額証明書 ~~所定労働時間短縮開始時賃金証明書~~（事業主控）　（介護・育児）

| | | | | |
|---|---|---|---|---|
| ① 被保険者番号 | 1234-567890-1 | ③ フリガナ | マルタ カクオ | ④休業等を開始した日の年月日　令和 5年 5月 1日 |
| ② 事業所番号 | 1307-111111-0 | 休業等を開始した者の氏名 | ○田 △男 | |
| ⑤ 名称 | （株）○○ | ⑥休業等を開始した者の住所又は居所 | 〒000-0000 杉並区○○1-2-3 | |
| 事業所所在地 | 渋谷区代々木○-○ | | 電話番号（080）0000－0000 | |
| 電話番号 | 03-0000-0000 | | | |
| 事業主　住所 | 渋谷区代々木○-○ | | | |
| 事業主　氏名 | （株）○○ 代表取締役 ○○ ○子 | | | |

印

休業等を開始した日前の賃金支払状況等

※1 休業を開始した日

| ⑧ 休業等を開始した日 5月1日 | ⑨ 賃金支払基礎日数 | ⑩ 賃金支払対象期間 | ⑩ ⑨の基礎日数 | ⑪ 賃金額 Ⓐ | Ⓑ | 計 | ⑫ 備考 |
|---|---|---|---|---|---|---|---|
| 4月1日～休業等を開始した日の前日 | 30日 | 4月1日～休業等を開始した日の前日 | 30日 | 0 | | | |
| 3月1日～3月31日 | 31日 | 3月1日～3月31日 | 31日 | 390,000 | | | |
| 2月1日～2月28日 | 28日 | 2月1日～2月28日 | 28日 | 390,000 | | | |
| 1月1日～1月31日 | 31日 | 1月1日～1月31日 | 31日 | 390,000 | | | |
| 12月1日～12月31日 | 31日 | 12月1日～12月31日 | 31日 | 390,000 | | | |
| 11月1日～11月30日 | 30日 | 11月1日～11月30日 | 30日 | 390,000 | | | |
| 10月1日～10月31日 | 31日 | 10月1日～10月31日 | 31日 | 390,000 | | | |
| 9月1日～9月30日 | 30日 | 9月1日～9月30日 | 30日 | 390,000 | | | |
| 8月1日～8月31日 | 31日 | 8月1日～8月31日 | 31日 | 390,000 | | | |
| 7月1日～7月31日 | 31日 | 7月1日～7月31日 | 31日 | 390,000 | | | |
| 6月1日～6月30日 | 30日 | 6月1日～6月30日 | 30日 | 390,000 | | | |
| 5月1日～5月31日 | 31日 | 5月1日～5月31日 | 31日 | 390,000 | | | |
| 月 日～ 月 日 | 日 | 月 日～ 月 日 | 日 | | | | |
| 月 日～ 月 日 | 日 | 月 日～ 月 日 | 日 | | | | |
| 月 日～ 月 日 | 日 | 月 日～ 月 日 | 日 | | | | |
| 月 日～ 月 日 | 日 | 月 日～ 月 日 | 日 | | | | |

⑬賃金に関する特記事項

⑭（休業開始時における）雇用期間　㋑定めなし　ロ 定めあり → 令和 年

※公共

2 休業開始時賃金月額証明書等の記載方法については、別紙「雇用保険被保険者休業開始…
3 「休業等を開始した日」とあるのは、当該被保険者が育児休業又は介護休業を開始した…
…るための休業又は当該被保険者が就業しつつその子…
…用を開始した日のことである。
…定による産前・産後休業に引き続いて、育児休業又…
…、又は当該被保険者が就業しつつその子を養育する…

| 氏 名 | |
|---|---|
| ㊞ | |

直前の賃金締切日の翌日を記入。以降、順次さかのぼって1か月ごとに記入

A欄：月または週で決められた賃金を記入
B欄：日または時間、出来高で支払われた賃金を記入
※時給者でも、通勤手当が月額で支払われていれば、通勤手当の分はA欄へ記入することとなる
※通勤手当が3か月や6か月でまとめて支払われている場合は月数で割り振って金額を記入する。端数が生じた場合は、最後の月に加算

月給者：暦日（欠勤日数は差し引く）
日給・時給者：左隣に記入した期間のうち、賃金支払対象となった出勤日数

※1の休業を開始した日からさかのぼって、賃金支払基礎日数が11日以上ある月を順次記入する

被保険者が記載事項に間違いがないことを確認し署名・押印。ただし、労使合意のもとで「記載内容に関する確認書・申請等に関する同意書」を作成・保存することで署名・押印の省略可

# 「介護休業給付金支給申請書」の記入例

それぞれの支給対象期間の初日と末日を記入

マイナンバーを記入

対象家族のマイナンバーを記入

■ 様式第33号の6（第101条の19関係）（第1面） ■

## 介護休業給付金支給申請書

（必ず第2面の注意書きをよく読んでから記入してください。）

帳票種別 16601

1.介護休業被保険者の個人番号 123456789012

2.被保険者番号 1234-567890-1

3.資格取得年月日 5-000401（3 昭和 4 平成 5 令和）元号 年 月 日

4.被保険者氏名　フリガナ（カタカナ）

5.事業所番号 1307-111111-0

6.姓（漢字）○田　7.名（漢字）△男

8.介護休業開始年月日 5-000501 元号 年 月 日

9.介護対象家族の個人番号 012345678901

10.介護対象家族の姓（カタカナ）マルタ　11.介護対象家族の名（カタカナ）マルゾウ　12.介護対象家族の性別 1（1 男 2 女）　13.介護対象家族の続柄 2（1 配偶者 2 父母 3 子 …）

14.介護対象家族の姓（漢字）○田　15.介護対象家族の名（漢字）○三　16.介護対象家族の生年月日 3-190110 元号 年 月 日

17.支給対象期間その1（初日）5-000501（末日）-0531　18.全日休業日数 31　19.支払われた賃金額 0 円

20.支給対象期間その2（初日）5-000601（末日）-0630　21.全日休業日数 30　22.支払われた賃金額 0 円

23.支給対象期間その3（初日）5-000701（末日）-0731　24.全日休業日数 31　25.支払われた賃金額 0 円

26.介護休業終了年月日（介護休業期間が93日未満のとき記入）元号 年 月 日

27.終了事由（1 職場復帰 2 休業事由の消滅）

※公共職業安定所記載欄

28.賃金月額（区分−日額又は総額）（1 日額 2 総額）円　29.同一対象家族に係る介護休業開始年月日 元号 年 月 日　30.期間雇用者の継続雇用の見込み

31.支払区分　32.金融機関・店舗コード　口座番号

33.未支給区分（空欄 未支給以外 1 未支給）

34.処理区分（空欄 一括処理 1 否認（期間） 2 否認（対象家族） 3 資格確認のみ 4 支給のみ 5 否認（93日超） 6 否認（取得回数））

35.特殊事項（1 チェック不要 2 再開（他の休業の終了） 3 再開（被保険者資格再取得））

（この用紙は、このまま機械で…）

上記被保険者が介護休業を取得し、上記の記載事実に誤りがないことを証明します。

令和 ○ 年 ○ 月 ○ 日　事業所名（所在地・電話番号）（株）○○ 渋谷区代々木○-○ 03-5000-5000
事業主氏名 代表取締役○○ ○子 印

雇用保険法施行規則第101条の19の規定により、上記のとおり介護休業給付金の支給を申請します。

令和 ○ 年 ○ 月 ○ 日　渋谷 公共職業安定所長 殿　住所 杉並区○○1-2-3
申請者氏名 ○田 △男 印

| 払渡希望金融機関指定届 | 36. 払渡希望金融機関 | フリガナ | マルマルギンコウ カクカクシテン | 金融機関コード | 店舗コード | 金融機関による確認印 |
|---|---|---|---|---|---|---|
| | | 名称 | ○○銀行 △△ 本店/支店 | 1234 | 005 | |
| | | 銀行等（ゆうちょ銀行以外） | 口座番号（普通）1234567 | | | |
| | | ゆうちょ銀行 | 記号番号（総合）− | | | |

備考　賃金締切日 末日　賃金支払日 当月・翌月 15日　通勤手当 有（毎月・3か月・6か月・　）無

※処理欄　支給決定年月日 令和 年 月 日　支給決定額 円

社会保険労務士記載欄　氏名　電話番号　印

支給対象期間のうち、全日休業している日を記入（土日・祝日なども含む）

支給対象期間に支払った賃金を記入

※1 に記入した場合は、終了事由の番号を記入

被保険者の記名。ただし、労使合意のもとで「記載内容に関する確認書・申請等に関する同意書」を作成・保存し、氏名のところに「同意あり」と記入することで省略可能

※1 介護休業期間が93日未満の場合に記入

通帳のコピー（本人名義のもの。旧姓の口座は不可）を申請書に添付するか、または、キャッシュカードコピー、または銀行窓口でもらう確認印でも可。インターネットバンクや一部の外資系銀行は対象外の場合があるため、事前にハローワークへ確認する。申請前に、給付金が振り込まれる金融機関の口座に確認印をもらう

## 退職後の出産手当金の受給要件

# 退職後に出産手当金を受け取ることはできますか？

出産した従業員Nさんが、産後休業中に退職することになりました。
退職すると健康保険被保険者の資格を喪失することになりますが、
出産手当金は受け取ることができるのでしょうか？

A

要件を満たしていれば、出産手当金を受け取ることができます。

### 疑問解決のポイント！

#### ❶ 2つの要件を満たすことで出産手当金を受給できる

退職すると健康保険被保険者の資格を喪失します。しかしつぎの2つの要件を満たしていれば、退職後も引き続き出産手当金を受け取ることができます。

（1）被保険者の資格を喪失した日の前日（退職日）までに、**継続して1年以上の被保険者期間があること**（健康保険任意継続の被保険者期間を除く）。

（2）資格を喪失したときに出産手当金を受けている、または、出産手当金を受ける条件を満たしていること。

#### ❷注意！　退職日に出勤してはいけない

退職日に出勤した場合は、すでに仕事に復帰できる状態になったとみなされ、**退職日以降の出産手当金を受け取ることはできなくなります。**
退職予定の従業員が、産前産後休業期間中を通して出産手当金を受給したいという場合は、休業したまま退職するように伝えましょう。

退職日まで1年以上続けて働いていて、なおかつ退職日までに産休を開始していれば
出産手当金を受け取ることができる。

# 産前産後休業中の社会保険料の免除を受けるには

- 産前産後休業中は、従業員と会社側の社会保険料が免除される
- 書類の提出などの申請手続きは休業中に行う

## 社会保険料の免除は手続きが必要

産前産後休業（以下、産休）中は社会保険料の支払いが免除されます。休業開始月から休業終了月の前月が免除期間です。

社会保険料の免除には申請手続きが必要です。産休を開始しても自動的に免除にはならないので注意しましょう。申請書の提出は事業主を通して行われ、従業員と会社側両方の保険料が免除されます。

産前休業中に手続きをしていると、実際の出産日が出産予定日と前後して産後休業の期間が変更になることがあります。このように、産前産後休業期間を変更または休業の前日までに終了した際は、その旨を申し出なければなりません。

免除期間中も被保険者資格に変更はありません。将来年金額を計算する際は、保険料を納めた期間とみなされます

**書式DATA**

健康 年金 労災 雇用

| | |
|---|---|
| 届け先 | 管轄の年金事務所または健康保険組合 |
| 期　日 | 産前産後休業の休業期間中、または休業期間の変更が決まったときにすみやかに |
| 必要書類 | 健康保険・厚生年金保険産前産後休業取得者申出書／変更（終了）届 |
| 添付書類 | なし |
| 入手先 | 日本年金機構のHPからダウンロード可能 |

産前産後休業中に賞与の支払いがあっても、届出をしておくことで賞与にかかる社会保険料も免除されます。

## 社会保険料免除の手続き

産休中の社会保険料の免除は、事業主を経由して書類を提出することで開始します。

①被保険者から事業主に産休の取得を申し出る

②事業主から年金事務所に申出書を提出する

事業主はすみやかに「産前産後休業取得者申出書」を年金事務所に提出する

③保険料の免除開始

従業員・事業主ともに保険料（厚生年金保険・健康保険）が免除される

④免除期間

⑤休業変更・終了の届け出

休業開始月から休業終了月の前月まで休業期間を変更したとき、または予定よりはやく終了したときは、事業主はすみやかに「産前産後休業取得者変更（終了）届」を提出する

「産前産後休業取得者申出書」と「産前産後休業取得者変更（終了）届」は、同じ書類を指しているニャ（→P.214〜215参照）

## 社会保険料の免除期間

社会保険料の免除期間は、実際の出産が出産予定日より遅れた分だけ長くなります。

### ●出産予定日より前に出産した場合

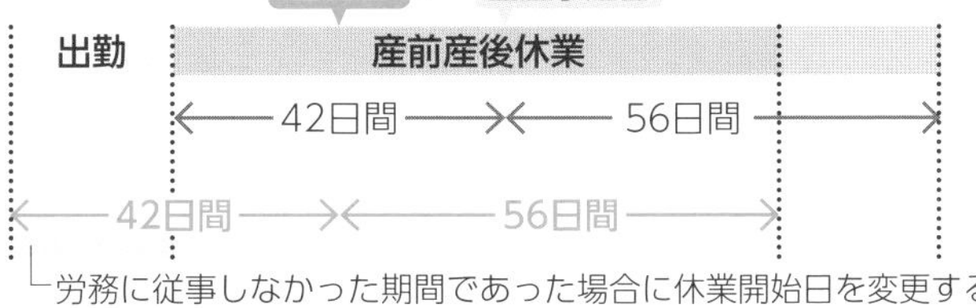


### ●出産予定日より後に出産した場合

出産日以前の42日までの間で、会社を休んで給与を支給しなかった期間が免除の対象となります。

# 「健康保険 産前産後休業取得者 申出書／変更（終了）届」の記入例

## 出産前の産前産後休業期間中に提出する場合

被保険者整理番号を記入

事業所整理記号を記入

被保険者のマイナンバーを記入

事業所所在地など、事業所情報を記入

| 様式コード | | | |
|---|---|---|---|
| 2 | 2 | 7 | 3 |

健康保険
厚生年金保険
産前産後休業取得者
申出書/変更（終了）届

令和　年　月　日提出

受付印

**提出者記入欄**

| | |
|---|---|
| 事業所整理記号 | 80－100 |
| 事業所所在地 | 届書記入の個人番号に誤りがないことを確認しました。<br>〒151-0053<br>渋谷区代々木○-○ |
| 事業所名称 | （株）ジェイズ |
| 事業主氏名 | 代表取締役　○○　○子 |
| 電話番号 | 03（5000）5000 |

社会保険労務士記載欄
氏名等

新規申出の場合は共通記載欄に必要項目を記入してください。
変更・終了の場合は、共通記載欄に産前産後休業取得時に提出いただいた内容を記入のうえ、A.変更・B.終了の必要項目を記入してください。

**共通記載欄（取得申出）**

| | | | |
|---|---|---|---|
| ①被保険者整理番号 | 8 | ②個人番号［基礎年金番号］ | 1 2 3 4 5 6 7 8 9 0 1 2 |
| ③被保険者氏名 | （フリガナ）マルヤマ（氏）○山　（名）カクコ △子 | ④被保険者生年月日 | 5.昭和 ⑦平成 9.令和　02年09月23日 |
| ⑤出産予定年月日 | 9.令和　01年06月30日 | ⑥出産種別 | ⓪.単胎　1.多胎　※出産予定の子の人数が2人（双子）以上の場合に「1.多胎」を○で囲んでください。 |
| ⑦産前産後休業開始年月日 | 9.令和　01年05月20日 | ⑧産前産後休業終了予定年月日 | 9.令和　01年08月25日 |
| 以下の⑨～⑩は、この申出書を出産後に提出する場合のみ記入してください。 | | | |
| ⑨出生児の氏名 | （フリガナ）（氏）　（名） | ⑩出産年月日 | 9.令和　年　月　日 |
| ⑪備考 | | | |

出産（予定）日・産前産後休業終了（予定）日を変更する場合　※必ず共通記載欄も記入してください。

**A.変更**

| | | | |
|---|---|---|---|
| ⑫変更後の出産（予定）年月日 | 9.令和　年　月　日 | ⑬変更後の出産種別 | 0.単胎　1.多胎　※出産予定の子の人数が2人（双子）以上の場合に「1.多胎」を○で囲んでください。 |
| ⑭産前産後休業開始年月日 | 9.令和　年　月　日 | ⑮産前産後休業終了予定年月日 | 9.令和　年　月　日 |

予定より早く産前産後休業を終了した場合　※必ず共通記載欄も記入してください。

**B.終了**

| | |
|---|---|
| ⑯産前産後休業終了年月日 | 9.令和　年　月　日 |

出産予定日を必ず記入すること。当てはまる出産種別を丸で囲む

○ 産前産後休業期間とは、出産日以前42日（多胎妊娠の場合は98日）～出産日後56日の間に、妊娠または出産を理由として労務に従事しない期間のことです。

○ この申出書を出産予定日より前に提出された場合で、実際の出産日が予定日と異なった場合は、再度『産前産後休業取得者変更届』（当届書の「共通記載欄」と「A.変更」欄に記入）を提出してください。休業期間の基準日である出産年月日がずれることで、開始・終了年月日が変更になります。

○ 産前産後休業取得申出時に記載した終了予定年月日より早く産休を終了した場合は、『産前産後休業終了届』（当届書の「共通記載欄」と「B.終了」欄に記入）を提出してください。

○ 保険料が免除となるのは、産前産後休業開始日の属する月分から、終了日翌日の属する月の前月分までとなります。

⚠出生児の氏名・出産年月日は、出産前の産前産後休業期間中の提出の場合は記入不要

被保険者の氏名、生年月日を記入

産前産後休業の開始年月日と終了予定年月日を記入

## 出産後の産前産後休業期間中に提出する場合

被保険者整理番号を記入

事業所整理記号を記入

被保険者のマイナンバーを記入

事業所所在地など、事業所情報を記入

様式コード 2273

健康保険 厚生年金保険 産前産後休業取得者 申出書/変更（終了）届

令和　年　月　日提出

**提出者記入欄**

- 事業所整理記号：80－100
- 届書記入の個人番号に誤りがないことを確認しました。
- 事業所所在地：〒151-0053 渋谷区代々木○-○
- 事業所名称：(株)ジェイズ
- 事業主氏名：代表取締役 ○○ ○子
- 電話番号：03(5000)5000

受付印

社会保険労務士記載欄 氏名等

新規申出の場合は共通記載欄に必要項目を記入してください。
変更・終了の場合は、共通記載欄に産前産後休業取得時に提出いただいた内容を記入のうえ、A.変更・B.終了の必要項目を記入してください。

**共通記載欄（取得申出）**

| | | | |
|---|---|---|---|
| ①被保険者整理番号 | 8 | ②個人番号[基礎年金番号] | 1 2 3 4 5 6 7 8 9 0 1 2 |
| ③被保険者氏名 | (フリガナ)マルヤマ (氏)○山 (名)カクコ △子 | ④被保険者生年月日 | 5.昭和 ⑦平成 9.令和　02年09月23日 |
| ⑤出産予定年月日 | 9.令和 01年06月30日 | ⑥出産種別 | ⓪単胎 1.多胎　※出産予定の子の人数が2人(双子)以上の場合に「1.多胎」を○で囲んでください。 |
| ⑦産前産後休業開始年月日 | 9.令和 01年05月20日 | ⑧産前産後休業終了予定年月日 | 9.令和 01年08月25日 |

以下の⑨～⑩は、この申出書を出産後に提出する場合のみ記入してください。

| | | | |
|---|---|---|---|
| ⑨出生児の氏名 | (フリガナ)マルヤマ (氏)○山 (名)タロウ 太郎 | ⑩出産年月日 | 9.令和 01年06月28日 |
| ⑪備考 | | | |

出産(予定)日・産前産後休業終了(予定)日を変更する場合 ※必ず共通記載欄も記入してください。

**A.変更**

| | | | |
|---|---|---|---|
| ⑫変更後の出産(予定)年月日 | 9.令和　年　月　日 | ⑬変更後の出産種別 | 0.単胎 1.多胎　※出産予定の子の人数が2人(双子)以上の場合に「1.多胎」を○で囲んでください。 |
| ⑭産前産後休業開始年月日 | 9.令和　年　月　日 | ⑮産前産後休業終了予定年月日 | 9.令和　年　月　日 |

予定より早く産前産後休業を終了した場合 ※必ず共通記載欄も記入してください。

**B.終了**

| | |
|---|---|
| ⑯産前産後休業終了年月日 | 9.令和　年　月　日 |

出産予定日を必ず記入すること。当てはまる出産種別を丸で囲む

○ 産前産後休業期間とは、出産日以前42日（多胎妊娠の場合は98日）～出産日後56日の間に、妊娠または出産を理由として労務に従事しない期間のことです。

○ この申出書を出産予定日より前に提出された場合で、実際の出産日が予定日と異なった場合は、再度『産前産後休業取得者変更届』（当届書の「共通記載欄」と「A.変更」欄に記入）を提出してください。休業期間の基準日である出産年月日がずれることで、開始・終了年月日が変更になります。

○ 産前産後休業取得申出時に記載した終了予定年月日より早く産休を終了した場合は、『産前産後休業終了届』（当届書の「共通記載欄」と「B.終了」欄に記入）を提出してください。

○ 保険料が免除となるのは、産前産後休業開始日の属する月分から、終了日翌日の属する月の前月分までとなります。

産前産後休業の開始年月日と終了予定年月日を記入

⚠ 出生児の氏名、生年月日を記入。多胎児の場合は、出生児の氏名を列記

被保険者の氏名、生年月日を記入

# 育児休業期間中の社会保険料の免除を受けるには

- 育児休業期間中も社会保険料の支払いが免除される
- 免除期間は休業開始月から休業終了月の前月まで

## 育児休業期間中も社会保険料の支払いが免除される

産前産後休業中と同じように、育児休業期間中も社会保険料の支払いが免除されます。免除期間は同じく休業開始月から休業終了月の前月です。免除を受けている期間も被保険者としての資格は継続するため、将来年金額を計算する際には保険料を納めた期間として扱われます。

育児休業期間を延長した場合、その延長期間も引き続き社会保険料は免除されます。

社会保険料の免除は、従業員だけでなく会社側の負担分も免除されます

健康　年金　労災　雇用

**書式DATA**

- **届け先** 管轄の年金事務所または健康保険組合
- **期日** 育児休業を取得・延長したとき、変更する予定が決まったときにすみやかに
- **必要書類** 健康保険・厚生年金保険 育児休業等取得者申出書(新規・延長)／終了届
- **添付書類** なし
- **入手先** 日本年金機構のHPよりダウンロード可能

産前産後休業期間中と同じように、育児休業期間中に賞与の支払いがあっても、届出をしていれば賞与にかかる社会保険料も免除されます。

## 社会保険料免除の条件

**社会保険料の免除を受けるには、つぎのいずれかの育児休業期間中に申し出が必要です。**

(1) **1歳未満の子ども**を養育するための育児休業期間中

(2) **保育所待機など特別な事情がある**場合の**1歳6か月**に達する日までの育児休業期間中

(3) **保育所待機など特別な事情がある**場合の**2歳未満**の育児休業期間中

(4) 会社に育児休業制度がある場合、(1)～(3)を終えたあと、**3歳**に達するまでの育児休業期間中

## 育児休業を延長・終了するときのポイント

**育児休業を延長・終了するときに提出する書類は、育児休業取得時に提出した書類と同じものです。**

### ●延長するとき

**(1)「健康保険・厚生年金保険 育児休業等取得者申出書」の提出**
※育児休業を取得したときと同じ書類

**(2) 延長の理由を問わず免除される**

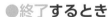

育児休業延長の申出は、育児休業期間中に行わなければなりません

### ●終了するとき

**(1)「健康保険・厚生年金保険 育児休業等取得者終了届」の提出**
※育児休業を取得したときと同じ書類
※当初の予定よりはやく終了する場合に提出する

**(2) 予定通りに終了した場合は提出不要**
※提出時の休業期間通りに終了した場合は提出不要

休業期間を途中で変更したり、終了を早めたりする場合は、それがわかった時点ですみやかに届け出ないといけないニャ

会社の育児休業制度が手厚くて、当初から子どもが1歳を超えても休業する予定であったとしても、初回は1年を超えた期間についての申し出をすることができません。

# 「健康保険・厚生年金保険 育児休業等取得者申出書(新規・延長)/終了届」の記入例

## 育児休業を開始する場合

被保険者整理番号を記入

事業所整理記号を記入

事業所所在地など、事業所情報を記入

被保険者のマイナンバーを記入

| 様式コード |
|---|
| 2263 |

健康保険
厚生年金保険

育児休業等取得者
申出書(新規・延長)/終了届

令和 3 年 6 月 20 日提出

**提出者記入欄**

| | |
|---|---|
| 事業所整理記号 | 68 − マ○○ |
| 事業所所在地 | 届書記入の個人番号に誤りがないことを確認しました。<br>〒151 − 0053<br>東京都渋谷区代々木○-○ |
| 事業所名称 | 株式会社○○ |
| 事業主氏名 | 代表取締役○山○子 |
| 電話番号 | 03 ( 5000 ) 5000 |

受付印

社会保険労務士記載欄
氏名等

新規申出の場合は共通記載欄に必要項目を記入してください。
延長・終了の場合は、共通記載欄に育児休業取得時に提出いただいた内容を記入のうえ、A.延長 B.終了の必要項目を記入してください。

**共通記載欄(新規申出)**

| | |
|---|---|
| ① 被保険者整理番号 | 3 |
| ② 個人番号[基礎年金番号] | 1 2 3 4 5 6 7 8 9 0 1 2 |
| ③ 被保険者氏名 | (フリガナ)(氏) カクキ 角木 (名) マルヨ 丸代 |
| ④ 被保険者生年月日 | 5.昭和 ⑦平成 9.令和 01年03月01日 |
| ⑤ 被保険者性別 | 1.男 ②女 |
| ⑥ 養育する子の氏名 | (フリガナ)(氏) カクキ 角木 (名) カクカク 角角 |
| ⑦ 養育する子の生年月日 | ⑦平成 9.令和 03年04月20日 |
| ⑧ 区分 | ①実子 2.その他 ※「2.その他」の場合は、⑨養育開始年月日(実子以外)も記入してください。 |
| ⑨ 養育開始年月日(実子以外) | 9.令和 年 月 日 |
| ⑩ 育児休業等開始年月日 | 7.平成 ⑨令和 03年06月16日 |
| ⑪ 育児休業等終了予定年月日 | 9.令和 04年04月19日 |
| ⑫ 備考 | 該当する項目を○で囲んでください。 1. パパママ育休該当 2. その他 ( ) |

終了予定日を延長する場合 ※必ず共通記載欄も記入してください。

| A.延長 | |
|---|---|
| ⑬ 育児休業等終了予定年月日(変更後) | 9.令和 年 月 日 |

※延長とは、「0〜1歳」「1〜1歳6か月」「1歳6か月〜2歳」「1歳〜3歳」の4つの区分のそれぞれの期間内で終了予定日を延長する場合をいいます。

「パパママ育休プラス」(P.11)で子が1歳2か月になるまでの間育休を取得する場合は1を選択

例:①1歳誕生日前日までの育休申出をされていた方が、続けて、②1歳6か月前日までの育休申出をされる場合
⇒延長ではなく新規申出となりますので上段の「共通記載」欄にあらためて記入してください。

予定より早く育児休業を終了した場合 ※必ず共通記載欄も記入してください。

| B.終了 | |
|---|---|
| ⑭ 育児休業等終了年月日 | 9.令和 年 月 日 |

○ 役員・経営担当者等の使用者の方は、原則、保険料免除には該当しませんので注意してください。

○ 育児休業等による保険料免除の期間は以下の4つの区分があります。4つの区分それぞれに申出が必要となりますのでご注意ください。

| | 養育する子が |
|---|---|
| ①1歳未満の子を養育するための育児休業 | → 0歳 〜 1歳誕生日前日まで(パパママ育休の場合は1歳2か月目前日まで) |
| ②保育所待機等の特別な事情がある場合の1歳から1歳6か月に達するまでの育児休業 | → 1歳誕生日 〜 1歳6か月目前日まで |
| ③保育所待機等の特別な事情がある場合の1歳6か月から2歳に達するまでの育児休業 | → 1歳6か月目 〜 2歳誕生日前日まで |
| ④1歳から3歳までの子を養育するための育児休業に準ずる期間 | → 1歳誕生日 〜 3歳誕生日前日まで |

○ パパママ育休プラスとは、父母ともに育児休業を取得する場合、育児休業取得可能期間を子が1歳から1歳2か月に達するまでに延長する制度です。
なお、父母1人ずつが取得できる休業期間(母親の産後休業期間を含む。)の上限は、1年間となります。

被保険者の実子の場合は「1」、養子の場合は「2」に○

養育のために休業する期間を記入

被保険者の氏名、生年月日を記入

養子である子の養育開始日を記入

## 育児休業を延長する場合

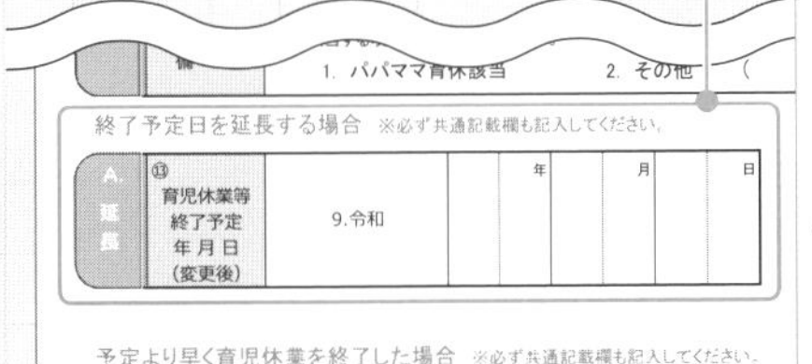
1. パパママ育休該当　2. その他　（

終了予定日を延長する場合 ※必ず共通記載欄も記入してください。

| A. 延長 | ⑬ 育児休業等終了予定年月日（変更後） | 9.令和 | | 年 | | 月 | | 日 |
|---|---|---|---|---|---|---|---|---|

予定より早く育児休業を終了した場合 ※必ず共通記載欄も記入してください。

| B. 終了 | ⑭ 育児休業等終了年月日 | 9.令和 | | 年 | | 月 | | 日 |
|---|---|---|---|---|---|---|---|---|

○ 役員・経営担当者等の使用者の方は、原則、保険料免除には該当しませんので注意してください。

○ 育児休業等による保険料免除の期間は以下の4つの区分があります。4つの区分それぞれに申出が必要となりますのでご注意ください。

養育する子が

①1歳未満の子を養育するための育児休業 → 0歳 ～ 1歳誕生日前日まで（パパママ育休の場合は1歳2か月目前日まで）

②保育所待機等の特別な事情がある場合の1歳から1歳6か月に達するまでの育児休業 → 1歳誕生日 ～ 1歳 6か月目前日まで

③保育所待機等の特別な事情がある場合の1歳6か月から2歳に達するまでの育児休業 → 1歳 6か月目 ～ 2歳誕生日前日まで

④1歳から3歳までの子を養育するための育児休業に準ずる期間 → 1歳誕生日 ～ 3歳誕生日前日まで

○ パパママ育休プラスとは、父母ともに育児休業を取得する場合、育児休業取得可能期間を子が1歳から1歳2か月に達するまでに延長する制度です。
なお、父母1人ずつが取得できる休業期間（母親の産後休業期間を含む。）の上限は、1年間となります。

⚠「延長」とは、「0歳～1歳」「1歳～1歳6か月」「1歳6か月～2歳」「1歳～3歳」の4つの区分の、それぞれの期間内で終了予定日を延長する場合をいう。

例1）子が「0歳～1歳」の区分における育児休業として、当初「産後57日目から6か月まで」の期間を申し出ていたが、「産後57日目から1歳（誕生日の前日）まで」の期間に変更する場合は「延長」となるため、「A. 延長」欄に記入する

例2）1歳の誕生日前日までの育休申し出をしていたが、続けて1歳6か月の前日までの育休申し出をする場合は、延長ではなく新規申し出となるため、P.218の「共通記載欄⑪ 育児休業等終了予定年月日」にあらためて記入する

## 育児休業を終了する場合

1. パパ…　2.

終了予定日を延長する場合 ※必ず共通記載欄も記入してください。

| A. 延長 | ⑬ 育児休業等終了予定年月日（変更後） | 9.令和 | | 年 | | 月 | | 日 |
|---|---|---|---|---|---|---|---|---|

予定より早く育児休業を終了した場合 ※必ず共通記載欄も記入してください。

| B. 終了 | ⑭ 育児休業等終了年月日 | 9.令和 | 0 | 4 年 | 0 | 3 月 | 3 | 1 日 |
|---|---|---|---|---|---|---|---|---|

○ 役員・経営担当者等の使用者の方は、原則、保険料免除には該当しませんので注…

○ 育児休業等による保険料免除の期間は以下の4つの区分があります。4つの区分それ…

養育する子が

①1歳未満の子を養育するための育児休業 → 0歳 ～ 1歳誕生日前日まで（パパママ育休の場合は1歳2か月目前日まで）

②保育所待機等の特別な事情がある場合の1歳から1歳6か月に達するまでの育児休業 → 1歳誕生日 ～ 1歳 6か月目前日まで

③保育所待機等の特別な事情がある場合の1歳6か月から2歳に達するまでの育児休業 → 1歳 6か月目 ～ 2歳誕生日前日まで

④1歳から3歳までの子を養育するための育児休業に準ずる期間 → 1歳誕生日 ～ 3歳誕生日前日まで

○ パパママ育休プラスとは、父母ともに育児休業を取得する場合、育児休業取得可能期間を子が1歳から1歳2か月に達するまでに延長する制度です。
なお、父母1人ずつが取得できる休業期間（母親の産後休業期間を含む。）の上限は、1年間となります。

⚠予定より早く育児休業を終了した場合、以下の年月日を記入する

- 子の死亡などにより養育しなくなった場合：死亡した日（養育しなくなった日）
- 子が1歳（1歳6か月）に達した日：子の誕生日の前日
- 子を養育している被保険者が産前産後休業に入り、第2子以降の産前産後休業を請求した場合：産前産後休業開始日の前日
- 子を養育している被保険者が産前産後休業に入り、第2子以降の産前産後休業を請求せず産後休業に入った場合：第2子の誕生日
- 就労を請求した場合：就労日の前日

賃金が下がったときなどの手続き

# 出産・育児の休業が終了したあとに賃金が低下したとき

- 産前産後休業や育児休業後の短時間勤務では、標準報酬月額の見直しが認められる
- 休業後の社会保険料の負担が軽減される

## 休業前より社会保険料の負担が軽減される

産前産後休業、あるいは育児休業の取得を終えた従業員が仕事に復帰してからも、保育園の送迎などのために労働時間をセーブして働くことがあります。

このような場合、休業前より賃金が低下するものの、社会保険料の支払いだけは休業前と同じになるということが考えられます。そこで、通常の随時改定よりも緩やかな条件で標準報酬月額の見直しをすることが認められています(産前産後休業終了時改定、育児休業等終了時改定※)。この改定により社会保険料の負担が軽減されます。この手続きは該当する従業員の申し出を受けて会社が行うことになっていますが、実務上では会社の方から該当従業員に標準報酬月額の見直しを提案するとよいでしょう。

健康 年金 労災 雇用

### 書式DATA

1 産前産後休業終了後の従業員から申し出
2 育児休業終了後、3歳未満の子どもを養育する従業員から申し出

| | |
|---|---|
| 届け先 | 1 2 管轄の年金事務所または健康保険組合 |
| 期日 | 1 2 すみやかに |
| 必要書類 | 1 健康保険・厚生年金保険 産前産後休業終了時報酬月額変更届<br>2 健康保険・厚生年金保険 育児休業等終了時報酬月額変更届 |
| 添付書類 | 1 2 なし |
| 入手先 | 1 2 年金事務所のHPからダウンロード、または健康保険組合より入手 |

産前産後休業終了時改定、育児休業等終了時改定は、随時改定と違い固定的賃金の変動でなくてもかまいません。残業など非固定的賃金の変動によって等級が下がったときも対象になります。

## 標準報酬月額見直しの条件

毎月の社会保険料は、「標準報酬月額×保険料率」で決定します。標準報酬月額を見直すことにより、社会保険料の負担が軽減されます。

●対象となる従業員

または

産前産後休業終了時の従業員

育児休業終了時に３歳未満の子どもを養育している従業員

●報酬月額変動などの要件

（１）休業前の標準報酬月額と、復帰後の標準報酬月額との間に１等級以上の差が生じるとき

（２）休業終了日の翌日が属する月以後３か月のうち、少なくとも１か月の支払基礎日数が17日以上ある※

※特定適用事業所に勤めるパートタイマーなどの短時間労働者は11日以上。
※その他の短時間労働者は、支払基礎日数が３か月のいずれも17日未満の場合は、そのうち15日以上17日未満の月の報酬月額の平均によって算定する。

●適用時期

休業終了時の翌日が属する月から４か月目以降

**標準報酬月額の見直しが行われる！**

## さまざまな育児支援制度

育児をしながら働く従業員には、さまざまな働き方ができるような支援制度があります。

●女性が請求した場合に行う制度

**育児時間**…産後１年以内。**１日２回各30分以上**を育児のためにあてる

●女性・男性が請求した場合に行う制度

**所定外労働の制限**…３歳未満の子の養育のため

**育児短時間勤務**…３歳未満の子の養育のため。所定労働時間を原則６時間にする。

**子の看護休暇**…未就学児の看護のため。該当する子ども１人につき１年間に５日まで、２人以上の場合は10日まで。すべての従業員が時間単位で取得できる。

**時間外労働の制限**…未就学児の養育のため

**深夜業の制限**…未就学児の養育のため

３歳未満の子を養育する従業員のために、上記の支援制度をすべて設けることが事業主には義務づけられています。

# 「健康保険・厚生年金保険 産前産後休業終了時報酬月額変更届」の記入例

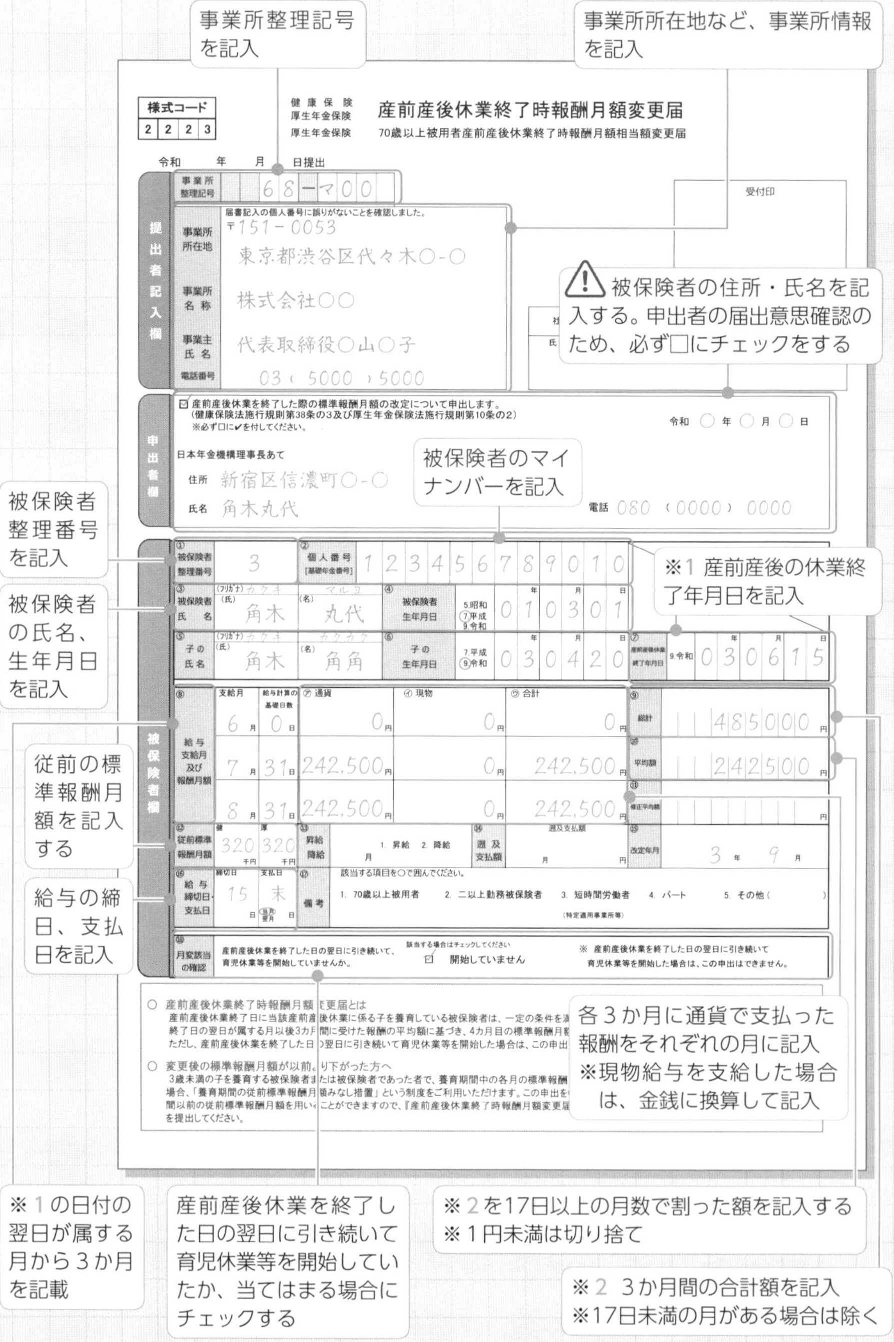

事業所整理記号を記入

事業所所在地など、事業所情報を記入

健康保険 厚生年金保険 産前産後休業終了時報酬月額変更届
厚生年金保険 70歳以上被用者産前産後休業終了時報酬月額相当額変更届

様式コード 2223

令和 年 月 日提出

提出者記入欄
事業所整理記号 68ーマ00
届書記入の個人番号に誤りがないことを確認しました。
事業所所在地 〒151－0053 東京都渋谷区代々木○-○
事業所名称 株式会社○○
事業主氏名 代表取締役○山○子
電話番号 03（5000）5000

受付印

被保険者の住所・氏名を記入する。申出者の届出意思確認のため、必ず□にチェックをする

申出者欄
☑産前産後休業を終了した際の標準報酬月額の改定について申出します。
（健康保険法施行規則第38条の3及び厚生年金保険法施行規則第10条の2）
※必ず□に✔を付してください。
令和 年 月 日
日本年金機構理事長あて
住所 新宿区信濃町○-○
氏名 角木丸代
電話 080（0000）0000

被保険者のマイナンバーを記入

被保険者整理番号を記入

被保険者の氏名、生年月日を記入

※1 産前産後の休業終了年月日を記入

被保険者欄
① 被保険者整理番号 3
② 個人番号［基礎年金番号］ 123456789010
③ 被保険者氏名 （フリガナ）カクキ マルヨ （氏）角木 （名）丸代
④ 被保険者生年月日 5.昭和 ⑦平成 9.令和 01年03月01日
⑤ 子の氏名 （フリガナ）カクキ カクカク （氏）角木 （名）角角
⑥ 子の生年月日 7.平成 ⑨令和 03年04月20日
⑦ 産前産後休業終了年月日 9.令和 03年06月15日

| ⑧ 給与支給月及び報酬月額 支給月 | 給与計算の基礎日数 | ⑦ 通貨 | ④ 現物 | ⑦ 合計 |
|---|---|---|---|---|
| 6月 | 0日 | 0円 | 0円 | 0円 |
| 7月 | 31日 | 242,500円 | 0円 | 242,500円 |
| 8月 | 31日 | 242,500円 | 0円 | 242,500円 |

⑨ 総計 485000円
⑩ 平均額 242500円
⑪ 修正平均額 円

⑫ 従前標準報酬月額 健 320千円 厚 320千円
⑬ 昇給降給 1. 昇給 2. 降給 月
⑭ 遡及支払額 月 円
⑮ 改定年月 3年 9月
⑯ 給与締切日・支払日 締切日 15日 支払日 末日（当月・翌月）
⑰ 備考 該当する項目を○で囲んでください。1. 70歳以上被用者 2. 二以上勤務被保険者 3. 短時間労働者（特定適用事業所等） 4. パート 5. その他（ ）
⑱ 月変該当の確認 産前産後休業を終了した日の翌日に引き続いて育児休業等を開始していませんか。 該当する場合はチェックしてください ☑ 開始していません
※ 産前産後休業を終了した日の翌日に引き続いて育児休業等を開始した場合は、この申出はできません。

○ 産前産後休業終了時報酬月額変更届とは
産前産後休業終了日に当該産前産後休業に係る子を養育している被保険者は、一定の条件を満…
終了日の翌日が属する月以後3カ月間に受けた報酬の平均額に基づき、4カ月目の標準報酬月額…
ただし、産前産後休業を終了した日の翌日に引き続いて育児休業等を開始した場合は、この申出…

○ 変更後の標準報酬月額が以前より下がった方へ
3歳未満の子を養育する被保険者または被保険者であった者で、養育期間中の各月の標準報酬…
場合、「養育期間の従前標準報酬月額みなし措置」という制度をご利用いただけます。この申出を…
間以前の従前標準報酬月額を用いることができますので、『産前産後休業終了時報酬月額変更届…
を提出してください。

従前の標準報酬月額を記入する

給与の締日、支払日を記入

各3か月に通貨で支払った報酬をそれぞれの月に記入
※現物給与を支給した場合は、金銭に換算して記入

※1の日付の翌日が属する月から3か月を記載

産前産後休業を終了した日の翌日に引き続いて育児休業等を開始していたか、当てはまる場合にチェックする

※2を17日以上の月数で割った額を記入する
※1円未満は切り捨て

※2 3か月間の合計額を記入
※17日未満の月がある場合は除く

# 「健康保険・厚生年金保険 育児休業等終了時報酬月額変更届」の記入例

事業所整理記号を記入

事業所所在地など、事業所情報を記入

様式コード 2222

健康保険
厚生年金保険
厚生年金保険

**育児休業等終了時報酬月額変更届**

70歳以上被用者育児休業等終了時報酬月額相当額変更届

令和　年　月　日提出

**提出者記入欄**

- 事業所整理記号：68－マ00
- 届書記入の個人番号に誤りがないことを確認しました。
- 事業所所在地：〒151－0053 東京都渋谷区代々木○－○
- 事業所名称：株式会社○○
- 事業主氏名：代表取締役○山○子
- 電話番号：03（5000）5000

受付印

⚠ 被保険者の住所・氏名を記入する。申出者の届出意思確認のため、必ず□にチェックをする

**申出者欄**

☑育児休業等を終了した際の標準報酬月額の改定について申出します。
（健康保険法施行規則第38条の2及び厚生年金保険法施行規則第10条）
※必ず□に✔を付してください。

令和　年　月　日

日本年金機構理事長あて

- 住所：新宿区信濃町○－○
- 氏名：角木丸代
- 電話：080（0000）0000

被保険者のマイナンバーを記入

被保険者整理番号を記入

被保険者の氏名、生年月日を記入

※3 育児休業等終了年月日を記入する

**被保険者欄**

| | |
|---|---|
| ① 被保険者整理番号 | 3 |
| ② 個人番号［基礎年金番号］ | 123456789010 |
| ③ 被保険者氏名 | （フリガナ）（氏）カクキ（名）マルヨ　（氏）角木（名）丸代 |
| ④ 被保険者生年月日 | 5.昭和 ⑦平成 9.令和　01 03 01 |
| ⑤ 子の氏名 | （フリガナ）（氏）カクキ（名）カクカク　（氏）角木（名）角角 |
| ⑥ 子の生年月日 | 7.平成 ⑨令和　03 04 20 |
| ⑦ 育児休業等終了年月日 | 9.令和　04 04 19 |

⑧ 給与支給月及び報酬月額

| 支給月 | 給与計算の基礎日数 | ㋐ 通貨 | ㋑ 現物 | ㋒ 合計 |
|---|---|---|---|---|
| 4月 | 0日 | 0円 | 0円 | 0円 |
| 5月 | 14日 | 219,250円 | 0円 | 219,250円 |
| 6月 | 30日 | 242,500円 | 0円 | 242,500円 |

- ⑨ 総計：461750円
- ⑩ 平均額：230875円
- ⑪ 修正平均額：　円
- ⑫ 従前標準報酬月額：健 320千円　厚 320千円
- ⑬ 昇給降給：1. 昇給　2. 降給　月
- ⑭ 遡及支払額：遡及支払額　月　円
- ⑮ 改定年月：4年 7月
- ⑯ 給与締切日・支払日：締切日 15日　支払日 末日（当月・翌月）
- ⑰ 備考：該当する項目を○で囲んでください。 1. 70歳以上被用者　2. 二以上勤務被保険者　3. 短時間労働者（特定適用事業所等）　4. パート　5. その他（　）
- ⑱ 月変該当の確認：育児休業等を終了した日の翌日に引き続いて、産前産後休業を開始していませんか。 該当する場合はチェックしてください ☑ 開始していません
  ※ 育児休業等を終了した日の翌日に引き続いて産前産後休業を開始した場合は、この申出はできません。

従前の標準報酬月額を記入

給与の締日、支払日を記入

○ 育児休業等終了時報酬月額変更届とは
「育児休業、介護休業等育児又は家族介護を行う労働者の福祉に関する法律」による満3歳未
育児休業に準ずる休業）終了日に3歳未満の子を養育している被保険者は、一定の条件を満た
の翌日が属する月以後3カ月間に受けた報酬の平均額に基づき、4カ月目の標準報酬月額から
ただし、育児休業等を終了した日の翌日に引き続いて産前産後休業を開始した場合は、この申

○ 変更後の標準報酬月額が以前より下がった方へ
3歳未満の子を養育する被保険者または被保険者であった者で、養育期間中の各月の標準報
場合、「養育期間の従前標準報酬月額みなし措置」という制度をご利用いただけます。この申出
間以前の従前標準報酬月額を用いることができますので、『育児休業等終了時報酬月額変更届
提出してください。

各3か月に通貨で支払った報酬をそれぞれの月に記入
※現物給与を支給した場合は、金銭に換算して記入

※3の日付の翌日が属する月から3か月を記載

育児休業を終了した日の翌日に引き続いて産前産後休業等を開始していたか、当てはまる場合にチェック

※4を17日以上の月数で割った額を記入する
※1円未満は切り捨て

※4 3か月間の合計額を記入
※17日未満の月がある場合は除く

# 3歳未満の子を養育する被保険者の年金ダウンをふせぐ

- 従業員の短時間勤務などによる将来の年金ダウンをふせぐ
- 従業員の養育する子どもが3歳になるまで制度を利用できる

## 従業員の将来の年金受給額低下をふせぐ

従業員の子どもが3歳になるまでの間、育児短時間勤務などの制度を利用して標準報酬月額が低下しても、子どもが生まれる前の標準報酬月額に基づいた年金額を受け取ることができます。この制度を「養育期間の従前標準報酬月額のみなし措置」といいます。

養育開始月の前月（もしくはその前月以前1年以内）に厚生年金保険の被保険者であることが利用の条件です。養育期間中に、標準報酬月額が養育開始前の標準報酬月額を下回る場合に申し出るように、従業員と調整しましょう。

3歳未満の子を養育する被保険者であれば、女性も男性も利用することができます

**書式DATA**



- **届け先** 管轄の年金事務所
- **期日** 養育する子どもが3歳に達するまで
- **必要書類** 厚生年金保険 養育期間標準報酬月額特例 申出書・終了届
- **添付書類** 申出者と子の身分関係や子の生年月日がわかる書類。戸籍謄（抄）本または戸籍記載事項証明書など
  子との同居が確認できる住民票（マイナンバーの記載がないもの）
- **入手先** 年金事務所のHPからダウンロード可能

子は、実子以外に養子も対象となります。養子になる予定の監護や里親として子どもを保護している場合も対象となります。

# 「厚生年金保険 養育期間標準報酬月額特例申出書・終了届」の記入例

事業所整理記号を記入

事業所所在地など、事業所情報を記入

被保険者のマイナンバーを記入

| 様式コード | | | |
|---|---|---|---|
| 2 | 2 | 6 | 7 |

厚生年金保険　養育期間標準報酬月額特例
申出書・終了届

令和　年　月　日提出

**提出者記入欄**

| | |
|---|---|
| 事業所整理記号 | 68－マ00 |
| | 届書記入の個人番号に誤りがないことを確認しました。 |
| 事業所所在地 | 〒151－0053 東京都渋谷区代々木○－○ |
| 事業所名称 | 株式会社○○ |
| 事業主氏名 | 代表取締役○山○子 |
| 電話番号 | 03（5000）5000 |

受付印

社会保険労務士記載欄
氏名等

※1

**申出者欄**

この申出書(届書)記載のとおり申出(届出)します。　日本年金機構理事長あて　令和　年　月　日

住所　新宿区信濃町○－○

氏名　角木丸代

電話　080（0000）0000

共通記載欄に加え、申出の場合は A.申出、終了の場合は B.終了 の欄にも必要事項を記入してください。
また、上部の申出者欄に記入してください。

被保険者整理番号を記入

被保険者の氏名、生年月日を記入

**共通記載欄**

| | | | |
|---|---|---|---|
| ①被保険者整理番号 | 3 | ②個人番号［基礎年金番号］ | 1 2 3 4 5 6 7 8 9 0 1 0 |
| ③被保険者氏名 | (フリガナ)カクキ (氏)角木　(フリガナ)マルヨ (名)丸代 | ④被保険者生年月日 | 5.昭和 ⑦平成 9.令和　01年03月01日 |
| ⑤被保険者性別 | 1.男 ②女 | | |
| ⑥養育する子の氏名 | (フリガナ)カクキ (氏)角木　(フリガナ)カクカク (名)角角 | ⑦養育する子の生年月日 | 7.平成 ⑨令和　03年04月20日 |

養育特例の申出をする場合

**A.申出**

| | | | |
|---|---|---|---|
| ⑧過去の申出の確認 | ［⑥の子について、初めて養育特例の申出をしますか。］ ①はい　2.いいえ | ⑨事業所の確認 | ［現在勤務されている事業所と、⑥の子を養育し始めた月の前月に勤務していた事業所は同じ事業所ですか。］ ①はい　2.いいえ |
| ⑩該当月に勤務していた事業所 | ［⑨で2.いいえを選択された方］⑥の子を養育し始めた月の前月に勤務していた事業所を記入してください。(勤務していなかった場合は、過去1年以内の直近の月に勤務していた事業所を記入してください) | 事業所所在地(船舶所有者住所) | 〒　－ |
| | | 事業所名称(船舶所有者氏名) | |
| ⑪養育開始年月日 | 7.平成 ⑨令和　03年04月20日 | ⑫養育特例開始年月日 | 7.平成 ⑨令和　04年04月20日 |
| ⑬備考 | | | |

養育特例を終了する場合

**B.終了**

| | | | |
|---|---|---|---|
| ⑭養育特例開始年月日 | 7.平成 9.令和　年　月　日 | ⑮養育特例終了年月日 | 7.平成 9.令和　年　月　日 |
| ⑯備考 | 届出意思確認済み | | |

○ 養育期間標準報酬月額特例とは

次世代育成支援の拡充を目的とし、子どもが3歳までの間、勤務時間短縮等の措置を受けて働き、それに伴って
れる前の標準報酬月額に基づく年金額を受け取ることができる仕組みが設けられたものです。被保険者の申出に
期間の標準報酬月額とみなして年金額を計算します。養育期間中の報酬の低下が将来の年金額に影響しない
額とは養育開始月の前月の標準報酬月額を指しますが、養育開始月の前月に厚生年金保険の被保険者でない
者であった月の標準報酬月額が従前の報酬月額とみなされます。その月前1年以内に被保険者期間がない場合

**（対象期間　：　3歳未満の子の養育開始月　～　養育する子の3歳誕生日のあ**

※ 特例措置の申出は、勤務している事業所ごとに提出してください。
また、既に退職している場合は事業所の確認を受けずに、本人から直接提出することができます。

この申出書は、養育期間標準報酬月額特例措置(以下「養育特例措置」といいます。)を受けようとする場合にご提出いただくものです。

※1の欄は、事業主が被保険者の届出意思を確認した場合、ここに「届出意思確認済み」と記載することで省略可能

養育開始年月日を記入

「1.はい」「2.いいえ」のどちらかに○をする

**「はい」**：初めて対象の子について本申出書を提出する場合

**「いいえ」**：以前に対象の子について本申出書を提出し、受理されたことがある場合

つぎに該当する場合の年月日を記入。該当しない場合は不要

**3歳未満の子を養育する者が新たに被保険者資格を取得した場合**：資格取得年月日

**3歳未満の子を養育する被保険者が育児休業等を終了した場合**：育児休業等を終了した日の翌日

**本申出書で申し出た子以外の子について適用されていた特例措置が終了した場合**：特例措置終了年月日の翌日

# 住民票、マイナンバーカードなどへの旧姓の併記について

## ✓住民票やマイナンバー、運転免許証で旧姓併記が可能になった

2019年に、住民票、マイナンバーカード、運転免許証へ旧姓を併記できるようにするための住民基本台帳法施行令等の一部を改正する政令が施行されました。

この政令改正は、さまざまな活動の場面で旧姓を使用しやすくなるよう、との閣議決定などをふまえて行われたものです。

## ✓旧姓併記はこんなときに役立つ

婚姻などで氏（うじ）に変更があった場合でも、旧姓併記により従来の氏をマイナンバーカードなどに併記することができるようになります。

ゆくゆくは、旧氏を契約や銀行口座の名義などさまざまな場面で活用することや、就職や転職、職場などでの身分証明に役立てることができるものと考えられています。

### ▶旧姓併記の手続きとおもなルール

（2021年６月現在）

**手続きの流れ**

❶住民票で、旧姓を併記するための請求手続きをする

⬇

❷住民票に旧姓併記が行われる。同時に、マイナンバーカードや公的個人認証サービスの署名用電子証明書にも旧姓が併記される

⬇

❸希望すれば、運転免許証の記載事項変更手続きで、裏面に旧姓が併記される

**旧姓を併記する際のルール**

- 記載できる旧姓は１つ
- はじめて旧姓を併記する場合は、過去の姓のなかから１つを選択する
- 旧姓を併記するときは、現在の氏と旧姓の両方が必ず表示される　など

# 第6章

# 定年退職・再雇用・高齢者の給付と年金に関する手続き

section 1 高齢者を雇用するときの手続き

定年退職／再雇用／高年齢雇用継続給付／厚生年金保険の資格喪失

section 2 老齢年金に関する手続き

老齢厚生年金の支給停止／在職老齢年金

section 3 従業員個人の手続き

老齢年金の支給年齢／繰り上げ・繰り下げ受給／年金請求

# 従業員が定年退職・再雇用するときの手続きと一連の流れ

65歳まで雇用機会を与えることが義務づけられているニャ

## 定年退職・再雇用時に行う手続きのポイント

### ポイント1 定年前に従業員と話し合う

法令により、従業員に65歳まで雇用機会を与えることが義務づけられています。定年が65歳未満の場合、定年退職後の再雇用の有無、再雇用する場合の労働条件などを従業員との間できちんと確認しておきましょう。

再雇用をする場合は定年でいったん退職することになるので、それまでの労働条件をリセットして新たに契約を結びます。

### ポイント2 70歳、75歳が社会保険の資格喪失年齢

厚生年金保険は70歳、健康保険は75歳で資格を喪失します。

厚生年金保険の資格喪失手続きは、標準報酬月額に変更がなければ日本年金機構で自動的に行われます。健康保険の資格喪失手続きは自動では行われないため、会社で手続きを行う必要があります。

定年を65歳未満に定めている会社は、定年の廃止、定年の引き上げ、定年後の再雇用のいずれかを選ぶ必要があるニャ

再雇用では労働条件を変更することが多いので、きちんと従業員の同意を得る必要があります

## 60歳以降に発生する手続き（定年が60歳の場合）

**1** 60歳

従業員が60歳に達したとき、定年退職するか再雇用をするかで手続きが変わります

### □ 定年退職の場合

従業員が60歳で定年退職する場合、ほかの退職事由と同じように、社会保険・雇用保険の資格喪失手続きを行います。

### □ 再雇用をする場合

再雇用後の賃金が60歳時点と比べて低下した場合、社会保険と雇用保険で手続きが必要になります。給与の減額分を補うための高年齢雇用継続給付の手続きや、社会保険料の改定に必要な同日得喪（どうじつとくそう）手続きを行います。(→P.230参照)

**2** 65歳

### □ 老齢年金の支給開始

60歳で保険料を払い終わり、65歳から老齢年金の支給が開始します。

### □ 介護保険料の控除終了

40歳～64歳の間は給与から介護保険料を払い続けていましたが、65歳からは原則として公的年金から控除されます。

**3** 70歳

### □ 厚生年金保険の資格喪失

70歳の到達日に厚生年金保険の資格を喪失します。その後は「厚生年金保険70歳以上被用者」となります。標準報酬月額に変更がなければ、手続きは不要です。(→P.236参照)

**4** 75歳

### □ 健康保険の資格喪失

75歳の誕生日をむかえた時点で、健康保険被保険者の資格を喪失します。保険料の控除も終了します。資格喪失手続きは、協会けんぽまたは健康保険組合に健康保険証などを提出する必要があります。(→P.236参照)

# 定年退職後に再雇用するときの社会保険・雇用保険の手続き

- 定年退職後は、65歳まで再雇用などで雇用を継続する
- 定年退職後に再雇用をするときは、社会保険と雇用保険の手続きが必要

## 会社には65歳まで雇用を確保する義務がある

「高年齢雇用安定法」という法律により、会社は従業員が65歳になるまで雇用機会を与えることが義務づけられています。そのため、定年を65歳未満としている事業主は、2025年４月からつぎの①～③のいずれかの措置を実施する必要があります。①定年制を廃止する、②定年を65歳以上に引き上げる、③定年退職後に再雇用するなど継続雇用を行う。

定年が60歳の場合、年金受給開始の年齢である65歳まで無給期間が生じます。65歳までの雇用確保は、この問題を解消するために設けられた制度です

## 退職時・再雇用時に行う手続き

退職後の再雇用で労働条件が変更になる場合、社会保険や雇用保険の手続きが必要です。社会保険は、定年後に給与が下がる場合、退職時に一度資格喪失の手続きを行います。そして同じ日に再雇用時の資格取得手続きを行います。この手続きを同日得喪※といいます。雇用保険は、再雇用時に加入要件を満たさない場合、喪失届を提出します。加入要件を満たしている場合は、そのまま継続となるので手続きは必要ありません。

**同日得喪（どうじつとくそう）で必要な書類**

□就業規則　□退職日が確認できる退職辞令　□継続して再雇用されたことがわかる雇用契約書の写し　□退職日と再雇用日がわかる事業所の証明書（事業主の押印あり）

同日得喪とは、退職後に１日も空かずに同じ会社に再雇用される場合、資格喪失届と取得届を同時に提出することです。

## 再雇用時の社会保険・雇用保険の手続き

再雇用により勤務日数などの労働条件が変更になった場合、保険の加入対象から外れることがあります。その場合、社会保険や雇用保険の資格喪失手続きが必要になります。

### 社会保険　手続き先：管轄する年金事務所または健康保険組合

ケース1 ▶ **退職してしばらくしてから再雇用した**
退職時に資格喪失手続きをしておく。再雇用時に資格取得手続きをする。

ケース2 ▶ **退職したその日に再雇用をして、給与が下がる場合**
社会保険の資格喪失手続きと資格取得手続きを同時に行う（同日得喪）※給与が下がらなければ手続き不要

ケース3 ▶ **労働条件が変わって、社会保険の加入要件を満たさなくなった**
社会保険の資格喪失手続きを行う

**同日得喪の役割**

①退職後に資格喪失手続きをすることで、**標準報酬月額がリセットされる**

⬇

②再雇用後に給与が大幅低下した場合、随時改定を待たずに、**再雇用時の給与に応じた標準報酬月額に決定する**

⬇

③**賃金が下がったにもかかわらず保険料が高いという状況を回避できる！**

### 雇用保険　手続き先：管轄するハローワーク

ケース1 ▶ **再雇用後も雇用保険の加入要件を満たしている**
手続きはなくそのまま

ケース2 ▶ **労働条件が変わって雇用保険の加入要件を満たさなくなった**
雇用保険の喪失届を提出する

ケース3 ▶ **賃金が75%以下に低下した**
高年齢雇用継続基本給付金（→P.232参照）を申請する

再雇用では、労働条件が折り合わなければ雇用しない道もあります。定年延長と定年がない会社の場合、労働条件を変えるには従業員の同意が必要になります。

# 60歳以降に賃金が低下したとき

- 60歳以降に賃金が低下した従業員を対象に、高年齢雇用継続給付という給付金が支給される
- 基本手当（失業給付）を受給しているかどうかにより、受給できる給付金が異なる

## 雇用保険から支給される高年齢雇用継続給付

60歳で再雇用となった従業員は、以前よりも賃金が低下することがあります。そこで、賃金が低下した60歳〜65歳未満の従業員を対象に、雇用保険から高年齢雇用継続給付という給付金が支給されます。

給付金には、高年齢雇用継続基本給付金と高年齢再就職給付金の２種類があります。基本手当（失業給付）を受給していない場合は高年齢雇用継続基本給付金が、受給している場合は高年齢再就職給付金が支給されます。

### 書式DATA

1 高年齢雇用継続基本給付金　2 高年齢再就職給付金

| | |
|---|---|
| 届け先 | 1・2 管轄するハローワーク |
| 期　日 | 1 **初回**：最初に支給を受ける支給対象月※の初日から起算して４か月以内<br>**2回目以降**：ハローワークから交付される指定通知書で指定された日<br>2 **受給資格確認時**：雇用した日以後すみやかに<br>**支給申請時**：ハローワークから交付される指定通知書で指定された支給申請月の支給申請日 |
| 必要書類 | 1・2 **初回／受給資格確認時**：高年齢雇用継続給付受給資格確認票・（初回）高年齢雇用継続給付支給申請書<br>**2回目以降／支給申請時**：高年齢雇用継続給付支給申請書 |
| 添付書類 | 1 **初回**：雇用保険被保険者六十歳到達時等賃金証明書<br>**2回目以降**：支給申請書と賃金証明書の記載内容を確認できる書類（賃金台帳、労働者名簿、出勤簿など）、被保険者の年齢を確認できる書類（運転免許証か住民票の写し）<br>2 **支給申請時**：支給申請書の記載内容を確認できる書類（賃金台帳、労働者名簿、出勤簿など）、被保険者の年齢が確認できる書類（運転免許証か住民票の写し） |
| 入手先 | 1・2 ハローワークのHPよりダウンロード可能 |

支給対象月とは、受給要件を満たし給付金の支給の対象となった月をいいます。受給要件は、支給対象月の初日から末日まで被保険者であることなどです。

## 高年齢雇用継続給付の支給額など

**高年齢雇用継続給付は２種類あり、失業給付を受給しているかどうかにより、支給される給付金の種類が異なります。**

●共通項目

| | |
|---|---|
| 対象年齢 | 60歳以上65歳未満の雇用保険加入者 |
| 対象者 | 雇用保険の被保険者であった期間が5年以上 |
| 支給対象となる状況 | 原則として60歳以降の賃金が、60歳時点または退職直前に比べて、75％未満に低下した状態で働き続ける場合 |

**失業給付を受給していない**

●高年齢雇用継続基本給付金

**対象者** 60歳到達後も引き続き雇用、または退職後１年以内に再就職した雇用保険被保険者

**支給期間** 60歳になった月から65歳になる月まで

●支給額

60歳以降の賃金が、60歳になる直前６か月の賃金に比べて

**失業給付を受給している**

●高年齢再就職給付金

**対象者** 60歳以降に再就職した雇用保険被保険者で、失業給付の支給残日数が100日以上あり、再就職手当を受給していない人など

**支給期間** 再雇用から65歳になるまでの１～２年間※

※失業給付の受給日数によって決まる

●支給額

60歳以降の賃金が、退職直前６か月の平均賃金に比べて

61％以下**に低下している場合…………支給額は各月の賃金の15％相当額**

61％超75％未満**に低下している場合…支給額は各月の賃金の低下率に応じた額**

高年齢雇用継続給付は支給限度額が決められています。2021年２月時点での支給限度額は365,055円です

定年の３～６か月前には再雇用後の労働条件について話し合うなど計画的に進めて、賃金低下などのルールもしっかりと決めておくといいニャ

雇用継続給付には、高年齢雇用継続給付以外にも、育児休業給付、介護休業給付があります。いずれも職業生活の円滑な継続を援助、促進することを目的としています。

# 「高年齢雇用継続給付受給資格確認票・（初回）高年齢雇用継続給付支給申請書」の記入例

様式第33号の3（第101条の5、第101条の7関係）（第1面）

## 高年齢雇用継続給付受給資格確認票・（初回）高年齢雇用継続給付支給申請書

（必ず第2面の注意書きをよく読んでから記入してください。）

帳票種別 15300

1.個人番号 123456789012

2.被保険者番号 1234-567890-1

3.資格取得年月日 3-000401（3 昭和 4 平成 5 令和）元号 年 月 日

4.被保険者氏名 ○○ ○夫　フリガナ（カタカナ） マルマル マルオ

5.事業所番号 1306-000000-0

6.給付金の種類 1（1 基本給付金 2 再就職給付金）

＜賃金支払状況＞

| 7.支給対象年月その1 | 8.7欄の支給対象年月に支払われた賃金額 | 9.賃金の減額のあった日数 | 10.みなし賃金額 |
|---|---|---|---|
| 5-0006 | 350,000円 | 00日 | |
| 11.支給対象年月その2 | 12.11欄の支給対象年月に支払われた賃金額 | 13.賃金の減額のあった日数 | 14.みなし賃金額 |
| 5-0007 | 350,000円 | 00日 | |
| 15.支給対象年月その3 | 16.15欄の支給対象年月に支払われた賃金額 | 17.賃金の減額のあった日数 | 18.みなし賃金額 |
| | 円 | 日 | 円 |

※ 60歳到達時等 19.賃金月額（区分－日額又は総額）（1日額）　20.登録区分　21.基本手当の受給資格　22.定年等修正賃金登録年月日

請月　25.次回（初回）支給申請年月日　26.支払区分

所記載欄　受給資格確認票項目記載欄　27.金融機関・店舗コード　口座番号　28.未支給区分

その他賃金に関する特記事項

29.　30.

上記の記載事実に誤りのないことを証明します。

令和00年 8月14日　事業所名（所在地・電話番号） 株式会社○○ 渋谷区代々木○－○ 03-5000-5000

事業主氏名 代表取締役 ○○ ○子　印

上記のとおり高年齢雇用継続給付の受給資格の確認を申請します。
雇用保険法施行規則第101条の5・第101条の7の規定により、上記のとおり高年齢雇用継続給付の支給を申請します。

令和00年 8月14日 渋谷 公共職業安定所長 殿　住所 世田谷区○○1-5-10　申請者氏名 ○○ ○夫　印

| 払渡希望金融機関指定届 | 32.払渡希望金融機関 | フリガナ | マルマルギンコウ セタガヤシテン | 金融機関コード | 店舗コード | 金融機関による確認印 |
|---|---|---|---|---|---|---|
| | | 名称 | ○○銀行 世田谷 本店 支店 | 1234 | 005 | 確認印 |
| | | 銀行等（ゆうちょ銀行以外） | 口座番号 （普通） 8686868 | | | |
| | | ゆうちょ銀行 | 記号番号 （総合） － | | | |

| 備考 | |
|---|---|
| 賃金締切日 15日 | 賃金支払日 当月・翌月 末日　賃金形態 月給・日給・時間給・ |
| 所定労働日数 7欄 日 | 11欄 日　15欄 日 |
| 通勤手当 有（毎月・3か月・6か月・ ）・無 | |

| ※処理欄 | |
|---|---|
| 資格確認の可否 | 可・否 |
| 年齢確認書類 | 住・免・（ ） |
| 資格確認年月日 | 令和 年 月 日 |
| 通知年月日 | 令和 年 月 日 |

| 社会保険労務士記載欄 | 作成年月日・提出代行者・事務代理者の表示 | 氏名 | 電話番号 |
|---|---|---|---|
| | | 印 | |

※ 所長　次長　課長　係長　係　操作者

（この用紙は、このまま機械で処理しますので、汚さないようにしてください。）

該当する申請の番号を記入

各支給対象月で、疾病や休業などで賃金の全部または一部を受けることができなかった日数を記入

支給申請する期間を記入

支給対象月に支払った金額を記入。通勤手当が3か月や6か月などまとめて支払われている場合は、1か月分を計算して加算

被保険者の記名・押印。ただし、労使合意のもとで「記載内容に関する確認書・申請等に関する同意書」を作成・保存することで、署名・押印の省略可

通帳のコピー（本人名義のもの。旧姓の口座は不可）を申請書に添付する。またはキャッシュカードのコピー。銀行窓口でもらう確認印でも可。インターネットバンクや一部の外資系銀行は対象外の場合があるため、事前にハローワークへ確認する

# 「雇用保険被保険者六十歳到達時等賃金証明書」の記入例

60歳の誕生日の前日、または60歳に達した後に被保険者期間が通算5年を満たした日を記入する

被保険者が、記載事項に間違いがないことを確認し署名・押印。ただし、労使合意のもとで「記載内容に関する確認書・申請等に関する同意書」を作成・保存することで署名・押印の省略可

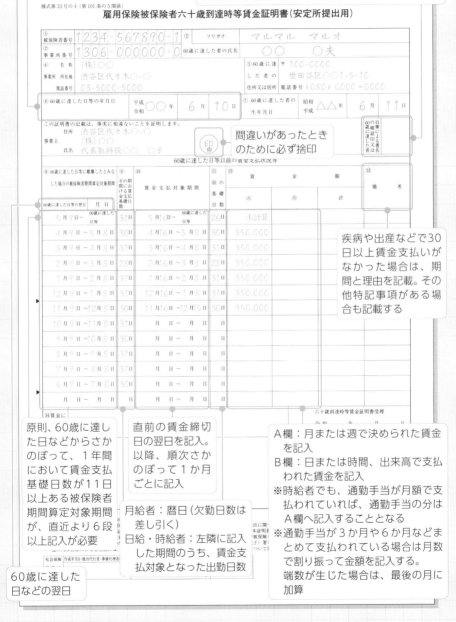

様式第33号の4（第101条の5関係）

雇用保険被保険者六十歳到達時等賃金証明書（安定所提出用）

| | | | |
|---|---|---|---|
| ① 被保険者番号 | 1234-567890-1 | ③ フリガナ | マルマル　マルオ |
| ② 事業所番号 | 1306-000000-0 | 60歳に達した者の氏名 | ○○　○夫 |
| ④ 事業所 名称 | （株）○○ | ⑤ 60歳に達した者の住所又は居所 | 〒100-0000 世田谷区○○1-5-10 |
| 事業所 所在地 | 渋谷区代々木○-○ | | |
| 事業所 電話番号 | 03-5000-5000 | 電話番号 | （080）0000-0000 |
| ⑥ 60歳に達した日等の年月日 | 平成／令和 ○○年 6月 10日 | ⑦ 60歳に達した者の生年月日 | 昭和／平成 △△年 6月 11日 |

この証明書の記載は、事実に相違ないことを証明します。

事業主 住所 渋谷区代々木○-○
（株）○○
氏名 代表取締役○○　○子　印

60歳に達した者の確認印又は自筆による署名

間違いがあったときのために必ず捨印

60歳に達した日等以前の賃金支払状況等

| ⑧ 60歳に達した日等に離職したとみなした場合の被保険者期間算定対象期間（60歳に達した日等の翌日 月 日） | ⑨ ⑧の期間における賃金支払基礎日数 | ⑩ 賃金支払対象期間 | ⑪ ⑩の基礎日数 | ⑫ 賃金額 Ⓐ | Ⓑ | 計 | ⑬ 備考 |
|---|---|---|---|---|---|---|---|
| 5月9日～60歳に達した日等 | 31日 | 5月16日～60歳に達した日等 | 26日 | 未計算 | | | |
| 4月9日～5月8日 | 30日 | 4月16日～5月8日 | 30日 | 350,000 | | | |
| 3月9日～4月8日 | 31日 | 3月16日～4月8日 | 31日 | 350,000 | | | |
| 2月9日～3月8日 | 28日 | 2月16日～3月8日 | 28日 | 350,000 | | | |
| 1月9日～2月8日 | 31日 | 1月16日～2月8日 | 31日 | 350,000 | | | |
| 12月9日～1月8日 | 31日 | 12月16日～1月8日 | 31日 | 350,000 | | | |
| 11月9日～12月8日 | 30日 | 11月16日～12月15日 | 30日 | 350,000 | | | |
| 10月9日～11月8日 | 31日 | 月 日～ 月 日 | 日 | | | | |
| 9月9日～10月8日 | 30日 | 月 日～ 月 日 | 日 | | | | |
| 8月9日～9月8日 | 31日 | 月 日～ 月 日 | 日 | | | | |
| 7月9日～8月8日 | 31日 | 月 日～ 月 日 | 日 | | | | |
| 6月9日～7月8日 | 30日 | 月 日～ 月 日 | 日 | | | | |
| 月 日～ 月 日 | 日 | 月 日～ 月 日 | 日 | | | | |

⑭賃金に

六十歳到達時等賃金証明書受理

令和　年　月　日

疾病や出産などで30日以上賃金支払いがなかった場合は、期間と理由を記載。その他特記事項がある場合も記載する

原則、60歳に達した日などからさかのぼって、1年間において賃金支払基礎日数が11日以上ある被保険者期間算定対象期間が、直近より6段以上記入が必要

直前の賃金締切日の翌日を記入。以降、順次さかのぼって1か月ごとに記入

月給者：暦日（欠勤日数は差し引く）
日給・時給者：左隣に記入した期間のうち、賃金支払対象となった出勤日数

A欄：月または週で決められた賃金を記入
B欄：日または時間、出来高で支払われた賃金を記入
※時給者でも、通勤手当が月額で支払われていれば、通勤手当の分はA欄へ記入することとなる
※通勤手当が3か月や6か月などまとめて支払われている場合は月数で割り振って金額を記入する。端数が生じた場合は、最後の月に加算

60歳に達した日などの翌日

社会保険 作成年月日・提出代行者・事務代理者の

# 70歳・75歳で発生する資格喪失

- 70歳になると厚生年金保険の被保険者資格を失う
- 75歳以上になると、すべての人は後期高齢者医療制度（健康保険）に加入する

## 厚生年金保険は70歳、健康保険は75歳で資格を失う

70歳になると厚生年金保険の被保険者資格を失います。以後は厚生年金保険料を徴収しません。

70歳以降も引き続き雇用する場合、厚生年金保険の資格は失っても健康保険は継続していることを示す手続きが必要になります。70歳になった後に給与額が変わる場合は、会社が「厚生年金保険 被保険者資格喪失届 70歳以上被用者該当届（70歳到達届）」を提出して手続きをします。70歳になった後も給与額が変わらない場合は、年金事務所で手続きを行ってくれるので会社での手続きは発生しません。

また、75歳以上になると、すべての人は後期高齢者医療制度に加入します。健康保険に加入していた被保険者は後期高齢者医療制度の被保険者となり、個人で保険料を納めることになります。

### 書式DATA



| | |
|---|---|
| 届け先 | 管轄する年金事務所 |
| 期　日 | 70歳到達日以前から雇用していた従業員を70歳到達後も引き続き雇用し、標準報酬月額が70歳到達以前と異なる場合：70歳到達日から５日以内 |
| 必要書類 | 厚生年金保険 被保険者資格喪失届 70 歳以上被用者該当届（70歳到達届） |
| 添付書類 | なし |
| 入手先 | 年金事務所から事前に送付、または日本年金機構のHPからダウンロード可能 |

従業員の介護保険料を徴収・納付するのは40歳～64歳です。厚生年金保険、健康保険とは年齢が異なるため、徴収する際には気をつけましょう。

# 「厚生年金保険 被保険者資格喪失届 70歳以上被用者該当届（70歳到達届）」の記入例

被保険者のマイナンバーを記入

事業所整理記号、事業所番号を必ず記入

事業所所在地など、事業所情報を記入

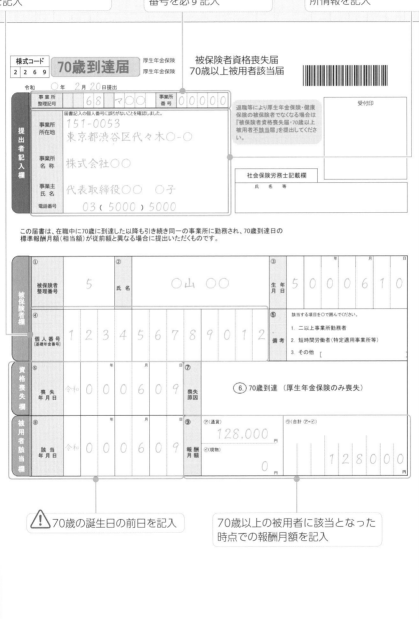

| 様式コード | | | |
|---|---|---|---|
| 2 | 2 | 6 | 9 |

70歳到達届

厚生年金保険 被保険者資格喪失届
厚生年金保険 70歳以上被用者該当届

令和 ○年 2月 20日提出

**提出者記入欄**

| | |
|---|---|
| 事業所整理記号 | 68 マ○○ |
| 事業所番号 | 00000 |
| | 届書記入の個人番号に誤りがないことを確認しました。 |
| 事業所所在地 | 151-0053 東京都渋谷区代々木○-○ |
| 事業所名称 | 株式会社○○ |
| 事業主氏名 | 代表取締役○○ ○子 |
| 電話番号 | 03（5000）5000 |

退職等により厚生年金保険・健康保険の被保険者でなくなる場合は『被保険者資格喪失届・70歳以上被用者不該当届』を提出してください。

受付印

社会保険労務士記載欄
氏名等

この届書は、在職中に70歳に到達した以降も引き続き同一の事業所に勤務され、70歳到達日の標準報酬月額（相当額）が従前額と異なる場合に提出いただくものです。

**被保険者欄**

| | |
|---|---|
| ① 被保険者整理番号 | 5 |
| ② 氏名 | ○山 ○○ |
| ③ 生年月日 | 5 000610 |
| ④ 個人番号［基礎年金番号］ | 123456789012 |
| ⑤ 備考 | 該当する項目を○で囲んでください。<br>1. 二以上事業所勤務者<br>2. 短時間労働者（特定適用事業所等）<br>3. その他［ ］ |

**資格喪失欄**

| | |
|---|---|
| ⑥ 喪失年月日 | 令和 00 年 06 月 09 日 |
| ⑦ 喪失原因 | ⑥. 70歳到達（厚生年金保険のみ喪失） |

**被用者該当欄**

| | |
|---|---|
| ⑧ 該当年月日 | 令和 00 年 06 月 09 日 |
| ⑨ 報酬月額 | ㋐(通貨) 128,000円<br>㋑(現物) 0円<br>㋒(合計 ㋐+㋑) 128000円 |

70歳の誕生日の前日を記入

70歳以上の被用者に該当となった時点での報酬月額を記入

# 70歳以上の人が入社・退職する場合、どのような手続きが必要ですか？

**Q** 70歳以上の人を雇う際に、社会保険・労働保険で注意することはありますか？　また、70歳以上の人が退職する場合に必要な手続きを教えてください。

**A** 厚生年金保険において、通常の手続きとは異なる書類が必要です。なお、労働保険に年齢制限はありません。雇用保険は、通常の従業員と同じ手続きで加入します。

## 疑問解決のポイント！

### ❶「70歳以上被用者該当届」を提出する

**厚生年金保険は、70歳になると被保険者資格がなくなります**。このように、厚生年金保険の被保険者にはならない70歳以上の労働者を「70歳以上被用者」とよびます。社会保険の加入要件に当てはまる70歳以上75歳未満の人を新たに雇った場合は、「厚生年金保険 被保険者資格喪失届 70歳以上被用者該当届（70歳到達届）」（→P.237参照）を管轄する年金事務所に提出します。

### ❷健康保険は75歳になるまで加入できる

厚生年金保険は70歳の誕生日前日に資格を喪失しますが、**健康保険は75歳の誕生日当日に資格を喪失します**。健康保険の資格喪失と同時に、後期高齢者医療制度に加入します。

### ❸退職時に提出する書類は記入箇所に注意

70歳以上の従業員が退職する場合は、「健康保険・厚生年金保険 被保険者資格喪失届 70歳以上被用者不該当届」（→P.239参照）を提出します。**提出する書類は、通常の資格喪失手続きと変わりませんが、記入する箇所が異なるので注意してください。**

「健康保険・厚生年金保険 被保険者資格喪失届 70歳以上被用者不該当届」の書式データはP.100に載っているニャ

## 「健康保険・厚生年金保険 被保険者資格喪失届 70歳以上被用者不該当届」の記入例

退職した場合、雇用契約の変更などにより被保険者の適用対象外となった場合、退職後に継続して再雇用した場合は「4」に○をする

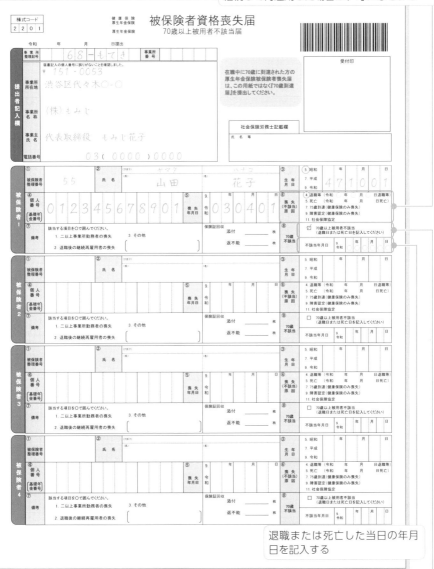

様式コード 2201

健康保険
厚生年金保険
被保険者資格喪失届
厚生年金保険
70歳以上被用者不該当届

令和　年　月　日提出

| 提出者記入欄 | |
|---|---|
| 事業所整理記号 | 68－もてき |
| 事業所番号 | |
| 事業所所在地 | 届書記入の個人番号に誤りがないことを確認しました。<br>〒151－0053<br>渋谷区代々木○－○ |
| 事業所名称 | (株)もみじ |
| 事業主氏名 | 代表取締役　もみじ花子 |
| 電話番号 | 03(0000)0000 |

在職中に70歳に到達された方の厚生年金保険被保険者喪失届は、この用紙ではなく『70歳到達届』を提出してください。

受付印

社会保険労務士記載欄
氏名等

**被保険者1**

| | |
|---|---|
| ① 被保険者整理番号 | 55 |
| ② 氏名 | (フリガナ) ヤマダ　ハナコ<br>(氏) 山田　(名) 花子 |
| ③ 生年月日 | ⑤昭和・7.平成・9.令和　471001 |
| ④ 個人番号(基礎年金番号) | 012345678901 |
| ⑤ 喪失年月日 | 9.令和　030401 |
| ⑥ 喪失(不該当)原因 | ④退職等(令和　年　月　日退職等)<br>5.死亡(令和　年　月　日死亡)<br>7.75歳到達(健康保険のみ喪失)<br>9.障害認定(健康保険のみ喪失)<br>11.社会保障協定 |
| ⑦ 備考 | 該当する項目を○で囲んでください。<br>1.二以上事業所勤務者の喪失<br>2.退職後の継続再雇用者の喪失<br>3.その他(　) |
| 保険証回収 | 添付　枚<br>返不能　枚 |
| ⑧ 70歳不該当 | ☑ 70歳以上被用者不該当(退職日または死亡日を記入してください)<br>不該当年月日　9.令和　年　月　日 |

**被保険者2**

| | |
|---|---|
| ① 被保険者整理番号 | |
| ② 氏名 | (フリガナ)<br>(氏)　(名) |
| ③ 生年月日 | 5.昭和・7.平成・9.令和　年　月　日 |
| ④ 個人番号(基礎年金番号) | |
| ⑤ 喪失年月日 | 9.令和　年　月　日 |
| ⑥ 喪失(不該当)原因 | 4.退職等(令和　年　月　日退職等)<br>5.死亡(令和　年　月　日死亡)<br>7.75歳到達(健康保険のみ喪失)<br>9.障害認定(健康保険のみ喪失)<br>11.社会保障協定 |
| ⑦ 備考 | 該当する項目を○で囲んでください。<br>1.二以上事業所勤務者の喪失<br>2.退職後の継続再雇用者の喪失<br>3.その他(　) |
| 保険証回収 | 添付　枚<br>返不能　枚 |
| ⑧ 70歳不該当 | □ 70歳以上被用者不該当(退職日または死亡日を記入してください)<br>不該当年月日　9.令和　年　月　日 |

**被保険者3**

| | |
|---|---|
| ① 被保険者整理番号 | |
| ② 氏名 | (フリガナ)<br>(氏)　(名) |
| ③ 生年月日 | 5.昭和・7.平成・9.令和　年　月　日 |
| ④ 個人番号(基礎年金番号) | |
| ⑤ 喪失年月日 | 9.令和　年　月　日 |
| ⑥ 喪失(不該当)原因 | 4.退職等(令和　年　月　日退職等)<br>5.死亡(令和　年　月　日死亡)<br>7.75歳到達(健康保険のみ喪失)<br>9.障害認定(健康保険のみ喪失)<br>11.社会保障協定 |
| ⑦ 備考 | 該当する項目を○で囲んでください。<br>1.二以上事業所勤務者の喪失<br>2.退職後の継続再雇用者の喪失<br>3.その他(　) |
| 保険証回収 | 添付　枚<br>返不能　枚 |
| ⑧ 70歳不該当 | □ 70歳以上被用者不該当(退職日または死亡日を記入してください)<br>不該当年月日　9.令和　年　月　日 |

**被保険者4**

| | |
|---|---|
| ① 被保険者整理番号 | |
| ② 氏名 | (フリガナ)<br>(氏)　(名) |
| ③ 生年月日 | 5.昭和・7.平成・9.令和　年　月　日 |
| ④ 個人番号(基礎年金番号) | |
| ⑤ 喪失年月日 | 9.令和　年　月　日 |
| ⑥ 喪失(不該当)原因 | 4.退職等(令和　年　月　日退職等)<br>5.死亡(令和　年　月　日死亡)<br>7.75歳到達(健康保険のみ喪失)<br>9.障害認定(健康保険のみ喪失)<br>11.社会保障協定 |
| ⑦ 備考 | 該当する項目を○で囲んでください。<br>1.二以上事業所勤務者の喪失<br>2.退職後の継続再雇用者の喪失<br>3.その他(　) |
| 保険証回収 | 添付　枚<br>返不能　枚 |
| ⑧ 70歳不該当 | □ 70歳以上被用者不該当(退職日または死亡日を記入してください)<br>不該当年月日　9.令和　年　月　日 |

退職または死亡した当日の年月日を記入する

70歳以上の人で、資格喪失理由が退職または死亡である場合はチェックを入れる

# 65歳未満で働いている場合の老齢厚生年金

- 会社で厚生年金保険に加入している場合、老齢厚生年金の支給が停止となる場合がある
- 65歳未満は、年金月額と総報酬月額の合計が28万円を超えたら支給停止となる(2022年3月まで)

## 老齢厚生年金の支給をカットする制度がある

老齢厚生年金を受給できる65歳未満の人(→P.246参照)が働いている場合、老齢厚生年金の一部または全額が支給停止されることがあります。この制度を在職老齢年金といいます。

ただし、在職中であっても、総報酬月額相当額と老齢厚生年金の月額の合計額が28万円に達するまでは、年金は全額支給されます。

65歳未満の老齢厚生年金の支給停止額は、2022年4月から65歳以上と同様に47万円に引き上げられます

## 3つの収入から年金額が調整される

60歳以降も働く場合の収入は、①定年後の再雇用による高年齢雇用継続給付、②会社から支払われる給与、③年金、この3つから得られることが考えられます。しかし、3つすべてから収入を得ている場合、年金を全額受給できるわけではなく、給与や賞与の額に応じて調整されます。

年金額の調整は、3つの収入の合計が①28万円以下、②28万円超47万円以下、③47万円超によって計算方法が異なります(詳しくは右ページを参照)。

給与と年金と高年齢雇用継続給付。この3つの収入に応じて、年金額が調整されるのニャ

在職老齢年金は厚生年金保険の制度なので、そもそも厚生年金保険に加入できない個人事業主やフリーランスの人は対象外です。つまり、どれだけ働いても年金がカットされることはありません。

## 65歳未満の在職老齢年金制度

60歳以上65歳未満の人で、働きながら老齢厚生年金を受給する場合は、基本月額と総報酬月額に応じて老齢厚生年金の一部または全部が支給停止されることがあります。

基本月額……………　年金額（年額）を12で割った額

総報酬月額相当額…　毎月の賃金（標準報酬月額）＋ $\frac{\text{その月以前の１年間の賞与（標準賞与額）の合計額}}{12}$

### ●支給停止額（月額）の計算方法

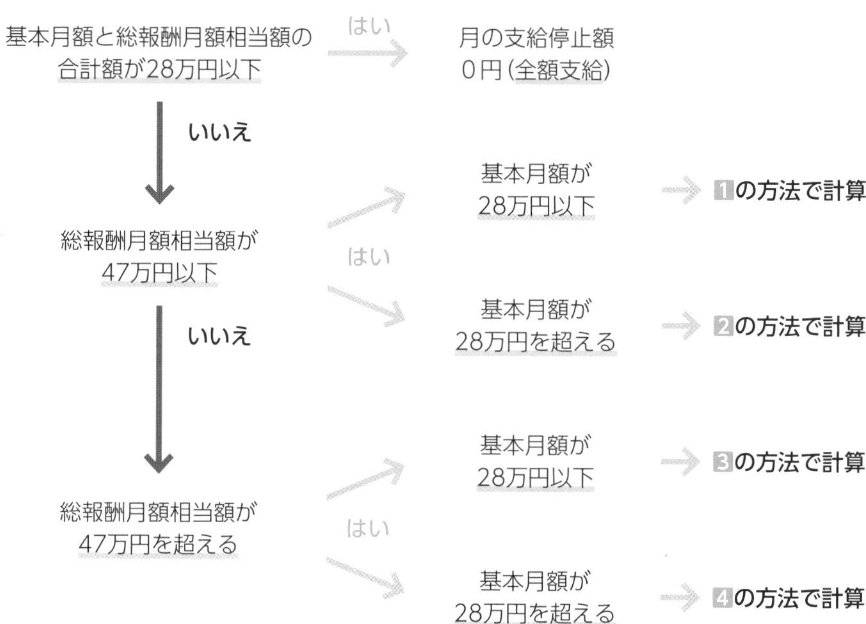


1 支給停止額＝基本月額－（総報酬月額相当額＋基本月額－28万円）× $\frac{1}{2}$

2 支給停止額＝基本月額－総報酬月額相当額× $\frac{1}{2}$

3 支給停止額＝基本月額－｛（47万円＋基本月額－28万円）× $\frac{1}{2}$ ＋（総報酬月額相当額－47万円）｝

4 支給停止額＝基本月額－｛47万円× $\frac{1}{2}$ ＋（総報酬月額相当額－47万円）｝

※2022年４月からは65歳以上と同様に基準額が47万円に引き上げられる

在職老齢年金の考え方としては、給与が多く支払われるほど、受給できる年金額は少なくなるということです。

# 65歳以上で働いている場合の老齢厚生年金

- 65歳以上で働いている場合は、47万円を超えると年金額が調整される
- 老齢基礎年金は支給停止の対象外なので、全額支給される

## 支給停止のラインは47万円

老齢厚生年金は、過去に厚生年金保険の被保険者の期間があれば原則として65歳から受給します（一部の人は65歳以前から受給できます。P.246を参照してください）。ただし、基本月額と総報酬月額相当額の合計額が47万円を超える場合は、年金の支給が一部または全部停止します。

また、70歳以上の従業員は厚生年金保険に加入できませんが、それでも合計額が47万円を超えると支給停止の対象となります。

## 老齢厚生年金を受給している人が退職した場合

老齢厚生年金を受給している70歳未満の人が退職し、１か月を経過した場合、退職した翌月分から年金額の見直しがあります。これにより、年金額の支給停止がなくなり、全額支給されるようになります。たとえば３月31日に退職した場合は、４月分の年金額から見直されます。

また、退職して１か月以内に再就職して厚生年金保険に加入した場合は、引き続き在職老齢年金の対象となります。

在職老齢年金で年金が支給停止となっていた従業員が退職すると、退職後１か月後から全額支給となります。しかし、過去に支給停止となった額が上乗せされることはありません

支給が停止された年金額は、退職後に還付されるわけではありません。実質は年金が消滅してしまうのです。

## 65歳以上の在職老齢年金制度

基本月額と総報酬月額相当額は、65歳未満のときと同じです（→P.241参照）。

基本月額……………　年金額（年額）を12で割った額

総報酬月額相当額…　$\text{毎月の賃金（標準報酬月額）} + \dfrac{\text{その月以前の1年間の賞与（標準賞与額）の合計額}}{12}$

### ●支給停止額（月額）の計算方法

基本月額と総報酬月額相当額の合計額が47万円以下

↓ はい

月の支給停止額
0円（全額支給）

↓ いいえ

一部または全額支給停止

基本月額と総報酬月額相当額の合計額が47万円を超えるとき

**支給停止額＝基本月額－（基本月額＋総報酬月額相当額－47万円）× $\dfrac{1}{2}$**

**計算例**　総報酬月額相当額39万円、基本月額10万円の場合

**基本月額の支給停止額＝10万円－（10万円＋39万円－47万円）× $\dfrac{1}{2}$ ＝９万円**

**基本月額の支給額＝10万円－９万円＝１万円**

年金支給月額がマイナスになる場合は、老齢厚生年金は全額支給停止となるニャ

年金の支給停止の対象となるのは、老齢厚生年金（比例報酬部分）です。老齢基礎年金（定額部分）は、変わらず支給されます。

# 失業給付を受給している場合でも老齢年金はもらえますか？

**Q** 退職予定の従業員Sさん（64歳）は、今後就職活動をするそうです。老齢厚生年金を受給しているそうですが、失業給付を受給しながら年金をもらうことができるのか心配していました。

**A**

65歳未満で失業給付を受けるときは、年金は全額支給停止されます。

## 疑問解決のポイント！

### ❶老齢年金と失業給付は同時に受けることはできない

公的年金の支給開始年齢はいずれ65歳以上になりますが、現在は65歳未満でも支給要件に該当する生年月日の方には老齢厚生年金が支給されています。

失業給付は就労の意思や能力がある人に対する所得補償を目的としています。一方、年金は老齢により就業能力が喪失・減退し、職業生活からの引退過程にある人に対する所得補償を目的としています。このことから、失業給付と年金を同時に受給することはその給付の目的から合理性を欠くこととなるため、失業給付を受けている期間は年金の支給が停止されます。

### ❷年金は一定の間全額支給停止される

失業給付を受けなければ老齢厚生年金は支給されますが、失業給付の受給期間が経過してから精算するので、**実際の支給は受給期間終了の約３か月後**となります。

高年齢雇用継続給付（→P.233参照）にも関係してくるので、就職活動を予定している60歳以上の従業員には、年金の支給が停止する制度のしくみを伝えてあげると親切です

年金が支給停止される期間をきちんと確認しておくことが必要だニャ

## 失業給付と年金の調整

年金が支給停止される期間は、求職の申し込みをした月の翌月から失業給付の受給期間が経過した月、または所定給付日数を受け終わった月までです。

### [ 失業給付と年金との調整の例 ]

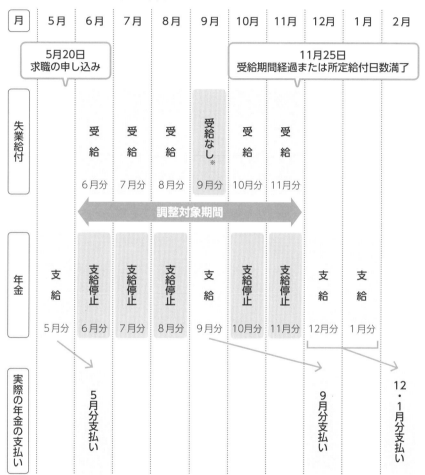

| 月 | 5月 | 6月 | 7月 | 8月 | 9月 | 10月 | 11月 | 12月 | 1月 | 2月 |
|---|---|---|---|---|---|---|---|---|---|---|
| | 5月20日 求職の申し込み | | | | | | 11月25日 受給期間経過または所定給付日数満了 | | | |
| 失業給付 | | 受給 6月分 | 受給 7月分 | 受給 8月分 | 受給なし※ 9月分 | 受給 10月分 | 受給 11月分 | | | |
| | | 調整対象期間（6月〜11月） | | | | | | | | |
| 年金 | 支給 5月分 | 支給停止 6月分 | 支給停止 7月分 | 支給停止 8月分 | 支給 9月分 | 支給停止 10月分 | 支給停止 11月分 | 支給 12月分 | 支給 1月分 | |
| 実際の年金の支払い | | 5月分支払い | | | | | | 9月分支払い | | 12・1月分支払い |

※ハローワークで失業認定を受けなかったため、9月に失業給付を受給しなかった事例。

調整対象期間中に失業給付を受けなかったときの、その月分の年金の支給や、失業給付の受給期間が経過したときの年金の支給開始は、約3か月後となります

# 老齢年金は原則65歳以上から受給できる

- 老齢年金を受給するには、10年以上国民年金の保険料を納付していることが必要
- 老齢年金は、受給開始年齢を早めたり遅くしたりすることができる

## 受給開始は原則65歳から

老齢年金の支給年齢は、原則として65歳からです。老齢年金には老齢基礎年金と老齢厚生年金があり、老齢年金を受けるには10年以上国民年金の保険料を納付していることが必要です。この期間には、保険料免除期間や厚生年金保険、共済組合の加入期間を含みます。

老齢年金のうち、老齢厚生年金部分の支給を受けるには、上の条件に加えて厚生年金の被保険者期間があることが必要になります。

例外として、男性は昭和36年４月１日以前に、女性は昭和41年４月１日以前に生まれた人は、61～64歳の間から老齢厚生年金の報酬比例部分を受給できます。これを特別支給の老齢厚生年金といいます。

特別支給の範囲となる生年月日でも、厚生年金保険の加入期間が１年未満の人は特別支給の対象とはならないのニャ

## 受給開始年齢の繰り上げと繰り下げ

老齢年金では、受給開始年齢を早めたり、遅くしたりすることができます。これを受給の繰り上げ・繰り下げといいます。

繰り上げは60歳～64歳の間で、繰り下げは66歳～70歳の間で支給を始めます。繰り上げをすると年金額が一生減額され、繰り下げを行うと年金額が一生増額されます。

国民年金には老齢年金のほかにも、障害年金、遺族年金と合計3種類の年金があります。

## 老齢年金の特別支給

男性は昭和36年４月１日以前に、女性は昭和41年４月１日以前に生まれた人は、61歳～64歳から老齢厚生年金の報酬比例部分を受給できます。

| 男　性 | 女　性 | | 老齢年金の受給開始年齢 |
|---|---|---|---|
| 昭和28年４月２日～昭和30年４月１日 | 昭和33年４月２日～昭和35年４月１日 | ➡ | 61歳 |
| 昭和30年４月２日～昭和32年４月１日 | 昭和35年４月２日～昭和37年４月１日 | ➡ | 62歳 |
| 昭和32年４月２日～昭和34年４月１日 | 昭和37年４月２日～昭和39年４月１日 | ➡ | 63歳 |
| 昭和34年４月２日～昭和36年４月１日 | 昭和39年４月２日～昭和41年４月１日 | ➡ | 64歳 |
| 昭和36年４月２日～ | 昭和41年４月２日～ | ➡ | 65歳 |

老齢年金は、老齢基礎年金と老齢厚生年金の２階建てです。そのうち老齢厚生年金の報酬比例部分が特別支給にあてられます

## 老齢年金の繰り上げ・繰り下げのしくみ

繰り上げ請求をすると、一生減額された年金を受けることになります。

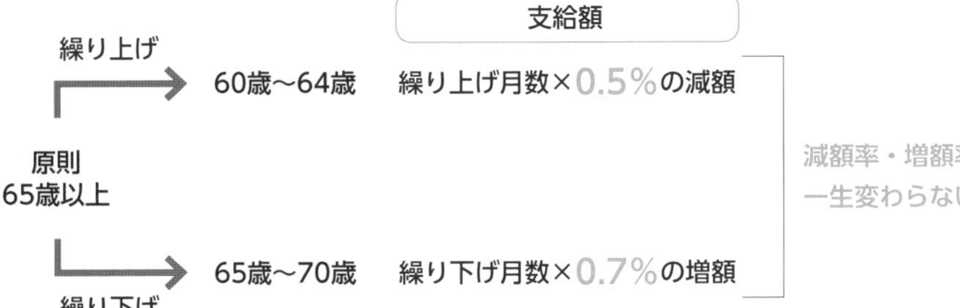

老齢年金の繰り上げ・繰り下げは、減額・増額が一生続きます。慎重に判断するのが賢明です。

# 老齢年金を受給するための手続き

- 老齢年金の受給は自動的には始まらないので、請求手続きが必要
- 日本年金機構から従業員の住所に送付される年金請求書を、従業員自身が管轄の年金事務所に届け出る

## 受給開始年齢の3か月前に請求書が届く

老齢年金は、受け取る権利を得たときに自動的に始まるものではありません。老齢年金を受け取るには請求手続きが必要です。この手続きを年金請求といいます。

老齢年金受給の流れはつぎの通りです。受給年齢の3か月前に、日本年金機構から従業員個人の住所に「年金請求書」が送られてきます。加入記録などの必要事項を記入後、年金事務所に年金請求書を送ります。年金受給権が満たされているか確認したあと、年金証書と年金決定通知書が届きます。それから1～2か月後に年金の受け取りが開始します。

年金の支給は年6回です。年金は原則偶数月（2月、4月、6月、8月、10月、12月）の15日に口座振り込みで支払われます。各支払日ごとにその前月分と前々月分の2か月分ずつが支払われます（たとえば、4月の振込日には2月分と3月分が振り込まれる）。

### 書式DATA

| | |
|---|---|
| 届け先 | 住所地を管轄する年金事務所（厚生年金被保険者は、最後の勤務先を管轄する年金事務所） |
| 期日 | 受給開始年齢の誕生日の前日以降 |
| 必要書類 | 年金請求書（国民年金・厚生年金保険老齢給付） |
| 添付書類 | 必要に応じて、年金手帳、雇用保険被保険者証、住民票など |
| 入手先 | 受給開始年齢の3か月前に日本年金機構から送付される |

受給権を得て5年を過ぎた分の年金は、時効により受け取ることができません。手続きはすみやかに行いましょう。

# 「年金請求書（国民年金・厚生年金保険老齢給付）」の記入例

マイナンバーを記入することで、毎年誕生月に提出する「年金受給権者現況届」が原則不要となる

原則として、住民票の住所を記入する

様式第101号

## 年金請求書(国民年金・厚生年金保険老齢給付)

●年金を受ける方が記入する箇所は□(黄色)の部分です。
●黒インクのボールペンで記入してください。鉛筆や、摩擦に伴う温度変化等により消色するインクを用いたペンまたはボールペンは、使用しないでください。
●代理人の方が提出する場合は、年金を受ける方が13ページにある委任状をご記入ください。

二次元コード

⑧ 市区町村 受付年月日 / 実施機関等 受付年月日

| 届書コード | | | |
|---|---|---|---|
| 7 | 1 | 1 | 届書 |

### 1．ご本人(年金を受ける方)について、太枠内をご記入ください。

| | | | |
|---|---|---|---|
| ㉓郵便番号 | 183－0000 | | |
| フリガナ | フチュウ　フチュウチョウ | | |
| ㉔住所 | 府中 (市)区 町村 府中町○-○-○ 建物名 | | |
| フリガナ | マルマル | マルマル | 性別 |
| ㉑氏名 | (氏) ○○ | (名) ○○ | 1. 男 (2.) 女 |

社会保険労務士の提出代行者欄

| | | | |
|---|---|---|---|
| ❶個人番号※(または基礎年金番号) | 123456789012 | ❷生年月日 | 大正 (昭和) ××年××月××日 |
| 電話番号1 | 042－000－0000 | 電話番号2 | － － |

※個人番号(マイナンバー)については、14ページをご確認ください。
※基礎年金番号(10桁)で届出する場合は左詰めでご記入ください。
＊日中に連絡が取れる電話番号(携帯も可)をご記入ください。
＊予備の電話番号(携帯も可)があればご記入ください。

### 2．年金の受取口座をご記入ください。

**貯蓄預金口座または貯蓄貯金口座への振込みはできません。**

| ㉕受取機関 |
|---|
| (1.) 金融機関(ゆうちょ銀行を除く) |
| 2. ゆうちょ銀行(郵便局) |

| | | |
|---|---|---|
| フリガナ | マルマル | マルマル |
| 口座名義人氏名 | (氏) ○○ | (名) ○○ |

| 年金送金先 | ㉖金融機関コード | ㉘支店コード | (フリガナ) カクカク | | (フリガナ) カクカク | | ㉙預金種別 | ㉚口座番号(左詰めで記入) |
|---|---|---|---|---|---|---|---|---|
| 金融機関 | | | △△ | (銀行) 金庫 信組 農協 信連 信漁連 漁協 | △△ | 本店 (支店) 出張所 本所 支所 | (1普通) 2当座 | ××××××× |

| ゆうちょ銀行 | ㉚貯金通帳の口座番号 | |
|---|---|---|
| | 記号(左詰めで記入) | 番号(右詰めで記入) |
| | → | ← |

㉗支払局コード 0 1 0 1 6 0

金融機関またはゆうちょ銀行の証明欄 ※

1ページの氏名フリガナと、口座名義人の氏名フリガナが同じであることをご確認ください。

※通帳等の写し(金融機関名、支店名、口座名義人氏名フリガナ、口座番号の面)を添付する場合、証明は不要です。

1

金融機関コード、支店コードは記入不要

●65歳以上の失業給付

# 65歳以上で求職活動をする場合、失業給付を受けられますか？

65歳の従業員Tさんが定年退職します。退職後に失業給付を受けながら就職活動をしたいそうですが、65歳以上でも失業給付を受けられるのでしょうか？

A

65歳以上の人のための失業給付として、高年齢求職者給付金という制度があります。

## 疑問解決のポイント！

### ❶高年齢求職者給付金は、年金と一緒に受け取ることができる

65歳未満の人が受給できる失業給付は、年金と一緒に受け取ることができません。一方で高年齢求職者給付金は年金と一緒に受け取ることができるため、年金が減らされるといったことはありません。

### 高年齢求職者給付金の受給の流れ

1　住所を管轄するハローワークで求職の申し込み

⬇

2　受給資格の決定を受ける

つぎの４つの要件を満たすことが必要

①離職している

②積極的に就職する意思があり、能力や健康状態などからいつでも就職できる

③現在は仕事が見つからない状態

④離職前１年間に雇用保険に加入していた期間が通算して６か月以上

（１か月＝賃金支払いの基礎となった日が11日以上ある月、または、賃金の支払いの基礎となった時間数が80時間以上の月）

⬇

3　失業の翌日から１年間の受給期間内にハローワークで失業の認定を受ける

⬇

4　被保険者期間に応じた金額が一時金として支給される

被保険者期間が１年以上：基本手当日額の50日分

被保険者期間が１年未満：基本手当日額の30日分

基本手当日額…離職前６か月分の賃金総額を180で割った額のおよそ50～80％

## ●配偶者が国民年金第３号被保険者の資格を失う年齢

# 被扶養家族である配偶者は国民年金第３号被保険者の資格をいつ失いますか？

国民年金第３号被保険者が、その資格を自動的に失う年齢があると聞きました。配偶者を被扶養者としている従業員に注意喚起したいので、詳しく教えてください。

A

配偶者が60歳になったとき、または被保険者である従業員が65歳になったとき、自動的に資格を失います。

### 疑問解決のポイント！

#### ❶配偶者が60歳になった時点で資格を失う

国民年金の加入期間は20歳から60歳に達するまでです。したがって、国民年金の第３号被保険者である**配偶者は60歳になった時点で被保険者資格を失います**。ただし、資格を喪失した時点で年金加入期間が10年未満で、年金の受給要件を満たしていないときは、任意で国民年金に加入できます。**会社での手続きは必要ありません**。

［ **第３号被保険者とは？** ］

**1** 第２号被保険者の配偶者であること
**2** 主として第２号被保険者の収入により生計を維持されていること
**3** 第２号被保険者でないこと（厚生年金、共済年金に加入していないこと）
**4** 20歳以上60歳未満であること

**1～4のすべてを満たす人は第３号被保険者となる**

#### ❷被保険者が65歳以上になったときにも資格を失う

❶のほかに、**被保険者である従業員が65歳以上になったときにも資格を失います**。老齢基礎年金の受給要件を満たすと国民年金第２号被保険者ではなくなるため、配偶者が第３号被保険者となる条件も自動的に喪失するのです。

#### ❸資格を喪失した時点で配偶者が60歳未満の場合は注意

従業員が資格を喪失し、その時点で配偶者が60歳未満の場合は注意が必要です。気付かないまま、**住んでいる自治体で適切な国民年金への加入手続きを行わずに、未加入期間を作ってしまうおそれがあります**。

会社側が手続きをすることはありませんが、念のため従業員には知らせるようにしましょう。

column 6

# 70歳まで従業員の就業機会を設ける準備を！

## ✓高年齢者の雇用機会の確保は拡大している

従来の65歳までの雇用確保義務に加えて、2021年4月からは、65歳から70歳までの就業確保措置が努力義務として定められました。

「働く意欲があれば、年齢に関係なく従業員の能力を十分に発揮できるようにする。」近年、雇用主にはそうした環境づくりがますます求められています。

このような流れは、今後拡大されることはあっても縮小されることはないでしょう。それにともなって社会保険・労働保険の加入環境も変化していくかもしれません。

新設された就業確保措置は現在努力義務ではありますが、これから義務化されていくことも念頭に置く必要があります。少子高齢化で労働力不足が心配されるなか、従業員の高年齢化を経営に生かしていくことも大切です。70歳まで働く環境を整え、高年齢者が能力を十分に発揮できる会社を積極的につくっていきましょう。

### ▶従業員の雇用に関する制度

[**義務**] 高年齢者雇用確保措置

会社の定年が65歳未満の場合、つぎのいずれかの制度を導入する

❶65歳までの定年引き上げ
❷定年制の廃止
❸65歳までの継続雇用制度の導入

▶**特徴**
高年齢継続雇用給付金制度あり
原則として、対象者の選別なし

新設！

[**努力義務**] 高年齢就業確保措置

会社の定年が65歳以上70歳未満の場合、または65歳までの継続雇用制度を導入している場合、つぎのいずれかの制度を導入する。

❶70歳までの定年引き上げ
❷定年制の廃止
❸70歳までの継続雇用制度の導入

**[労働者の過半数を代表する者などの同意がある場合]**

❹70歳まで継続的に業務委託契約を締結する制度の導入
❺70歳まで継続的に以下の事業に従事できる制度の導入
　a. 事業主が自ら実施する社会貢献事業
　b. 事業主が委託、出資(資金提供)などをする団体が行う社会貢献事業

▶**特徴**
基準を設けて対象者を限定することもできる

# 第7章

# 社会保険・労働保険の保険料の控除方法・納付方法

# 保険料の控除・納付方法に関する手続きと一連の流れ

従業員と会社の負担分をまとめて毎月月末までに納付するんだニャ

## 社会保険料・労働保険料の手続きのポイント

### ポイント1 社会保険料は毎年７月に見直す

社会保険料は、基本的に１年を通して一定の金額です。入社時などの社会保険加入時に社会保険料を決めた後は、毎年７月に社会保険料を見直します。ただし、昇給などで大幅に給与額が変動したときは、時期に関係なく迅速に社会保険料を変更します。育児のための時短勤務などで給料が下がったときも同様です。

### ポイント2 社会保険料の控除と納付のサイクル

毎月20日過ぎに通知される前月分の社会保険料額にしたがって、当月末までに納付する方法が一般的です。従業員負担分を給与から控除し、会社負担分の社会保険料と合わせて年金事務所に納付します。

### ポイント3 労働保険料の控除と納付のサイクル

労働保険料のうち、労災保険料は会社が全額負担します。雇用保険料の従業員負担分については、毎月の給与から控除します。

労働保険料の納付は、毎年４月１日から翌年３月31日の年度単位で行います。毎年６月～７月に行われる年度更新で、前年度の労働保険料を精算し、今年度の見込みの労働保険料（概算保険料）を前払いします。

## 社会保険料が決定する3つのタイミング

### 1 社会保険に加入するとき (→P.262参照)

会社に入社して被保険者としての資格を取得した際、入社時にあらかじめ決められた給与の金額をもとに社会保険料が決定します。

### 2 年１回の見直し（定時決定）(→P.264参照)

１年に１回、４月・５月・６月の３か月間の報酬月額をもとに社会保険料を見直します。これを定時決定といい、その年の９月から翌年の８月まで使用します。

### 3 昇給などがあったとき（随時改定）(→P.272参照)

昇給や降給などにより給与に大きな変動があった場合、見直しをするために年金事務所へ届け出をします。１年に１回の定時決定まで金額を決め直さないとなると、実際の給与額と大きくかけ離れてしまうためです。

## 労働保険料の決定のしかた (→P.292参照)

労働保険料は、毎年４月１日から翌年３月31日までを１年間とし、１年ごとに計算します。加入した年の労働保険料は加入時に納付しますが、翌年度以降の労働保険料は毎年申告・納付する必要があります。

前年度の保険料を精算し、今年度の概算保険料を納付するための手続きが、労働保険の年度更新です。労働保険に加入している限り、毎年更新手続きをします。

労働保険の年度更新の期間は、毎年６月１日～７月10日です。社会保険の定時決定の期間は、毎年７月１日～７月10日です。（※暦によって多少の前後あり）

期限に遅れることがないように、事前に大まかな流れを知っておくことが大切だニャ

# 社会保険料の徴収・納付のしくみ

- 毎月の社会保険料は標準報酬月額によって決まる
- 標準報酬月額は原則１年間変更なし

## 前月分の社会保険料を当月に徴収して納付する

毎月の社会保険料（健康保険料、厚生年金保険料、介護保険料）の額は、標準報酬月額によって決まります（→P.260参照）。標準報酬月額は、基本給などに変更がなければ１年間は変更がありません。

標準報酬月額をもとに、毎月年金事務所から前月分の社会保険料の通知である納入告知書が届きます。納入告知書は、前回領収した社会保険料の通知書を兼ねています。この通知の額を、当月末までに納入します。口座振替の場合は、指定口座から自動的に支払われます。

納付期限までに社会保険料の納付がないと、督促状が送られてきます。督促状の指定日までに納付できないと、今度は延滞金がかかります。さらに滞納が数か月続くと、差し押さえが入ることもあります

## 賞与も社会保険料の対象になる

年３回以内に支給する賞与も、社会保険料の対象になります。賞与の社会保険料は、標準賞与額によって決まります。毎月の給与の社会保険料と合算して、納入告知書で通知されます。なお、年４回以上支払う賞与は給与として扱われ、上記の標準報酬月額の対象になります。

被保険者の資格を喪失した月の前月までに支払われた賞与が、社会保険料の徴収対象になります。つまり、資格喪失月に支払われた賞与からは保険料は徴収しません。

## 社会保険料の内訳

ここでいう社会保険料は、健康保険料、厚生年金保険料、介護保険料のことです。

❶従業員負担分
➡社会保険料の２分の１
- 健康保険料
- 厚生年金保険料
- 介護保険料

❷会社負担分
➡社会保険料の２分の１
- 健康保険料
- 厚生年金保険料
- 介護保険料

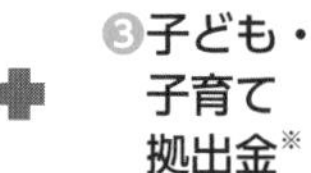

従業員負担分、会社負担分、子ども・子育て拠出金の３つの合計額を月末までに納付する！

## 毎月の社会保険料の納付の流れ

健康保険料、厚生年金保険料、介護保険料は毎月末に納付します。

例 ４月に社会保険料を納付する場合

月末

3月(前月)　4月(当月)

毎月20日過ぎに、前月分の社会保険料の納入告知書が届く

当月末までに、従業員から徴収した分と会社が負担する分と合わせて保険料を納付
(納付先：金融機関窓口または口座振替)

## 賞与の社会保険料の納付の流れ

賞与を支給した場合、５日以内に届け出が必要です。

例 8月に賞与を支給した場合

月末

9月(翌月)

翌月、年金事務所から賞与分が合算された社会保険料の納入告知書が届く

賞与の支給日の５日以内に年金事務所に「賞与支払届」を届け出る
(詳しくは→P.276参照)

翌月末までに、通知の額を年金事務所に納付(納付先：金融機関窓口または口座振替)

子ども・子育て拠出金とは、国の子育て支援事業などに充てられる税金です。企業や個人事業主は納める必要があります。従業員の報酬をもとに算出しますが、負担は会社のみです(従業員分はなし)。

# 社会保険料の控除のしかた

- 当月の社会保険料を翌月の給与から控除※する方法が一般的
- 月末に退職した場合は、翌月１日が資格喪失日になる

## 翌月控除と当月控除の違い

社会保険料の控除では、当月の社会保険料を翌月の給与から控除する方法が一般的です。この方法を翌月控除といいます。256ページで説明したように、当月の社会保険料は翌月に通知・請求されるので、翌月控除なら通知・請求の月と納付の月にズレがありません。

ただし、必ずしも控除の方法が翌月控除だと決められているわけではありません。当月控除といい、当月の社会保険料を当月の給与から控除する方法も認められています。

当月控除は、通知・請求の月と控除の月が異なるため、随時改定がある場合などは控除額を間違える恐れがあります。オススメは翌月控除です

## 資格取得月と資格喪失月の注意点

その月の社会保険料の控除が必要かどうかは、その月の末日時点の加入の有無で判断します。たとえば、４月10日に社会保険の被保険者の資格を取得して４月末日時点で被保険者として継続しているなら、４月から社会保険料が発生します。

一方、10月10日で退職した場合、10月末日の時点で社会保険の被保険者の資格を喪失しているので、10月の社会保険料は発生しません。しかし、10月末日に退職した場合は、翌日の11月１日が資格喪失日となります。10月末日時点では資格を継続しているので、10月の社会保険料が発生します。

※控除とは、一定の金額を差し引くということです。従業員が負担する社会保険料や雇用保険料を従業員の給与から差し引くことは、法律で認められています（法定控除）。

## 入社・退職のタイミングと社会保険料の控除

退職のタイミングで訪れる資格喪失日とは、退職日の翌日のことです。

### ●10月に入社した場合

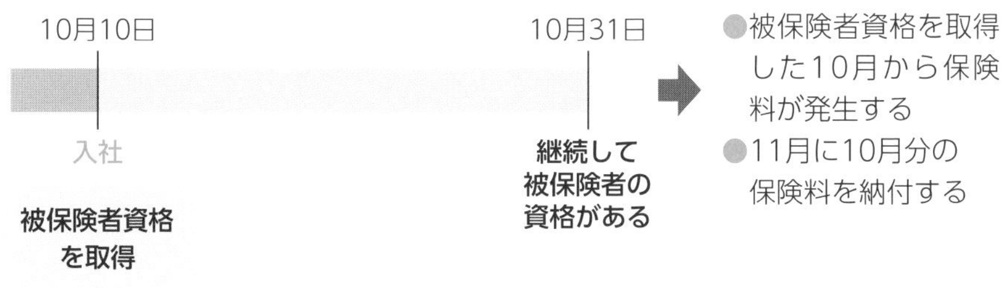
10月10日
10月31日
入社
被保険者資格を取得
継続して被保険者の資格がある
●被保険者資格を取得した10月から保険料が発生する
●11月に10月分の保険料を納付する

### ●10月に退職した場合

10月10日
10月11日（退職日の翌日）
10月31日
退職
被保険者資格の喪失
被保険者の資格がない
●10月分の保険料は発生しない

### ●10月末日に退職した場合

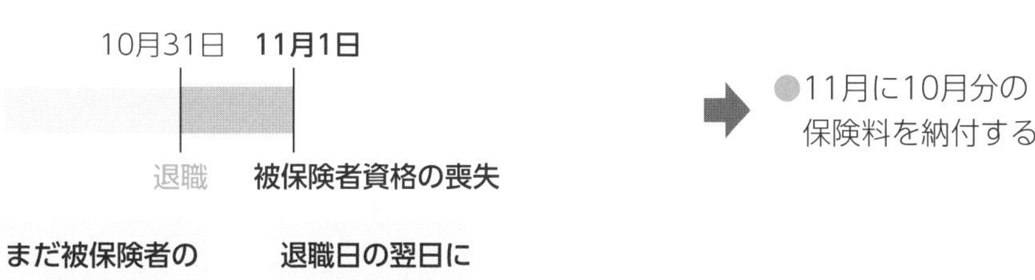
10月31日
11月1日
退職
被保険者資格の喪失
まだ被保険者の資格がある
退職日の翌日に資格を失う
●11月に10月分の保険料を納付する

翌月控除の方法をとっていても、退職したことにより翌月に控除する給与がない場合は、退職月の給与支払日に2か月分控除することが特別に認められているニャ

実務のツボ

70歳で厚生年金保険の被保険者の資格を喪失するので、70歳以上の被保険者は厚生年金保険料を給与から控除することは、原則ありません。

# 報酬と標準報酬月額を確認する

- 標準報酬月額は、毎月納付する社会保険料を算出するもととなる
- 1か月分の報酬を区切りのよい幅で区分した額を標準報酬月額という

## 標準報酬月額により社会保険料が決まる

毎月納付する社会保険料を算出するもととなるのは、標準報酬月額です。社会保険では、給与（賃金）のことを報酬といい、1か月分の報酬のことを報酬月額といいます。標準報酬月額は、報酬月額を保険料額表（右ページ下の表）に当てはめて求めます。

## 報酬となるもの・ならないもの

報酬となるものは、給料・賞与などの名称を問わず、労働を提供した対価として受け取るすべてのものです。定期券などの現物支給も報酬となります。現物支給は時価で計算するのが原則ですが、住宅と食事は地方の物価に合わせた標準価額で計算します。

結婚祝い金など恩恵的なもの、大入り袋など臨時に受けるもの、出張旅費、交際費は報酬とはなりません。

年3回以内の賞与や決算手当などは報酬とはなりませんが、標準賞与額の対象となります。

事業主が賞与を支給した場合、年金事務所への届け出が必要になります。標準賞与額は、その届け出の際に必要となる金額のことです（→P.276参照）

報酬月額は一人ひとり異なります。保険料を効率よく計算できるように、報酬月額を一定の幅にまとめたものが標準報酬月額です。

## 報酬となるもの・ならないもの

原則として、労働の対価として支払われるものはすべて報酬となります。その際、支給される形が通貨であるか現物であるかは問いません。

| | 通貨によるもの | 現物によるもの |
|---|---|---|
| 報酬となる | ●基本給<br>●諸手当<br>（通勤手当・残業手当を含む）<br>●年４回以上支給する賞与など | ●食券・食事<br>●社宅・寮<br>●通勤定期券・回数券<br>●勤務服ではない被服<br>●給与としての自社製品など |
| 報酬とならない | ●慶弔費　●退職金<br>●解雇予告手当　●株主配当金<br>●実費弁償的な出張費<br>●交際費　●年金<br>●恩給<br>●健康保険の傷病手当金<br>●労災保険の休業補償給付<br>●年３回以下で支給する賞与※<br>●決算手当など | ●食事（従業員が現物給与の３分の２以上の額を負担している場合）<br>●住宅（従業員が現物給与の額以上を負担している場合）<br>●勤務服（制服、作業服など） |

※報酬とはならないが、賞与の対象となる。

通勤定期券を現物で渡している場合、現物給与として扱われるニャ。３か月や６か月など複数月の定期券を渡している場合は、１か月あたりの金額が報酬月額になるのニャ

## 保険料額表で保険料や報酬月額を確認できる

保険料額表には、保険料がいくらになるのか、報酬月額がどの標準報酬月額に当てはまるのかが書かれています。保険料率は毎年見直されるため、最新の保険料額表を確認しましょう。

令和3年3月分（4月納付分）からの健康保険・厚生年金保険の保険料額表

・健康保険料率：令和3年3月分～　適用　　・厚生年金保険料率：平成29年9月分～　適用
・介護保険料率：令和3年3月分～　適用　　・子ども・子育て拠出金率：令和2年4月分～　適用

（東京都）　　（単位：円）

| 標準報酬 | | 報酬月額 | | 全国健康保険協会管掌健康保険料 | | | | 厚生年金保険料（厚生年金基金加入員を除く） | |
|---|---|---|---|---|---|---|---|---|---|
| | | | | 介護保険第2号被保険者に該当しない場合 | | 介護保険第2号被保険者に該当する場合 | | 一般、坑内員・船員 | |
| | | | | 9.84% | | 11.64% | | 18.300%※ | |
| 等級 | 月額 | | | 全額 | 折半額 | 全額 | 折半額 | 全額 | 折半額 |
| | | 円以上 | 円未満 | | | | | | |
| 1 | 58,000 | ～ | 63,000 | 5,707.2 | 2,853.6 | 6,751.2 | 3,375.6 | | |
| 2 | 68,000 | 63,000 ～ | 73,000 | 6,691.2 | 3,345.6 | 7,915.2 | 3,957.6 | | |
| 3 | 78,000 | 73,000 ～ | 83,000 | 7,675.2 | 3,837.6 | 9,079.2 | 4,539.6 | | |
| 4(1) | 88,000 | 83,000 ～ | 93,000 | 8,659.2 | 4,329.6 | 10,243.2 | 5,121.6 | 16,104.00 | 8,052.00 |
| 5(2) | 98,000 | 93,000 ～ | 101,000 | 9,643.2 | 4,821.6 | 11,407.2 | 5,703.6 | 17,934.00 | 8,967.00 |
| 6(3) | 104,000 | 101,000 ～ | 107,000 | 10,233.6 | 5,116.8 | 12,105.6 | 6,052.8 | 19,032.00 | 9,516.00 |
| 7(4) | 110,000 | 107,000 ～ | 114,000 | 10,824.0 | 5,412.0 | 12,804.0 | 6,402.0 | 20,130.00 | 10,065.00 |
| 8(5) | 118,000 | 114,000 ～ | 122,000 | 11,611.2 | 5,805.6 | 13,735.2 | 6,867.6 | 21,594.00 | 10,797.00 |
| [illegible] | 126,000 | [illegible] ～ | 130,000 | 12,398.4 | [illegible] | 14,666.4 | 7,333.2 | [illegible] | [illegible] |

保険料額表は、年金事務所や健康保険組合から事業所に送られてくるほか、それぞれのHPでも確認できます。

# 入社時の標準報酬月額の決定のしかた

- 標準報酬月額はいつでも決定できるわけではない
- 入社時や契約変更時などのほかには、毎年7月に見直す

## 4通りある標準報酬月額の決定・変更時期

標準報酬月額は、いつでも決定できるわけではありません。入社の際や雇用契約を変更した際など、被保険者の資格を取得したときに標準報酬月額を決定します。その後は毎年7月に見直すのが原則です。そのほか、給与が大幅に変動したときや育児休業後に給与が下がった場合などに変更することがあります。

標準報酬月額の決定・変更時期はつぎの4通りがあります。①資格取得時（社会保険の被保険者の資格を取得したときに決定）、②定時決定（7月1日現在の被保険者について、9月から翌年8月までの等級を決定）、③随時改定（固定的賃金に一定事由の大きな変動があったときに変更）、④育児休業等終了時改定（育児休業終了後、大きく報酬が下がったときに変更）の4つです。

## 資格取得時の決定は見込み額でもよい

資格取得時の標準報酬月額は、月給制か、週給制か、日給制・時給制かなどによって算定方法が変わります。入社したばかりの従業員の場合、算定時点ではまだ給与を支払っていないことがあります。その際は見込み額で算定することとなります。

残業手当などの報酬を見込み額に加えないと、実際の標準報酬月額との差が大きくはなれてしまうことも考えられます

資格取得時の決定は、残業代や歩合制などの不確定な要素も入れる必要があります。そのため、同じような業務に就いている従業員の実績を参考にして、標準報酬月額を決定します。

## 資格取得時の標準報酬月額の決定方法

**月給制か時間給かなど、給与の支払い方法により標準報酬月額の決定方法が異なります。**

### ●月給制・週給制の場合

報酬額を月額に換算して報酬月額を決め、標準報酬月額を割り出します。

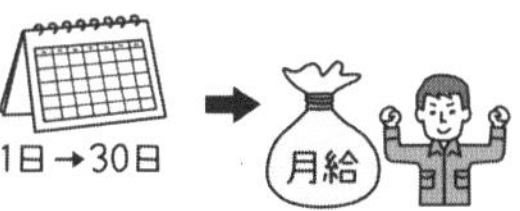


### ●日給制・時間給制・出来高給制の場合

その事業所で前月に同じような業務に就いて、同じくらいの報酬を受けた人の平均額を報酬月額として、標準報酬月額を決めます。

### ●2つ以上の給与制度が当てはまる場合

月給制＋出来高給制というように、2つ以上の給与制が当てはまる場合は、それぞれの方法で算定した額の合計額を報酬月額とします。

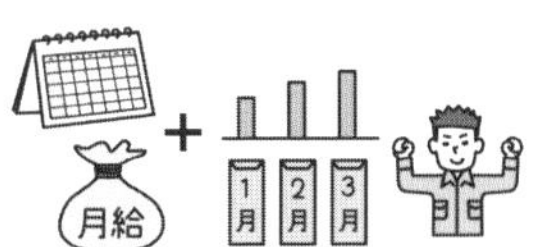

交通費や残業代の見込み額が分かっている場合は、その算入も忘れないように注意だニャ

## 資格取得時の標準報酬月額の適用期間

**資格取得時の標準報酬月額は、1月～5月の間に決定した場合はその年の8月まで、6～12月の間に決定した場合は翌年の8月まで適用されます。**

**例 1年目に被保険者の資格を取得した場合**

| 1年目 資格取得当年 | | | | | | | | | | | | 2年目 資格取得翌年 | | | | | | | | | | | |
|---|---|---|---|---|---|---|---|---|---|---|---|---|---|---|---|---|---|---|---|---|---|---|---|
| | | | | | | 定時決定 | | | | | | | | | | | | 定時決定 | | | | | |
| 1月 | 2月 | 3月 | 4月 | 5月 | 6月 | 7月 | 8月 | 9月 | 10月 | 11月 | 12月 | 1月 | 2月 | 3月 | 4月 | 5月 | 6月 | 7月 | 8月 | 9月 | 10月 | 11月 | 12月 |

1月～5月の間に被保険者の資格を取得した場合、当年の8月まで適用される

6月～12月の間に被保険者の資格を取得した場合、翌年の8月まで適用される

標準報酬月額を決定した見込み額が実際の報酬とかけ離れていれば、訂正が必要です。ただし、残業代のような非固定的賃金の見込み額の違いは訂正できません。

# 毎年7月に標準報酬月額の見直しがある

- 1年に1回、標準報酬月額の見直しが行われる。これを定時決定という
- 4月〜6月の報酬の平均額を報酬月額とする

## 4月〜6月の報酬から標準報酬月額を見直す

報酬は昇給などで変動することがあります。そういった変動の際に、標準報酬月額が実際に受け取る報酬と大きくはなれないように、1年に1回、標準報酬月額の見直しを行います。これを定時決定といいます。

定時決定では、4月〜6月の報酬の平均額を報酬月額として、標準報酬月額を算出します。標準報酬月額を7月1日〜10日までの間に管轄の年金事務所または健康保険組合に届け出ることで、その年の9月から翌年の8月まで適用されます。

提出時期は毎年7月10日までですが、年によって前後する場合があります

### 書式DATA

健康 年金 労災 雇用

| | |
|---|---|
| 届け先 | 管轄の年金事務所または健康保険組合 |
| 期日 | 毎年7月1日から7月10日まで(年によって前後する場合あり) |
| 必要書類 | 健康保険・厚生年金保険 被保険者報酬月額算定基礎届／70歳以上被用者 算定基礎届 |
| 入手先 | 日本年金機構のHPからダウンロード可能 |

以前は算定基礎届総括表の届け出も必要でしたが、2021年4月1日から廃止されることになりました。

## 報酬を計算する際の基礎となる「支払基礎日数」

**支払基礎日数とは、報酬の支払い対象となった日数のことをいいます。月給制と週給制、時給制と日給制で対象となる日数が異なります。**

### ●月給制・週給制の支払基礎日数

給与計算期間の対象となる暦日数。休日・有給休暇を含む。
欠勤日数分の給与が減額される場合は、就業規則などにより会社が定めた日数から欠勤日数を差し引いた日数となる。

### ●日給制・時給制の支払基礎日数

対象月の出勤日数に、有給休暇を足した日数。

### ●支払基礎日数の出し方

**例1** 月給制・月末締め翌月20日払いの場合

4月20日に支給する報酬の計算期間は、3月1日～3月31日。

⬇ 欠勤なしの場合

暦日は31日なので、4月の支払基礎日数は31日

**例2** 月給制・15日締め当月25日払いの場合

5月25日に支給する報酬の計算期間は、4月16日～5月15日。

⬇ 欠勤なしの場合

暦日は30日なので、5月の支払基礎日数は30日

## 支払基礎日数と報酬月額

**支払基礎日数が17日以上ある月が、報酬月額の対象となる月としてカウントされます。**

**報酬月額の対象となる月 ＝ 4月・5月・6月の支払基礎日数が17日以上ある月**

| 4月 | 5月 | 6月 | |
|---|---|---|---|
| 31日 | 30日 | 30日 | → 4月～6月の報酬月額÷3 |
| ~~14日~~ | 30日 | 20日 | → 5月～6月の報酬月額÷2 |
| ~~14日~~ | ~~14日~~ | 21日 | → 6月の報酬月額 |

パートタイマー、アルバイトなどの短時間労働者は、4月・5月・6月の支払基礎日数がすべて17日未満のときは、15日以上ある月を対象月とする。

4月・5月・6月とも支払基礎日数が17日に満たない（短時間労働者は4月・5月・6月とも15日に満たない）場合は、前年の標準報酬月額をもとに決定します。

## 毎年行われる定時決定の流れ

**4月〜6月の報酬の平均額をもとに、標準報酬月額を算出します。これを定時決定といい、毎年行います。**

| | |
|---|---|
| **4月** | 定時決定の計算対象となる期間 ➡ 4月〜6月の報酬の平均額をもとに、報酬月額の平均額を出す |
| **5月** | |
| **6月** | |
| **7月** | 7月1日〜10日までに年金事務所に届け出る<br>健康保険組合に加入している場合は健康保険組合にも届け出る |
| **8月** | |
| **9月** | 「標準報酬月額決定通知書」が発行され、新保険料が適用される<br>翌年8月まで適用される |
| **10月** | 新保険料を納付する |

## 定時決定の対象となる人

**定時決定は、7月1日現在で被保険者の人が対象となります。**

**対象となる人** ➡ **7月1日現在の被保険者**

**対象から外れる人** ➡

- **6月1日から7月1日までの間に被保険者となった人**
- **7月から9月**までの間に、**随時改定**が行われる人、または**育児休業**などを**終了**した際の改定が行われる人

休職中の人や海外勤務で日本にいない人も、7月1日現在に被保険者であれば対象になります

たとえば4月に入社した場合は、いったん報酬月額を決定して資格取得届を出します。その後、5月・6月の給与（4月・5月勤務分）をもとに定時決定をします。

# 「健康保険・厚生年金保険 被保険者報酬月額算定基礎届／70歳以上被用者算定基礎届」の記入例

4月～6月の支給日に昇給か降給があった支給月を記入し、該当する数字に〇

4月～6月の支給日にさかのぼって支払った金額がある場合は、支給した月と金額を記入

「5.病休・育休・休職等」に該当する場合は、5と9に〇をし、9には休んだ期間を記入

様式コード 2225

健康保険 厚生年金保険 被保険者報酬月額算定基礎届
厚生年金保険 70歳以上被用者算定基礎届

令和　年　月　日提出

| 提出者記入欄 | |
|---|---|
| 事業所整理記号 | 68－マ〇〇 |
| | 届書記入の個人番号に誤りがないことを確認しました。 |
| 事業所所在地 | 〒151－0053 東京都渋谷区代々木〇-〇 |
| 事業所名称 | 株式会社〇〇 |
| 事業主氏名 | 代表取締役 〇〇 〇子 |
| 電話番号 | 03（0000）0000 |

社会保険労務士記載欄　氏名等

| 項目名 | 1 | 2 | 3 | 4 | 5 |
|---|---|---|---|---|---|
| ① 被保険者整理番号 | 3 | 7 | 8 | 10 | 12 |
| ② 被保険者氏名 | 〇山〇子 | △川△男 | 口木〇代 | 口田口口 | 〇〇 〇〇 |
| ③ 生年月日 | 5-471003 | 5-500517 | 7-010301 | 5-190814 | 5-500618 |
| ④ 適用年月 | ×〇年 9月 | ×〇年 9月 | ×〇年 9月 | ×〇年 9月 | ×〇年 9月 |
| ⑤ 従前の標準報酬月額 | 健 360千円 厚 360千円 | 健 360千円 厚 360千円 | 健 360千円 厚 360千円 | 健 118千円 厚 118千円 | 健 260千円 厚 220千円 |
| ⑥ 従前改定月 | 〇△年 4月 | 〇△年 4月 | 〇△年 4月 | 〇△年 4月 | 〇△年 4月 |
| ⑦ 昇(降)給 | 4月 ①昇給 2.降給 | 月 1.昇給 2.降給 | 4月 ①昇給 2.降給 | 月 1.昇給 2.降給 | 月 1.昇給 2.降給 |
| ⑧ 遡及支払額 | 月 円 | 月 円 | 4月 5,000円 | 月 円 | 月 円 |
| ⑰ 個人番号［基礎年金番号］※70歳以上被用者の場合のみ | | | | 123456789012 | |
| ⑨支給月 4月 ⑩日数 | 31日 | 31日 | 31日 | 15日 | 31日 |
| ⑪通貨 | 350,000円 | 350,000円 | 350,000円 | 125,000円 | 250,000円 |
| ⑫現物 | 0円 | 0円 | 0円 | 0円 | 0円 |
| ⑬合計（⑪+⑫） | 350,000円 | 350,000円 | 350,000円 | 125,000円 | 250,000円 |
| ⑨支給月 5月 ⑩日数 | 30日 | 19日 | 30日 | 16日 | 30日 |
| ⑪通貨 | 350,000円 | 315,000円 | 350,000円 | 120,000円 | 250,000円 |
| ⑫現物 | 0円 | 0円 | 0円 | 0円 | 0円 |
| ⑬合計（⑪+⑫） | 350,000円 | 315,000円 | 350,000円 | 120,000円 | 250,000円 |
| ⑨支給月 6月 ⑩日数 | 31日 | 31日 | 31日 | 16日 | 31日 |
| ⑪通貨 | 350,000円 | 350,000円 | 350,000円 | 120,000円 | 250,000円 |
| ⑫現物 | 0円 | 0円 | 0円 | 0円 | 0円 |
| ⑬合計（⑪+⑫） | 350,000円 | 350,000円 | 350,000円 | 120,000円 | 250,000円 |
| ⑭ 総計（一定の基礎日数以上の月のみ） | 1,050,000円 | 1,015,000円 | 1,055,000円 | 365,000円 | 750,000円 |
| ⑮ 平均額 | 350,000円 | 338,333円 | 351,666円 | 121,666円 | 250,000円 |
| ⑯ 修正平均額 | 円 | 円 | 円 | 円 | 230,000円 |
| ⑱ 備考 | | ⑤ 病休・育休・休職等、⑨ その他（欠勤 5月2日分） | | ① 70歳以上被用者算定、⑦ パート | ⑧ 年間平均 |

⑱ 備考欄（各人共通）：1. 70歳以上被用者算定（算定基礎月：　月　月）　2. 二以上勤務　3. 月額変更予定　4. 途中入社　5. 病休・育休・休職等　6. 短時間労働者（特定適用事業所等）　7. パート　8. 年間平均　9. その他（　）

※ ⑨支給月とは、給与の対象となった計算月ではなく実際に給与の支払いを行った月となります。

70歳以上被用者の場合は、マイナンバーを記入。（基礎年金番号でも可）

70歳以上被用者の場合は「1」を〇で囲む

時給制、日給制のパートタイマーなどは、出勤日数を記入。
※月給者は暦日を記入

年間平均※2による保険者算定をする場合は、昨年7月から今年6月までの平均額を記入

年間平均で算定する場合は、8に〇
「年間報酬の平均で算定することの申立書」「同意書」※1も添付する

※1 「年間報酬の平均で算定することの申立書」と「保険者算定申立、標準報酬月額の比較、被保険者の同意等」は日本年金機構のHPからダウンロードできます。

※2 当年4月～6月の3か月間の報酬の月平均額から算出した標準報酬月額と、前年の7月～当年の6月までの間の報酬の月平均額から算出した標準報酬月額の間に2等級以上の差が生じ、この2等級以上の差が業務の性質上、例年発生することが見込まれること。被保険者が同意していることが必要。

●扶養範囲ではない人を扶養に入れ続けていた

# 扶養範囲ではない人を扶養に入れていたことに気がついた場合、どうするべきですか？

**Q** 従業員が申告を忘れていて、被扶養者の要件に該当しなくなった人を被扶養者として入れ続けていました。現在はマイナンバー制度が整っているため市区町村から連絡が来るそうですが、それまで待てばいいのでしょうか？

**A** 気づいた時点で、扶養から外れるべきときまでさかのぼって、被扶養者から外す手続きをします。

## 疑問解決のポイント！

### ❶市区町村などから連絡がくる

マイナンバーで社会保険と税金がひもづけられており、扶養範囲内ではない人を入れ続けてしまっていた場合には、**市区町村などから「この人は扶養から外してください」という連絡が来るようになりました**。しかしそのときに対応するのでは、煩雑な手続きが重なることがあります。

### ❷扶養から外れるべきときまでさかのぼる

**被扶養者（異動）届の不該当手続きは、扶養から外れるべきだったときまでさかのぼります。** そのときから今までの間に、被扶養者とされていた本人が通院をしていたら、まず、本人はいったん保険者負担分の医療費を返金しなければなりません。次に、本来加入するべき保険者（自治体の国民健康保険など）へ加入したあとで、返金した医療費の還付請求をすることになります。

### ❸気づいた段階ですぐに手続きをする

**さかのぼる時期が年をまたいでしまうと、所得税にも関わってくる可能性があります。** 年末調整をやり直したりと、会社の手間もかかります。気づいたらすぐに手続きをしましょう。また会社は、日ごろから社員の扶養家族のチェックをしておくべきでしょう。

●年金事務所から届く調査の通知

## 年金事務所から調査の通知がきたら、どう対応したらいいですか？

Q 社会保険について、年金事務所が調査に入ることがあると聞きました。いざ調査の通知がきたらどう対応すればいいのでしょうか？

A

必要な書類を準備します。調査中にウソは絶対につかないこと。

### 疑問解決のポイント！

#### ❶ 4年間に1回程度調査が入る

社会保険については4年間に1回程度、年金事務所から調査が入るようです。**事前に調査に入るという通知がきます**。会社は通知にしたがって書類を用意し、年金事務所へ出向く、担当者を迎える、書類を郵送するといった対応をします。

**●用意するおもな書類**

- □労働者名簿、雇用契約書
- □出勤簿、タイムカード
- □就業規則
- □賃金台帳、給与明細書
- □被保険者資格取得届などの決定通知書
- □源泉所得税納付書、個人別の所得税源泉徴収簿　など

#### ❷社会保険に正しく加入しているかなどを確認する

年金事務所は、つぎのような点を調査で確認します。

- ●社会保険に正しく加入しているか、正しい標準報酬月額であるか
- ●月変忘れ、賞与支払届忘れがないか
- ●パートや高齢者などの加入漏れはないか
- ●入社日と社会保険の資格取得日があっているか　など

#### ❸ウソは絶対につかないこと

事前に書類を改ざんしたり、調査中にその場しのぎのウソをついたり、といったことは絶対にしないようにしてください。社会保険の加入基準は明確なので、グレーゾーンもありません。

●健康保険料の納付額の変更

# 1年間変わるはずのない健康保険料の納付額が変わったのはなぜですか？

**Q** 経理担当の従業員が辞めて、新しく経理担当の従業員Uさんが入社しました。しかし経験が浅いため、いろいろ困っているようです。先日も「標準報酬月額は1年を通して変わらないし、月変（随時改定）をした覚えもないのに、健康保険料が変わっている」と首をかしげています。

**A** 3月（4月納付）からの健康保険料率変更か、もしくは社員の数や標準報酬月額に変更がないのであれば、介護保険料の変更かもしれません。

## 疑問解決のポイント！

### ❶ 3月に健康保険料率の変更が行われた

社会保険料は翌月に控除されることが多いため、**3月に健康保険料率が変更した場合、4月分から健康保険料が改定されます**（当月控除の場合は3月分から改定）。

### ❷介護保険の資格取得、または喪失が考えられる

社会保険料の計算基礎となる標準報酬月額は、1年に1回の定時決定で見直しがされます。それ以外では、随時改定をしない限り変わることはありません。

しかし、**厚生年金保険料はそのままでも健康保険料が増減することがあります**。この場合に関しては、介護保険料が加わった、または外されたことが考えられます。

### ❸40歳になると介護保険の被保険者になる

**日本に住む人は誰でも、40歳になると介護保険の被保険者になります**。40歳以上65歳未満の介護保険第2号被保険者の場合、勤務先で健康保険に加入していれば、介護保険料は健康保険料と合算して請求されます。介護保険第1号被保険者となる65歳からは、介護保険料は原則として公的年金から天引きされます。

### [被扶養者の会社で控除や納付をする必要はない]

40歳以上65歳未満の被扶養者分の介護保険料は、**協会けんぽの場合は会社で控除して納付する必要はありません**。ただし、健康保険組合によっては異なる規約を設けていることがあります。

## 介護保険料の徴収年齢・徴収方法

介護保険の被保険者は、65歳以上、40歳以上65歳未満の２つの区分があります。

### 第１号被保険者

- 65歳以上
- 原則として公的年金から控除

### 第２号被保険者

- 40歳以上
  65歳未満
- 健康保険加入者は、給与から
  控除

## 介護保険の資格取得日・喪失日

介護保険の資格取得日は40歳の誕生日の前日、資格喪失日は65歳の誕生日の前日です。とくに誕生日が「１日」の場合は注意が必要です。

**●40歳の誕生日が１日の場合**

介護保険第２号被保険者の資格取得は前月からスタートし、当月から介護保険料を徴収する。

例 ４月１日が誕生日の場合は資格取得日が３月31日のため、３月分から介護保険料を徴収する

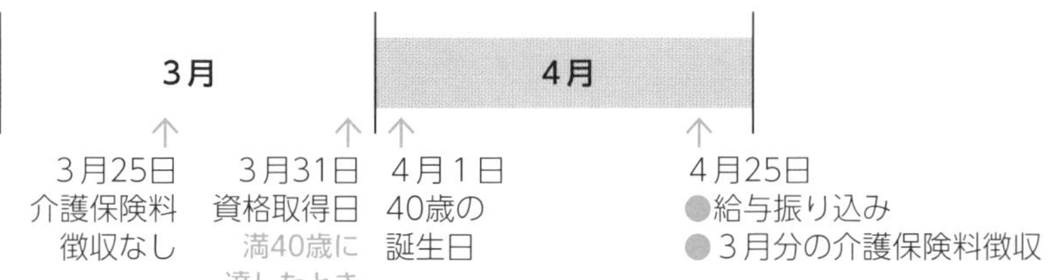


**●65歳の誕生日が１日の場合**

介護保険第２号被保険者の資格は前月中に喪失（当月からは第１号被保険者に）し、当月からの介護保険料の徴収はなし。

例 ４月１日が誕生日の場合は資格喪失日が３月31日のため、２月分までで介護保険料の徴収が終了し、３月分から介護保険料の徴収をしない

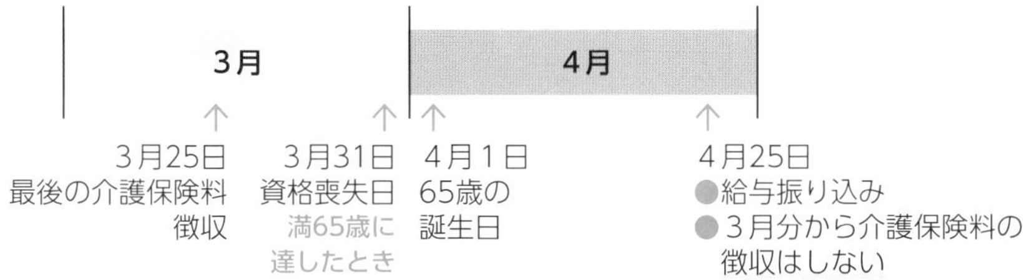

# 給与改定をしたとき

- 時期に関係なく、給与に大きな変動があったら標準報酬月額を改定する。これを随時改定という
- 随時改定を行うには、3つの要件をすべて満たすことが必要

## 給与額が大きく変更したら随時改定を行う

前項で説明した通り、定時決定によってその年の9月から翌年8月までの1年間は、同じ標準報酬月額で社会保険料を計算することが原則です。

しかし、その途中で昇給や降給、給与体系の変更などにより給与額が大きく改定された場合、実際の給与額と標準報酬月額との差が大幅に異なることがあります。このような場合は、時期に関係なく標準報酬月額を変更する「随時改定」に該当するかどうかを確認します。

随時改定の手続きが完了すると、標準報酬月額が改定されることにより、給与から控除する社会保険料も変更となります。年金事務所から発行される「決定通知書」で、いつから適用されるかしっかり確認しましょう

**書式DATA**

健康　年金　労災　雇用

**届け先** 管轄の年金事務所または健康保険組合

**期日** 固定的賃金の変動月から該当する変動があればすみやかに

**必要書類** 健康保険・厚生年金保険 被保険者報酬月額変更届／70歳以上被用者月額変更届

**添付書類** 随時改定の際、年間報酬の平均で算定する場合
1 年間報酬の平均で算定することの申立書
2 保険者算定申立、標準報酬月額の比較、被保険者の同意書等

**入手先** 日本年金機構のHPからダウンロード可能

固定的賃金の変動と3か月の平均標準報酬月額が違う方向に変動している場合、非固定的賃金の変動の影響が強いと考えられます。このようなケースは随時改定の対象とはなりません。

## 随時改定を行う３つの要件

**つぎの３つの要件がすべてそろったときに、随時改定を行います。**

❶ 固定的賃金が大きく変動した

❷ 固定的賃金の変動月から３か月間に支給された報酬の平均月額が、従前のものと比べて２等級以上の差が生じた

❸ ❷の３か月の支払基礎日数が、すべて17日以上ある

随時改定の手続きを月変(げっぺん)というニャ


## 固定的賃金と非固定的賃金の違い

**報酬には、固定的賃金と非固定的賃金の２つが含まれています。**

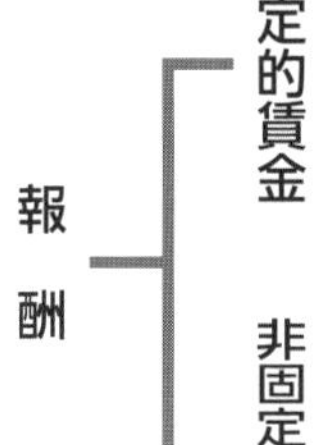


| | 内容 | | |
|---|---|---|---|
| 固定的賃金 | **勤務時間や営業実績などの稼働実績に関係なく、支給額や支給率が決まっているもの**<br>基本給、役職手当、家族手当、通勤手当、住宅手当、歩合率の決まった歩合給など | → | **上記❶～❸の条件を満たした場合、標準報酬月額変更の届け出が必要！** |
| 非固定的賃金 | **残業や営業成績などの稼働実績により支払われるもの**<br>残業手当、休日労働手当、皆勤手当、宿日直手当など | → | **標準報酬月額の変更には関係ない** |

## 随時改定の対象となる固定的賃金の変動例

**昇給や降給により固定的賃金が大きく変更した場合、随時改定の対象となります。**

- 昇給（ベースアップ）
- 降給（ベースダウン）
- 給与体系の変更　例 時間給から月給への変更など
- 日給や時間給の単価の変更　例 日給8,000円→日給10,000円にアップ
- 出来高給、歩合給などの歩合率の変更
- 住宅手当、役職手当などの固定的な手当の追加、支給額の変更

**随時改定の対象とならない場合**

- 固定的賃金は上がったが、残業手当などの非固定的賃金が減ったため、現行の標準報酬月額より２等級以上下がった。
- 固定的賃金は下がったが、非固定的賃金が増加したため、現行の標準報酬月額より２等級以上上がった。

原則は、２等級以上の差が生じることが随時改定の条件です。ただし、標準報酬月額等級表の上限または下限にわたる等級変更の場合は、２等級以上の変更がなくても随時改定の対象となります。

# 「健康保険・厚生年金保険 被保険者報酬月額変更届／70歳以上被用者月額変更届」の記入例

1ページ目

変更後の支給が始まった月から3か月を記入

変更後の支給が始まった月から4か月目

該当するものに○

様式コード 2221

健康保険
厚生年金保険
被保険者報酬月額変更届

厚生年金保険
70歳以上被用者月額変更届

令和　　年　　月　　日提出

受付印

**提出者記入欄**

| | |
|---|---|
| 事業所整理記号 | 68 - マ○○ |
| | 届書記入の個人番号に誤りがないことを確認しました。 |
| 事業所所在地 | 〒151-0053 東京都渋谷区代々木○-○ |
| 事業所名称 | 株式会社○○ |
| 事業主氏名 | 代表取締役　○○　○子 |
| 電話番号 | 03（5000）5000 |

社会保険労務士記載欄
氏名等

**項目名**

| ①被保険者整理番号 | ②被保険者氏名 | ③生年月日 | ④改定年月 | ⑰個人番号[基礎年金番号] ※70歳以上被用者の場合のみ |
|---|---|---|---|---|
| ⑤従前の標準報酬月額 | ⑥従前改定月 | ⑦昇(降)給 | ⑧遡及支払額 | ⑱備考 |
| ⑨給与支給月 / ⑩給与計算の基礎日数 / 報酬月額：⑪通貨によるものの額 / ⑫現物によるものの額 / ⑬合計(⑪+⑫) | | | ⑭総計 / ⑮平均額 / ⑯修正平均額 | |

**1**

| | |
|---|---|
| ①被保険者整理番号 | 12 |
| ②被保険者氏名 | ○○　○○ |
| ③生年月日 | 5-500618 |
| ④改定年月 | ○△年10月 |
| ⑤従前の標準報酬月額 | 健 260千円　厚 260千円 |
| ⑥従前改定月 | ○△年4月 |
| ⑦昇(降)給 | 7月　①昇給　2.降給 |
| ⑧遡及支払額 | 月　円 |
| ⑭総計 | 900,000円 |
| ⑮平均額 | 300,000円 |
| ⑯修正平均額 | 円 |

| ⑨支給月 | ⑩日数 | ⑪通貨 | ⑫現物 | ⑬合計(⑪+⑫) |
|---|---|---|---|---|
| 7月 | 30日 | 300,000円 | 0円 | 300,000円 |
| 8月 | 31日 | 300,000円 | 0円 | 300,000円 |
| 9月 | 31日 | 300,000円 | 0円 | 300,000円 |

⑱備考：
1. 70歳以上被用者月額変更
2. 二以上勤務
3. 短時間労働者(特定適用事業所等)
④ 昇給・降給の理由
（役職手当の変更）
5. 健康保険のみ月額変更
（70歳到達時の契約変更等）
6. その他（　　）

**2〜5**（記入欄は空欄。各欄：①、②、③、④年月、⑤健 千円 厚 千円、⑥年月、⑦昇(降)給 月 1.昇給 2.降給、⑧遡及支払額 月 円、⑨支給月 月、⑩日数 日、⑪通貨 円、⑫現物 円、⑬合計(⑪+⑫) 円、⑭総計 円、⑮平均額 円、⑯修正平均額 円、⑰、⑱ 1. 70歳以上被用者月額変更 2. 二以上勤務 3. 短時間労働者(特定適用事業所等) 4. 昇給・降給の理由（　） 5. 健康保険のみ月額変更（70歳到達時の契約変更等） 6. その他（　））

月給者は暦日（欠勤がある場合は、所定労働日から欠勤日数を控除）、パートタイマーなどは実際の出勤日数を記入

※ ⑨支給月とは、給与の対象となった計算月ではなく実際に給与の支払いを行った月となります。

# 「年間報酬の平均で算定することの申立書」の記入例

※年金事務所の任意様式

業種は正確に記入する

事業所の所在地を管轄する年金事務所名を記入

渋谷年金事務所長　様

年間報酬の平均で算定することの申立書（随時改定用）

当事業所は 飲食 業を行っており、（当事業所内の経理部門では、）例年、○月から○月までの間は、○○○○○○の理由により繁忙期となります。また、例年○月は、○○○○○○の理由により固定的賃金が増加することから、健康保険及び厚生年金保険被保険者の報酬月額変更届を提出するにあたり、健康保険法第４３条及び厚生年金保険法第２３条の規定による随時決定の算定方法によると、年間報酬の平均により算出する方法より、標準報酬月額等級について２等級以上の差が生じ、著しく不当であると思料するため、健康保険法第４４条第１項及び厚生年金保険法第２４条第１項における「報酬月額の算定の特例」（年間）にて決定するよう申立てします。

なお、当事業所における例年の状況、標準報酬月額の比較及び被保険者の同意等の資料を添付します。

令和 ○ 年 ○ 月 ○ 日

事業所所在地　渋谷区代々木○-○

事業所名称　株式会社○○

事業主氏名　代表取締役　○○　○子

連　絡　先　03-0000-0000

※　業種等は正確に、理由は具体的に記入をお願いします。

提出日を記入

事業所所在地など、事業所情報を記入

# 賞与を支給したとき

- 賞与を支払うときも社会保険料を給与から控除、納付する
- **標準賞与額は、**1,000円未満を切り捨てる

## 標準賞与額をもとに社会保険料を算出する

賞与を支払うときも社会保険料を納付します。賞与にかかる社会保険料は、標準賞与額をもとに算出します。標準賞与額は、支給した賞与額から1,000円未満を切り捨てた額です。賞与の社会保険料額は、この標準賞与額にそれぞれの社会保険料率を掛けて算出します。

社会保険で賞与に当たるものは、通貨での支給や現物支給を問わず「年３回以下、または一時的に支給するもの」です。

年に４回以上支給される賞与は、標準賞与額の対象にはならず、標準報酬月額に含めます。書類の届け出も必要ありません

賞与支払予定月にどの従業員にも賞与を支給しなかった場合は、「賞与不支給報告書」を提出するニャ

**書式DATA**

健康　年金　労災　雇用

- **届け先** 管轄の年金事務所または健康保険組合
- **期　日** 賞与を支払った日、または賞与支払予定日に賞与を支給しなかった日から５日以内
- **必要書類**
  1. 賞与を支払った場合：健康保険・厚生年金保険 被保険者賞与支払届
  2. 賞与支払予定月に賞与を支給しなかった場合：健康保険・厚生年金保険 賞与不支給報告書
- **入手先** 日本年金機構のHPからダウンロード可能

年４回以上の賞与は報酬として扱います。定時決定の際に、前年７月から当年６月までに支給された合計額を12で割った額を４月・５月・６月の標準報酬月額に含めます。

## 社会保険で賞与となるもの・ならないもの

賞与となるものは、大きく分けて通貨で支給されるもの、現物で支給されるものの２種類があります。

### 賞与となるもの

**通貨での支給**

- 年３回以内かつ定期的・一時的に支払われるもの
- 賞与、期末手当、決算手当など

**現物支給**

- 賞与などの名目で支給されるもの

現物として支給された自社製品などは、金銭として換算するので賞与となるのニャ

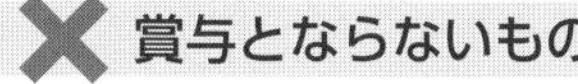

### 賞与とならないもの

- 年４回以上支払われる賞与
- 結婚祝金、災害見舞金など

結婚祝金、災害見舞金などの労働の対価ではないものは、社会保険料の対象にはなりません

## 社会保険料の計算と上限額

標準賞与額は、1,000円未満を切り捨てた額です。

**賞与の社会保険料** ＝ **標準賞与額** × **各社会保険料率**

標準賞与額：支給した賞与額から**1,000円未満を切り捨てた額**

- 健康保険料＝標準賞与額×健康保険料率
- 介護保険料＝標準賞与額×介護保険料率
- 厚生年金保険料＝標準賞与額×厚生年金保険料率

保険料率は最新の「保険料額表」をチェック！

### 標準賞与額の上限額

以下の上限額より多い賞与を支給された場合は、「標準賞与額＝上限額」として計算します。

- 健康保険料 ➡ 年度（４月～翌年３月）で573万円まで
- 厚生年金保険 ➡ １か月150万円まで（同じ月に２回以上支給があった場合はその合計額）

インセンティブ賞与２回、期末賞与２回で計４回というように、性質が異なる賞与が複数あるときは、同じ性質ごとに賞与扱い、報酬扱いと決めてもかまいません。

# 「健康保険・厚生年金保険 被保険者賞与支払届」の記入例

事業所整理記号を必ず記入する

※1の金額の1,000円未満を切り捨てて記入

様式コード 2265

健康保険
厚生年金保険
厚生年金保険

被保険者賞与支払届
70歳以上被用者賞与支払届

令和 年 月 日

事業所整理記号 68 200

事業所における賞与支払年月日を記入する

受付印

届書記入の個人番号に誤りがないことを確認しました。

事業所所在地 〒151-0053 東京都渋谷区代々木○-○

該当する元号の番号をつぎのように記入する
1.明治、3.大正、5.昭和、7.平成、9.令和
例)昭和47年10月3日の場合
→5-471003

事業所名称 株式会社○○

事業主氏名 代表取締役 ○○ ○子

電話番号 03（5000）5000

社会保…
氏名等…

提出者記入欄

| | ① 被保険者整理番号 / ④ 賞与支払年月日 | ② 被保険者氏名 / ⑤ 賞与支払額 | | ③ 生年月日 / ⑥ 賞与額（千円未満は切捨て） | ⑦ 個人番号［基礎年金番号］※70歳以上被用者の場合のみ / ⑧ 備考 |
|---|---|---|---|---|---|
| 共通 | ④ 賞与支払年月日（共通） | 9.令和 00年12月10日 | | ←1枚ずつ必ず記入してください。 | |
| 1 | ① 3 | ② ○山○子 | | ③ 5-471003 | ⑦ |
| | ④※上記「賞与支払年月日（共通）」と同じ場合は、記入不要です。 9.令和 年 月 日 | ⑤ ㋐（通貨） 300,000円 | ㋑（現物） 0円 | ⑥（合計㋐+㋑）千円未満は切捨て 300,000円 | ⑧ 1. 70歳以上被用者 2. 二以上勤務 3. 同一月内の賞与合算（初回支払日： 日） |
| 2 | ① 7 | ② △川△男 | | ③ 5-500517 | ⑦ |
| | ④※上記「賞与支払年月日（共通）」と同じ場合は、記入不要です。 9.令和 年 月 日 | ⑤ ㋐（通貨） 350,000円 | ㋑（現物） 0円 | ⑥（合計㋐+㋑）千円未満は切捨て 350,000円 | ⑧ 1. 70歳以上被用者 2. 二以上勤務 3. 同一月内の賞与合算（初回支払日： 日） |
| 3 | ① 8 | ② □木○代 | | ③ 7-010301 | ⑦ |
| | ④※上記「賞与支払年月日（共通）」と同じ場合は、記入不要です。 9.令和 年 月 日 | ⑤ ㋐（通貨） 350,000円 | ㋑（現物） 0円 | ⑥（合計㋐+㋑）千円未満は切捨て 350,000円 | ⑧ 1. 70歳以上被用者 2. 二以上勤務 3. 同一月内の賞与合算（初回支払日： 日） |
| 4 | ① 10 | ② □田□□ | | ③ 5-190814 | ⑦ 123456789012 |
| | ④※上記「賞与支払年月日（共通）」と同じ場合は、記入不要です。 9.令和 ○年12月15日 | ⑤ ㋐（通貨） 120,000円 | ㋑（現物） 0円 | ⑥（合計㋐+㋑）千円未満は切捨て 120,000円 | ⑧ (1.) 70歳以上被用者 2. 二以上勤務 3. 同一月内の賞与合算（初回支払日： 日） |
| 5 | ① 12 | ② ○○○○ | | ③ 5-500618 | ⑦ |
| | ④※上記「賞与支払年月日（共通）」と同じ場合は、記入不要です。 9.令和 年 月 日 | ⑤ ㋐（通貨） 300,000円 | ㋑（現物） 0円 | ⑥（合計㋐+㋑）千円未満は切捨て 300,000円 | ⑧ 1. 70歳以上被用者 2. 二以上勤務 3. 同一月内の賞与合算（初回支払日： 日） |
| 6 | ① | ② | | ③ | ⑦ |
| | ④※上記「賞与支払年月日（共通）」と同じ場合は、記入不要です。 9.令和 年 月 日 | ⑤ ㋐（通貨） 円 | ㋑（現物） 円 | ⑥（合計㋐+㋑）千円未満は切捨て ,000円 | ⑧ 1. 70歳以上被用者 2. 二以上勤務 3. 同一月内の賞与合算（初回支払日： 日） |
| 7 | ① | ② | | ③ | ⑦ |
| | ④※上記「賞与支払年月日（共通）」と同じ場合は、記入不要です。 9.令和 年 月 日 | ⑤ ㋐（通貨） 円 | ㋑（現物） 円 | ⑥（合計㋐+㋑）千円未満は切捨て ,000円 | ⑧ 1. 70歳以上被用者 2. 二以上勤務 3. 同一月内の賞与合算（初回支払日： 日） |
| 8 | ① | ② | | ③ | ⑦ |
| | ④※上記「賞与支払年月日（共通）」と同じ場合は、記入不要です。 9.令和 年 月 日 | ⑤ ㋐（通貨） 円 | ㋑（現物） 円 | ⑥（合計㋐+㋑）千円未満は切捨て ,000円 | ⑧ 1. 70歳以上被用者 2. 二以上勤務 3. 同一月内の賞与合算（初回支払日： 日） |
| 9 | ① | ② | | ③ | ⑦ |
| | ④※上記「賞与支払年月日（共通）」と同じ場合は、記入不要です。 9.令和 年 月 日 | ⑤ ㋐（通貨） 円 | ㋑（現物） 円 | ⑥（合計㋐+㋑）千円未満は切捨て ,000円 | ⑧ 1. 70歳以上被用者 2. 二以上勤務 3. 同一月内の賞与合算（初回支払日： 日） |
| 10 | ① | ② | | ③ | ⑦ |
| | ④※上記「賞与支払年月日（共通）」と同じ場合は、記入不要です。 9.令和 年 月 日 | ⑤ ㋐（通貨） 円 | ㋑（現物） 円 | ⑥（合計㋐+㋑）千円未満は切捨て ,000円 | ⑧ 1. 70歳以上被用者 2. 二以上勤務 3. 同一月内の賞与合算（初回支払日： 日） |

社員ごとに記入する

被保険者整理番号を必ず記入する

※1 実際の支給額を記入

該当するものがある場合は○。70歳以上被用者のみ個人番号を記入する

# 「健康保険・厚生年金保険 賞与不支給報告書」の記入例

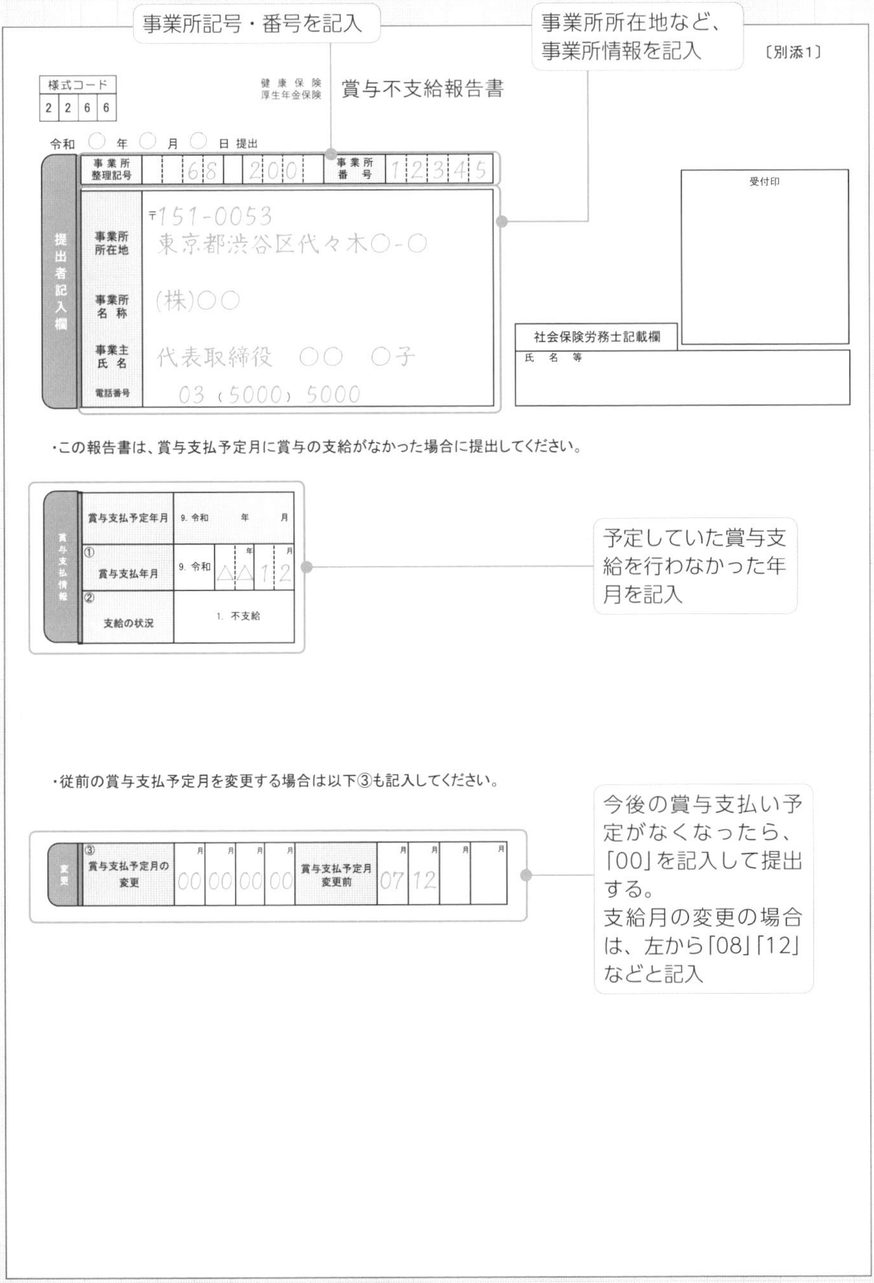

事業所記号・番号を記入

事業所所在地など、事業所情報を記入

〔別添1〕

| 様式コード | | | |
|---|---|---|---|
| 2 | 2 | 6 | 6 |

健康保険
厚生年金保険 賞与不支給報告書

令和 ○ 年 ○ 月 ○ 日 提出

提出者記入欄

| 事業所整理記号 | 68 | 200 | 事業所番号 | 12345 |
|---|---|---|---|---|

| | |
|---|---|
| 事業所所在地 | 〒151-0053 東京都渋谷区代々木○-○ |
| 事業所名称 | (株)○○ |
| 事業主氏名 | 代表取締役 ○○ ○子 |
| 電話番号 | 03（5000）5000 |

受付印

社会保険労務士記載欄

氏名等

・この報告書は、賞与支払予定月に賞与の支給がなかった場合に提出してください。

賞与支払情報

| | |
|---|---|
| 賞与支払予定年月 | 9. 令和 年 月 |
| ① 賞与支払年月 | 9. 令和 △△年 12月 |
| ② 支給の状況 | 1. 不支給 |

予定していた賞与支給を行わなかった年月を記入

・従前の賞与支払予定月を変更する場合は以下③も記入してください。

変更

| ③ 賞与支払予定月の変更 | 00月 | 00月 | 00月 | 00月 | 賞与支払予定月変更前 | 07月 | 12月 | 月 | 月 |
|---|---|---|---|---|---|---|---|---|---|

今後の賞与支払い予定がなくなったら、「00」を記入して提出する。
支給月の変更の場合は、左から「08」「12」などと記入

●標準報酬月額を誤って届けた場合

# 標準報酬月額を誤って届けた場合、どう訂正しますか？

**Q** 算定基礎届に6か月分の定期券代を含めてしまったため、標準報酬月額を実際より高く届け出てしまいました。訂正するにはどうすればいいですか？

**A** 通常の算定基礎届を使って訂正届を出します。赤字と黒字の使い方に注意しましょう。

## 疑問解決のポイント！

### ❶気づいた時点ですぐに訂正届を提出する

算定基礎届で届け出た金額を間違えていた場合は、気づいた時点ですぐに訂正届を管轄の年金事務所に提出します。**専用の訂正届はないので、通常の算定基礎届の表題の横に、赤字で「訂正届」または「訂正願」と書いて訂正届にします。**

### ❷赤字と黒字を逆に書かないように注意する

訂正の方法としては、まず訂正したい人の金額以外のデータ（氏名、生年月日など）を黒字で書きます。つぎに、**間違えて届け出た金額を欄の上部に赤字で記入**します。それから、**正しい金額を欄の下部に黒字で記入**します。赤字と黒字を逆に書かないように注意しましょう。

誤った金額を赤で書き、正しい金額を黒で書く訂正方法は「赤黒訂正」ともいうニャ

標準報酬月額は従業員の保険料額にかかわることなので、落ちついて赤黒で正誤を記入しましょう

## 「健康保険・厚生年金保険 被保険者報酬月額算定基礎届」の訂正のしかた

間違えて届け出た金額を欄の上部に赤字で記入し、正しい金額を欄の下部に黒字で記入する

表題の横に赤字で訂正届または訂正願と書く

| 様式コード |
|---|
| 2 2 2 5 |

健康保険
厚生年金保険
厚生年金保険

### 被保険者報酬月額算定基礎届 訂正届
70歳以上被用者算定基礎届

令和　　年　　月　　日提出

**提出者記入欄**

| | |
|---|---|
| 事業所整理記号 | - |
| 事業所所在地 | 届書記入の個人番号に誤りがないことを確認しました。<br>〒　　- |
| 事業所名称 | |
| 事業主氏名 | |
| 電話番号 | （　　　） |

| 受付印 |
|---|
| |

| 社会保険労務士記載欄 |
|---|
| 氏名等 |

**項目名**

| ① 被保険者整理番号 | ② 被保険者氏名 | ③ 生年月日 | ④ 適用年月 | ⑰ 個人番号［基礎年金番号］※70歳以上被用者の場合のみ |
|---|---|---|---|---|
| ⑤ 従前の標準報酬月額 | ⑥ 従前改定月 | ⑦ 昇(降)給 | ⑧ 遡及支払額 | ⑱ 備考 |
| ⑨ 給与支給月 / ⑩ 給与計算の基礎日数 | 報酬月額 ⑪ 通貨によるものの額 / ⑫ 現物によるものの額 | ⑬ 合計（⑪+⑫） | ⑭ 総計（一定の基礎日数以上の月のみ） ⑮ 平均額 ⑯ 修正平均額 | |

**1**

| ① 3 | ② ○山○子 | | ③ 5-471003 | ④ 年 月 | ⑰ |
|---|---|---|---|---|---|
| ⑤ 健 345 360 千円 | 厚 345 360 千円 | ⑥ 年 月 | ⑦昇(降)給 月 1. 昇給 2. 降給 | ⑧遡及支払額 月 円 | ⑱ |
| ⑨支給月 ⑩日数 | ⑪通貨 | ⑫現物 | ⑬合計(⑪+⑫) | ⑭総計 | 1. 70歳以上被用者算定（算定基礎月：　月　月） |
| 4月 30日 | 300,000 310,000円 | 0 円 | 300,000 310,000円 | 960,000 930,000円 | 2. 二以上勤務　3. 月額変更予定 |
| 5月 31日 | 360,000 310,000円 | 0 円 | 360,000 310,000円 | ⑮平均額 320,000 310,000円 | 4. 途中入社　5. 病休・育休・休職等<br>6. 短時間労働者（特定適用事業所等） |
| 6月 30日 | 300,000 310,000円 | 0 円 | 360,000 310,000円 | ⑯修正平均額 円 | 7. パート　8. 年間平均<br>9. その他（　　） |

**2**

| ① | ② | | ③ | ④ 年 月 | ⑰ |
|---|---|---|---|---|---|
| ⑤ 健 千円 | 厚 千円 | ⑥ 年 月 | ⑦昇(降)給 月 1. 昇給 2. 降給 | ⑧遡及支払額 月 円 | ⑱ |
| ⑨支給月 ⑩日数 | ⑪通貨 | ⑫現物 | ⑬合計(⑪+⑫) | ⑭総計 | 1. 70歳以上被用者算定（算定基礎月：　月　月） |
| 4月 日 | 円 | 円 | 円 | 円 | 2. 二以上勤務　3. 月額変更予定 |
| 5月 日 | 円 | 円 | 円 | ⑮平均額 円 | 4. 途中入社　5. 病休・育休・休職等<br>6. 短時間労働者（特定適用事業所等） |
| 6月 日 | 円 | 円 | 円 | ⑯修正平均額 円 | 7. パート　8. 年間平均<br>9. その他（　　） |

**3**

| ① | ② | | ③ | ④ 年 月 | ⑰ |
|---|---|---|---|---|---|
| ⑤ 健 千円 | 厚 千円 | ⑥ 年 月 | ⑦昇(降)給 月 1. 昇給 2. 降給 | ⑧遡及支払額 月 円 | ⑱ |
| ⑨支給月 ⑩日数 | ⑪通貨 | ⑫現物 | ⑬合計(⑪+⑫) | ⑭総計 | 1. 70歳以上被用者算定（算定基礎月：　月　月） |
| 4月 日 | 円 | 円 | 円 | 円 | 2. 二以上勤務　3. 月額変更予定 |
| 5月 日 | 円 | 円 | 円 | ⑮平均額 円 | 4. 途中入社　5. 病休・育休・休職等<br>6. 短時間労働者（特定適用事業所等） |
| 6月 日 | 円 | 円 | 円 | ⑯修正平均額 円 | 7. パート　8. 年間平均<br>9. その他（　　） |

**4**

| ① | ② | | ③ | ④ 年 月 | ⑰ |
|---|---|---|---|---|---|
| ⑤ 健 千円 | 厚 千円 | ⑥ 年 月 | ⑦昇(降)給 月 1. 昇給 2. 降給 | ⑧遡及支払額 月 円 | ⑱ |
| ⑨支給月 ⑩日数 | ⑪通貨 | ⑫現物 | ⑬合計(⑪+⑫) | ⑭総計 | 1. 70歳以上被用者算定（算定基礎月：　月　月） |
| 4月 日 | 円 | 円 | 円 | 円 | 2. 二以上勤務　3. 月額変更予定 |
| 5月 日 | 円 | 円 | 円 | ⑮平均額 円 | 4. 途中入社　5. 病休・育休・休職等<br>6. 短時間労働者（特定適用事業所等） |
| 6月 日 | 円 | 円 | 円 | ⑯修正平均額 円 | 7. パート　8. 年間平均<br>9. その他（　　） |

**5**

| ① | ② | | ③ | ④ 年 月 | ⑰ |
|---|---|---|---|---|---|
| ⑤ 健 千円 | 厚 千円 | ⑥ 年 月 | ⑦昇(降)給 月 1. 昇給 2. 降給 | ⑧遡及支払額 月 円 | ⑱ |
| ⑨支給月 ⑩日数 | ⑪通貨 | ⑫現物 | ⑬合計(⑪+⑫) | ⑭総計 | 1. 70歳以上被用者算定（算定基礎月：　月　月） |
| 4月 日 | 円 | 円 | 円 | 円 | 2. 二以上勤務　3. 月額変更予定 |
| 5月 日 | 円 | 円 | 円 | ⑮平均額 円 | 4. 途中入社　5. 病休・育休・休職等<br>6. 短時間労働者（特定適用事業所等） |
| 6月 日 | 円 | 円 | 円 | ⑯修正平均額 円 | 7. パート　8. 年間平均<br>9. その他（　　） |

※ ⑨支給月とは、給与の対象となった計算月ではなく実際に給与の支払いを行った月となります。

● 7月・8月・9月の随時改定

# 7月・8月・9月の随時改定（月額変更届）は、どのように行いますか？

**Q** 従業員Aさんに対して、４月に大幅な昇給をしました。随時改定をするほどの昇給です。しかし、６月～７月に行う随時改定は、定時決定と重なります。この場合、どのように手続きを進めればいいのでしょうか？

**A** 定時決定よりも随時改定を優先します。８月、９月に随時改定を行う場合も、定時決定を行いません。

## 疑問解決のポイント！

### ❶ 6月の給与支払い後に随時改定を行う

４月の大幅な昇給によって、**４月・５月・６月と標準報酬月額に２等級以上の差が出た場合は、その平均額をもとに６月の給与支払い後にすみやかに随時改定（月額変更届＝月変）を行います**。これをいわゆる「７月月変（げっぺん）」といいます。

### ❷ 2等級以上の差が生じた場合は随時改定を優先する

月変後の改定された保険料の控除月を間違えないようにしましょう。本来、7月1日～10日には4月・5月・6月の報酬月額の平均額をもとに定時決定の届け出をしますが、**2等級以上の差が生じた場合は随時改定を優先します**。

### ❸ 7月の「算定基礎届」の提出を省略できる

固定給の変動により、**5月・6月・７月の標準報酬月額に２等級以上の差が出る**、あるいは**6月・７月・8月の標準報酬月額に２等級以上の差が出る**ことが予想される場合は、**8月または9月に随時改定を行います**。

この場合、７月の「算定基礎届」の提出を省略することができます。算定基礎届に、報酬月額の欄には記入せず、備考欄の「月額変更予定」に○をつけて提出します（→P.283「健康保険・厚生年金保険 被保険者報酬月額算定基礎届」参照）。

## 「健康保険・厚生年金保険 被保険者報酬月額算定基礎届」の記入例

| 項目名 | ① 被保険者整理番号 | ② 被保険者氏名 | ③ 生年月日 | ④ 適用年月 | ⑰ 個人番号［基礎年金番号］※70歳以上被用者の場合のみ |
|---|---|---|---|---|---|
| 1 | 4 | △山太郎 | 5-480105 | 年 月 | |

| ⑤ 従前の標準報酬月額 | | ⑥ 従前改定月 | ⑦ 昇(降)給 | ⑧ 遡及支払額 |
|---|---|---|---|---|
| 健 300 千円 | 厚 千円 | 年 月 | 月 1. 昇給 2. 降給 | 月 円 |

| ⑨ 給与支給月 | ⑩ 給与計算の基礎日数 | 報酬月額 ⑪ 通貨によるものの額 | 報酬月額 ⑫ 現物によるものの額 | ⑬ 合計（⑪+⑫） | ⑭ 総計（一定の基礎日数以上の月のみ）／⑮ 平均額／⑯ 修正平均額 |
|---|---|---|---|---|---|
| 4月 | 30日 | 200,000円 | 0円 | 200,000円 | ⑭総計 800,000円 |
| 5月 | 31日 | 300,000円 | 0円 | 300,000円 | ⑮平均額 266,666円 |
| 6月 | 30日 | 300,000円 | 0円 | 300,000円 | ⑯修正平均額 円 |

⑱ 備考
1. 70歳以上被用者算定（算定基礎月： 月 月）
2. 二以上勤務 ③. 月額変更予定
4. 途中入社 5. 病休・育休・休職等
6. 短時間労働者（特定適用事業所等）
7. パート 8. 年間平均
⑨. その他（ 8月 ）

備考欄の「3.月額変更予定」と「9.その他」を○で囲み、変更予定月を記載して提出する

### ●支給した賞与の届け出忘れ

## 支給した賞与の届け出を忘れた場合、どうすればいいですか？

**Q** 過去1年分の賞与の支払いを届け出るのを忘れていました。どのように手続きをすればいいでしょうか？

**A** 過去分から順番に賞与支払届を出します。

### 疑問解決のポイント！

#### ❶過去分から順番に届け出る

**忘れていた賞与支払届（→P.278参照）は、過去分から順番に届け出る必要があります。**直近の賞与支払届を届け出ようとしたときに、前回の賞与支払届も出すのを忘れていたという場合は、まず先に前回の賞与支払届を出し、その後に今回の賞与支払届を出します。2回分一緒に届け出をする方法もありますが、保険料もまとめて納付となるので十分注意をしてください。

#### ❷届け出る順番にはくれぐれも注意

**今回分を出した後に、前回分の届け出を忘れてしまったことに気がついたら、いったん今回分の届け出については取り消しをしなければなりません。**その後、前回分の賞与支払届と一緒に今回分の賞与支払届を出します。届け出の順番にはくれぐれも注意しましょう。

# 労働保険料の賃金

- 労働の対価として支払うすべてのものが、労働保険料の対象となる
- 結婚祝金、出張時の経費、制服などは労働保険の賃金から除外される

## 労働保険の賃金の範囲

労働保険料の算定の対象となる賃金の範囲は、事業主が労働者に労働の対価として支払うすべてのものです。この範囲は、税金や社会保険料を控除する前の賃金総額をいいます。

一方、労働の対価ではなく恩恵的なもの、たとえば結婚祝金、死亡弔慰金、災害見舞金などは、就業規則に支払い基準が明確になっている場合でも賃金とはみなしません。制服などの福利厚生の要素が強いものや、出張時の経費、宿泊費なども、実費弁償的なものとして労働保険上の賃金から除外されます。

## 賃金総額での退職金の扱い

退職金は賃金総額には含みませんが、前払い退職金の場合は扱いが異なります。前払い退職金とは、労働者が在職中に退職金の一部または全部を給与や賞与に上乗せすることで、前払いの形をとることです。この場合は賃金として扱うこともあるので注意しましょう。

ちなみに兼務役員に支払う賃金の範囲は、役員としての報酬と従業員としての賃金の両方が支払われている場合、役員報酬を除いた部分を労働保険の賃金とみなします

扶養手当や家族手当は、養う家族がいる従業員に支給する任意の手当です。福利厚生の要素もありますが、支給基準や支給額が就業規則などで明確であれば賃金とみなされます。

## 労働保険の対象となる賃金の範囲

事業主が労働者に支払ったもの、なおかつ労働の対価として支払われるものは賃金となります。

### 賃金となるもの

労働の対価として支払われるもの

- 基本賃金…時間給・日給・月給・歩合給など
- 賞与
- 通勤手当…非課税分を含む
- 通勤のために支給する現物給付…定期券・回数券
- 残業手当・休日労働手当・深夜手当
- 扶養手当・家族手当
- 技能手当
- 皆勤手当・精勤手当
- 前払い退職金
- 休業手当

### 賃金とならないもの

労働の対価ではないもの

- 役員報酬
- 結婚祝金・死亡弔慰金・災害見舞金・年功慰労金・勤続褒賞金
- 退職金
- 出張旅費・宿泊費（実費弁償的なもの）
- 休業補償費
- 傷病手当金
- 解雇予告手当
- 会社が負担する生命保険の掛金
- 制服

事業主を通じないで労働者が得るもの、たとえば客から直接受け取ったチップなどは賃金とはならないニャ

## 賃金かどうかまぎらわしいもの

名前の響きや性質が似ているものでも、賃金かどうかが分かれるものがあります。

|  賃金となるもの |  賃金とならないもの |
|---|---|
| 前払い退職金 | 退職金 |
| 通勤手当（非課税分を含む）、定期券・回数券 | 出張旅費、宿泊費（実費弁償的なもの） |
| 休業手当※ | 休業補償※ |

休業手当とは、会社の都合で従業員が働けない場合に会社が支払うものです。休業補償とは、労災保険によって支払われる補償金です。

# 労働保険料の徴収と納付のしくみ

- 労働保険料は年に1度、年度更新のときに納付する
- 労働保険料と一緒に一般拠出金も納付する

## 労働保険料の納付は年に1度

労働保険には、労災保険と雇用保険があります（→P.32参照）。毎月納付する社会保険料とはちがい、労働保険料は年に1度、毎年6月1日から始まる年度更新のときに納付します。

労災保険料は、会社が全額負担します。年度更新時に、従業員の賃金総額に基づいて労災保険料を算出します。雇用保険料は、会社負担分と従業員負担分があります。従業員の負担分は、毎月の従業員の給与から控除します。

## 労働保険料と一緒に納付する一般拠出金

一般拠出金とは、石綿（いしわた）健康被害救済基金への拠出金のことです。労災保険に適用する事業主は、必ず一般拠出金を納付しなければなりません。年度更新では、一般拠出金を労働保険料と一緒に納付します。労災保険と同じく、従業員の賃金総額に基づいて一般拠出金を算出します。一般拠出金も会社が全額負担します。

深刻な健康被害があることがわかり、今は使用が禁止されている石綿（アスベスト）ですが、かつてはあらゆる産業にて幅広く使用されてきました。石綿による健康被害者の救済を目的として、労災保険に適用されるすべての事業主が拠出金を負担することになっています

実務のツボ 石綿との関連が明らかな疾病には、①中皮腫、②肺がん、③石綿肺、④びまん性胸膜肥厚、⑤良性石綿胸水の5つがあります。

## 労働保険料のしくみ

労働保険料は、年に１度年度更新の際に支払います。

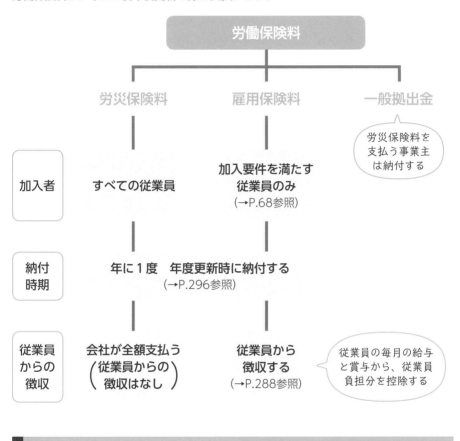

労働保険料

| | 労災保険料 | 雇用保険料 | 一般拠出金 |
|---|---|---|---|
| 加入者 | すべての従業員 | 加入要件を満たす従業員のみ<br>(→P.68参照) | 労災保険料を支払う事業主は納付する |
| 納付時期 | 年に１度　年度更新時に納付する<br>(→P.296参照) | | |
| 従業員からの徴収 | 会社が全額支払う<br>（従業員からの徴収はなし） | 従業員から徴収する<br>(→P.288参照) | 従業員の毎月の給与と賞与から、従業員負担分を控除する |

## 一般拠出金の申告および納付

一般拠出金の申告および納付は、原則として労働保険料のときと同じ方法です。

**納付の対象者**

- 労災保険適用事業所のすべての事業主
- 石綿（アスベスト）の製造や販売に関係する事業に限らない

**納付の対象とならない者**

- 労災保険に特別加入している場合（→P.41参照）
- 雇用保険のみの適用を受けている事業主

労働保険の一般拠出金の申告は、労働保険の年度更新手続きに合わせて行います。納付も同時に行います

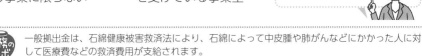

一般拠出金は、石綿健康被害救済法により、石綿によって中皮腫や肺がんなどにかかった人に対して医療費などの救済費用が支給されます。

# 雇用保険料の控除のしかた

- 雇用保険料は事業主と従業員で負担する
- 負担の割合は、事業主の方が大きい

## 雇用保険料は事業ごとに異なる

従業員の雇用保険料は、284ページで説明した労働保険の算定対象となる賃金総額に、事業ごとに定められた雇用保険料率を掛けて算出します。

雇用保険は事業主と従業員が負担しますが、事業主の負担の方が重くなっています。従業員の負担分は下の表の通りです。

### ▶従業員負担分の雇用保険料率（2021年度）

| 事業の種類 | 一般の事業 | 農林水産・清酒製造の事業 | 建設の事業 |
|---|---|---|---|
| 保険料率 | 3/1,000 | 4/1,000 | 4/1,000 |

事業主負担も含めた雇用保険料率の表は291ページに掲載しています。

## 従業員と事業主の負担分を合わせて納付する

従業員の毎月の給与や賞与から、雇用保険料を控除します。毎年１回納付する労働保険の年度更新の際に、事業主の負担分と合わせて納付することになります。

標準報酬月額によって定められた社会保険料と違って、雇用保険料は支払う賃金に変動があればその都度変わります。

雇用保険料の納付は年に１回ですが、控除は給与や賞与を支払うごとに行い、預かり金※として管理します

預かり金とは、経理の勘定科目の１つです。従業員や取引先などから、後日返金するか、本人に代わって第三者に支払うという名目で預かった金銭のことをいいます。

## 従業員の負担する雇用保険料の計算例

**雇用保険料は、毎月の賃金総額から事業ごとに定められた保険料率を掛けて計算します。**

一般の事業でA会社に勤めるBさんの場合

**例1** 4月の給与の雇用保険料

| | | | |
|---|---|---|---|
| 基本給 | 300,000円 | ➡ | 賃金とみなされる |
| 役職手当 | 50,000円 | ➡ | 賃金とみなされる |
| 宿泊手当(実費) | 15,200円 | ➡ | 賃金とみなされない |
| 通勤手当 | 20,350円 | ➡ | 賃金とみなされる |
| 残業手当 | 10,341円 | ➡ | 賃金とみなされる |
| **給与総額** | **395,891円** | | |

このうち、労働保険料の賃金とみなされるものの総額は、
300,000円+50,000円+20,350円+10,341円=**380,691円**　賃金総額

賃金総額に一般の事業の保険料率を掛ける
⬇

**Bさん負担分の雇用保険料 ＝ 380,691円×$\frac{3}{1,000}$**　一般の事業の負担割合

**＝ 1,142.073円 ➡ 1,142円**　Bさんが負担する4月の雇用保険料

1円未満の端数は処理する

給与控除では50銭以下を切り捨て、50銭1厘以上を切り上げます。この方法以外の処理方法も、労使間で合意があれば認められます

**例2** 夏期賞与の雇用保険料

| | |
|---|---|
| **夏期賞与** | **500,000円** |

**Bさん負担分の雇用保険料 ＝ 500,000円×$\frac{3}{1,000}$**　一般の事業の負担割合

**＝ 1,500円**　Bさんが負担する夏期賞与の雇用保険料

雇用保険料の従業員負担分を、従業員本人が控除ではなく現金で払う場合は、端数処理の原則が変わります。50銭未満を切り捨て、50銭以上を切り上げます。

# 労働保険の保険率

- 労災保険率は危険な業種ほど保険料率が高くなる
- 雇用保険率は失業のリスクが高い業種ほど保険料率が高くなる

## 労災保険率は事業の種類によって異なる

労災保険料は、正社員のほか、パートタイマーや契約社員も含めたすべての従業員に支払った賃金総額に、労災保険率を掛けて算出します。労災保険率は、事業の種類によって異なります。詳しくは厚生労働省のサイトから、「労災保険率表」を参照してください。

労災保険は、事業内容によって危険性が異なり、危険な業種ほど保険率は高くなります。危険な業種とは、労災事故が起こりやすい仕事のことを指しています。

## 雇用保険は3種類の事業で保険料率が異なる

雇用保険料は、雇用保険に加入している従業員の賃金総額に、雇用保険料率を掛けて算出します。雇用保険料率は、失業給付の受給者数などに応じて見直しが行われます。

事業の種類によっても保険料率は異なり、「一般の事業」「農林水産・清酒製造業」「建設業」の3種類で大きく分かれています。失業のリスクが高い業種ほど、雇用保険料率は高くなります。

一般拠出金は、すべての従業員の賃金総額に一般拠出金率を掛けて算出します。一般拠出金率は業種を問わず一定です。

「農林水産・清酒製造業」「建設業」の保険料は、「一般の事業」に比べると高く設定されています。その理由として、季節によって事業規模の縮小や就業状態が不安定になり、失業給付を受給する可能性が高いとされているからです

65歳以上の雇用保険加入者の保険料支払いは免除されていましたが、2020年４月からは、64歳以下の雇用保険加入者と同じように保険料を支払います。

## 労働保険料の求め方

労災保険料と雇用保険料は、対象となるすべての従業員に支払った賃金総額に、保険率を掛けて計算します。

### ●労災保険料

労災保険料 ＝ すべての従業員の年度内の賃金総額 × 労災保険率

（事業の種類によって異なる）

**労　災　保　険　率　表**

（単位：1/1,000）　　　　　　　　　　　　　　　（平成30年4月1日施行）

| 事業の種類の分類 | 業種番号 | 事業の種類 | 労災保険率 |
|---|---|---|---|
| 林業 | 02又は03 | 林業 | 60 |
| 漁業 | 11 | 海面漁業（定置網漁業又は海面魚類養殖業を除く。） | 18 |
| | 12 | 定置網漁業又は海面魚類養殖業 | 38 |
| 鉱業 | 21 | 金属鉱業、非金属鉱業（石灰石鉱業又はドロマイト鉱業を除く。）又は石炭鉱業 | 88 |
| | | 石灰石鉱業又は… | 16 |

労災保険率は変更されることがあるので、会社に送られてくる労働保険関係の資料はよく確認しておくといいニャ

### ●雇用保険料

雇用保険料 ＝ 雇用保険の加入者の賃金 × 雇用保険料率

▶雇用保険料率（2021年度）

| 事　業 | ①労働者負担分 | ②事業主負担分 | ①＋②雇用保険料率 |
|---|---|---|---|
| 一　般 | 3/1,000 | 6/1,000 | 9/1,000 |
| 農林水産・清酒製造 | 4/1,000 | 7/1,000 | 11/1,000 |
| 建　設 | 4/1,000 | 8/1,000 | 12/1,000 |

事業主負担分は、失業等給付・育児休業給付や雇用保険二事業※に使われます。その割合も決められています

### ●一般拠出金

一般拠出金 ＝ すべての従業員の年間賃金 × 一般拠出金率

（業種を問わず、一律1000分の0.02）

雇用保険二事業とは、①雇用安定事業、②能力開発事業のことです。①は、助成金、中高年者の再就職支援、若者や子育て女性への就労支援、②は教育訓練支援、ジョブ・カード制度の構築などです。

# 前年と当年の労働保険料の算出のしかた

- 労働保険料は1年に1回申告・納付が必要
- 申告・納付にかかわる保険料は確定保険料と概算保険料の2つ

## 確定保険料をもとに概算保険料を算出する

労働保険料は、社会保険料とは違い1年に1回の申告・納付が必要です。労働保険の保険年度は、4月1日～翌年3月31日までの1年間です。

4月になり年度が変わったら、前年度に従業員に支払った賃金総額に、保険料率を掛けて保険料を算出します。これを確定保険料といい、毎年6月1日～7月10日の間に提出します。

確定保険料をもとに、当年度で支払うと見込まれる保険料を概算で算出したものを概算保険料といいます。

概算保険料は本来の納付の前に保険料を支払うため、いわば保険料の前払いです

確定保険料と概算保険料については、P296でも解説しているニャ

## 前年度の賃金総額と比べて大きく変動する場合

前年度の賃金総額と比べて、当年度の賃金総額が2倍を上回る（200/100以上）、または半分を下回る（50/100未満）ことがわかっている場合は、当年度に見込まれる賃金総額から概算保険料を求めます。

事業主が使用する従業員に対して賃金、手当、賞与など名称を問わず労働の対償として支払うすべてのもので、税金その他社会保険料などを控除する前の支払総額を賃金総額といいます。

## 労働保険料の計算方法

労災保険料・雇用保険料ともに、前年度に確定した賃金総額をもとに算出します。

### ●確定保険料

| | | | | |
|---|---|---|---|---|
| 労災保険料 | ＝ | 前年度に確定した賃金総額 | × | 労災保険率（→P.291参照） |
| 雇用保険料 | ＝ | 前年度に確定した雇用保険加入者の賃金総額 | × | 雇用保険料率（→P.291参照） |

### ●概算保険料

| | | |
|---|---|---|
| 労災保険料 | ＝ | 前年度に確定した労災保険料をそのまま流用 |
| 雇用保険料 | ＝ | 前年度に確定した雇用保険料をそのまま流用 |

ただし、前年度の賃金総額と比べて、当年度の賃金総額が200/100以上、または50/100未満が見込まれる場合は、それぞれ概算賃金（見込まれる賃金）に保険料率を掛けて算出する。

### ●一般拠出金

一般搬出金 ＝ 前年度に確定した賃金総額 × $\frac{0.02}{1,000}$

一般拠出金については全額事業主の負担となります

会社が労災保険のメリット制対象事業場でも、一般拠出金率にはメリット制の適用はないニャ（→P.294参照）

一次請負や二次請負の業者が働く建設業では、建設現場の労災保険料は元請け（発注元）の事業主だけが労災保険料を申告します。

●事業の種類と労災保険率

# 事業の種類ごとに労災保険率が違うのはなぜですか？

**Q** 当社は製造業の中でも電気機械器具製造業に属し、労災保険率は低い部類です。しかし同じ製造業で、当社とくらべて10倍の労災保険率がついている事業もあります。このように事業の種類によって細かく労災保険率が違うのはなぜでしょうか？　また、労災保険のメリット制とはなんでしょうか？

**A** 労災保険率は危険度が高い事業ほど高くなります。同じ事業でも、労災発生頻度が低ければ労災保険率が下がります。このように事業場に応じて労災保険率または労災保険料額を増減させる制度をメリット制といいます。

## 疑問解決のポイント！

### ❶事業によって、労働災害の発生率は異なる

**労働災害の発生率はどの事業でも同じ、というわけではありません。**たとえば、オフィス内でのデスクワークは事故にあうリスクは低いでしょう。一方で、さまざまな重機が行き来し、人が高いところで作業するような建設現場での作業は、事故も発生しやすく労災が起きるリスクが高いといえます。

### ❷労働災害のリスクが高い事業は、労災保険率が高くなる

**災害が起きるリスクが違うのに、労災保険率が一律だと不公平が生じます。**そこで、労働災害のリスクが高い事業は労災保険率が高くなっています。

ただし、事業の種類は同じでも、会社の災害防止努力によって、個々の事業場ごとに災害率が変わることがあります。このような事業場間の不公平感をなくすため、および労働災害の防止努力をうながすために、**メリット制**が設けられています。

### ❸労災の発生頻度により労災保険率が増減する

**メリット制とは、事業場ごとの労働災害の発生頻度に応じて、労災保険率または労災保険料額を上下させるものです。**たとえば、労働災害の発生頻度が低くなれば、労災保険率が下がります。メリット制が適用される会社には、年度更新前に送付される申告書にその年の労災保険率や労災保険料額が明示されます。

# 労働保険に関する調査はどのように行われますか？

**Q** 労働基準監督署や労働局、ハローワークから、労働保険について会社に調査が入ることがあると聞きました。どのような調査なのでしょうか？

**A** 労働保険の申告内容が適正か、失業給付で虚偽の届け出がないかなどを調べます。

## 疑問解決のポイント！

### ❶労働保険の申告内容について調査が行われる

労働保険に関する調査は、大きく分けて２つあります。

１つは、労働基準監督署や労働局による、労働保険の申告内容についての調査です。つぎのように、**会社の申告内容が適正かどうかを調査します**。

- ●労働保険料が正しく計算されているか
- ●パートやアルバイト、1日だけのアルバイトなどの労働保険料も支払っているか
- ●通勤手当、賞与などが計算対象に含まれているか

### ❷失業給付の不正受給について調査が行われる

もう１つは、**ハローワークによる失業給付の不正受給についての調査**です。つぎのような場合に、ハローワークから調査が入ります。

- ●元従業員の失業給付の不正受給が疑われるとき

会社が虚偽の届出などをして不正受給に加担していた場合は、給付金を不正受給者と一緒に返還するなどの処罰が課されます。

### ❸調査には誠意を持って対応すること

**通常は、調査の前に連絡があります**。過去２年分の申告書類などを、調査に備えて準備しておきましょう。

# 労働保険料の申告のしくみ

- 1年に1度、年度更新で労働保険料をまとめて申告・納付する
- 労働保険の保険年度は、4月1日〜翌年3月31日の1年間

## 6月1日〜7月10日の間に申告・納付する

労災保険料と雇用保険料を合わせた労働保険料は、1年に1度、6月1日〜7月10日の間にまとめて申告・納付します。これを年度更新といいます。

労働保険の保険年度は、4月1日〜翌年3月31日の1年間です。4月になって年度が変わったら、前年度に実際に従業員に支払った賃金総額をもとに、労働保険料を算出します。この額が前年度の確定保険料です。そして、当年度の見込賃金総額をもとに、当年度の労働保険料を概算して申告し、納付します。この額が概算保険料です。

## 確定保険料が概算保険料より多い・少ない場合

年度更新では、前年度に申告した概算保険料と前年度の確定保険料を精算する作業があります。このときに出た差額を、今年度に申告する概算保険料に組み入れるのです

前年度の確定保険料が前年度に支払った概算保険料より少ないときは、前年度の概算保険料を払いすぎていることになります。この超過分を今年度の概算保険料・一般拠出金の納付の一部に充当します。

反対に、前年度の確定保険料が前年度に支払った概算保険料より多いときは、前年度に申告した概算保険料が不足していることになります。この場合は、今年度の概算保険料・一般拠出金を納付するときに、不足額を納付します。

前年度の概算保険料と確定保険料の精算で超過分が出た際、概算保険料または一般拠出金の納付に充当してもなお超過分があるときは、還付ができます。

## 年度更新のしくみ

**年度更新では、前年度の確定保険料と、当年度の概算保険料を計算する必要があります。**

- 前年度の確定保険料を計算。前年申告した概算保険料と精算
- 当年度の概算保険料を申告・納付
- 一般拠出金（確定額）を納付

↓

**これらの手続きを4月1日〜翌年3月31日ごとに行う！**

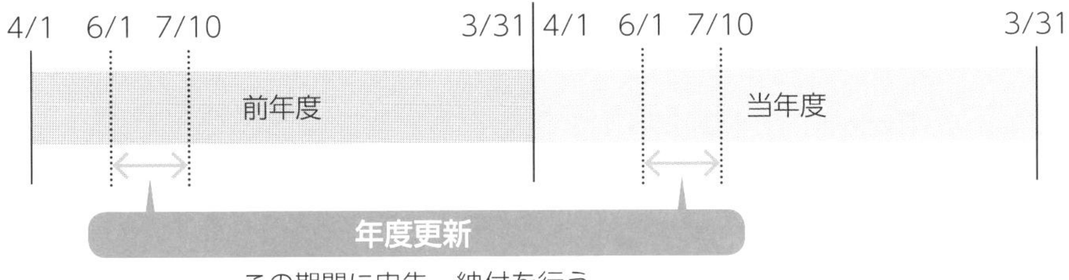


この期間に申告・納付を行う

**前年度の確定賃金で保険料を計算**
**＝前年度の確定保険料**
前年度の確定賃金で一般拠出金を計算

**当年度の保険料を概算で計算**
**＝当年度の概算保険料**

### 精算例

**前年度の概算保険料を払いすぎていた場合**

前年度の概算保険料　90万円
前年度の確定保険料　80万円

（10万円の超過払いすぎ！）

↓

今年度の概算保険料　80万円

↓ 払いすぎた分が充当または還付される

実際に支払う概算保険料は70万円

**前年度の概算保険料が不足していた場合**

前年度の概算保険料　90万円
前年度の確定保険料　100万円

（10万円の不足）

↓

今年度の概算保険料　100万円

↓ 前年度の不足分を支払う

実際に支払う概算保険料は110万円

上記の例では概算保険料で過不足を調整していますが、一般拠出金で過不足を調整することもできます。

# 労働保険料の申告書の記入のしかた

- 年度更新の際には申告書を提出する
- 申告書の提出の前に賃金集計表を作成し、総賃金額などを把握しておく

## 賃金集計表と申告書を作成する

労働保険料の年度更新の際には、「労働保険 概算・増加概算・確定保険料 一般拠出金申告書」（以下、申告書）を、所轄の労働基準監督署などに提出します。

ただし、いきなり申告書を提出するのではなく、まずは「労働保険確定保険料・一般拠出金算定基礎賃金集計表」（以下、賃金集計表）を作成します。労働保険の対象者の人数、範囲、総賃金額などを把握しておくために、賃金集計表の作成は重要な作業です。

## 前年度の賃金台帳をもとに賃金を集計する

前年度（前年４月１日～３月31日）の賃金台帳をもとに、各月ごと、従業員種別ごとに賃金を集計していきます。賞与の賃金総額も、従業員種別ごとに忘れずに集計します。ただし、人数は記入しません。

社員の中に他社からの出向者がいる、または社員を他社に出向させている場合は、その扱いに注意します。下記の「出向者の扱い」を参照してください。

### ▶出向者の扱い

| 他社から出向者を受け入れている | 他社へ社員を出向させている |
|---|---|
| ●自社の労災保険の人数・賃金に含める<br>●自社で給与を支払い、雇用保険の加入要件に当てはまるなら自社の雇用保険に加入 | ●他社の労災保険の人数・賃金に含めてもらう<br>●自社で給与を支払い、雇用保険の加入要件に当てはまるなら自社の雇用保険に加入 |

労災保険は、実際に働いている事業所で集計します。社員の出向先に賃金額を伝えます。あるいは、出向元に賃金額を聞きます。

## 賃金集計表の作成から申告書の提出までの流れ

年度更新では、従業員の種別ごとに賃金の分類が異なります。

**1 5月下旬ごろ、申告書、賃金集計表の用紙、小冊子が送られてくる**

小冊子には、記入方法などの詳細が書かれている

**2 賃金集計表を作成**

ポイント！
月別・従業員の種別ごとに集計する

労災保険の従業員の種別

- **常用労働者**　正社員のほか、パートタイマー、アルバイトなどで雇用保険に加入している人
- **役員で労働者の扱いの人**　役員と従業員の身分を兼ねる人（兼務役員）→役員報酬の部分を除いて集計する。
- **臨時労働者**　パートタイマー、アルバイトなどで、雇用保険に加入していない人

雇用保険の従業員の種別

- 正社員のほか、パートタイマー、アルバイトなどで雇用保険に加入している人
- 役員で雇用保険に加入している人（兼務役員）→役員報酬の部分を除いて集計する。

**3 申告書に転記**

賃金集計表に書いた人数と賃金総額を申告書に転記する

**4 保険料を計算**

保険料率を掛けて前年度の確定保険料を算出する。

- 一般拠出金と合わせて総額を記入する。
- 転記した賃金に保険率をかけて、前年度の確定保険料を計算する。
- 今年度の概算保険料を計算する。
- 前年度の確定保険料と前年度の概算保険料を精算する。

**5 納付額を記入**

- 当期の納付額を記入する。
- 領収済通知書に納付額を転記する。

**6 申告・納付**

管轄の労働基準監督署、または金融機関に提出する

書式DATA

- **届け先** 金融機関、管轄の労働基準監督署、労働局
- **期　日** 毎年6月1日～7月10日
- **必要書類** 1 労働保険 概算・増加概算・確定保険料・一般拠出金申告書
  2 申告と納付を同時にするとき：領収済通知書（1の1枚目の下部にある）
  申告と納付を別々に行うときは、2を1から切り離して納付時に添える
- **入手先** 労働局から郵送されてくる

健康 年金 労災 雇用

賃金集計表は提出しませんが、しっかり作成することで申告書の作成がスムーズになります。

# 労働保険料の猶予制度について

**労働保険料などの納付が困難となったときに、猶予制度を受けられる場合があります。猶予制度が認められた場合には、猶予期間中の延滞金の免除や、財産の差押さえの猶予、または解除などを受けられます。**

## ●災害による「納付の猶予」（災害猶予）

**条件** 災害の発生に伴い、全積極財産（負債を除く資産）のおおむね20%以上に損失（相当の損失）を受けた場合

**期間** 原則として最長１年の範囲内※1

※1 最長３年以内の範囲で猶予期間の延長が認められる場合があります。

## ●通常の「納付の猶予」（一般猶予）

**条件** 災害猶予を受けることができない場合などであっても、つぎのいずれかに該当する事実がある場合

1. 財産について災害を受け、または盗難にあった
2. 納付者またはその生計を一にする親族などが病気にかかり、または負傷した
3. 事業を廃止し、または休止をした
4. 事業について著しい損失（申請前の１年間において、その前年の利益の額の２分の１を超える損失が生じた場合）を受けた
5. 上記に類する事実があった

**期間** １年の範囲内※2

※2 最長２年以内の範囲で猶予期間の延長が認められる場合があります。

## ●換価の猶予

**条件** 労働保険料などを一時に納付することにより、事業の継続または生活の維持を困難にするおそれがあるなど、一定の要件に該当するとき

※すでに滞納となっている労働保険料などがある場合には、原則として換価の猶予は認められません。

**期間** （労働保険料などの納期限から６か月以内に、管轄の労働局に申請することにより）１年以内の期間

猶予を受けている労働保険料など以外に、新たに納付すべきこととなった労働保険料などが滞納となった場合などは、猶予が取り消されることがあります。

# 「労働保険 概算・増加概算・確定保険料 一般拠出金申告書」の記入例

※P.55と同じ書類



提出用

前年4月1日から今年3月31日までの各月の末日での雇用保険被保険者の合計人数を月数で割った数。小数点以下切捨て。1人未満となる場合は「1」

前年4月1日から今年3月31日までの各月の末日での労働者の合計人数を月数で割った数。小数点以下切捨て。1人未満となる場合は「1」

一般拠出金を算定する額は、労災保険の保険料算定額と同額を記入

概算保険料の納付回数

確定保険料が申告済概算保険料を上回った場合は、差額を「不足額」に記入
下回った場合は、差額を今年度の保険料に充当する場合は「充当額」に記入
充当しても残額が出る場合は、「差額－充当額」を「還付額」へ記入

4月1日に保険関係が成立している労働保険の種類に○

金額の前には「¥(横棒は1本だけ)」を記入。訂正不可。間違えた場合は、事業場のある都道府県内の監督署で納付書をもらう

---

様式第6号（第24条、第25条、第33条関係）（甲）（1）
労働保険 概算・増加概算・確定保険料 申告書
石綿健康被害救済法 一般拠出金

継続事業（一括有期事業を含む。）

標準字体 0123456789

提出用

種別 32700

あて先 〒102-8307
千代田区九段南1－2－1
九段第3合同庁舎12階
東京労働局
労働保険特別会計歳入徴収官殿

常時使用労働者数 14
雇用保険被保険者数 8

確定保険料算定内訳：労働保険料／労災保険料／雇用保険料／一般拠出金

概算・増加概算保険料算定内訳：労働保険料／労災保険料／雇用保険料

延納の申請 納付回数 1

㉑差引額 (イ)充当額 (ロ)還付額 不足額

㉖加入している労働保険 (イ)労災保険 (ロ)雇用保険　㉗特掲事業 (イ)該当する (ロ)該当しない

事業 (イ)所在地 (ロ)名称
事業主 (イ)住所 (ロ)名称 (ハ)氏名

社会保険労務士記載欄

領収済通知書（労働保険）（国庫金）

(記入例) ¥0123456789

30840　東京労働局　00075331　0847　6118

労働保険料 ¥82500
一般拠出金
納付額（合計額） ¥82500

あて先 〒102-8307

# 「確定保険料・一般拠出金算定基礎賃金集計表」の記入例

パート・アルバイトなどの名称を問わず、常用労働者の賃金額を記入
※同居の親族は、原則として労働者扱いにはならない

役員で労働者扱いの人の賃金額を記入

「受」：出向元から受け入れた労働者の数を記入
「出」：他の事業場へ出向している労働者の数を記入

令和２年度　確定保険料・一般拠出金算定基礎賃金集計表
（算定期間　令和2年4月～令和3年3月）

| 労働保険番号 | 府県 | 所掌 | 管轄 | 基幹番号 | 枝番号 |
|---|---|---|---|---|---|
| | 13 | 1 | 07 | 123456 | 000 |

| 出向者の有無 | | |
|---|---|---|
| 受 | 0 | 名 |
| 出 | 0 | 名 |

事業の名称　株式会社△△
事業の所在地　渋谷区代々木○-○-○

| 区分／月 | 労災保険および一般拠出金（対象者数及び賃金） | | | | | | | |
|---|---|---|---|---|---|---|---|---|
| | ① 常用労働者<br>常用労働者のほか、パート、アルバイトで雇用保険の資格のある人を含めます。 | | ② 役員で労働者扱いの人<br>実質的な役員報酬分を除きます。 | | ③ 臨時労働者<br>①、②以外の全ての労働者（パート、アルバイトで雇用保険の資格のない人）を記入してください。 | | ④ 合計（①＋②＋③） | |
| 令和２年　４月 | 5 人 | 1,500,000 円 | 人 | 円 | 1 人 | 71,500 円 | 6 人 | 1,571,500 円 |
| ５月 | 4 | 1,200,000 | | | 1 | 72,000 | 5 | 1,272,000 |
| ６月 | 4 | 1,200,000 | | | 1 | 75,000 | 5 | 1,275,000 |
| ７月 | 4 | 1,200,000 | | | 1 | 73,000 | 5 | 1,273,000 |
| ８月 | 4 | 1,200,000 | | | 1 | 71,000 | 5 | 1,271,000 |
| ９月 | 4 | 1,200,000 | | | 1 | 72,500 | 5 | 1,272,500 |
| 10月 | 4 | 1,200,000 | | | 1 | 73,500 | 5 | 1,273,500 |
| 11月 | 4 | 1,200,000 | | | 1 | 73,000 | 5 | 1,273,000 |
| 12月 | 4 | 1,200,000 | | | 1 | 78,000 | 5 | 1,278,000 |
| 令和３年　１月 | 4 | 1,200,000 | | | 1 | 78,000 | 5 | 1,278,000 |
| ２月 | 4 | 1,200,000 | | | 1 | 71,000 | 5 | 1,271,000 |
| ３月 | 4 | 1,200,000 | | | 1 | 75,000 | 5 | 1,275,000 |
| 賞与○年７月 | | 600,000 | | | | 10,000 | | 610,000 |
| 賞与○年12月 | | 600,000 | | | | 10,000 | | 610,000 |
| 賞与　年　月 | | | | | | | | |
| 合　計 | 49 | 15,900,000 | | | 12 | 903,500 | ⑨ 61 | ⑩ 16,803,500 |

※A　次のBの事業以外の場合、各月賃金締切日等の労働者数の合計を記入し⑨の合計人数を12で除し小数点以下切り捨てた月平均人数を記入してください。

↓

B　船きょ、船舶、岸壁、波止場、停車場又は倉庫における貨物取扱の事業においては、令和2年度中の1日平均使用労働者数を記入してください。

常時使用労働者数（労災保険対象者数）

| ⑨の合計人数 | | 申告書④欄に転記 |
|---|---|---|
| 61 | ÷12＝ | 5 人 |

※各月賃金締切日等の労働者数の合計を記入し⑪の合計人数を12で除し小数点以下切り捨てた月平均人数を記入してください。
切り捨てた結果、0人となる場合は1人としてください。
また、年度途中で保険関係が成立した事業については、保険関係成立以降の月数で除してください。

（令和2年度に使用した延労働者数/令和2年度における所定労働日数）

| 備考 | 役員で労働者扱いの詳細 | | |
|---|---|---|---|
| | 氏名 | 役職 | 雇用保険の資格 |
| | | | 有・無 |
| | | | 有・無 |
| | | | 有・無 |
| | | | 有・無 |
| | | | 有・無 |

役員のうち、労働者性のある者として労災保険、雇用保険に算入している者の氏名、役職、雇用保険の資格の有無を記入

パート・アルバイトなどの名称を問わず、雇用保険の被保険者とならない労働者の賃金額を記入

※概算・確定保険料・一般拠出金申告書(事業主控)と一緒に保管してください

| 電話 03-0000-0000 | 具体的な業務又は作業の内容 |
|---|---|
| 郵便番号 151 - 0053 | 飲食業 |

雇用保険(対象者数及び賃金)

被保険者

| ⑤常用労働者、パート、アルバイトで雇用保険の資格のある人(日雇労働被保険者に支払った賃金を含む) | | ⑥役員で雇用保険の資格のある人(実質的な役員報酬分を除きます) | | ⑦合計(⑤+⑥) | |
|---|---|---|---|---|---|
| 5 人 | 1,500,000 円 | 人 | 円 | 5 人 | 1,500,000 円 |
| 4 | 1,200,000 | | | 4 | 1,200,000 |
| 4 | 1,200,000 | | | 4 | 1,200,000 |
| 4 | 1,200,000 | | | 4 | 1,200,000 |
| 4 | 1,200,000 | | | 4 | 1,200,000 |
| 4 | 1,200,000 | | | 4 | 1,200,000 |
| 4 | 1,200,000 | | | 4 | 1,200,000 |
| 4 | 1,200,000 | | | 4 | 1,200,000 |
| 4 | 1,200,000 | | | 4 | 1,200,000 |
| 4 | 1,200,000 | | | 4 | 1,200,000 |
| 4 | 1,200,000 | | | 4 | 1,200,000 |
| 4 | 1,200,000 | | | 4 | 1,200,000 |
| | 600,000 | | | | 600,000 |
| | 600,000 | | | | 600,000 |
| | | | | | |
| 49 | 15,900,000 | | | ⑪ 49 | ⑫ 15,900,000 |

すべての雇用保険被保険者(役員で雇用保険に加入している人を除く)の賃金額を記入

役員で雇用保険に加入している人の賃金額(役員報酬分は除く)を記入

雇用保険被保険者数

| ⑪の合計人数 | | 申告書⑤欄へ転記 |
|---|---|---|
| 49 | ÷12＝ | 4 人 |

※1の合計人数を12で割って小数点以下を切り捨てた月平均人数を記入
※切り捨てて「0」となる場合は「1」と記入

| 労災保険対象者分 | ⑩の合計額の千円未満を切り捨てた額 | 千円 申告書⑧欄(ロ)へ転記 |
|---|---|---|
| 雇用保険対象者分 | ⑫の合計額の千円未満を切り捨てた額 | 千円 申告書⑧欄(ホ)へ転記 |
| 一般拠出金 | ⑩の合計額の千円未満を切り捨てた額 | 千円 申告書⑧欄(へ)へ転記 |

※1

# 労働保険料の申告・納付先

- 申告書の下部に納付書があるので、提出と同時に納付ができる
- e-Govによる電子申請・納付もできる

## 申告と納付は一緒に行う

「労働保険 概算・増加概算・確定保険料 一般拠出金申告書」に記入して完成させたら、申告して保険料・拠出金を納付します。申告書の下部には、納付書（領収済通知書）があり、提出と同時に納付できます。

保険料・拠出金の提出・納付先は、①銀行・信用金庫などの金融機関（郵便局を含む）、②所轄の労働局または労働基準監督署、この２つのどちらかです。

領収済通知書を書き損じた場合、訂正はできません。労働局や労働基準監督署で新しい領収済通知書をもらって書き直します

## 郵送や電子申請・納付もできる

申告書の提出は、所轄の労働局や労働基準監督署に郵送することもできます。また、口座振替での納付や、e-Gov（電子政府）を通じての電子申請・納付も可能です。右ページのような条件がそろえば、延納（分割納付）もできます。

電子申請とは、現在紙によって行われている申請や届出などの行政手続きを、インターネットを利用して自宅や会社のパソコンを使って行えるようにするものです

労働基準監督署などの窓口に出向く必要がなく、24時間365日どこでも手続きができるというメリットがあるニャ

金融機関での申告ができない場合があります。口座振替を利用していたり、納付額が０円などの場合です。申告と納付が同時でない場合は、金融機関で申告ができず、納付だけができます。

## 労働保険料の延納の要件

つぎの要件のどれかに該当する場合、労働保険料を年３回に分割して納付できます。

1. 当年度の概算保険料が40万円以上
2. 労災保険のみ、雇用保険のみの納付の場合は概算保険料が20万円以上
3. 概算保険料にかかわらず、労働保険事務組合に事務手続きを委託している

⬇

**この３つのどれかに該当する場合は、労働保険料の延納が可能！**

### ▶ ３分割した場合のそれぞれの期間

| | 第１期 | 第２期 | 第３期 |
|---|---|---|---|
| 期間 | 4/1～7/31 | 8/1～11/30 | 12/1～3/31 |
| 納期限 | 7/10 | 10/31 | 1/31 |

納期限が土曜日にあたるときはその翌々日、日曜日にあたるときはその翌日が納期限になるニャ

10月１日以降に成立した事業については延納が認められないため、成立日～３月31日までの期間の保険料を一括して納付することになります

## 労働保険料の提出・納付先

労働保険料申告書の提出先は、大きく分けて銀行や信用金庫などの金融機関と、厚生労働省が管理する労働局・労働基準監督署の２種類に分けられます。

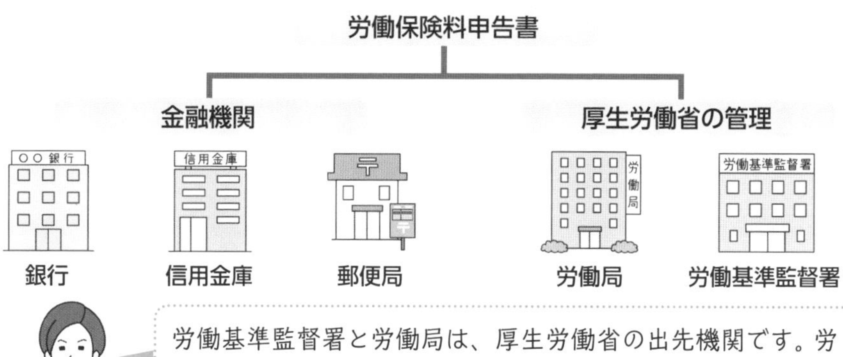


労働基準監督署と労働局は、厚生労働省の出先機関です。労働基準監督署は労働局の下部機関にあたります

全国の年金事務所内にある社会保険・労働保険徴収事務センターでも、申告書の受付をしています。ただし、保険料は金融機関などで納付します。

# 電子申請のメリット・デメリット

## ✓行政手続きに電子申請の利用が広がる

社会保険や労働保険の各種手続きには、２通りの方法があります。１つは従来の窓口へ出向いて紙で申請をする方法で、もう１つはインターネットを通じて手続きを行う電子申請です。

大企業などの一部の法人では、社会保険と労働保険の手続きの一部を電子申請で行うことが義務付けられています。将来は、中小企業にも電子申請の義務化が広がることが予想されます。

## ✓準備段階をクリアすれば電子申請が便利

電子申請では、電子証明書の取得、パソコンの環境整備など、始めるまでの準備が必要です。慣れないうちは、手間がかかる、操作でつまずいてもすぐに相談できない、といったデメリットが気になるかもしれません。しかし操作に慣れてくると、時間やコストが節約できる、24時間いつでも申請手続きができるといったメリットも感じられるようになるでしょう。

### ▶電子申請のメリット・デメリット

メリット

- 窓口に出向く時間やコストがかからない
- 24時間申請ができるので、時間にとらわれない
- 申請後の処理状況がインターネット上で確認できる
- 使っている労務管理ソフトのデータと連携できる※

※労務管理ソフトによっては連携できないものがある

デメリット

- 事前準備やパソコンの操作が手間になる
- 提出時に書類の確認をしないので、修正のために後日書類が戻されることがある
- 手続き方法でわからないことがあったときに、すぐに尋ねることができない

### ▶電子申請の案内サイト

検索　e-Gov（e-Govポータル）　https://www.e-gov.go.jp

行政機関を横断する電子政府の総合窓口。社会保険や労働保険以外にも、さまざまな電子申請に対応している

検索　日本年金機構　電子申請・電子媒体申請　https://www.nenkin.go.jp/denshibenri/index.html

社会保険の申請手続きに対応している

# 第8章

# 従業員・会社の届け出内容の変更手続き

# 届け出内容を変更したときの手続きと一連の流れ

従業員や会社が住所などを変更したときは届け出が必要だニャ

## 届け出が必要な場合のチェックポイント

### ポイント1 結婚など人生の節目に注目する

結婚や離婚、配偶者の就職・退職、子どもの誕生や就職など、プライベートの節目ごとに届け出内容の変更手続きが必要になることが多くあります。

たとえば結婚して配偶者が被扶養者になった、子どもが生まれて自分の被扶養者にした場合などは、扶養状況が変更になるため届け出が必要です。

ただし、マイナンバーと基礎年金番号がひもづいている場合は届け出が不要なものもありますので、事前に確認しておきましょう。

### ポイント2 会社の届け出は社会保険と雇用保険で異なる

会社が社名や所在地などを変更したときは、届け出が必要です。社会保険と労働保険とでは提出する書類などが異なるため、注意しましょう。

たとえば、会社の名称を変更した場合、社会保険では変更から5日以内に年金事務所または健康保険組合に書類を提出します。雇用保険では、変更から10日以内に労働基準監督署とハローワークに提出します。

住所や氏名の変更手続きをしなかった場合、重要な書類が届かなくなることが考えられます

住所などを変更した場合はすぐに届け出をした方がいいニャ

## 会社・従業員のおもな変更手続き

### 会社の届出内容を変更するときの手続き

#### □ 社名や所在地が変わったとき

会社名や本社の所在地が変わったとき、労働保険の手続きとして、労働基準監督署に書類の提出が必要です。電話番号が変わったときや、労災保険料の事業の種類が変わったときにも提出します。

また、社会保険の届け出としては年金事務所や健康保険組合に変更届を提出します。

#### □ 代表者が変わったとき

事業所の代表者が変わったときは、健康保険・厚生年金保険の手続きとして年金事務所や健康保険組合に書類を提出します。労働保険での手続きは必要ありません（個人事業主の場合は必要）。

#### □ 会社が社会保険・労働保険をやめるとき

社会保険も労働保険も強制加入のため、自由に脱退することはできません。しかし倒産、廃業などにより給与の支払いをしなくなった場合は、適用事業所の廃止手続きが必要です。

### 従業員の届出内容を変更するときの手続き

#### □ 氏名が変わったとき

厚生年金保険と協会けんぽの氏名変更手続きは、自動的に行われます。氏名が変わると、協会けんぽから会社に新しい健康保険証が届きます。雇用保険の場合は届け出が必要なため、書類をハローワークに届け出ます。

#### □ 扶養する家族が増えたとき、減ったとき

結婚して配偶者が被扶養者になったとき、子どもが生まれたときなどは、被扶養家族が増えることになります。一方、子どもが就職して被扶養者から外れた場合などは、被扶養家族が減ることとなります。どちらの場合でも事業主を通じて届け出が必要です。

# 会社の名称・所在地が変わったときの社会保険の手続き

- 社名を変更したとき、事業所の所在地を変更したときは手続きが必要
- 所在地を変更する際、これまでの年金事務所の管轄内か管轄外かにより、手続きの流れが異なる

## 社名変更時・所在地変更時は手続きが必要

社名を変更したとき、事業所の所在地を変更したとき、または社名変更と所在地変更を同時に行ったときは、社会保険の変更手続きをします。

所在地変更では、従来の年金事務所の管轄内で移転した場合と、管轄外へ移転した場合で、手続きの流れが異なります。

管轄内で移転の場合は、管轄の年金事務所へ届け出たあと、名称変更の場合は新しい健康保険証が交付されます（所在地のみ変更した場合は健康保険証は変わらない）。

管轄外への移転の場合は、移転前の住所を管轄する年金事務所、または健康保険組合へ届け出た後、年金事務所から社会保険記号の変更などの通知が届きます。その後、新しい健康保険証が交付されます。

健康 年金 労災 雇用

**書式DATA**

| | |
|---|---|
| 届け先 | 名称変更・管轄内の移転の場合：管轄の年金事務所または健康保険組合<br>管轄外への移転の場合：変更前の管轄の年金事務所または健康保険組合 |
| 期日 | 変更から5日以内 |
| 必要書類 | 健康保険・厚生年金保険 適用事業所名称/所在地変更（訂正）届 |
| 添付書類 | 法人事業所で所在地・名称変更をする場合：法人(商業)登記簿謄本のコピー<br>個人事業所で所在地変更をする場合：事業主の住民票のコピー<br>個人事業所で名称変更をする場合：公共料金の領収書のコピー |
| 入手先 | 日本年金機構のHPからダウンロード可能　または健康保険組合で入手 |

法人(商業)登記簿謄本のコピー、住民票のコピーは、直近の状態を確認するため90日以内に発行されたものを提出する必要があります。

# 「健康保険・厚生年金保険 適用事業所名称／所在地変更（訂正）届」の記入例

変更する方に○

事業所整理記号、事業所番号を記入

様式コード 2105　健康保険 厚生年金保険　適用事業所 名称/所在地 変更(訂正)届

令和 ○ 年 8 月 3 日提出

| 提出者記入欄 | | |
|---|---|---|
| 事業所整理記号 | 68－マ○○ | 事業所番号 00000 |
| 事業所所在地 | 〒151-0053 東京都渋谷区代々木○－○ | |
| 事業所名称 | 株式会社○○ | |
| 事業主氏名 | 代表取締役 ○○ ○子 | |
| 電話番号 | 03（5000）5000 | |

受付印

社会保険労務士記載欄 氏名等

移転後の所在地等を記入

※該当する数字をすべて○で囲んでください。

| 変更区分 | |
|---|---|
| | 1. 事業所名称の変更 |
| | ②. 事業所所在地の変更 |

該当する変更区分に○

| 変更前 | | |
|---|---|---|
| ① | 事業所名称 | 株式会社○○ |
| ② | 事業所所在地 | 〒000－0000 東京 都道府県 新宿区西新宿○-○-○ |

| 変更後 | | |
|---|---|---|
| ③ | 変更年月日 | 9.令和 03年08月01日 |
| ④ | 事業所名称 | （フリガナ） |
| ⑤ | 事業所所在地 | 〒151－0053（フリガナ）トウキョウトシブヤクヨヨギ 東京 都道府県 渋谷区代々木○-○ |
| ⑥ | 電話番号 | 03-0000-0000 |
| ⑦ | 変更理由 | 本社移転のため |
| ⑧ | 口座振替の継続 | ※管轄内の所在地変更の場合、以下の項目は記載不要です。<br>①. 継続する<br>※「1. 継続する」を希望される場合、⑨振替口座の変更も記入してください。<br>2. 継続しない |
| ⑨ | 振替口座の変更 | ※管轄内の所在地変更の場合、以下の項目は記載不要です。<br>①. 変更なし<br>2. 変更あり<br>※口座番号、口座名義等に変更がある場合、再度『保険料預金口座振替納付（変更）申出書』を提出してください。 |

変更後の所在地で事業を開始した日

保険料口座振替について当てはまる項目に○（管轄内で移転する場合は不要）

# 会社の名称・所在地が変わったときの労働保険の手続き

- 社名や事業所の所在地を変更したときは、雇用保険と労災保険の手続きを行う
- 所在地の変更では、移転後の事業所を管轄する役所で手続きをする

## いずれの変更でも書類・手続きの流れは同じ

変更手続きが必要なのは、①社名の変更、②所在地の変更、③事業主の住所・氏名の変更、④事業の種類の変更の４つです。これらの手続きではいずれも同じ書類を使います。手続きの流れも同じです。

まずは管轄の労働基準監督署に「労働保険 名称、所在地等変更届」を提出します。つぎに、その変更届の控えを添えて、管轄のハローワークに「雇用保険事業主事業所各種変更届」を提出します。

所在地変更の手続きをする場合は、届け出は移転後の事業所を管轄する労働基準監督署とハローワークで行います。手続きの流れは、ほかの変更手続きと同じです。

社会保険の場合は提出期日が５日以内、労働保険の場合は10日以内です。どちらも提出が遅れないようにしましょう

書式DATA

| | |
|---|---|
| 届け先 | 管轄する労働基準監督署、その後にハローワーク<br>所在地の移転の場合：移転後の管轄の労働基準監督署に提出後、ハローワーク |
| 期　日 | 変更から10日以内 |
| 必要書類 | 労働基準監督署へ提出する書類：労働保険 名称、所在地等変更届<br>ハローワークへ提出する書類：雇用保険事業主事業所各種変更届 |
| 添付書類 | ハローワークへ提出時に添付する<br>1 「労働保険名称、所在地等変更届」の控え<br>2 登記事項証明書、事業許可証、他の行政機関への提出済書類(控)など、変更の事実が確認できる書類 |

健康　年金　労災　雇用

上記の本文やデータの内容は、すべて一元適用事業（→P.51参照）の場合です。建設業などの二元適用事業では、手続きが異なるので注意が必要です。

# 「労働保険 名称、所在地等変更届」の記入例

変更箇所のみ記入

変更したもののみ、変更前の情報を記入

変更したもののみ、変更後の情報を記入

変更理由を記入

有期事業の場合で、予定期間の変更の場合に記入

労働保険 名称、所在地等変更届

下記のとおり届事項に変更があったので届けます。

種別 31604

渋谷 労働基準監督署長 殿

②※労働保険番号 府県 所掌 管轄(1) 基幹番号 枝番号：13107123456-000

⑪ 住所（カナ）：郵便番号／住所 市・区・郡名／住所（つづき）町村名／住所（つづき）丁目・番地／住所（つづき）ビル・マンション名等

⑫ 住所（漢字）：住所 市・区・郡名／住所（つづき）町村名／住所（つづき）丁目・番地／住所（つづき）ビル・マンション名等

⑬ 名称・氏名（カナ）：カフ゛シキカ゛イシャ／マルマル／電話番号

⑭ 名称・氏名（漢字）：株式会社／○○

変更前：② 事業 名称 有限会社○○／③ 事業所 名称・氏名 有限会社○○

変更後：⑦ 事業 名称 株式会社○○

⑨ 変更理由：社名変更のため

⑮事業終了予定年月日（元号：平成は7）

⑯変更年月日（元号：平成は7） 7-00年-07月-01日

⑰変更後の労働保険番号／⑰変更後の元請労働保険番号／⑱変更後の事業所番号

事業主

住所 渋谷区代々木○-○

株式会社○○

氏名 代表取締役 ○○ ○子 ㊞

記名押印又は署名

（法人のときはその名称及び代表者の氏名）

(26.3)

# 「雇用保険事業主事業所各種変更届」の記入例

変更した事項のみ記入

変更年月日を記入

雇用保険の適用事業所となった日を記入

1ページ目

雇用保険事業主事業所各種変更届 (必ず第2面の注意事項を読んでから記載してください。)

※ 事業所番号

帳票種別 13003

※1. 変更区分

2. 変更年月日 5-030401 (4 平成 5 令和) 元号 年 月 日

3. 事業所番号 1300-000000-0

4. 設置年月日 5-030401 (3 昭和 4 平成 5 令和) 元号 年 月 日

(この用紙は、このまま機械で処理しますので、汚さないようにしてください。)

●下記の5〜11欄については、変更がある事項のみ記載してください。

5. 法人番号(個人事業の場合は記入不要です。)

6. 事業所の名称(カタカナ)

事業所の名称〔続き(カタカナ)〕

7. 事業所の名称(漢字)

事業所の名称〔続き(漢字)〕

8. 郵便番号 151-0053

10. 事業所の電話番号(項目ごとにそれぞれ左詰めで記入してください。) 03-0000-0000 市外局番 市内局番 番号

9. 事業所の所在地(漢字) 市・区・郡及び町村名 渋谷区代々木

事業所の所在地(漢字) 丁目・番地 ○-○

事業所の所在地(漢字) ビル、マンション名等

11. 労働保険番号 13000000000000 府県 所掌 管轄 基幹番号 枝番号

※ 公共職業安定所記載欄

12. 設置区分 (1 当然 2 任意)

13. 事業所区分 (1 個別 2 委託)

14. 産業分類

| | | | | |
|---|---|---|---|---|
| 変更事項 15. 事業主 | (フリガナ) 住所 (法人のときは主たる事務所の所在地) | | 18. 変更前の事業所の名称 (フリガナ) | |
| | (フリガナ) 名称 | | 19. 変更前の事業所の所在地 (フリガナ) | トウキョウトシンジュククニシシンジュク 東京都新宿区西新宿○-○ |
| | (フリガナ) 氏名 (法人のときは代表者の氏名) | | 20. 事業の開始年月日 | 令和○年 4月 1日 |
| | | | 24. 社会保険加入状況 | 健康保険 厚生年金保険 労災保険 |
| 16. 変更後の事業の概要 | | | ※21. 事業の廃止年月日 | 令和 年 月 日 |
| | | | 22. 常時使用労働者数 | 8人 |
| | | | 25. 雇用保険被保険者数 | 一般 5人 / 日雇 0人 |
| 17. 変更の理由 | 移転のため | | 23. 雇用保険担当課名 | 総務課 課 ○山 ○○係 係 |
| | | | 26. 賃金支払関係 | 賃金締切日 10日 / 賃金支払日 当・翌月 25日 |
| 備考 | | ※ | 所長 次長 課長 係長 係 操作者 | |

(この届出は、変更のあった日の翌日から起算して10日以内に提出してください。)

2019. 5

労働保険番号も変更となった場合は新しい労働保険番号を記入(管轄が変わると番号も変わる)

2ページ目

注　意

1　□□□□で表示された枠（以下「記入枠」という。）に記入する文字は、光学式文字読取装置（ＯＣＲ）で直接読取を行いますので、この用紙を汚したり、必要以上に折り曲げたりしないでください。
2　記載すべき事項のない欄又は記入枠は空欄のままとし、※印のついた欄又は記入枠には記載しないでください。
3　記入枠の部分は、枠からはみ出さないように大きめの文字によって明瞭に記載してください。
4　2欄の記載は、元号をコード番号で記載した上で、年、月又は日が１桁の場合は、それぞれ10の位の部分に「０」を付加して２桁で記載してください。（例：平成15年４月１日→ 4-150401 ）
5　3欄の記載は、公共職業安定所から通知された事業所番号が連続した10桁の構成である場合は、最初の４桁を最初の４つの枠内に、残りの６桁を「-」に続く６つの枠内にそれぞれ記載し、最後の枠は空枠としてください。
（例：1301000001の場合→ 1301-000001- ）
6　4欄には、雇用保険の適用事業となるに至った年月日を記載してください。記載方法は、2欄の場合と同様に行ってください。
7　5欄には、平成27年10月以降、国税庁長官から本社等へ通知された法人番号を記載してください。
8　6欄には、数字は使用せず、カタカナ及び「-」のみで記載してください。
カタカナの濁点及び半濁点は、１文字として取り扱い（例：ガ→ｶﾞ、パ→ﾊﾟ）、また、「ヰ」及び「ヱ」は使用せず、それぞれ「イ」及び「エ」を使用してください。
9　7欄及び9欄には、漢字、カタカナ、平仮名及び英数字（英字については大文字体とする。）により明瞭に記載してください。
小さい文字を記載する場合には、記入枠の下半分に記載してください。（例：ァ→ァ）
また、濁点及び半濁点は、前の文字に含めて記載してください。（例：が→が、ぱ→ぱ）
10　9欄１行目には、都道府県名は記載せず、特別区名、市名又は郡名とそれに続く町村名を左詰めで記載してください。
9欄２行目には、丁目及び番地のみを左詰めで記載してください。
また、所在地にビル名又はマンション名等が入る場合は9欄３行目に左詰めで記載してください。
11　10欄には、事業所の電話番号を記載してください。この場合、項目ごとにそれぞれ左詰めで、市内局番及び番号は「-」に続く５つの枠内にそれぞれ左詰めで記載してください。（例：03-3456-XXXX→ 03-3456-XXXX ）
12　27欄は、事業所印と事業主印又は代理人印を押印してください。
13　28欄は、最寄りの駅又はバス停から事業所への道順略図を記載してください。

お願い
1　変更のあった日の翌日から起算して10日以内に提出してください。
2　営業許可証、登記事項証明書その他の記載内容を確認することができる書類を持参してください。

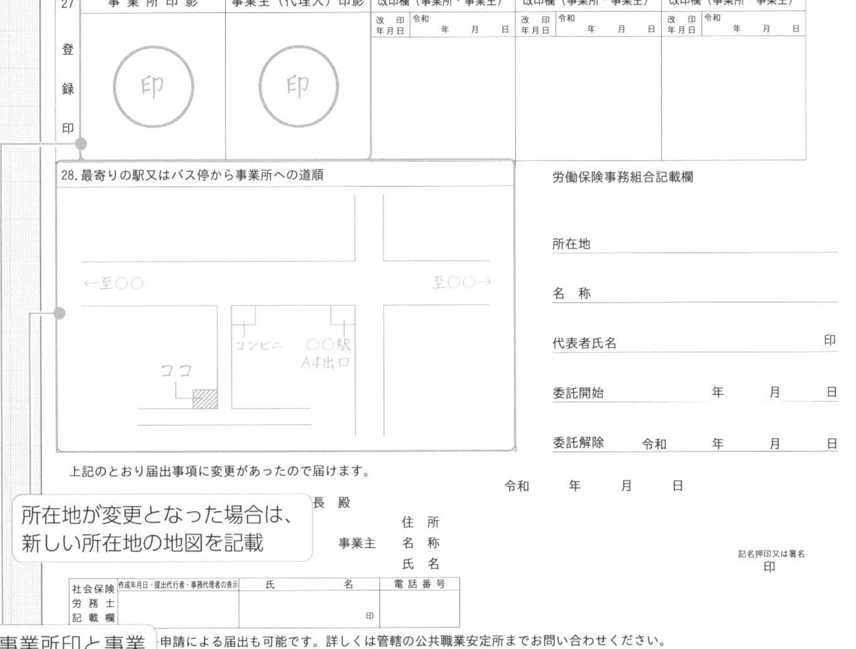

| 27 登録印 | 事業所印影 | 事業主（代理人）印影 | 改印欄（事業所・事業主） | 改印欄（事業所・事業主） | 改印欄（事業所・事業主） |
|---|---|---|---|---|---|
| | 印 | 印 | 改印年月日 令和　年　月　日 | 改印年月日 令和　年　月　日 | 改印年月日 令和　年　月　日 |

28.最寄りの駅又はバス停から事業所への道順



労働保険事務組合記載欄

所在地

名　称

代表者氏名　印

委託開始　年　月　日

委託解除　令和　年　月　日

上記のとおり届出事項に変更があったので届けます。

令和　年　月　日

長　殿

事業主　住　所
名　称
氏　名

記名押印又は署名
印

| 社会保険労務士記載欄 | 作成年月日・提出代行者・事務代理者の表示 | 氏名 | 電話番号 |
|---|---|---|---|
| | | 印 | |

申請による届出も可能です。詳しくは管轄の公共職業安定所までお問い合わせください。
続について、社会保険労務士が電子申請により本届書の提出に関する手続を事業主に代わって行う場合には、当該社会が当該事業主の提出代行者であることを証明することができるものを本届書の提出と併せて送信することをもって、当該事業主の電子署名に代えることができます。

所在地が変更となった場合は、新しい所在地の地図を記載

事業所印と事業主印を押印

●賞与の支払い予定月を変更したときなどの届け出

# 事業主や賞与の支払い予定月などを変更するときの社会保険の届け出方法を教えてください

Q 事業主が代わり、同時に賞与の支払い月を変更します。社会保険ではどのような手続きが必要でしょうか。

事業所関係変更(訂正)届を提出します。

## 疑問解決のポイント！

### ❶事業所関係変更(訂正)届を年金事務所に提出する

事業主の変更や、賞与の支払い月を変更または訂正するときは、社会保険での手続きとして「**健康保険・厚生年金保険 事業所関係変更(訂正)届**」を、管轄の年金事務所に提出します。

### ❷事業所関係変更(訂正)届は、事業主の変更時などに使用する

「健康保険・厚生年金保険 事業所関係変更(訂正)届」は、おもにつぎのような変更や訂正の手続きで使用します。

- 事業主の変更
- 事業主の住所の変更
- 「賞与支払い予定月」「昇給月」「現物給与の種類」の変更
- 本店・支店の区分に変更(訂正)があったとき
- 会社法人等番号に変更(訂正)があったとき

社会保険では、会社の住所変更や名称変更は「適用事業所名称／所在地変更(訂正)届」(→P.311参照)を、それ以外の事業所関係の変更は次のページの「事業所関係変更(訂正)届」を提出します

## 「健康保険・厚生年金保険 事業所関係変更(訂正)届」の記入例

事業所整理記号・事業所番号を記入する

市外局番と市内局番、市内局番と加入者番号の間にハイフン(-)を記入する

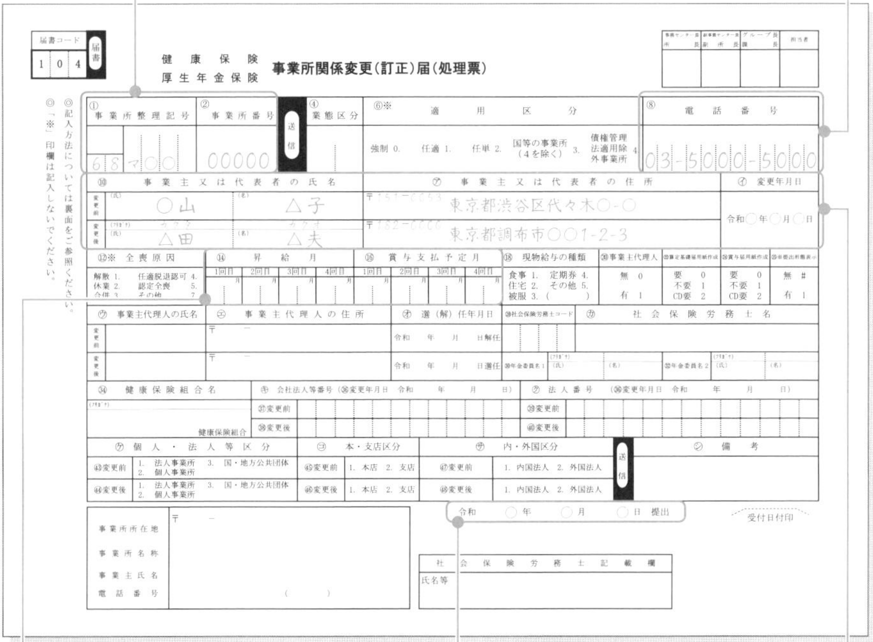

届書コード 1 0 4 届書

健康保険
厚生年金保険 事業所関係変更(訂正)届(処理票)

◎記入方法については裏面をご参照ください。
◎「※」印欄は記入しないでください。

①事業所整理記号 68マ○○ ②事業所番号 00000 送信 ④業態区分 ⑥※適用区分 強制 0. 任適 1. 任単 2. 国等の事業所(4を除く) 3. 債権管理法適用除外事業所 4 ⑧電話番号 03-5000-5000

⑩事業主又は代表者の氏名 変更前 (氏)○山 (名)△子 ／ 変更後 (フリガナ) (氏)△田 (名)△夫
⑦事業主又は代表者の住所 〒151-0053 東京都渋谷区代々木○-○ ／ 〒182-0000 東京都調布市○○1-2-3
㋑変更年月日 令和○年○月○日

⑫※全喪原因 解散 1. 休業 2. 合併 3. 任適脱退認可 4. 認定全喪 5. その他 7.
⑭昇給月 1回目 2回目 3回目 4回目
⑯賞与支払予定月 1回目 2回目 3回目 4回目
⑱現物給与の種類 食事 1. 住宅 2. 被服 3. 定期券 4. その他 5. ( )
⑳事業主代理人 無 0 有 1
要 0 不要 1 CD要 2 ／ 要 0 不要 1 CD要 2 ／ 無 # 有 1

㋒事業主代理人の氏名 ㋓事業主代理人の住所 ㋔選(解)任年月日 令和 年 月 日解任／日選任 社会保険労務士コード ㋕社会保険労務士名

㉞健康保険組合名 健康保険組合 ㉟会社法人等番号(㊱変更年月日 令和 年 月 日) ㊲変更前 ㊳変更後 ㋖法人番号(㊴変更年月日 令和 年 月 日) ㊵変更前 ㊶変更後

㋗個人・法人等区分 ㊷変更前 1. 法人事業所 2. 個人事業所 3. 国・地方公共団体 ㊸変更後 1. 法人事業所 2. 個人事業所 3. 国・地方公共団体
㋘本・支店区分 ㊹変更前 1. 本店 2. 支店 ㊺変更後 1. 本店 2. 支店
㋙内・外国区分 ㊻変更前 1. 内国法人 2. 外国法人 ㊼変更後 1. 内国法人 2. 外国法人
送信 ㋚備考

令和○年○月○日提出 受付日付印

事業所所在地 〒 ー
事業所名称
事業主氏名
電話番号 ( )

社会保険労務士記載欄 氏名等

変更後の年間における昇給月および賞与支払予定月を記入

年金事務所、または事務センターへの提出日を記入

事業主または代表者に変更があった場合、変更後の事業主(代表者)が変更前後の事業主(代表者)の氏名、住所および変更年月日などを記入する

### 書式DATA

健康 年金 労災 雇用

**届け先** 管轄する年金事務所

**期 日** 変更から5日以内

**必要書類** 健康保険・厚生年金保険 事業所関係変更(訂正)届

**添付書類** **会社法人等番号に変更(訂正)があった場合**：法人(商業)登記簿謄本のコピー
**法人番号に変更があった場合**：法人番号指定通知書のコピー

**入手先** 日本年金機構のHPからダウンロード可能

# 事業所が増えたとき

- 新しく支店や事業所を開設した場合は、労働保険の成立手続きが必要
- 基本は労働基準監督署とハローワークへ届け出る

## 本社や既存の事業所で申告・納付ができる

労働保険では、事業所単位で保険関係が成立します。新しく支店などの事業所を開設して従業員を１人以上雇い入れるときは、労働保険の成立手続きが必要です。

事業所を新設する際に一定の要件を満たすことができれば、継続事業として労働保険料の申告・納付を本社などの既存の事業所で一括して行うことができます。その場合は、継続事業一括認可の手続きを行います。

支店や営業所など、指定事業（本社など）に一括できる事業を被一括（ひいっかつ）事業といいます。被一括事業としての要件を満たさない場合は、労働保険の成立手続きと同時に労働保険料の申告・納付を行います

## 労働保険の後は雇用保険の手続きを行う

労働保険の成立手続きをした後には、雇用保険関係の手続きを行います。

ただし、事業所が本社からの指揮命令にしたがっている、もしくは事業所の労働者名簿や賃金台帳を本社で管理しているといった場合は、事業所に独立性がないとして、雇用保険関係の手続きを本社で一括して行うことが認められます。この場合は、雇用保険関係の手続きを行う必要はありませんが、あらかじめ適用事業所非該当の申請をして、承認を得ておくことが必要です。

実務のツボ　保険関係を事業所単位で成立させるのは、社会保険でも同様です。しかし、実務上本社が経理・人事などを一括管理している場合は、本社が社会保険事務をまとめます。手続きも不要です。

## 継続事業一括のおもな認可要件

**継続事業一括では、労働局長の認可を受け、申請をするうえでつぎの要件を満たしている必要があります。**

1. 指定事業（本社など主たる事業所）と、被一括事業（支店や事業所）の事業主が同一の者
2. 指定事業と被一括事業の「事業の種類」が同じ
3. 指定事業内で、被一括事業の従業員数や給与明細などを把握している

子会社のように、別の法人となっている会社では一括認可はできないニャ

## 適用事業所が非該当となる承認基準

**適用事業所非該当と承認されると、雇用関係の手続きを本社で一括して行います。適用事業所非該当の申請が承認されるには、つぎの基準を満たしている必要があります。**

1. 人事・経理・業務上の指揮監督、賃金の計算、支払いなどに独立性がない
2. 労災保険、健康保険、厚生年金保険などが本社などで一括処理されている
3. 労働者名簿、賃金台帳などが本社などに備え付けられている

### 書式DATA

1 労働保険で継続事業一括認可を申請する場合
2 雇用保険で新事業所の手続きを本社などに一括する場合

**届け先** 1 本社などを管轄する労働基準監督署
2 新事業所を管轄するハローワーク

**期　日** 1 2 事業が成立した日から10日以内

**必要書類** 1 労働保険 継続事業一括認可・追加・取消申請書
2-1 雇用保険 事業所非該当承認申請書
2-2 雇用保険 非該当承認申請調査書

**添付書類** 1 登記簿謄本など

**入手先** 1 管轄する労働基準監督署、ハローワーク
2 管轄するハローワーク

継続事業の一括手続きをした場合でも、労災請求は各支店や営業所を管轄地域とする労働基準監督署へ提出します。

# 「労働保険 継続事業一括認可・追加・取消申請書」の記入例

本社など、労働保険番号をまとめる指定事業について記入

新規または追加する支店などについて記入

様式第5号（第10条関係）

労働保険
継続事業一括認可・追加・取消申請書

提出用

種別 31640　※修正項目番号

①下記のとおり継続事業の一括に係る｛・新規　・許可の取消　・認可の追加｝の申請をします。

指定を受けることを希望する事業又は既に指定を受けている事業

③労働保険番号（府県・所掌・管轄(1)・基幹番号・枝番号）：13107111111-000（項1）

②申請年月日（元号：平成は7）：9-00-04-01（項2）

④所在地：渋谷区代々木○-○

郵便番号：151-0053

⑥保険関係成立区分：（イ）労災・雇用（○）　（ロ）労災　（ハ）雇用

⑦事業の種類（労災保険率表による）：飲食業

⑤名称：株式会社○○

電話番号：03-5000-5000

申請書の指定事業に一括され又は一括を取消される事業

1
⑧労働保険番号：17101111111-000（項3）　※認可コード（項4）　※管轄(2)（項5）　⑨整理番号（項6）
⑩所在地：金沢市○○1-2-3　郵便番号：921-0000
⑪保険関係成立区分：（イ）労災・雇用（○）　（ロ）労災　（ハ）雇用
⑫事業の種類（労災保険率表による）：飲食業
名称：株式会社○○　おいであそばせ　電話番号：076-200-0000

2
⑬労働保険番号（府県・所掌・管轄(1)・基幹番号・枝番号）（項7）　※認可コード（項8）　※管轄(2)（項9）　⑭整理番号（項10）
所在地　郵便番号
⑯保険関係成立区分（イ）労災・雇用（ロ）労災（ハ）雇用
⑰事業の種類（労災保険率表による）
電話番号

3
⑱労働保険番号（府県・所掌・管轄(1)・基幹番号・枝番号）（項11）　※認可コード（項12）　※管轄(2)（項13）　⑲整理番号（項14）
⑳所在地　郵便番号
㉑保険関係成立区分（イ）労災・雇用（ロ）労災（ハ）雇用
㉒事業の種類（労災保険率表による）
名称　電話番号

4
㉓労働保険番号（府県・所掌・管轄(1)・基幹番号・枝番号）（項15）　※認可コード（項16）　※管轄(2)（項17）　㉔整理番号（項18）
㉕所在地　郵便番号
㉖保険関係成立区分（イ）労災・雇用（ロ）労災（ハ）雇用
㉗事業の種類（労災保険率表による）
名称　電話番号

※認可・取消年月日（元号：平成は7）　元号 - 年 - 月 - 日（項23）

※データ指示コード（項24）
1．新規申請
3．追加の申請
4．認可の取消し

※修正項目

東京 労働局長　殿

事業主
住所 渋谷区代々木○-○
(株)○○　記名押印又は署名
氏名 代表取締役　○○○子 ㊞
（法人のときはその名称及び代表者の氏名）

(28.3)

## 「雇用保険 事業所非該当承認申請書」の記入例

現在、雇用保険適用事業所として登録されている場合にはその事業所番号を記入。初めから非該当とする場合は記入しない

非該当を申請する事業所について記入

雇用保険 事業所非該当承認申請書（事業主控・通知用）

1 事業所非該当承認対象施設

| | | | |
|---|---|---|---|
| ①名称 | ラーメン○○店 | ⑦労働保険料の徴収の取扱い | 労働保険の保険料の徴収等に関する法律施行規則上の事業場とされているか いる ・ いない |
| ②所在地 | 〒160-0000 新宿区新宿○-○-○ 電話03(0000)0000 | ⑧労働保険番号 | 府県 所掌 管轄 基幹番号 枝番号 13108000000-000 |
| ③施設の設置年月日 | 令和○年 ○月 ○日 | ⑨社会保険の取扱い | 健康保険法及び厚生年金保険の事業所とされているか いる ・ いない |
| ④事業の種類 | 飲食業 | ⑩各種帳簿の備付状況 | 労働者名簿 ・ 賃金台帳 ・ 出勤簿 |
| ⑤従業員数 | 3（うち被保険者数 1） | ⑪管轄公共職業安定所 | 新宿 公共職業安定所 |
| ⑥事業所番号 | - - | ⑫雇用保険事務処理能力の有無 | 有 ・ 無 |
| ⑬申請理由 | 給与計算事務処理を本店で行っているため | | |

2．事業所

| | | | |
|---|---|---|---|
| ⑭事業所番号 | 1307-000000-0 | ⑱従業員数 | 5（うち被保険者数 3） |
| ⑮名称 | 株式会社○○ | ⑲適用年月日 | 令和○年 ○月 ○日 |
| ⑯所在地 | 〒151-0053 渋谷区代々木○-○ 電話03(0000)0000 | ⑳管轄公共職業安定所 | 渋谷 公共職業安定所 |
| ⑰事業の種類 | 飲食業 | ㉑備考 | |

上記1の施設は、一の事業所として認められませんので承認されたく申請します。
令和 ○年 ○月 ○日
新宿 公共職業安定所長殿

事業主（又は代理人） 住所 渋谷区代々木○-○
氏名 株式会社○○ 代表取締役 ○山○子

（注） 社会保険労務士記載欄は、この届書を社会保険労務士が作成した場合のみ記入する。

| 社会保険労務士記載欄 | 作成年月日・提出代行者の表示 | 氏名 | 電話番号 |
|---|---|---|---|
| | | | |

※公共職業安定所記載欄

事業所非該当承認通知書

令和 年 月 日貴殿から提出のあった事業所非該当承認申請書に基づき調査の結果，その申請を承認しましたから，今後は，雇用保険被保険者資格取得届，雇用保険被保険者資格喪失届その他雇用保険の被保険者に関する各種届書についても，　　の分は　　の分として　　公共職業安定所に所定期日までに提出して下さい。

令和 年 月 日

殿

注意1．労働保険料の納付は，従来どおりの事業…
2．承認を受けた施設が一の事業所と認めら…
届を提出して下さい。

以下の区分で労働保険番号を記入
ⅰ)この事業所で労働保険料の納付を行っている場合は、その労働保険番号
ⅱ)※1の事業所で一括して労働保険料の申告・納付を行っている場合は、その事業所の労働保険番号
ⅲ)上記2つ以外の事業所で一括して労働保険料の申告・納付を行っている場合は、その事業所の労働保険番号

※1 非該当事業所の雇用保険事務を処理する事業所（本社など）について記入

非該当の承認申請をすることとなった経緯、事情などを記入

# 社会保険・雇用保険の被保険者がいなくなったとき

- 社会保険の加入要件に該当する従業員がいなくなった場合や、事業所を廃止する場合は、社会保険の廃止の手続きが必要
- 労働保険の場合でも労働保険料を精算し、雇用保険の廃止手続きを行う

## 会社をたたむ場合は廃止の手続きが必要

倒産や廃業などにより、社会保険の加入要件に該当する従業員が1人もいなくなった場合や、会社や事業所を廃止する場合には、廃止の手続きが必要です。

労働保険でも、アルバイト、臨時社員を含めて従業員がいなくなった場合や、会社や事業所を廃止する場合には手続きを行います。まずは労働保険料の申告をして、労働保険料を精算した後、雇用保険の廃止手続きをします。

労働保険も社会保険も法人の場合は強制加入のため、自由に廃止することはできません。きちんと手続きをする必要があります

## 各種保険の廃止手続き

社会保険・労働保険の廃止手続きには、書類の届け出が必要です。まず雇用保険では、「雇用保険適用事業所廃止届」をハローワークに提出します。雇用保険の加入要件にあてはまる従業員がいないことを証明するために、「雇用保険被保険者資格喪失届」(→P.102～103参照)と「雇用保険被保険者離職証明書」(→P.106～107参照)も一緒に提出します。

健康保険では健康保険組合に、厚生年金保険では年金事務所に、それぞれ「適用事業所全喪届」と「被保険者資格喪失届」を提出します。

被保険者がいなくなるような場合は、社会保険、労働保険ともに被保険者資格喪失手続き(→P.100～103参照)を行います。

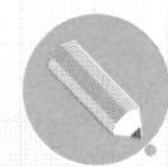

# 「健康保険・厚生年金保険 適用事業所全喪届」の記入例

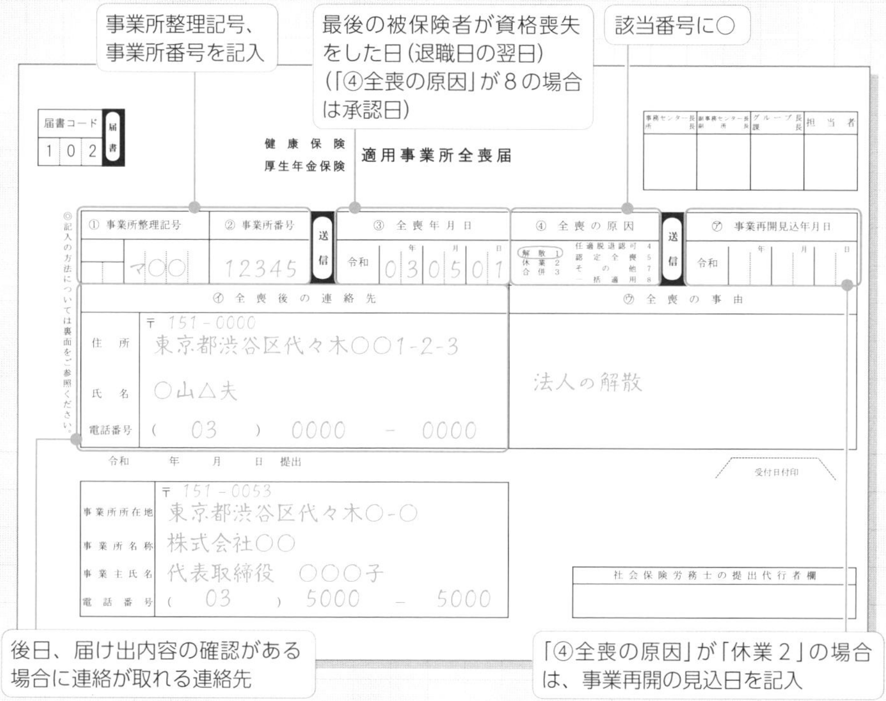

事業所整理記号、事業所番号を記入
最後の被保険者が資格喪失をした日（退職日の翌日）（「④全喪の原因」が８の場合は承認日）
該当番号に○
届書コード 102 届書
健康保険
厚生年金保険
適用事業所全喪届
事務センター長 所長
副事務センター長 副所長
グループ長 課長
担当者
◎記入の方法については裏面をご参照ください。
① 事業所整理記号 マ○○
② 事業所番号 12345
送信
③ 全喪年月日 令和 03 年 05 月 01 日
④ 全喪の原因 解散 1 休業 2 合併 3 任適脱退認可 4 認定全喪 5 その他 7 一括適用 8
⑦ 事業再開見込年月日 令和 年 月 日
㋑ 全喪後の連絡先
住所 〒151-0000 東京都渋谷区代々木○○1-2-3
氏名 ○山△夫
電話番号 （03）0000－0000
㋒ 全喪の事由
法人の解散
令和 年 月 日提出
受付日付印
事業所所在地 〒151-0053 東京都渋谷区代々木○-○
事業所名称 株式会社○○
事業主氏名 代表取締役 ○○○子
電話番号 （03）5000－5000
社会保険労務士の提出代行者欄
後日、届け出内容の確認がある場合に連絡が取れる連絡先
「④全喪の原因」が「休業２」の場合は、事業再開の見込日を記入


## 書式DATA

健康 年金 労災 雇用

1 社会保険の届け出の場合　2 労働保険の届け出の場合

**届け先**
1 管轄の年金事務所または健康保険組合
2 労働保険料の精算の場合：管轄の労働基準監督署
雇用保険の廃止の場合：ハローワーク

**期日**
1・2 該当する事実が発生した日から５日以内

**必要書類**
1 健康保険・厚生年金保険 適用事業所全喪届
被保険者がいなくなると同時に手続きをするとき：健康保険・厚生年金保険 被保険者資格喪失届（→P.101を参照）
2 労働保険料の精算の場合：労働保険 概算・増加概算・確定保険料申告書
雇用保険の廃止の場合：雇用保険適用事業所廃止届
被保険者がいなくなると同時に手続きをするとき：雇用保険 被保険者資格喪失届（→P.103を参照）

**添付書類**
1・2 解散登記の記入がある法人登記簿謄本のコピーまたは雇用保険適用事業所廃止届のコピー

**入手先**
1・2 日本年金機構のHPからダウンロード可能

# 「雇用保険適用事業所廃止届」の記入例

※1 事業所の廃止は「1」、事業所の統合に伴う廃止は「4」を記入

法人番号を記入

※1に「4」を記入した場合のみ、統合先事業所の事業所番号を記入

雇用保険適用事業所廃止届

標準字体 0123456789
（必ず第2面の注意事項を読んでから記載してください）

帳票種別 14002

1.法人番号（個人事業の場合は記入不要です。） 1234567890123

※2.本日の資格喪失・転出者数 　人

3.事業所番号 1307-000000-0

4.設置年月日 3-500501（3 昭和 4 平成 5 令和）元号 年 月 日

5.廃止年月日 5-030331（4 平成 5 令和）元号 年 月 日

6.廃止区分 1

7.統合先事業所の事業所番号 □□□□-□□□□□□-□

8.統合先事業所の設置年月日 □-□□□□□□（3 昭和 4 平成 5 令和）元号 年 月 日

（この用紙は、このまま機械で処理しますので、汚さないようにしてください。）

| 9. 事業所 | （フリガナ） | トウキョウトシブヤクセンダガヤ |
|---|---|---|
| | 所在地 | 東京都渋谷区千駄ヶ谷○-○ |
| | （フリガナ） | カブシキガイシャバツバツ |
| | 名称 | 株式会社×× |

廃止の理由を記入

| 10. 労働保険番号 | 府県 | 所掌 | 管轄 | 基幹番号 | 枝番号 |
|---|---|---|---|---|---|
| | 13 | 0 | 00 | 000000 | 000 |

11. 廃止理由　事業および法人の解散

上記のとおり届けます。

令和 ○ 年 4 月 3 日

渋谷 公共職業安定所長 殿

事業主
住所 東京都渋谷区千駄ヶ谷○-○
名称 株式会社××
氏名 代表取締役
電話番号 03-0000-0000

記名押印又は署名 印

| ※公共職業安定所記載欄 | 届書提出後、事業主が住所を変更する場合又は事業主に承継者等のある場合は、その者の住所・氏名 | （フリガナ） | | | |
|---|---|---|---|---|---|
| | | 名称 | | | |
| | | （フリガナ） | | | |
| | | 住所 | | | |
| | | （フリガナ） | | | |
| | | 代表者氏名 | | | |
| | | 電話番号 | | 郵便番号 | － |

備考

| ※ 所長 | 次長 | 課長 | 係長 | 係 | 操作者 |
|---|---|---|---|---|---|
| | | | | | |

労働保険事務組合記載欄

所在地

名称

代表者氏名 印

| 社会保険労務士記載欄 | 作成年月日・提出代行者・事務代理者の表示 | 氏名 | 電話番号 |
|---|---|---|---|
| | | 印 | |

（この届出は、事業所を廃止した日の翌日から起算して10日以内に提出してください。）

2019. 5

## 「労働保険 概算・増加概算・確定保険料申告書」の記入例

※P.55、P.301と同じ書式

前年4月1日～今年3月31日までの各月の末日での労働者の合計人数を月数で割った数。小数点以下切捨て。1人未満となる場合は「1」

前年4月1日～今年3月31日までの各月の末日での雇用保険被保険者の合計人数を月数で割った数。小数点以下切捨て。1人未満となる場合は「1」

一般拠出金を算定する額は、労災保険の保険料算定額と同額を記入

確定保険料が申告済概算保険料を上回った場合は、差額を「不足額」に記入
下回った場合で、差額を今年度の保険料に充当する場合は「充当額」に記入
充当しても残額が出る場合は、「差額－充当額」を「還付額」へ記入

4月1日に保険関係が成立している労働保険の種類に○

概算保険料の納付回数

法人番号を記入（すでに届け出ている場合は印字済み）

金額の前には「￥」を記入。「¥」ではないので注意。訂正不可。間違えた場合は、事業場のある都道府県内の監督署で納付書をもらう

様式第6号（第24条、第25条、第33条関係）（甲）（1）

労働保険 石綿健康被害救済法 概算・増加概算・確定保険料 一般拠出金 申告書

継続事業（一括有期事業を含む。）

下記のとおり申告します。

種別 32700

⑧常時使用労働者数 5　⑨雇用保険被保険者数 4

九段第3合同庁舎12階
東京労働局
労働保険特別会計歳入徴収官殿

**確定保険料算定内訳**

| ⑦区分 | ⑧保険料・一般拠出金算定基礎額 | ⑨保険料・一般拠出金率 | ⑩確定保険料・一般拠出金額（⑧×⑨） |
|---|---|---|---|
| 労働保険料 | | 12.00 | 19350 |
| 労災保険分 | 16803 | 3.00 | 5040 |
| 雇用保険分 | 15900 | 9.00 | 14310 |
| 一般拠出金 | 16803 | 0.02 | 336 |

**概算・増加概算保険料算定内訳**

| ⑪区分 | ⑫保険料算定基礎額の見込額 | ⑬保険料率 | ⑭概算・増加概算保険料額（⑫×⑬） |
|---|---|---|---|
| 労働保険料 | | 12.00 | 19350 |
| 労災保険分 | 16803 | 3.00 | 5040 |
| 雇用保険分 | 15900 | 9.00 | 14310 |

延納の申請 納付回数 4

⑱申告済概算保険料額 260,000

⑳差引額 （イ）充当額 336　（ハ）不足額　2　（ロ）還付額 66155

⑲申告済概算保険料額
㉑増加概算保険料額
法人番号

㉒期別納付額 第1期・第2期・第3期
㉓保険関係成立年月日
㉔事業廃止等理由
㉕事業又は作業の種類
㉖加入している労働保険 （イ）労災保険 （ロ）雇用保険
㉗特掲事業 （イ）該当する （ロ）該当しない
㉘事業 （イ）所在地 （ロ）名称
㉙事業主 （イ）住所 （ロ）名称 （ハ）氏名
社会保険労務士記載欄 作成年月日・提出代行者・事務代理者の表示 氏名 電話番号

領収済通知書
30840 東京労働局
労働保険料 ￥19350
一般拠出金 ￥0
納付額（合計額） ￥19350
あて先 〒102-8307
納付の場所 日本銀行（本店・支店・代理店又は歳入代理店）、所轄都道府県労働局、所轄労働基準監督署　東京労働局労働保険特別会計歳入徴収官

第8章 変更手続き ― 社会保険・雇用保険の被保険者がいなくなったとき

# 被扶養家族の増減があったとき

- 従業員の被扶養家族に増減があった場合は、事業主を通じて届け出る
- 届け出の際には、要件を満たしていることを証明する書類を添付する

## 社会保険加入者の扶養状況に変更があれば届け出る

社会保険に加入している従業員の被扶養家族が増えたり減ったりしたときは、事業主を通じて届け出をします。

被扶養家族が増えるケースとは、結婚して配偶者が被扶養者になった、子どもが生まれて自分の被扶養者にしたなどです。

被扶養家族が減るケースは、子どもが就職して被扶養者から外れた、配偶者の給与が高くなって被扶養者の所得範囲を超えたなどです。

提出する書類は、「健康保険被扶養者（異動）届」です。配偶者を被扶養者にするとき、または被扶養者から外すときは、一緒に綴られている「国民年金第３号被保険者関係届」も届け出ます。どちらも２章の「被扶養者の手続き」を参照してください（→P.78参照）。

## 被扶養者を証明する書類をそろえる

被扶養家族を届け出る際には、親族の範囲・収入・同居の有無・国内居住などの要件を満たしていることを証明する書類の添付が必要です。課税（非課税）証明書、年金額の改定通知書などの収入を証明する書類などを用意します。

収入の証明については、所得税で被扶養家族となっている場合で事業主の証明があれば、資料を提出する必要はありません。16歳未満も提出不要です

被扶養家族の名字が変わる、住所が変わるなど、登録している被扶養者情報に変更がある場合も、その事実が発生した日から５日以内に同じ書類で届け出ます。

## 被扶養者になった日・被扶養者ではなくなった日の定め方

提出書類の被扶養者（異動）届には、被扶養者になった日や被扶養者でなくなった日を記載する箇所があります。どの日を記入するか確認しておきましょう。

### ●被扶養者になった日

- ●被保険者資格取得届と同時に提出する場合 ➡ 被保険者の資格取得日
- ●子の出生の場合 ➡ 生年月日
- ●結婚と同時に配偶者が被扶養者になる場合 ➡ 婚姻日
- ●家族が退職して被扶養者になる場合 ➡ 退職日の翌日

### ●被扶養者ではなくなった日

- ●家族が就職して被扶養者ではなくなった場合 ➡ 就職した日
- ●家族が死亡して被扶養者ではなくなった場合 ➡ 死亡日の翌日
- ●離婚して配偶者が被扶養者ではなくなった場合 ➡ 離婚した日

被扶養者でなくなった日の日付を間違えると、医療保険の空白期間ができてしまうことがあるので、注意が必要だニャ

## 書類の提出期日など

被扶養家族の増減があった場合は、その日から５日以内に届け出をする必要があります。

例 子どもが就職して被扶養者から外れた

**提出期日**

4/1　就職

↓ 5日以内

4/5　書類の提出期限

**提出先**

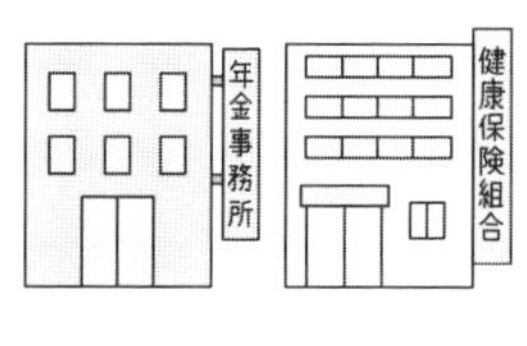


管轄の年金事務所または加入する健康保険組合

**提出する書類**

健康保険・被扶養者（異動）届・国民年金 第３号被保険者関係届

被扶養家族が就職した際の非該当届出漏れは多いです。環境が変わりやすい４月などに、注意喚起をするといいでしょう。

# 住所・氏名の変更があったとき

- 社会保険に加入している従業員の住所や氏名に変更があった場合は、手続きが必要
- 変更手続きは、マイナンバーと基礎年金番号のひもづけができている場合とできていない場合で異なる

## マイナンバーと基礎年金番号のひもづけをチェック

転居や結婚・離婚などで、社会保険に加入している従業員の住所や氏名が変わった場合は、手続きが必要です。ただし、マイナンバーと基礎年金番号がひもづいている場合、変更手続きは不要です。

該当従業員のマイナンバーと基礎年金番号がひもづいていない場合は、事業主を通じて変更手続きを行う必要があります。

被扶養者である配偶者の住所が変わる場合は、国民年金第3号被保険者としての変更手続きを行います。

氏名の変更では、変更前の氏名が使われている健康保険証を従業員から返還してもらいます。氏名変更後に新しい健康保険証を交付します。

住所のみの変更では、被保険者本人が健康保険証の住所欄を修正するのニャ

## 氏名の変更があったときの雇用保険の手続き

雇用保険に加入している従業員の氏名が変わったとき、単独での変更手続きは行いません。資格喪失の届出や育児休業給付の申請などと同時に、変更後の氏名を届け出ます。住所が変わった場合も、雇用保険での手続きは不要です。資格取得時に提出した「雇用保険被保険者資格取得届」に住所を登録していないためです。

氏名の変更があった場合、従来は「雇用保険被保険者氏名変更届」という書類をハローワークに提出する必要がありましたが、法改正により提出は不要になりました。

## 住所・氏名を変更した場合に必要な書類

社会保険での住所・氏名の変更手続きは、マイナンバーと基礎年金番号が結びついていない従業員のみ必要です。

### ●住所を変更した場合

●健康保険・厚生年金保険被保険者住所変更届
…社会保険に加入している従業員の住所を変更した場合に必要

●国民年金第３号被保険者住所変更届
…被扶養者である配偶者の住所を変更した場合に必要

### ●氏名を変更した場合

●健康保険・厚生年金保険被保険者氏名変更(訂正)届
…従業員の氏名を変更した場合に必要

●厚生年金保険被保険者ローマ字氏名届
…外国籍の従業員が、ローマ字で氏名を変更した場合に必要

いずれもマイナンバーと基礎年金番号が結びついている被保険者は届け出不要！

住所・氏名の変更手続きは、マイナンバーと基礎年金番号がひもづいていない場合のみ必要です。また、雇用保険では氏名と住所の変更手続きは必要ありません

健康
年金
労災
雇用

**書式DATA**

1 住所変更の手続き　2 氏名変更の手続き

**届け先** 1・2 管轄の年金事務所または健康保険組合

**期日** 1・2 変更後、すみやかに

**必要書類**
1-1 健康保険・厚生年金保険 被保険者住所変更届
1-2 被扶養者である配偶者の住所が変更になった場合：国民年金 第3号被保険者住所変更届
2-1 健康保険・厚生年金保険 被保険者氏名変更（訂正）届
2-2 外国人従業員の氏名が変更となる場合：厚生年金保険 被保険者ローマ字氏名届

**添付書類** 2 健康保険証

**入手先** 1・2 日本年金機構のHPからダウンロード可能

マイナンバーと基礎年金番号がひもづいていれば、市区町村の役所に住所や氏名の変更届を出すことで、自動的に健康保険や厚生年金のデータが変更されるしくみになっています。

## 「健康保険・厚生年金保険 被保険者住所変更届」の記入例

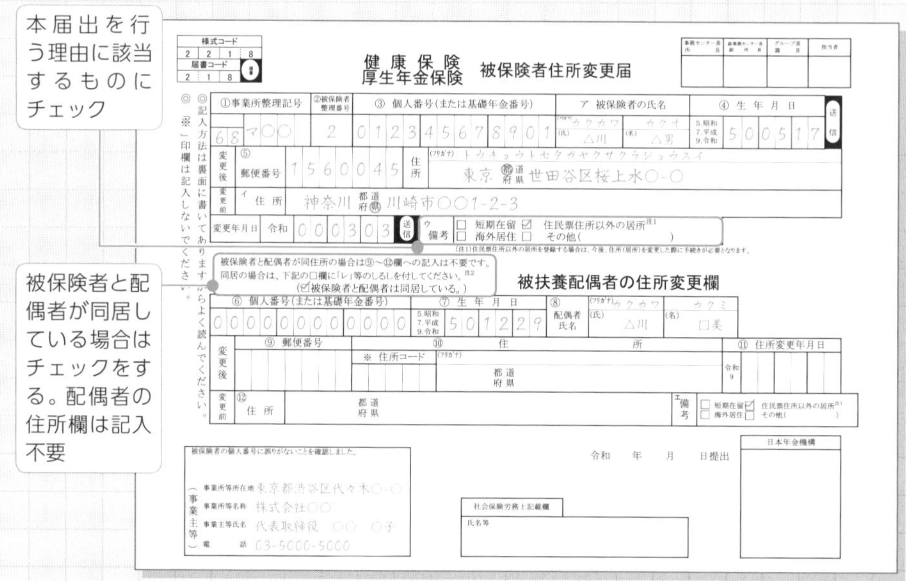

本届出を行う理由に該当するものにチェック
被保険者と配偶者が同居している場合はチェックをする。配偶者の住所欄は記入不要


様式コード 2 2 1 8
届書コード 2 1 8

健康保険
厚生年金保険 被保険者住所変更届

事務センター長 所長 / 副事務センター長 副所長 / グループ長 課長 / 担当者

◎記入方法は裏面に書いてありますので、よく読んでください。
◎「※」印欄は記入しないでください。

| ①事業所整理記号 | ②被保険者整理番号 | ③ 個人番号(または基礎年金番号) | ア 被保険者の氏名 | ④ 生年月日 |
|---|---|---|---|---|
| 68 マ〇〇 | 2 | 012345678901 | (ﾌﾘｶﾞﾅ) カクカワ カクオ (氏) △川 (名) △男 | 5.昭和 7.平成 9.令和 500517 |

⑤ 変更後 郵便番号 1560045 住所 (ﾌﾘｶﾞﾅ) トウキョウトセタガヤクサクラジョウスイ 東京 都道府県 世田谷区桜上水〇-〇

変更前 イ 住所 神奈川 都道府県 川崎市〇〇1-2-3

変更年月日 令和 000303 送信

ウ 備考 ☐ 短期在留 ☑ 住民票住所以外の居所[注1] ☐ 海外居住 ☐ その他( )

(注1)住民票住所以外の居所を登録する場合は、今後、住所(居所)を変更した際に手続きが必要となります。

被保険者と配偶者が同住所の場合は⑨~⑫欄への記入は不要です。
同居の場合は、下記の☐欄に「レ」等のしるしを付してください。[注2]
(☑被保険者と配偶者は同居している。)

### 被扶養配偶者の住所変更欄

| ⑥ 個人番号(または基礎年金番号) | ⑦ 生年月日 | ⑧ 配偶者氏名 |
|---|---|---|
| 000000000000 | 5.昭和 7.平成 9.令和 501229 | (ﾌﾘｶﾞﾅ) カクカワ カクミ (氏) △川 (名) □美 |

変更後 ⑨ 郵便番号 / ⑩ 住所 ※住所コード (ﾌﾘｶﾞﾅ) 都道府県 / ⑪ 住所変更年月日 令和 9

変更前 ⑫ 住所 都道府県

エ 備考 ☐ 短期在留 ☑ 住民票住所以外の居所[注1] ☐ 海外居住 ☐ その他( )

被保険者の個人番号に誤りがないことを確認しました。

(事業主等) 事業所等所在地 東京都渋谷区代々木〇-〇
事業所等名称 株式会社〇〇
事業主等氏名 代表取締役 〇〇 〇子
電話 03-5000-5000

令和 年 月 日提出

社会保険労務士記載欄
氏名等

日本年金機構

## 「国民年金 第3号被保険者住所変更届」の記入例

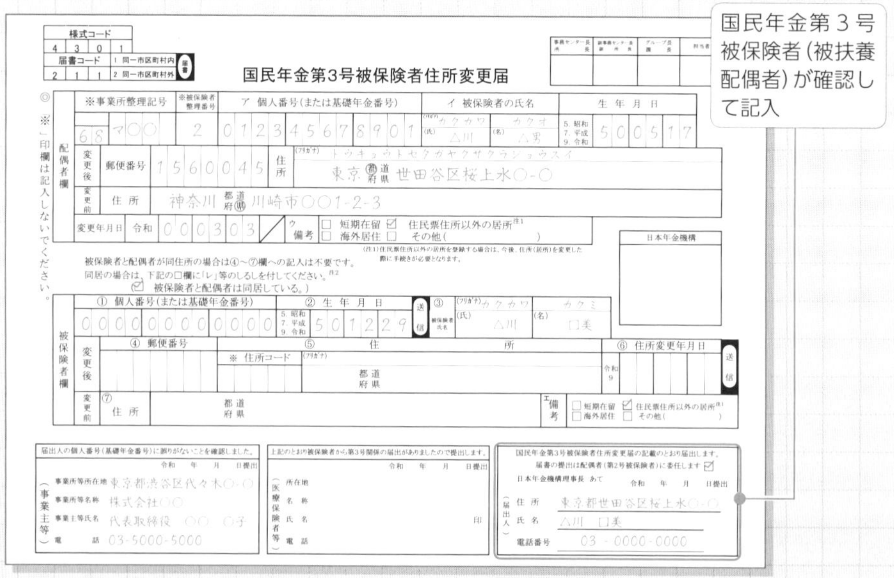


様式コード 4 3 0 1
届書コード 2 1 1 1　1 同一市区町村内 / 2 同一市区町村外

国民年金第3号被保険者住所変更届

事務センター長 所長 / 副事務センター長 副所長 / グループ長 課長 / 担当者

◎「※」印欄は記入しないでください。

配偶者欄

| ※事業所整理記号 | ※被保険者整理番号 | ア 個人番号(または基礎年金番号) | イ 被保険者の氏名 | 生年月日 |
|---|---|---|---|---|
| 68 マ〇〇 | 2 | 012345678901 | (ﾌﾘｶﾞﾅ) カクカワ カクオ (氏) △川 (名) △男 | 5.昭和 7.平成 9.令和 500517 |

変更後 郵便番号 1560045 住所 (ﾌﾘｶﾞﾅ) トウキョウトセタガヤクサクラジョウスイ 東京 都道府県 世田谷区桜上水〇-〇

変更前 住所 神奈川 都道府県 川崎市〇〇1-2-3

変更年月日 令和 000303

ウ 備考 ☐ 短期在留 ☑ 住民票住所以外の居所[注1] ☐ 海外居住 ☐ その他( )

(注1)住民票住所以外の居所を登録する場合は、今後、住所(居所)を変更した際に手続きが必要となります。

日本年金機構

被保険者と配偶者が同住所の場合は④~⑦欄への記入は不要です。
同居の場合は、下記の☐欄に「レ」等のしるしを付してください。[注2]
☑ 被保険者と配偶者は同居している。)

被保険者欄

| ① 個人番号(または基礎年金番号) | ② 生年月日 | ③ 被保険者氏名 |
|---|---|---|
| 000000000000 | 5.昭和 7.平成 9.令和 501229 | (ﾌﾘｶﾞﾅ) カクカワ カクミ (氏) △川 (名) □美 |

変更後 ④ 郵便番号 / ⑤ 住所 ※住所コード (ﾌﾘｶﾞﾅ) 都道府県 / ⑥ 住所変更年月日 令和 9

変更前 ⑦ 住所 都道府県

エ 備考 ☐ 短期在留 ☑ 住民票住所以外の居所[注1] ☐ 海外居住 ☐ その他( )

届出人の個人番号(基礎年金番号)に誤りがないことを確認しました。 令和 年 月 日提出
(事業主等) 事業所等所在地 東京都渋谷区代々木〇-〇
事業所等名称 株式会社〇〇
事業主等氏名 代表取締役 〇〇 〇子
電話 03-5000-5000

上記のとおり被保険者から第3号関係の届出がありましたので提出します。 令和 年 月 日提出
(医療保険者等) 所在地 / 名称 / 氏名 印 / 電話

国民年金第3号被保険者住所変更届の記載のとおり届出します。
届書の提出は配偶者(第2号被保険者)に委任します ☑
日本年金機構理事長 あて 令和 年 月 日提出
(届出人) 住所 東京都世田谷区桜上水〇-〇
氏名 △川 □美
電話番号 03 - 0000 - 0000

## 「健康保険・厚生年金保険 被保険者氏名変更（訂正）届」の記入例

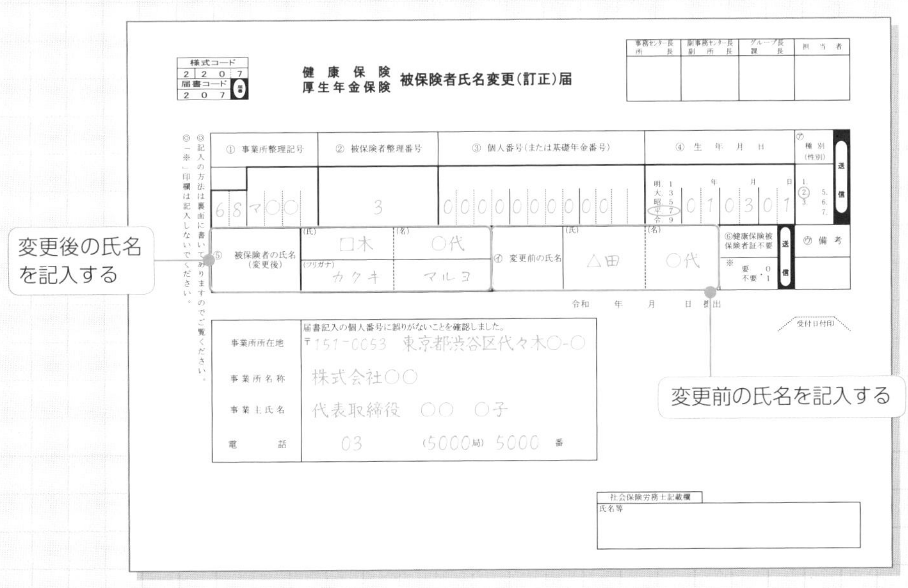

様式コード 2207
届書コード 207

健康保険
厚生年金保険　被保険者氏名変更（訂正）届

| 事務センター長 所長 | 副事務センター長 副所長 | グループ長 課長 | 担当者 |
|---|---|---|---|
| | | | |

◎記入の方法は裏面に書いてありますのでご覧ください。
◎「※」印欄は記入しないでください。

| ① 事業所整理記号 | ② 被保険者整理番号 | ③ 個人番号（または基礎年金番号） | ④ 生年月日 | ⑦ 種別（性別） |
|---|---|---|---|---|
| 68マ〇〇 | 3 | 0000000000 | 7.平 010301 | ② |

| ⑤ 被保険者の氏名（変更後） | （氏）□木 （フリガナ）カクキ | （名）〇代 （フリガナ）マルヨ | ④ 変更前の氏名 | （氏）△田 | （名）〇代 | ⑥健康保険被保険者証不要 | ⑦ 備考 |
|---|---|---|---|---|---|---|---|

令和　年　月　日 提出

受付日付印

届書記入の個人番号に誤りがないことを確認しました。

| 事業所所在地 | 〒151-0053 東京都渋谷区代々木〇-〇 |
|---|---|
| 事業所名称 | 株式会社〇〇 |
| 事業主氏名 | 代表取締役 〇〇 〇子 |
| 電話 | 03 （5000局）5000 番 |

社会保険労務士記載欄
氏名等

変更後の氏名を記入する
変更前の氏名を記入する

## 「厚生年金保険 被保険者ローマ字氏名届」の記入例

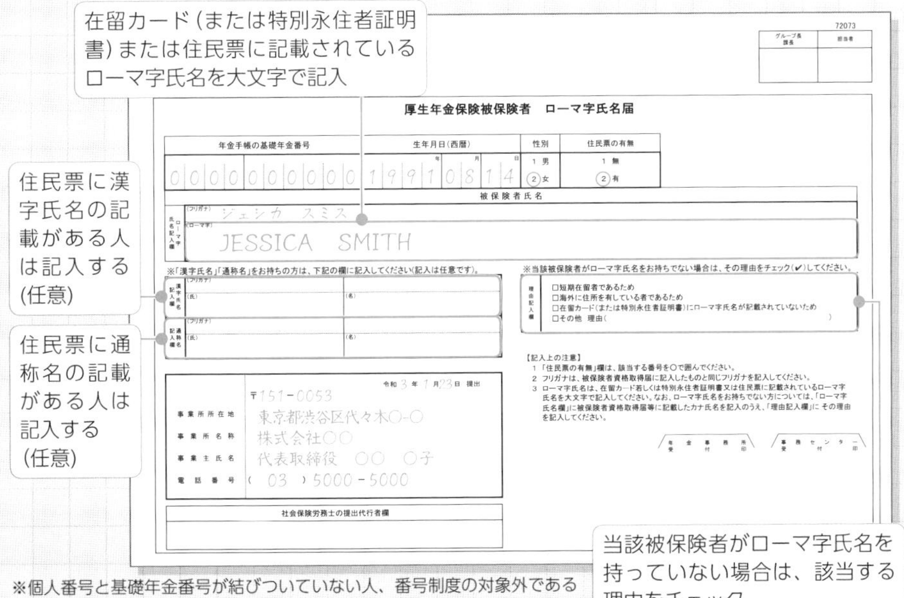

72073

| グループ長 課長 | 担当者 |
|---|---|
| | |

厚生年金保険被保険者　ローマ字氏名届

| 年金手帳の基礎年金番号 | 生年月日（西暦） | 性別 | 住民票の有無 |
|---|---|---|---|
| 0000000000 | 1991年08月14日 | 1 男 ②女 | 1 無 ②有 |

被保険者氏名
（フリガナ）ジェシカ　スミス
（ローマ字）JESSICA　SMITH

※「漢字氏名」「通称名」をお持ちの方は、下記の欄に記入してください（記入は任意です）。

漢字氏名記入欄　（フリガナ）（氏）（名）
通称名記入欄　（フリガナ）（氏）（名）

※当該被保険者がローマ字氏名をお持ちでない場合は、その理由をチェック（✔）してください。

理由記入欄
□短期在留者であるため
□海外に住所を有している者であるため
□在留カード（または特別永住者証明書）にローマ字氏名が記載されていないため
□その他　理由（　）

令和3年1月23日 提出

| 事業所所在地 | 〒151-0053 東京都渋谷区代々木〇-〇 |
|---|---|
| 事業所名称 | 株式会社〇〇 |
| 事業主氏名 | 代表取締役 〇〇 〇子 |
| 電話番号 | （03）5000-5000 |

社会保険労務士の提出代行者欄

【記入上の注意】
1 「住民票の有無」欄は、該当する番号を〇で囲んでください。
2 フリガナは、被保険者資格取得届に記入したものと同じフリガナを記入してください。
3 ローマ字氏名は、在留カード若しくは特別永住者証明書又は住民票に記載されているローマ字氏名を大文字で記入してください。なお、ローマ字氏名をお持ちでない方については、「ローマ字氏名欄」に被保険者資格取得届等に記載したカナ氏名を記入のうえ、「理由記入欄」にその理由を記入してください。

年金事務所受付印　事務センター受付印

在留カード（または特別永住者証明書）または住民票に記載されているローマ字氏名を大文字で記入
住民票に漢字氏名の記載がある人は記入する（任意）
住民票に通称名の記載がある人は記入する（任意）
当該被保険者がローマ字氏名を持っていない場合は、該当する理由をチェック

※個人番号と基礎年金番号が結びついていない人、番号制度の対象外である人については、資格取得届などとあわせて「ローマ字氏名届」の提出が必要。

# 転籍・出向したとき

- 出向とは、元の会社との労働契約を残して、出向先の企業で働くこと
- 転籍とは、元の会社との労働契約を終了して、転籍先の会社と新しく労働契約を結ぶこと

## 出向と転籍の違い

人事異動によって、従業員が出向する、あるいは転籍する場合、雇用契約はつぎのようになります。

まず出向とは、元の会社（出向元）に在籍したまま関連会社（出向先）に移ることです。出向元との雇用関係を持ったまま、出向先の指揮命令下で働きます。

転籍は、元の会社（転籍元）との雇用契約を終了して、関連会社（転籍先）と新たに雇用契約を結んで働きます。

## 保険はどちらの会社で加入するか

労災保険は、実際に働いている事業所で適用されます。したがって、出向も転籍も、移った先の会社で労災保険に加入します。

転籍では、一般的に社会保険、雇用保険ともに転籍先で加入します。元の会社で資格喪失の手続きを、移った先の会社で資格取得手続きを行います。

出向では、社会保険、雇用保険ともに給与を支払っている方の会社で加入します。どちらの会社でも給与を支払っている場合は、雇用保険では支払いが多い方で加入し、社会保険では、二以上事業所勤務被保険者の手続きを行います。

2か所以上の事業者から報酬を受けていて、なおかつどちらにも社会保険の加入条件を満たす場合、二以上事業所勤務届の提出が必要です

出向元が給与を支払っていて、出向先の賃金台帳に賃金支払い状況が記載されていないような場合、出向先が労災保険料を支払い忘れてしまうことがあるため、注意が必要です。

## 出向のしくみと保険関係

**出向元の会社との雇用契約は継続したまま、出向先とも雇用契約を結びます。**

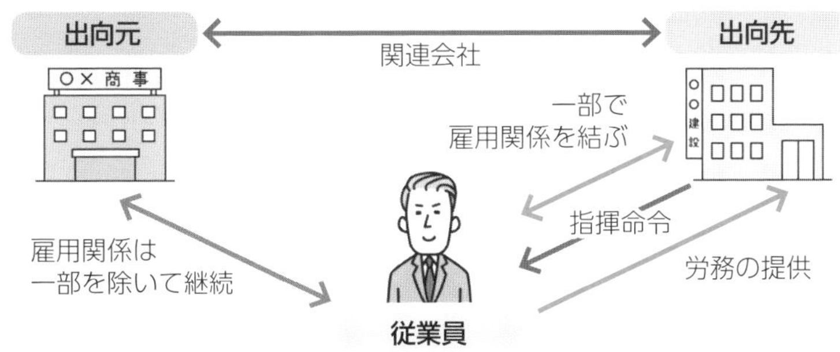


- **社会保険**…給与を支払っている会社で加入する。両方の会社が給与を支払っている場合は、二以上事業所勤務被保険者となる。
- **労災保険**…実際に働く出向先の職場で加入する。
- **雇用保険**…給与を支払っている会社で加入する。両方の会社が給与を支払っている場合は、給与の額が多い方の会社で加入する。

## 転籍のしくみと保険関係

**転籍元との雇用契約は終了し、転籍先の会社と雇用契約を結びます。**

- **社会保険**
- **労災保険**
- **雇用保険**

…転籍先で加入する

人事異動の１つといっても、転籍は元の会社との雇用契約を解消します。包括的同意※ではなく、従業員の個別同意が必要になります

包括的同意とは、就業規則にその旨を明示することで、従業員の個別の同意を得ずに業務命令をすることです。

# 健康保険証などの再発行手続き

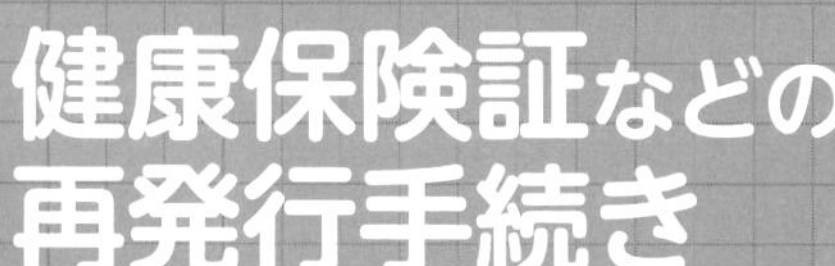

- 雇用保険被保険者証、健康保険証、年金手帳を紛失・き損したときは再発行の手続きが必要
- 健康保険証を紛失し、すぐに医療機関にかかる必要がある場合は、証明書の交付申請をする

## 健康保険証や高齢受給者証の再発行手続き

従業員が健康保険証や高齢受給者証を紛失・き損したときは、再交付の手続きが必要になります。再交付には、手続きから1週間～10日程度かかります。

健康保険証は即日発行ができないため、すぐにでも医療機関にかかる必要があるときは、再交付手続きと同時に「健康保険被保険者資格証明書」の交付申請をします。この資格証明書は、健康保険証の代用として医療機関に提示するもので、申請日当日に発行されます。

## 年金手帳や雇用保険関係書類の再発行手続き

年金手帳や雇用保険被保険者証は、年金や失業給付の受給時などに欠かせない重要な書類です。紛失、き損したときは、再交付の手続きを行います。年金手帳の再発行は、その人の加入している年金の状況により手続き先が異なります。

もし会社が雇用保険関係の各種通知書や変更届の事業主控を紛失した場合は、「雇用保険関係各種届書等再作成・再交付申請書」を使って再作成の手続きをします。

年金手帳を再交付する際は、原則日本年金機構で管理している住所あてに郵送されますが、事業所を通じて再交付の申請をした場合は、事業所あてに郵送されます

年金手帳の再交付をした申請者が本人であることが確認できる身分証明書などを年金事務所の窓口に持参した場合に限り、窓口での交付も可能です。

## 再交付手続きの届け出先など

健康保険証などを紛失した場合、それぞれ必要な書類を用意して届け出をします。

| 紛失したもの | 必要な書類 | 届け出先 |
|---|---|---|
| **健康保険証** | 健康保険被保険者証再交付申請書 | 協会けんぽ　または<br>健康保険組合 |
| **年金手帳** | 年金手帳再交付申請書 | 年金事務所 |
| **雇用保険被保険者証** | 雇用保険被保険者証再交付申請書 | ハローワーク |

再交付のあとに健康保険証が見つかった場合、見つかった健康保険証は返却するニャ

**書式DATA**

健康　年金　労災　雇用

1 健康保険証の再交付手続き
2 年金手帳の再交付手続き
3 雇用保険被保険者証の再交付手続き
4 健康保険被保険者資格証明書交付申請書の発行手続き

**届け先**
1 管轄の協会けんぽ、健康保険組合
2 管轄の年金事務所
3 管轄のハローワーク
4 管轄の年金事務所、健康保険組合

**期　日**
1・2・3 すみやかに
4 健康保険証が交付されるまでの間、医療機関で受診する必要があるとき

**必要書類**
1 健康保険 被保険者証再交付申請書
2 年金手帳再交付申請書
3 雇用保険 被保険者証再交付申請書
4 健康保険 被保険者資格証明書交付申請書

**添付書類**
1 き損時：健康保険証
2 き損時：年金手帳または基礎年金番号通知書
3 き損時：雇用保険被保険者証
4 なし

**入手先**
1 協会けんぽのHPからダウンロード可能　各健康保険組合で入手
2・4 日本年金機構のHPからダウンロード可能
3 ハローワークのHPからダウンロード可能

健康保険証はクレジットカードのように使用を停止することはできません。悪用される恐れがあるため、紛失や盗難にあった場合は必ず警察署に届けましょう。

## 「健康保険 被保険者証再交付申請書」の記入例

再交付が必要な人にチェックを入れ、被扶養者の場合は必要事項を記入

※1 保険証に記載されている記号・番号を記入

**健康保険 被保険者証 再交付申請書**　（被保険者記入用）　証再

記入方法および添付書類等については、「健康保険 被保険者証 再交付申請書 記入の手引き」をご確認ください。
申請書は、黒のボールペン等を使用し、楷書で枠内に丁寧にご記入ください。　記入見本 0 1 2 3 4 5 6 7 8 9 ア イ ウ

**被保険者情報**

| | 記号 | 番号 | 生年月日 年 月 日 |
|---|---|---|---|
| 被保険者証の（左づめ） | 68012345 | 2 | ☑昭和 □平成 50 05 17 |
| 氏名・印 | （フリガナ）カクカワ カクオ<br>△川 △男 | 印 | 以下の場合は押印を省略できます。<br>・自署の場合<br>・確認欄の要件に該当し☑を入れた場合（任意継続被保険者の方は除く） |
| 住所 | （〒 156－0045 ） | 東京 都道府県 | 世田谷区桜上水○-○ |
| 電話番号（日中の連絡先） | TEL 03（0000）0000 | | |

☑ 再交付が必要な対象者にチェックを入れてください。

| □ 被保険者（本人）分 | | | 再交付の原因<br>□滅失 □き損 □その他 |
|---|---|---|---|
| ☑ 被扶養者（家族）分 | ※下記に被保険者証が必要な被扶養者について記入してください。 | | |
| 被扶養者氏名 | 生年月日 | 性別 | 再交付の原因 |
| △川 □美 | ☑昭和 □平成 □令和 50年 12月 29日 | □男 ☑女 | ☑滅失 □き損 □その他 |
| | □昭和 □平成 □令和 年 月 日 | □男 □女 | □滅失 □き損 □その他 |
| | □昭和 □平成 □令和 年 月 日 | □男 □女 | □滅失 □き損 □その他 |

| 備考 | 外食時に、保険証を入れた財布を置き忘れ、紛失してしまった。 |
|---|---|

**事業主欄**

上記のとおり被保険者から再交付の申請がありましたので届出いたします。

| | | |
|---|---|---|
| 事業所所在地 | （〒 151－0053 ）東京都渋谷区代々木○-○ | ・事業主の自署の場合は押印を省略できます。 |
| 事業所名称 | 株式会社○○ | ・任意継続被保険者（※1）の方は事業主欄の記入は不要です。 |
| 事業主氏名 | 代表取締役 ○○ ○子　印 | ※1 退職後、引き続き任意継続健康保険に加入されている者 |
| 電話番号 | 03（5000）5000 | |

| 確認欄 | この申請については①又は②の要件を満たしたものである。 |
|---|---|
| ☑ | ①申請者本人（被保険者）が作成したものである。　②記載内容について誤りがないか申請者本人が確認している。 |

被保険者のマイナンバー記載欄
**被保険者証の記号番号がご不明の場合にご記入ください。**
記入した場合は、本人確認書類及び貼付台紙の添付が必要となります。
（詳細は「記入の手引き」をご覧ください。）

（2020.9）

受付日付印

社会保険労務士の提出代行者名記載欄　印

協会使用欄

1

全国健康保険協会
協会けんぽ

1/1

確認欄の要件に該当した場合はチェックを入れることにより、被保険者情報氏名の押印は省略可能

再交付の理由が「滅失」や「その他」の場合は詳細な理由を記入

※1の被保険者の記号・番号が不明な場合のみ、被保険者のマイナンバーを記入

## 「年金手帳再交付申請書」の記入例

被保険者本人が直接申請する場合は、事業主欄の記入は不要

現在加入している公的年金制度に○。現在加入している（または最後に加入していた）公的年金制度の資格取得日を記入

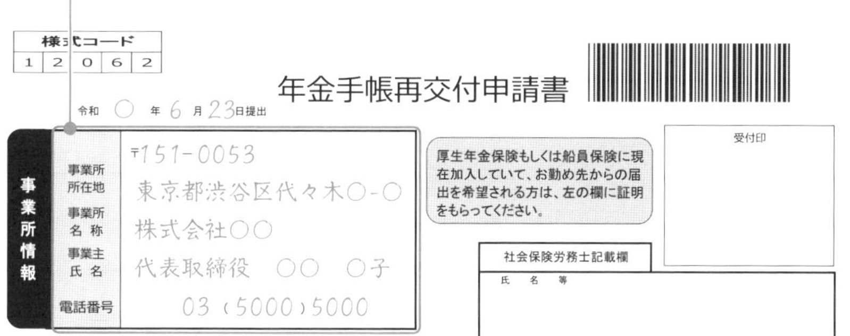

様式コード 12062

年金手帳再交付申請書

令和 ○ 年 6 月 23 日提出

| 事業所情報 | |
|---|---|
| 事業所所在地 | 〒151-0053 東京都渋谷区代々木○-○ |
| 事業所名称 | 株式会社○○ |
| 事業主氏名 | 代表取締役 ○○ ○子 |
| 電話番号 | 03（5000）5000 |

厚生年金保険もしくは船員保険に現在加入していて、お勤め先からの届出を希望される方は、左の欄に証明をもらってください。

受付印

社会保険労務士記載欄
氏名等

申請対象の被保険者について記入してください。
基礎年金番号（１０桁）で届出する場合は「①個人番号（または基礎年金番号）」欄に左詰めで記入してください。

| A. 被保険者 | | | |
|---|---|---|---|
| ① 個人番号（または基礎年金番号） | 0 1 2 3 4 5 6 7 8 9 0 0 | ② 生年月日 | 5. 昭和 7. 平成 9. 令和　5 0 年 0 5 月 1 7 日 |
| ③ 氏名 | （フリガナ）カクカワ カクオ　△川 △男 | ④ 性別 | ①男性 2. 女性 |
| ⑤ 郵便番号 | 1 5 6 0 0 4 5 | ⑥ 電話番号 | ①自宅 □3. 勤務先 2. 携帯電話 4. その他　03−0000−0000 |
| ⑦ 住所 | 東京都世田谷区桜上水○-○ | | |

申請内容について記入してください。

| B. 申請内容 | | | | |
|---|---|---|---|---|
| ⑧ 申請事由 | ①紛失　2. 破損（汚れ）　9. その他 | | | |
| 現に加入している（または最後に加入していた）制度の名称及び取得・喪失年月日 | ⑨ 制度の名称 | 1. 国民年金 ②厚生年金保険 3. 船員保険 4. 共済組合 | 取得年月日 | 令和○年 4 月 1 日 |
| | | | 喪失年月日 | 年 月 日 |

**「⑨制度の名称」欄が国民年金または共済組合の方は、以下の記入は不要です。**

| | | |
|---|---|---|
| 最初に被保険者として使用されていた事業所の名称、所在地（または船舶所有者の氏名、住所）及び、取得年月日 | 名称（氏名） | |
| | 所在地（住所） | |
| | 取得年月日 | 年 月 日 |
| 現に被保険者として使用されている（または最後に被保険者として使用された）事業所の名称、所在地（または船舶所有者の氏名、住所） | 名称（氏名） | 株式会社○○ |
| | 所在地（住所） | 東京都渋谷区代々木○-○ |

基礎年金番号が不明の場合は、初めて厚生年金保険（または船員保険）の被保険者となった事業所の名称、所在地、資格取得日を記入

入社の際に年金手帳の再交付をする場合は、入社する事業所の直前に被保険者として使用されていた事業所の名称・所在地を記入

# 「雇用保険 被保険者証再交付申請書」の記入例

現在、雇用保険被保険者として雇用されている場合に記入

様式第８号

| ※ | 所長 | 次長 | 課長 | 係長 | 係 |
|---|---|---|---|---|---|
| | | | | | |

雇用保険被保険者証再交付申請書

| | | | | | |
|---|---|---|---|---|---|
| 申請者 | 1. フリガナ | カクカワ カクオ | 2. 性別 | ①男 2 女 | 3. 生年月日 大 昭 平 令 50年5月17日 |
| | 氏名 | △川 △男 | | | |
| | 4. 住所又は居所 | 世田谷区桜上水○-○ | | | 郵便番号 156－0045 |
| 現に被保険者として雇用されている事業所 | 5. 名称 | (株)○○ | | | 電話番号 03-0000-0000 |
| | 6. 所在地 | 渋谷区代々木○-○ | | | 郵便番号 151－0053 |
| 最後に被保険者として雇用されていた事業所 | 7. 名称 | | | | 電話番号 |
| | 8. 所在地 | | | | 郵便番号 － |
| 9. 取得年月日 | | 令和○年 4月 1日 | | | |
| 10. 被保険者番号 | | 1234-000000-0 | | ※安定所確認印 | |
| 11. 被保険者証の滅失又は損傷の理由 | | 誤ってき損してしまったため | | | |

雇用保険法施行規則第10条第3項の規定により上記のとおり雇用保険被保険者証の再交付を申請します。

令和○年○月○日

渋谷 公共職業安定所長　殿

記名押印又は署名

申請者氏名　△川△男　　印

| ※ 再交付年月日 | 令和　年　月　日 | ※備考 | |
|---|---|---|---|

注意

1 被保険者証を損傷したことにより再交付の申請をする者は、この申請書に損傷した被保険者証を添えること。
2 1欄には、滅失又は損傷した被保険者証に記載されていたものと同一のものを明確に記載すること。
3 5欄及び6欄には、申請者が現に被保険者として雇用されている者である場合に、その雇用されている事業所の名称及び所在地をそれぞれ記載すること。
4 7欄及び8欄には、申請者が現に被保険者として雇用されている者でない場合に、最後に被保険者として雇用されていた事業所の名称及び所在地をそれぞれ記載すること。
5 9欄には、最後に被保険者となったことの原因となる事実のあった年月日を記載すること。
6 申請者氏名については、記名押印又は署名のいずれかにより記載すること。
7 ※印欄には、記載しないこと。
8 なお、本手続は電子申請による届出も可能です。詳しくは公共職業安定所までお問い合わせください。

2019. 5

現在、雇用保険被保険者として雇用されていない場合は、最後に雇用保険被保険者として雇用されていた事業所名と所在地を記入

最後に雇用保険被保険者として資格取得した年月日を記入

# 「健康保険 被保険者資格証明書交付申請書」の記入例

事業所整理記号、事業所番号を記入

証明が必要な人の情報を記入

申請年月日　令和○年4月3日

健康保険被保険者資格証明書交付申請書

| 事業主又は被保険者に記入していただくところ | | | | | | |
|---|---|---|---|---|---|---|
| 事業所 | 事業所整理記号 | 68マ○○ | 事業所番号 | 00000 | | |
| 被保険者 | フリガナ | カクカワ　カクオ | 生年月日 | 明・大・㊗昭・平・令<br>50年5月17日生 | ㊚男・女 | |
| | 氏名 | △川　△男 | | | | |
| | 資格取得年月日 | | 令和○年4月1日 | | | |
| 被扶養者 | フリガナ | カクカワ　カクミ | 生年月日 | 明・大・㊗昭・平・令<br>50年12月29日生 | 男・㊛女 | |
| | 氏名 | △川　□美 | | | | |
| | 被扶養者となった日 | (上記資格取得年月日と同じ)・令和　年　月　日 | | | | |
| | フリガナ | カクカワ　ホシオ | 生年月日 | 明・大・昭・㊗平・令<br>19年1月30日生 | ㊚男・女 | |
| | 氏名 | △川　☆夫 | | | | |
| | 被扶養者となった日 | (上記資格取得年月日と同じ)・令和　年　月　日 | | | | |
| | フリガナ | | 生年月日 | 明・大・昭・平・令<br>年　月　日生 | 男・女 | |
| | 氏名 | | | | | |
| | 被扶養者となった日 | 上記資格取得年月日と同じ・令和　年　月　日 | | | | |
| | フリガナ | | 生年月日 | 明・大・昭・平・令<br>年　月　日生 | 男・女 | |
| | 氏名 | | | | | |
| | 被扶養者となった日 | 上記資格取得年月日と同じ・令和　年　月　日 | | | | |
| 証明書発行理由 | 健康保険被保険者証発行手続き中のため | | | | | |

上記被保険者（被扶養者）にかかる被保険者資格を証明願います。

事業所所在地　東京都渋谷区代々木○-○

事業所名称　株式会社○○

事業主（被保険者）氏名　代表取締役　○○　○子

日本年金機構理事長　殿

証明書の発行理由を詳細に記入

| 社会保険労務士記載欄 |
|---|
| |

証明年月日　令和　年　月　日

健康保険被保険者資格証明書

上記の被保険者（被扶養者）は、現に全国健康保険協会が管掌する健康保険の被保険者（被扶養者）の資格を有することを証明します。

日本年金機構理事長　印

| 年金事務所が記入するところ | | | |
|---|---|---|---|
| 保険者 | 番号 | | |
| | 名称 | | |
| | 所在地 | | |
| 被保険者証記号番号 | 記号: | 番号: | |
| 証明書有効期間 | 上記証明年月日から | 令和　年　月　日まで | |

注1）被保険者は有効期間が経過したとき、又は有効期間内であっても被保険者証が交付された場合は、事業主に返付してください。事業主は、これを年金事務所に提出してください。

注2）有効期間は証明年月日から20日以内となります。

入社時は、資格取得届（と被扶養者異動届）の提出と同時に申請すると、年金事務所でこの欄に証明をし、証明印を押印した用紙をもらえる

# 基礎年金番号・被保険者番号は1人に1つの番号

ズームアップ

- 基礎年金番号と雇用保険被保険者番号は1人につき1つだけ。加入時には確認が必要
- 番号を二重に取得している恐れがあるときは、関係機関に確認や番号統一の手続きをする

## 基礎年金番号と雇用保険被保険者番号は1つだけ

20歳になったとき、年金手帳が交付されます。その年金手帳に記された基礎年金番号は、生涯1つのみです。就職して国民年金から厚生年金保険に加入した場合でも、退職して国民年金に加入した場合でもそれは変わりません。

また、雇用保険に加入するときにあてられる雇用保険被保険者番号も原則1人に1つです。退職したり、転職しても、間が7年間空かないかぎりは別の番号が付くことはありません。年金制度や雇用保険の加入期間は、1人に1つずつ割り振られる番号によって管理されているのです。

番号が複数あると、加入期間漏れなどで、年金や失業給付の受給額が少なくなるといったトラブルが出てきます。

健康 年金 労災 雇用

書式DATA

雇用保険被保険者番号の二重取得解消

- 届け先：管轄するハローワーク
- 期日：すみやかに
- 必要書類：雇用保険被保険者番号統一届
- 添付書類：なし
- 入手先：ハローワークのHPからダウンロード可能

実務のツボ

年金手帳や雇用保険被保険者証が見当たらず番号がわからないときは、年金事務所やハローワークで番号を照会してもらいます。その際、本人であることを証明する書類が必要です。

## 「雇用保険被保険者番号統一届」の記入例

過去に使用していた雇用保険被保険者番号を記入

過去に使用していた雇用保険被保険者番号がわからないときは、思い当たる期間、会社名などを記入

### 雇用保険被保険者番号統一届

| 被保険者番号 | 1234－ 567890 －1 |
|---|---|
| 氏　　　名 | ○川○夫 |
| 生　年　月　日 | ○ 年 ○ 月 ○ 日 |

被統一被保険者番号（過去に使用していた番号）を記入してください。

| |
|---|
| 1243－567890－1 |
| 1234－098765－0 |
| － － |

過去の被保険者番号がわからない場合は、今までの職歴について思い当たるものを全て記入してください。記入にあたり欄が不足する場合は、別の紙に書いて添付してください。様式は自由ですので、履歴書等のコピーでも構いません。

| ハローワーク確認欄（○は一致） | | 期　　間 | 会社名（派遣の場合は派遣元を記入してください） |
|---|---|---|---|
| 加入履歴との一致の有無 | | ○年○月～○年○月 | ○○株式会社 |
| | | △年△月～△年△月 | 有限会社△△ |
| | | ～ | |
| | | ～ | |
| | | ～ | |

上記のとおり申請しますので、雇用保険被保険者番号の統一処理をお願いします。

令和○ 年 ○ 月 ○ 日

○○公共職業安定所（出張所）長　殿

所在地 ○○区○○1-2-3

事業主　名　称 (株)△□×

代表者 代表取締役　△木△夫

（事業主を通じて申請する場合は、事業主欄の記名押印・署名のみでも結構です。）

被保険者氏名 ○川○夫

安定所使用欄

| 所長 | 次長 | 課長 | 係長 | 係 | 処理年月日 |
|---|---|---|---|---|---|
| | | | | | |

第8章 変更手続き ― 基礎年金番号・被保険者番号は1人に1つの番号

●海外赴任するときの社会保険・雇用保険の扱い

# 海外赴任するとき、社会保険・雇用保険はどのように扱いますか？

販路を開拓するために、海外に支社を作って従業員を赴任させる予定です。海外赴任での社会保険、労働保険の扱いはどうなるのでしょうか？

A

指揮命令などの関係によって、社会保険や労働保険の加入の仕方が変わります。

## 疑問解決のポイント！

### ❶日本の指揮管理下で働く場合、日本の社会保険・労働保険が適用される

従業員が日本国内の会社に籍を置き、その指揮管理下で働くなら、日本の社会保険と労働保険がそのまま適用されます。

ただし、通常の労災保険は対象外となり、**海外派遣の特別加入をするか、個別に任意保険に加入するかといった選択になります**。

### ❷１年以上日本をはなれたままでは、介護保険の適用除外となる

また、**介護保険は国内に居住していることが加入の要件**になります。したがって、１年以上日本をはなれたままであれば、介護保険の適用除外となります。赴任前に、年金事務所に介護保険適用除外等該当（非該当）届を提出します。

### ❸社会保障協定により、片方の国でのみ加入する

日本の社会保険、労働保険の被保険者でありながら、その国の社会保険制度や雇用制度の被保険者要件にも該当する場合、その国で保険に加入することを余儀なくされることがあります。

このとき、日本とその国が社会保障協定を結んでいれば、その国への海外赴任（派遣）の見込み期間によって、次のように適用する制度を調整します。

- 派遣見込み期間が５年以内：日本の社会保険、労働保険制度を適用する。
- 派遣見込み期間が５年を超える：その国の社会保険、労働保険制度を適用する。

●健康保険の高齢受給者証

# 70歳〜74歳の被保険者に発行される高齢受給者証とはなんですか？

**Q** 当社の従業員がもうすぐ70歳になります。健康保険から高齢受給者証が発行されると聞きましたが、どのように使うのでしょうか。

**A** 医療機関で、高齢受給者証を健康保険証と一緒に窓口に出します。収入額によっては自己負担額が異なります。

## 疑問解決のポイント！

### ❶70歳〜74歳の被保険者に交付される

75歳の後期高齢者医療制度に移行する前に、健康保険では70歳〜74歳の被保険者に高齢受給者証が交付されます。収入の状況によって、**高齢受給者証には１割から３割の一部負担金の割合が記載されています**。医療機関の窓口に健康保険証と一緒に提示することで、記載にある自己負担割合分の医療費を支払うというものです。

### ❷標準報酬月額により窓口での負担割合が異なる

標準報酬月額が**28万円未満**の健康保険被保険者の場合は、**１割または２割の自己負担**ですみます。

標準報酬月額が**28万円以上の場合は３割負担**で、それまでの自己負担割合と変わらないものになります。ただし被扶養者の状況や被保険者との合計の収入額によっては、１割または２割負担となることがあります。

### ❸70歳〜74歳の被扶養者にも交付される

一部負担が３割と判定された場合でも、収入額が一定の基準に満たない場合は申請することによって１〜２割負担となります。

なお、**70歳〜74歳の被扶養者にも高齢受給者証が交付されます**。自己負担割合は、被保険者の年齢や収入状況によって１〜３割となります。

column 8

# テレワーク中の在宅手当や通勤手当は給与になる？

## ✓給与になるかどうかは在宅手当の内容で決まる

在宅勤務やリモートワークなどのテレワーク勤務者の増加にともない、在宅勤務手当を支給する会社が増えています。では在宅勤務手当は、社会保険や雇用保険（労働保険）の保険料計算の対象になるのでしょうか？

表現は異なりますが、社会保険の「報酬」も雇用保険（労働保険）の「賃金」も、労働の対価として支払われる給与が保険料の計算対象となります。コーヒー代のように、領収書と引き換えに実費を支払うようなもの（実費弁償的）は、計算に含めません。

通信費や電気代などとして、一定の料金に在宅勤務の日数をかけたような在宅勤務手当は、労働の対価とみなされます。社会保険料や労働保険料の計算対象に含めます。

一方で、コワーキングスペースの利用料を実費で精算するような支給方法は、実費弁償的なものとして社会保険料や労働保険料の計算対象には含めません。

## ✓テレワークでも通勤手当の扱いは変わらない

通勤にかかる交通費を、定期券や一定額の通勤手当にせずに、「通勤した日数×実費の交通費」で支払うシステムに変えている会社も増えています。このような支給方法は、実費弁償的だとして社会保険料や労働保険料の計算対象にはならないのでしょうか？

実は、通勤時の交通費に限っては、社会保険でも雇用保険でも、保険料の計算対象に含めると決められています。したがって、通勤手当として一定額や定期代を支払う場合も、通勤にかかる交通費を実費で支払う場合も、社会保険料と雇用保険料（労働保険料）の計算対象に含めます。

### ▶労働の対価になる・ならない

●在宅勤務手当
※一定額×在宅勤務の日数など

労働の対価とみなされる

↓

**社会保険料・労働保険料の計算の対象になる**

●コワーキングスペースの利用料や電気代を実費で支払う

労働の対価とはみなされない

↓

**社会保険料・労働保険料の計算の対象にならない**

●通勤手当（定期代など）
●通勤時の交通費を実費で支払う

**どちらも社会保険料・労働保険料の計算対象になる**

# さくいん

## あ行



## か行

## さ行

## た行



## な行

## は行・ま行



## や行



## ら行・わ行

## ▶著者紹介

**片桐　めぐみ**（かたぎり　めぐみ）

特定社会保険労務士。社会保険労務士法人ジェイズ事務所代表。
日本大学法学部政治経済学科卒。民間企業での勤務経験を経て、2007年10月に現事務所を開業。オンラインで完結できる社労士事務所として、中小企業をメインに人事労務全般を手掛ける。採用および離職防止等に関するコンサルティング、生産性を上げる行動基準づくりなどを得意とする。著書に『はじめての人のための世界一やさしい労務管理がよくわかる本』（ソーテック社）がある。

## ▶スタッフ

執筆協力　松原ヨーコ
校閲　鈴木直之
デザイン・DTP　株式会社ウエイド
イラスト　門川洋子
編集協力　パケット
編集担当　田丸智子（ナツメ出版企画株式会社）

**ナツメ社Webサイト**
https://www.natsume.co.jp
書籍の最新情報（正誤情報を含む）はナツメ社Webサイトをご覧ください。

本書に関するお問い合わせは、書名・発行日・該当ページを明記の上、下記のいずれかの方法にてお送りください。
電話でのお問い合わせはお受けしておりません。
・ナツメ社webサイトの問い合わせフォーム　https://www.natsume.co.jp/contact
・FAX（03-3291-1305）
・郵送（下記、ナツメ出版企画株式会社宛て）
なお、回答までに日にちをいただく場合があります。
正誤のお問い合わせ以外の書籍内容に関する解説・個別の相談は行っておりません。あらかじめご了承ください。

**ひとりでもすべてこなせる！**
**小さな会社の社会保険・労働保険 手続きと届け出事典**

2021年10月5日　初版発行

著　者　片桐めぐみ
発行者　田村正隆



発行所　株式会社ナツメ社
東京都千代田区神田神保町1-52　ナツメ社ビル1F（〒101-0051）
電話　03（3291）1257（代表）　FAX　03（3291）5761
振替　00130-1-58661
制　作　ナツメ出版企画株式会社
東京都千代田区神田神保町1-52　ナツメ社ビル3F（〒101-0051）
電話　03（3295）3921（代表）

印刷所　ラン印刷社

ISBN978-4-8163-7083-0　Printed in Japan

〈定価はカバーに表示しています〉〈落丁・乱丁本はお取り替えいたします〉